AF166909

Franco Massari

UNENTDECKTE LEIDENSCHAFTEN

Aus dem Italienischen übersetzt
von Renate Fischer

novum 🔷 pro

Dieses Buch ist auch als
e-book
erhältlich.

www.novumverlag.com

Bibliografische Information
der Deutschen Nationalbibliothek:

Die Deutsche Nationalbibliothek
verzeichnet diese Publikation in
der Deutschen Nationalbibliografie.
Detaillierte bibliografische Daten
sind im Internet über
http://www.d-nb.de abrufbar.

Gedruckt in der Europäischen Union
auf umweltfreundlichem, chlor- und
säurefrei gebleichtem Papier.

© 2023 novum Verlag

ISBN 978-3-99146-203-3
Lektorat: Theresia Riegler
Umschlagfoto:
Inara Prusakova | Dreamstime.com
Umschlaggestaltung, Layout & Satz:
novum Verlag

www.novumverlag.com

Climate neutral
Print product
ClimatePartner.com/16547-2201-1002

Was jene Gleichgültigen betrifft,
die nicht die Versuchungen der Fantasie
und nicht die der Sinne/Gefühle kennen,
denen gestehe ich wohl zu, dass sie das Recht haben,
mich zu zensieren; aber ich bin unentschlossen,
ob sie das Recht haben, mich zu lesen.

Melchiorre Cesarotti

Nun muss ich wirklich anfangen; meine Zeit ist knapp.

Doch vor allem, weil die auf dem Tisch verstreuten Kekskrümel (ich habe den Kopf darauf gelegt) mich unangenehm an meiner Stirn kratzen. Ich muss euch jedoch alles beschreiben, bevor ich den Kopf wieder hebe.

Ihr werdet euch fragen, wer ich bin und weshalb ich meinen Kopf auf den nicht ganz sauberen Tisch gelegt habe. Alles zu seiner Zeit. Jedoch muss ich euch ein Detail mitteilen, und zwar ist der verdammte Tisch absolut kein Luxustisch, sondern einer mit einer Oberfläche aus preiswertem Material, wohl aus Laminat.

Ich bin Professor. Nicht für Medizin oder andere wissenschaftliche Fächer; ich bin Universitätsdozent. Neun Personen haben mich kontaktiert. Eine nach der anderen natürlich, doch einen ganzen Tag lang nach meinen Vorträgen im Fernsehen zu einem speziellen Thema der antiken Griechen: *Kennst du dich selbst*, hm ... aber mit meinen außergewöhnlichen Abschweifungen. Also zehn vertraulich zu untersuchende Personen. Ich sage zehn, denn der Zehnte wäre ich selbst.

Mit den restlichen neun vereinbarte ich keinen Termin, ich lud sie alle zusammen ein. In mein Studio? Sofa wie bei Freud? Nein, ins Münchener Dantebad.

Schwimmen? Bitte unterschätzt nicht meine Intelligenz. Die Versammlung findet im Dantebad in der Nacktbadezone statt. Ohne Kleidung argumentiert man vernünftiger. Die Farben, die Muster der Stoffe, Dinge, die das Auge mit falschem Instinkt aufnimmt, verführen zu unnötigen Ausflüchten ... all dies wird durch die Nacktheit eliminiert, sodass sich der unbekleidete Körper auf ganz natürliche Weise anderen nackten Körpern zuwendet.

Wer sind diese neun? Haben sie äußerlich etwas gemeinsam? Nein. Es wird ein intellektuelles Oktoberfest sein. Denn so wie auf dem Oktoberfest die unterschiedlichsten Typen zusammensitzen, trinken und grölen, so werden sich meine neun am Ende an einem einzigen Punkt vereint fühlen durch etwas Unbekanntes, das in ihrem intimen Inneren ruht und sich ihnen bis zu einem bestimmten Moment allmählich offenbaren wird. Gefährlich verführerisch, gewaltsam, wunderschön.

Doch wie sollen sie sich unter so vielen nackten Badegästen finden, um zusammen auf mich zu warten? Jeder von ihnen wird als Erkennungszeichen ein Buch in der Hand halten. Folglich schließen sie daraus, dass sich sämtliche Unbekleideten mit Buch in der Hand mit derselben Absicht dort befinden. Was für eine gemeinsame Absicht, wenn sie doch untereinander so verschieden sind? Sie werden sich beobachten, wobei sie versuchen, sich zu verstehen, bevor sie anfangen, miteinander zu sprechen.

Indessen Diskretion; nur die Vornamen. Ich bin Georg, dann sind da noch Orpheus, Dorothea, Klaus, Verena, Markus, Jutta, Irmgard, Lucius und eine Unbekannte. Vier Männer und fünf Frauen; zehn insgesamt, sollte ich im Dantebad dazustoßen können. Doch heute ist es mir unmöglich, mich dorthin zu begeben. Wieso denn? Ihr werdet es verstehen beim Weiterlesen.

Natürlich verstehe ich sehr gut, dass das alles für die neun ein wenig peinlich sein kann, im Anbetracht der anfänglichen Abwesenheit des Professors und Erfinders dieses eigenartigen Treffens. Und jeder von ihnen wird durchdrungen sein von zwei intimen Empfindungen: Die eine bedeutet, dass man sich lieber allein mit dem Professor getroffen hätte; die andere ist die Neugier zu erfahren und zu verstehen, was für ein Merkmal der Zusammengehörigkeit und Verwandtschaft zwischen ihren Persönlichkeiten von unterschiedlichem Sex und Aussehen existieren könnte. In der Tat muss jeder, der ein Buch in der Hand hält, unbedingt etwas an sich haben, irgendein gemeinsames Element. Es ist also notwendig, auf die Ankunft des berühmten Professors zu warten, um zu verstehen.

Und weil dieser sich verspätet, betrachten sich die neun Leute verstohlen, schauen von einem zum anderen, anfangs ohne etwas zu sagen. Lucius könnte versuchen herauszufinden, was für ein Buch Markus, eine streng blickende Person, in der Hand hält, jemand der nicht unbedingt sympathisch wirkt. Es könnte ein Buch über Psychologie oder ähnliche Themen sein. Dann würde sein Blick zu Verena wandern, die erotisch faszinierendste Frau der Gruppe. Verena scheint nicht an einer Annäherung an ihn interessiert zu sein, lieber wäre ihr wohl ein Willkommenslächeln und ein Wort von Klaus, einem athletisch wirkenden Mann von Welt. Und die Unbekannte? Statt eines Buches hält sie in der Hand eine zusammengerollte Zeitschrift, Brigitte oder vielleicht Freundin. Wer weiß, wahrscheinlich handelt es sich um einen naiven Versuch, zu viel Öffentlichkeit zu vermeiden. Das heißt, wenn sie in eine Zeitschrift statt eines Buches in der Hand hält, könnte sie auch nicht zur Gruppe gehören. Diese Vorsicht nur für den Fall, dass die Presse mit von der Partie ist. Jutta und Dorothea, zwei typische Vertreterinnen einer respektablen höheren Gesellschaftsschicht, zwei nicht hässliche, doch absolut normal aussehende Damen, würden als Erste eine Konversation beginnen, ganz formal, zum Beispiel über die Verspätung des erwarteten Professors, wobei sie vorläufig vermeiden würden, sich gegenseitig nach dem Grund ihrer Anwesenheit zu befragen. Oder Jutta könnte sympathische Neugier bezüglich des italienischen Kochbuchs zeigen, das Dorothea mitgebracht hatte; und diese würde vielleicht Interesse an Juttas Abhandlung über die Emanzipation der Frau im 19. Jahrhundert simulieren. Der uninteressanteste von allen scheint Orpheus, genannt Orfi, zu sein. Er wird abseits von den anderen irgendwo auf unbequemem, stacheligem Gras der Wiese sitzen. Er ist schon älter, dicklich; die fünf anwesenden Herren haben ihn nur flüchtig angeschaut, vielleicht ohne freundlich zu lächeln. Ohne den Smoking und der schwarzen Fliege am Kragen ist er nicht zu erkennen. Außerdem gibt es ein Element, das nicht zu Orfi passt, das ist die Unscheinbarkeit seines Penis, durch seine Sitzposition im Gras verdeckt durch den vorstehenden Bauch.

Um diese Vorrede zu beenden und euch mein Wesen zu erklären, muss ich leider sagen, dass die peinliche Situation der neun Nackten mich in diesem Augenblick überhaupt nicht interessiert. Zuerst muss ich über den wichtigsten Menschen sprechen: über mich selbst.

Eine Wahrnehmung ist nichts Konkretes, niemand kann sie greifen und vor allem nicht mit Sicherheit erklären.

In diesem Moment ist mir auch nicht daran gelegen. Ebenso kann ich nicht wissen, dass wer auch immer dies liest, mich versteht. Aber das ist nicht wichtig. Wichtig ist der Umstand, dass ich erzählen möchte, denn für gewöhnlich spreche ich mit niemandem über gewisse Eindrücke.

Wenn ich dies nun tue, dann weil ich schlussendlich denjenigen werde Auskunft geben müssen, die mich zu einem gewissen Vorfall befragen werden.

Damit wir uns recht verstehen, vielleicht kommt es nicht dazu, denn ich hätte beste Gründe dafür, mir jede Schuldzuweisung zu verbitten, von jedem, der mich dazu befragt, und mich lautstark und so effektvoll zu entrüsten, dass sie sich entschuldigen müssten, was ich natürlich gleichgültig hinnehmen würde, hochmütig mit Gönnermiene, die jedes Bedürfnis eine weitere Befragung durchzuführen im Keim erstickte. Aber es könnte dazu kommen. Also kehren wir zurück zur bereits erwähnten Wahrnehmung.

An dieser Stelle bleibt mir nichts anderes übrig, als meine Eingebungen von gestern Abend zu erörtern, besser gesagt: von gestern Nacht. Oder zumindest von einem der vergangenen Abende, ich erinnere mich nicht genau. Überprüft euch nun bitte nicht so pedantisch, wann sich das alles zugetragen hat. Oder, wohlgemerkt, *ob es sich zugetragen hat*.

Wäre es denn von Bedeutung, ob es passiert ist oder nicht? Wir sprechen hier von Eingebungen, von einem Strauß an Impressionen, wie in bestimmten Momenten empfangen werden, aus und Schluss.

Und das Tragische, oder Lächerliche, das ich gleich darlegen werde, beschränkt sich allein auf Eindrücke. Denn von den seltsamen Eindrücken, und einzig aufgrund von Eindrücken, wird man zu einer Frage nach einer möglichen Beteiligung oder gar direkten Tat meinerseits gelangen, in einem Fall, der sich hier, in meinem Haus, zugetragen zu haben scheint, an jenem Abend, wie ich sagte, vielleicht nicht gestern, aber einige Abende zuvor.

Aber ich bitte euch, binden wir keinen Strauß aus Eindrücken, als seien Ihnen alle gleich und lebendig. Eindrücke, meine Eindrücke, sind das Ergebnis eingehender Betrachtungen und betreffen etwas, von dem nicht leicht zu verstehen ist, ob es sich zugetragen hat.

Ist das schwer zu verstehen? Vielleicht, vielleicht auch nicht. Versucht Ihr zumindest, mir zu folgen. Im Lesesaal an der Universität bin ich gezwungen, meinen Studenten Thesen zu unterbreiten und mit erhobener Stimme – was dem Dargelegten den Glorienschein einer historischen Authentizität verleiht – präzise Erläuterungen der Religionen antiker Völker darzustellen. Also der vorchristlichen Völker, damit wir uns recht verstehen.

Es sind eintönige Daten, immer die gleichen, begleitet von Bildern, die Ruinen zeigen oder Fragmente von Tempeln oder Ähnlichem. Und ich muss gestehen, dieser Beruf ödet mich mehr und mehr an. Mich, den Dozenten? Aber sicher, denn ich erläutere Einzelheiten und Details eines großen Ganzen, ohne mich je dessen Grund so weit zu nähern, dass es ein wirkliches Interesse auslösen würde. Welches wiederum die christliche Orthodoxie erschüttern würde.

Ihr denkt, ich beziehe mich auf Gott? Nicht im Traum! Gott interessiert mich im Moment nicht. Ich schrieb eben „Geschichte der Religionen" und nicht „Geschichte Gottes".

Worum geht es also?

Um etwas, das fast wie eine Verirrung der Lehre als konkrete Materie erscheint. Ich muss wiederholen, es handelt sich hierbei allein und ausschließlich um einen Eindruck. Oder um mehrere Eingebungen, aber immer zum selben Thema. Was wiederum nicht konkret ein Thema ist, sondern mehr ein unheimliches und ungreifbares Schimmern. Und darüber muss ich – entgegen meiner eigenen Gewohnheiten – sprechen, auch wenn es mir zuwider ist.

„Sein oder nicht sein", fragte sich ein Engländer vor langer Zeit. Die Antwort darauf ist nicht schwer, sogar ein Fahrradtechniker oder eine Gemüsehändlerin könnten darauf antworten. Viel schwieriger ist folgendes Thema: *Erinnern oder sich nicht erinnern können* ...

An was? Jenes, was man in geduldigen und zahllosen eingehenden Experimenten in den Vollmondnächten der babylonischen und ägyptischen Ebene herausgefunden hat ...

Nun denkt Ihr vermutlich, es mit einem langweiligen Professor zu tun zu haben, der pseudo-historische Ideen aufzählt, die jeder einzelne überdies bequem übers Internet herausfinden könnte. Das trifft nicht zu. Denn es geht um etwas anderes. Es geht, nur um eines der vielen Details zu nennen, um Urin.

Ekelt euch das? Ich hoffe nicht! Viele Inder trinken morgens ihren eigenen Urin. Warum? Aus Gewohnheit. Seit wann? Und das ist der Punkt. Seit dem Tag, an dem der Hominid, halb Mensch, halb Tier, sich auf seine zwei Beine erhob und der erste Mensch wurde. Und er behielt diese einzigartige Angewohnheit bei, die keine war. Die, wie ihm der tierische Instinkt einst gesagt hatte, ihn von einer Krankheit heilte oder vor den Gefahren durch eine Verletzung bewahrte. Er trank also seinen eigenen Urin und kaute jene Kräuter, die ihm sein Instinkt verschrieb, wie heute der Hausarzt, wenn er ein Rezept ausstellt.

Und was bedeutet das? Vor allem, dass einige Geheimnisse der Natur ganz selbstverständlich von den Hominiden angenommen wurden. Und jene Geheimnisse, die sich bei den meisten immer tiefer ins Gedächtnis gruben, bis sie schließlich ganz verblassten, konservierten sich in der akkuraten Erinnerung einiger weniger, der Auserwählten, der Erfinder der Religionen und schließlich Wächter jener Tempel, in denen sie eifersüchtig bewahrt und gehütet wurden.

Ein okkultes und mächtiges, nicht sichtbares Wissen, das zwischen den Tempelmauern herumgeisterte und von den Priestern, Wächtern und Herren in festgelegten Momenten heraufbeschworen wurde.

Aber, o weh, ich vergesse ja ganz meine Frau und meine Gäste!

Tja, um mich meinen Überlegungen beziehungsweise einzelnen Gedanken zum eben ausgeführten Thema widmen zu können, bin ich in den Garten gegangen und habe dafür kurzzeitig das Fest verlassen, oder die Party, wie auch immer man die Ansammlung aus Freunden, Kollegen und Bekannten auf unseren Sofas und Sesseln unserer beiden Empfangsräume nennen mag.

Inzwischen mögt Ihr verstanden haben, dass sich meine nächtlichen Meditationen im Dunkel des Gartens nicht um babylonische Tempelruinen drehen, sondern um das, was sich in ihrem Inneren bewegt, wenn die Priester ihre geheimen Riten vollzogen. Und um das Unbewusste, Unverstandene, Ungreifbare und dennoch Existente, das sie bis heute umgibt ... noch immer, nach mehr als 5 000 Jahren ... Ihr versteht? Noch nicht, aber das macht nichts.

Nun, hier war ich stehen geblieben, bei meinen Gästen beziehungsweise: Da waren Gäste. Ich habe noch ihre Geräusche in den Ohren, die Lacher und all jene nervösen Töne und Satzfetzen, die heraus in den Garten dringen. Meine Frau führt das Wort, um es so zu sagen. Ich habe sie meinem intelligentesten und begabtesten Studenten vorgestellt, um sie abzulenken. Ich meine, er hat eine Schwäche für sie. Das meine ich? Wie scheinheilig! Ganz direkt gesprochen könnte dieser Student die Möglichkeit eines Abenteuers mit der noch jugendlichen Gattin seines Professors erwogen haben. Nun, wer weiß.

Tatsächlich muss ich sagen, dass meine Frau noch immer attraktiv ist. Aber verlieren wir uns nicht in Nebensächlichkeiten. Meiner Meinung nach hat sich die Party über die nötige Länge hinausgezogen. In diesen Fällen, wenn die Atmosphäre entspannter und angenehm ist und die Unterhaltungen sich in den beiden großen Räumen, die nur durch eine filigrane Keramikwand getrennt sind, die zugleich getrennte und dennoch verbundene Unterhaltungen erlaubt, ist es ein Leichtes, von hier nach da und von Gruppe zu Gruppe zu schlendern. Ein Kompliment an eine Dame, ein Scherz, eine freundliche Stichelei zu ein paar Männern, die im Stehen rauchen und trinken und so weiter. Bis man sich mit maximaler Nonchalance durch die Terrassentür in den Garten hinausstiehlt und die Leuchtreflektoren auf den Pflanzen ausschaltet. So bleibt die Bank im Wintergarten mit seinen geöffneten Fenstern im Dunkeln und ich kann mich in Ruhe dort niederlassen.

Kein Nachdenken im Haus oder im Büro der Universität ist vergleichbar mit den frostigen, von irdischem Gelaber ungestörten Gedankenflüssen, die sich nachts zwischen den Pflanzen erleben und erleiden lassen. Denn es war genau zwischen den Pflanzen und durch jene, dass einige Auserwählte unter den frühen Tiermenschen, die Vorreiter des homo sapiens, die Geheimnisse der Natur sicherten, um sich durch sie über die anderen zu erheben, zu Schamanen und dann Priestern und Herren über Wohl und Übel in den Tempeln zu werden.

Den ätherischen Lebenssaft, nicht wahrnehmbar und dennoch vorhanden, den die Natur ins Dunkel verströmt, konnte der Mensch nicht mehr wahrnehmen. Und jenen der Steine? Es ist mehr ewige Spiritualität in den Steinen von Stonehenge als im kosmetisch bemalten Marmor des Petersdoms.

Doch ich will nicht mit Fachwissen übertreiben, das euch vermutlich langweilt. Zudem muss ich mich um meine Gäste kümmern. Leider muss ich mich aus einem perfekten, spekulativen Gedankengang herausreißen, um einer Menge unbedeutender Leute Getränke zu servieren.

Apropos, wozu überhaupt diese Party, werdet Ihr fragen. Irgendein besonderer Anlass? Vielleicht. Um ehrlich zu sein, ist es eine Erinnerung daran gar nicht wert. Eine Party spielt eine Rolle und fertig. Ich glaube, dass meine Frau mir dazu geraten und zudem einige ihrer Freundinnen eingeladen hat, die mich nicht ausstehen können. Ich glaube auch, dass ich an einem gewissen Punkt des sogenannten Hergangs ein leeres Glas nehmen und mit einem Löffel zwei, drei Mal dagegen schlagen muss mit dem Ziel, die Aufmerksamkeit der Menschen auf mich zu richten und also zu sprechen und etwas Banales zu sagen mit einer Art inspirierter Pointe am Ende, die – natürlich – alle sich bemühen, nicht banal zu finden. Wobei ich denke, dass niemand es mir übel nehmen würde, sollte ich mich jetzt um diese Rede drücken, denn mittlerweile sind alle miteinander vertraut, trinken, überschlagen die Beine und essen frittierte Teigtaschen, eine Spezialität unseres aktuellen italienischen Hausmädchens. Doch nein, ich muss unbedingt sprechen, nun erinnere ich mich, warum. Ich muss eine kleine Einlage meiner Frau auf dem Klavier ankündigen. Nun ja, ich denke, es ist noch etwas Zeit. Es muss nicht sofort sein. Als ich wieder in den Empfangsraum hineingegangen bin, habe ich zudem weder meine Frau noch den Studenten entdecken können. Das aber ist nicht wichtig. Wichtig ist, dass meine Rückkehr aus dem Garten nach einer gewissen … nun ja … langen Zeit niemanden irritiert hat. Vielleicht hat auch jemand mein Verschwinden durch die Terrassentür bemerkt und ist, da er mich eine Zeitlang nicht gesehen hat, von einer galanten Begegnung mit Dame in der Trautheit im Säulengarten im pompejanischen Stil ausgegangen. Wahrscheinlicher ist aber, dass mich niemand bemerkt hat. So kann ich mich nach ein paar Minuten und einem Toast auf die gleiche Weise noch einmal davon machen, von Gruppe zu Gruppe, hier und da anstoßend.

Es wäre auch besser, wenn meine Frau sich wieder blicken ließe, denn sie versteht es auf glänzende Weise, die Gäste zu unterhalten. Meine Frau kann sich liebenswürdig und vor allem mit Grazie auch über die unbedeutendsten Themen austauschen und lachen, lachen, dass sie die schönen weißen Zähne ihres wohlgeformten, sinnlichen Mundes zeigt. Ich dagegen beginne ungern eine beliebige Konversation nur um des Redens willen.

Auch der Student ist nicht zu sehen. Tja, wo mag er sich wohl verstecken? Ich bin sicher, dass Sie bereits eine Antwort auf diese Frage gefunden haben. Man könnte wohl sagen, dass unsere Gäste völlig sich selbst überlassen sind. Ob sie das wohl bemerkt haben? Nein, darin liegt ja der Trick. Diesen viel zu großen Raum habe ich in zwei unterteilt, indem ich eine niedrige Trennwand aus Keramik eingezogen habe, sodass wer sich in der einen Hälfte des Raumes in einem Sessel niederlässt, nicht genau sehen kann, wer sich in der anderen Hälfte aufhält. Das heißt, die Gäste im ersten Teil des Raumes müssen davon ausgehen, dass der Hausherr sich im anderen aufhält und umgekehrt.

Das bedeutet, ich kann in Ruhe ins Dunkel des Gartens zurückkehren. Regungslos im Schatten verharren, in Kontakt mit dem Wesen der Pflanzen, die als amorphe Kreaturen versuchen, in der Finsternis zu offenbaren ... ja, was nur? Ihre Natur, ihr Leben und die Dramen, die sich in ihnen abspielen. Ah! Könnte ich nur zu diesem ursprünglichen Wissen zurückkehren, das sich mit der Evolution verflüchtigt hat, aber das ja doch unterbewusst gespeichert ist. Jene stummen, unformulierbaren und seit Jahrtausenden von niemandem geahnten Botschaften ... Wo sind heute jene Priester, die sie verstanden, die sie in den babylonischen Tempeln beherrschten? Man sagt, diese Priester vermochten es, den Ast eines Baumes auf den Boden zu werfen und ihm zu befehlen, sich in eine geschmeidige, flinke Schlange zu verwandeln. Welche Macht, welche Kraft verbarg sich nur in den priesterlichen Gedanken? In ihrem unbewegten Schweigen, wenn das Wort eine ersehnte und schreckliche Seltenheit war? Und das Wort, der Spruch kamen von ihren Lippen wie Beschwörungen ... Unsere viel gestikulierenden Politiker dagegen, die ihre Hände verwenden wie Hunde mit dem Schwanz wedeln, verwirbeln so nur die Reinheit des dargestellten Gedankens.

Das Unterbewusste. Das Unterbewusste, das in der Natur verschlossen ist, erkennen und ausdrücken können! Sigmund Freud setzte sich mit dem peinlich miefigen Unterbewussten der weiblichen Vagina auseinander, wie ein Hund am Urin von Artgenossen wittert. Aber das Unterbewusstsein der Natur, in deren Vagina kein einfältiges Individuum des Computerzeitalters einzudringen vermag ... Das ist das Problem: Ob es heutzutage noch möglich wäre, die Undurchdringlichkeit seines Denkens zu erreichen? Seine Schärfe? Ich höre ungewöhnliche Geräusche. Ich muss gezwungenermaßen zurück in den Wohnraum.

Jedenfalls muss ich noch etwas Seltsames mitteilen. Während meiner Gedankenspiele, und damit meine ich jene innerhalb eines idealen, leeren, mit Halblicht gefüllten Tempels, merke ich, dass ich nicht alleine bin. Jemand hinter einer Säule beobachtet mich. Wer kann es sein? Ein Priester? Er ist nicht zu erkennen, ich sehe nur ein halbverborgenes Profil und entdecke sogleich eine Hakennase und zwei fürchterlich spähende Augen.

Meine Gäste platzen vor Lachen. Einer von ihnen muss einen besonderen Witz erzählt haben, gemessen an der vorangeschrittenen Stunde vielleicht auch einen etwas anzüglichen. Aus einer anderen Richtung rufen sie mich und wollen augenblicklich meine Meinung zu einem blödsinnigen Thema haben und sie erwarten sich von meinem Kommentar, dass er untermauert, was jemand zuvor gesagt hat, der nun vorgibt, ganz ernsthaft und deswegen reumütig zu sein.

Meine angeekelte Miene wird als situativer Sarkasmus empfunden, der einem meiner gewohnten Sinnsprüche vorausgeht. Zwei Herren können sich schon ein Kichern auf ihren Lippen nicht verkneifen, auf das eine lautstarke und tönende Manifestation der Erheiterung folgen wird. Wer ist jener mysteriöse Priester, der mich zuvor ausspioniert hat? Er fasziniert mich und er erschreckt mich. Wer weiß, ich werde das Gefühl nicht los, er könne mir ein Mysterium, vielleicht ein Geheimnis enthüllen. Aber ich kann mich nicht mehr effektiv konzentrieren. Hervorragend, ich habe eine weitere Entschuldigung gefunden, um mich abermals zurückzuziehen. Der Wein ist ausgegangen, der, den alle trinken, weil er gerade unheimlich in Mode ist: Prosecco aus dem Veneto. Ich entschuldige mich also mit erhobener Stimme, dass ich in den Weinkeller muss, um weitere Flaschen zu holen, in der Hoffnung – auch das sage ich laut – dass sie kalt oder wie im Keller üblich auf Raumtemperatur sind. Das Angebot eines Kollegen, mir zu helfen lehne ich rundheraus ab. (Es ist sicher nur ein Vorwand, um mich in einer Sache zu sprechen, die nicht für alle Ohren gedacht ist.) Und wie bei solchen mondänen Zusammenkünften üblich, wirft mir die Ehefrau von irgendjemandem, der mir gerade nicht in den Sinn kommen will, einen bedeutungsvollen Blick zu. Was mag er heißen? Es ist nicht einfach, den Blick einer Frau auf die Schnelle zu deuten, ohne sich zu täuschen. Und auch Freunde in einer Ecke des Wohnraums geben mir Zeichen, dass ich zu ihnen kommen soll. Ich verliere also einen Haufen Zeit mit uninteressanten und nach meiner Meinung beziehungsweise meinem Empfinden, regelrecht unnützen und schrecklich, schrecklich langweiligen Unterhaltungen.

Das Gift. Nun ist mir ein Gedanke gekommen. Die Pflanzen verströmen ja nicht nur Stoffe, die den Körper auffressende Krankheiten heilen, sondern können sich auch als machtvolle Zerstörer desselben herausstellen. Sie können sich in Substanzen verwandeln, die später als Gifte bezeichnet werden, für jene, die wissen, sie im Geheimen zu mischen und ohne eine Spur zu hinterlassen anwenden können. So erscheint es naheliegend, dass Lucrezia Borgia ein leichter Fisch im Gegensatz zu den Priestern der vorchristlichen Tempel war. Sie ließ sich nur giftige Substanzen bringen, die jeder kannte, während jene Priester die verborgene Macht besaßen, jene Gifte zu beschwören, ohne sie den Pflanzen physisch entlocken zu müssen. Weil sie sich unbemerkt und lautlos mit ihnen vereinten. Und schon wandte sich die Sonnenblume dem Halbmond anstelle der Sonne zu …

Aus diesem Grund besteht eine gewisse Dringlichkeit, aus der ich mich in den Garten zurückbegeben müsste – und stattdessen muss ich in den Keller gehen und ein paar Flaschen Sekt zusammenklauben. Prosecco, meine ich. Andererseits kann ich auch einen gewissen Vorbehalt nicht leugnen, mich wieder auf diese Bank ins Dunkle zu setzen, wegen der verfluchten Säule. Genauer wegen desjenigen, der dahinter lauert. Was für eine teuflische, seltsame Empfindung. Diese Hakennase. Diese Augen, mein Gott, diese Augen! Versteht mich nicht falsch, es ist nicht so, dass in diesen Augen eine dunkle Bedrohung lag, aber ihr Blick war derart forschend, dass mich schauderte.

Forschend? Wer forscht, der sucht etwas Bestimmtes. Aber diese Augen haben mich nur einen Moment lang fixiert, um dann wieder hinter der Säule zu verschwinden. Und sie streiften mich nicht, um eine Bestätigung für einen Verdacht zu erhalten oder zu finden, sondern um mir eine hasserfüllte Botschaft ins Gesicht zu schleudern. Hasserfüllt und schauerlich.

Welche Botschaft nur? Wie es aussieht, dürfte ich sie kennen, ohne Zweifel. Etwas derart Offensichtliches, etwas, das man weiß, aber penibel versucht, nicht ans Licht zu bringen, und das mit schmerzhafter Gleichgültigkeit ... zumindest nach außen hin.

Der Prosecco ist natürlich nicht kalt, nur etwas kühl, wie der Keller. Was soll's, sie müssen ihn trotzdem schlucken. Wir haben leider vergessen, mehr Flaschen in den zweiten Kühlschrank zu legen, und außerdem hat meine Frau mehr Gäste eingeladen als geplant, denn sie ist nicht kleinlich in solchen Dingen. Vielleicht ist auch einfach der Kühlschrank zu klein für all die Flaschen und das ist alles. Aber was soll ich mir den Kopf über solchen Unsinn zerbrechen, nicht nachdem dieser Schatten hinter der Säule verschwunden ist ... und nach diesen auf mich gerichteten blitzenden Augen.

Es ist schrecklich und zudem niederschmetternd, einsehen zu müssen, dass ein Gedankengang, so geheimnisvoll und erhaben er auch sein mag, unterbrochen wird von der Einsicht, dass auch Süßzeug, Knabbereien fehlen, oder wie man den Kram nennt, den ich besser nach oben tragen sollte. Und meine Frau, deren Aufgabe es eigentlich wäre, lässt sich nirgends blicken. Unsere Putzfrau kommt nur einmal pro Woche und daraus folgt, dass ich mich jetzt um diesen Unsinn kümmern muss. Was wollte mir der Mann sagen, der mich in den Keller begleiten wollte? Er hatte angedeutet, dass es sich um eine Sache, um so eine gewisse Angelegenheit handelte, die womöglich dringend war oder zwar nicht dringend, aber persönlich. Aus irgendeinem Grund hatte ich zumindest den Eindruck, dass es etwas war, das nicht für die größere Runde bestimmt war.

Und dann die Ehefrau von ... ach, von wem auch immer, die mir eben auch so einen besonderen Blick zugeworfen hat, als ich an ihr vorbeiging. Einen, wie kann man sagen, sinnlichen Blick? Sie ist eine Hure, das sagen alle, aber ihr Blick war in diesem Moment eigentlich ganz anders als sinnlich, zumindest erscheint es mir so. Und Sex interessiert mich gerade überhaupt nicht. Ich muss auch hinzufügen, dass sie keine schönen Beine hat. Im Gegensatz zu meiner Frau, die diesbezüglich immer von allen bewundert wird. Vor allem, wenn sie sie in unschuldiger, graziler Schamlosigkeit übereinanderschlägt. Der

Student hat sich in Luft aufgelöst. Bin ich eifersüchtig? Keine Spur! Und es muss gesagt werden, dass keinesfalls alle mit Prosecco zufrieden sind. Der eine will Cognac, ein anderer einen ähnlichen Likör. Ich habe mich wohl in einen Schankwirt verwandelt. Das also wollte der Freund mir im Keller vielleicht sagen! Vielleicht wollte er anbieten, Cocktails zu mixen. Ach nein, ich glaube, dass es verfluchterweise um etwas anderes ging, über das er so dringend reden wollte, aber es interessiert mich wirklich nicht. Und es scheint, als müsste ich wenigstens noch dreimal gehen, denn sie haben wirklich alles ausgetrunken und alle Süßigkeiten und Knabbereien und Pizzahäppchen gegessen – und es sind wirklich viele! Doch wisst Ihr, was ich beschlossen habe? Ich stehle mich durch den Durchschlupf im Keller zum Garten davon und bleibe dort noch ein bisschen. Als Entschuldigung kann ich vorbringen, dass ich selbst noch mehr Häppchen zubereitet habe.

Heute Abend – mittlerweile ist es Nacht – fühle ich mich emotional zum Dunkel hingezogen (und es ist, wie ich eben vorher sagte, eine besondere Empfindung) und zum Wesen der Pflanzen, um dort mit schrecklicher, präziser Genauigkeit über die Gedanken der Priester in den Tempeln nachzusinnen. Woran dachten sie bis zum Morgengrauen? Hier im offenen Wintergarten meditiere ich wie ein Gott, wie sie, wage ich zu sagen. Aber über was genau?

Über das giftige Wesen, das Pflanzen ausprägen können, sogar jene, die man für unbedenklich und schmächtig auf ihren Stängeln und blass in der Farbe hält? Das ist der Punkt! Aber nein … nicht darüber denke ich nach. Das war nur ein Schritt vorwärts für die Priester, wie auch andere Zeugnisse evolutionärer Macht, die aus ihren Geistern nach den gedanklichen Versenkungen im kalten Lichtstreif des Sonnenaufgangs herausbrach.

Tatsächlich hätten sie das Gift nicht gebraucht, es war überflüssig, es war nur einer Hure wie Lucrezia Borgia nützlich, wie ich vorher erwähnte. Sie aber waren in der Lage, den Tod mit den Augen herbeizurufen, ohne auch nur einen Finger zu krümmen. Und ohne Komplizen.

Der Gedanke. Der Gedanke und die Materie ... Eine Nuss allein mit der Kraft der Gedanken knacken! Das war die Macht jener Priester. Ein körperloses, ätherisches Gift, das sich von ihrem Geist auf den Feind übertrug und ihn tötete. Ihnen entging nichts. Ihr Auge war – so raunte man damals – wie das eines Falken, dessen regloser Blick Orient und Okzident umfasst.

Wenn man nur denken könnte wie Ihr begreift! Versteht Ihr, warum ich eingangs von „Wahrnehmung" sprach? Nein, Sie begreifen es noch nicht und dennoch oder gerade deswegen werde ich fortfahren, denn ich muss mich endlich mitteilen.

Da ist ein kreischender Ton. Es läuft nicht alles so glatt, wie es scheinen könnte und das wegen der Säule, verdammt, diese Säule. Dahinter war jemand, der mich beobachtet hat und mit welchem Blick! Ich verliere mich wie ein Hausmädchen in Nebensächlichkeiten wie diese Knabbereien, Teilchen und den Prosecco und andere Aufträge und verhindere damit unwiederbringlich, dass ich entdecke, was hinter dieser Säule ist.

Vielleicht ist es auch gut so. Der Prosecco und der ganze Rest dienen mir dazu, NICHT herauszufinden, was ich hinter der Säule sehen könnte. Es wäre beeindruckend, das ahne ich. Beeindruckend und schrecklich. Schrecklich.

Dennoch bin ich versucht, mich zu bewegen und es herauszufinden, koste es, was es wolle. Mehr Teilchen und Knabbereien. Sie wollen noch mehr davon!

O nein, ich täusche mich. Es geht nicht mehr um Teilchen und auch nicht um Prosecco. Ich habe den unangenehmen Eindruck, dass es sich überhaupt nicht mehr um diese Party dreht. Es ist nicht mehr Nacht. Es ist heller Tag und ich sitze auf einem Bürostuhl. Das Büro erbärmlich schlicht, der Schreibtisch aus Melamin. Wo bin ich da hingeraten, um mich zu setzen? Unglaublich, diese Translozierung. Unglaublich und unwillkommen. Ich fühle mich im Übrigen etwas betrunken, was in Wahrheit aber der Schlafmangel ist, der dieselbe Vernebelung auslöst. Auch der Gedanken. Ich bin nicht mehr klar wie gestern Abend, wenn es denn gestern Abend war.

Tatsächlich drängt sich mir in den Sinn, dass es sich hier um einen anderen Tag handelt, nicht um jenen, der auf die Party folgte, und auf jeden Fall ist nicht mehr Nacht. Die Sonne irritiert meine Augen.Verzeiht Ihr meine Genauigkeit, aber hier hat jemand schlecht geputzt, das sehe ich an der Schreibtischecke, die mir am nächsten ist. Sie ist voller Krümel, denn wer geputzt hat, ist nicht überall hingelangt. Weiter drüben mehr Spuren, Kaffeeflecken.

Aber warum beobachte ich solche Kleinigkeiten? Nur um die Frage aufzuschieben, die ich mir unweigerlich stellen muss, nämlich die, wo ich bin und warum? Vielleicht auch aus der berechtigten Annahme heraus, dass nicht ich diese Frage stellen werde, sondern jemand anderes. Wer? Ein Fremder? Am Ende der Party habe ich jemanden gesehen! Mir war sofort aufgefallen, dass er nicht wie die anderen gekleidet war, gekleidet, wie es an einem Abend, an dem man wichtige Leute trifft, üblich ist – und damals war sogar ein Stadtrat zu Gast. Doch es war nicht die fehlende Krawatte, die mich irritierte. War es vielleicht eine Zufallsbekanntschaft meiner Frau aus dem Supermarkt? Manchmal passieren ihr solche Verbindungen. Aber ich glaube es nicht, in diesem Fall.

Und wieder verliere ich mich in meinen Beobachtungen beziehungsweise im Versuch, mich möglichst präzise zu erinnern, anstatt mich um meine Angelegenheiten zu kümmern. Jedenfalls erinnere ich mich an seine Augen. Denn sie waren sehr ähnlich (ich fürchte mich zu sagen: dieselben) denen des Unbekannten hinter der Säule. Nicht so schrecklich im Ausdruck, noch nicht, aber äußerst unsympathisch. Wie war er hereingekommen?

Ah, nun weiß ich, warum mir die Krümel und Kaffeeflecken auffallen: Ich habe das Gesicht nach unten geneigt, sodass meine Augen auf die Besonderheiten gerichtet sind, die sich vertikal etwa zwanzig Zentimeter vor ihnen befinden. Ich sollte endlich den Kopf heben und diese Lappalien sein lassen, aber es ist nicht so einfach, wie es auf dem ersten Blick erscheinen mag. Verstehen Ihr? Nein, natürlich nicht, aber ich tue das hier ja, um es Ihnen zu erklären, und wenn Ihr es dann immer noch nicht versteht, fahre ich auf meine Weise fort.Ihr erinnert euch, was ich zu Beginn sagte? Es handelt sich um eine Wahrnehmung, nicht mehr und nicht weniger. Oder um mehrere Wahrnehmungen, die unglücklicherweise miteinander verbunden sind. Eine von ihnen ist auf jeden Fall: Ich bin sicher, dass wenn ich den Blick hebe, ich mich vor jemandem wiederfinde, der mir eine Frage stellen will. Eine unangenehme Frage natürlich, das könnt ihr euch ja selbst denken. Und dann die zweite Wahrnehmung: Ich bin fast sicher, dass mir diese Frage bereits gestellt wurde. Das würde die Begutachtung der Krümel und Kaffeeflecken erklären.

Man sagt, dass Petronius vor dem Suizid, also bevor er entschied, ihn zu begehen, lange das blauschimmernde Wasser unter dem Peristyl seiner Villa betrachtete. Und ich betrachte Brotkrümel? Was für eine miserable Parabel. Zumindest handelt es sich hier nicht um die Entscheidung zu einem Selbstmord, sondern nur um jene, den Kopf zu heben. Wozu? Um wieder ins Gesicht dieses Kommissars zu blicken.

Herrgott, warum ist mir diese spontane Vision eines Polizisten gekommen? Wegen des Melamintischs? Oder wegen der fast täuschenden Ähnlichkeit seines Hemdes mit jenem, das der Unbekannte getragen hatte, als er zwischen den geladenen Gästen meiner Party verschwand. Ich darf mich nicht irreleiten lassen. Militärhemden mit Aufschriften wie Polizei, CIA oder Bundeswehr oder mit anderen sadistischen Emblemen sind in Mode. Heutzutage erfindet die Modeindustrie die tollsten Dinge. Dieser Mann aber (ich hebe noch immer nicht den Kopf), muss mir eine Frage gestellt haben. Da bin ich mir nun sicher. Ihr glaubt nun sicher, ich sei besorgt. Aber ich muss euch enttäuschen: Nein!

Kehren wir zum ersten Satz zurück. Ihr wisst noch? Alles löst sich in einer Wahrnehmung auf. Ich bin überzeugt, dass Ihr noch nicht aus dem Sammelsurium an Begrifflichkeiten schlau geworden sind, in dem ich mich verstrickt habe, und das interessiert mich auch nicht besonders. Ihr werdet es im Folgenden schon noch verstehen.

Eindrücke, Eindrücke. Ich spiele und werde zum Spielball durch den Effekt von Wahrnehmungen. Einmal komme ich mir vor wie ein Beutetier, wie ein Opfer, das andere Mal, wie jetzt, als sei ich der Spielführer – auch wenn es gerade nicht so scheint.

Der Reihe nach. Chronologisch. Ich war im Garten versunken in Betrachtungen zu einem sehr, sehr interessanten Thema. Ihr erinnert euch? Die babylonischen Tempel. Ihre Mysterien, ihre Geheimnisse, die Fähigkeit der – nicht nur intellektuellen – Erhöhung der Priester. Leben und Tod hingen von ihnen ab, sie waren Elemente im Fließen ihrer Gedanken. Und das gewaltsam verlöschende Leben, genauer: der Tod, der für die Feinde heraufbeschworen wurde, erfolgte lautlos und hinterließ keine Spuren.

Ich wurde unterbrochen, Ihr wisst es noch, von den Forderungen der Gäste im Empfangssaal, von ihren eintönigen, belanglosen Witzen. Und meine Frau mit dem Studenten. Beide in Luft aufgelöst. Eifersucht: Das verneinte ich Ihnen. Und schließlich jene Augen hinter der Säule. Doch übertreiben wir es nicht mit den Unterbrechungen, sonst vergesse ich die Person, die in diesem Moment vor mir sitzt.

Es ist Vormittag und ich, der ich kein Auge zugetan habe, bin müde. Müde, aber plötzlich wieder klar, nicht länger benebelt. Nur eine Sache ist nicht klar: Ist das der Tag nach der Party oder ein späterer? Und meine Patienten am Dantebad? Vielleicht sogar drei oder vier Tage später? Wiederum, welche Bedeutung sollte das haben? Allein der Gedanke daran, dass ich in eine derartige Phase geraten war … es bedauert mich sehr, mich davon lösen zu müssen.

Nun kann ich den Kopf wirklich heben, denn ich war absichtlich unpräzise.

Der Mann vor mir hatte mir keine Frage gestellt, nur eine Prämisse, eine Art einleitende Beobachtung. Die zentrale Frage, die wird er mir gleich stellen. Das ist der Grund, weshalb ich Ihnen all diese unwichtigen Details erspare, die den Umstand betreffen, warum ich hier sitze.

Kehren wir zurück zu der Einleitung, mit der mich dieser Mann höflich (ich betone höflich) hieß, mich an diesen Melamin-Tisch zu setzen.

24

Es ist etwas passiert. Natürlich ist die Party vorbei, seit zwei oder drei Tagen. Auch wenn ich, nachdem die Gäste gegangen waren, bis zum Morgengrauen weiter im Garten nachgedacht habe. Sogar bis nach der sogenannten Morgenröte, bis ich gezwungenermaßen abbrechen musste wegen der Schreie der Putzfrau, die wegen der notwendigen Aufräumarbeiten nach der Party gekommen war. Sie verfügt über die Haustürschlüssel. Was konnte schon passiert sein, dass sie derart in ihrer gutturalen, unverständlichen Sprache kreischte?

Und genau darauf bezog sich die Feststellung des Mannes, der mich an seinen Tisch gebeten hat. Soeben hat er mir bekannt gegeben, ... nun ja, vielleicht auch nicht zum ersten Mal, ich denke, er muss es wiederholt haben, dass etwas Schreckliches passiert ist.

Um es kurz zu machen: Zwei Tote wurden aufgefunden. Die Putzfrau hat sie entdeckt. Meine Frau und den Studenten. Nackt und auf dem Bett im ersten Stock hingestreckt. In meinem, also in unserem Schlafzimmer.

Das ist die klare und einfache Feststellung. Ich würde sagen, die *nackte* Tatsache, weil mich das Bedürfnis nach Ironie überkommt, auch wenn der Mann vor mir das für eine ziemlich ernste Sache hält.

Was wohl passiert ist? Selbstredend beziehe ich mich nicht auf erotische Details. Es ist zu offensichtlich, was meine Frau und der Student taten. Ich meine aber das, was *danach* oder *währenddessen* geschah, weshalb die beiden schließlich nackt gefunden wurden.

Und beachtet Ihr dies: Der Mann, der vor mir sitzt, wird mir nicht jene Frage stellen, die jeder gewöhnliche Kommissar (Ihr habt längst begriffen, dass es sich wirklich um einen handelt) einem Verdächtigen in einem der vielen Filme stellen würde, nämlich die, ob ich nicht zufällig diese Tat begangen hätte.

Nein! Seine Frage wird eine andere sein, jenseits des üblichen Manuskripts, absolut untypisch. Und vielleicht wird er mir sie stellen und dabei den Kopf schütteln. Sie wird lauten: *Wie*? Und dann eine Reihe, ein Blubbern aufeinanderfolgender, drängender Fragen: „Auf welche Weise? Mit was? Mit Nachdruck: Wie? Wie haben Sie es getan? Wir verstehen nicht, wie Sie es getan haben! Wie ist es Ihnen gelungen? Auf welche Weise? Sagen Sie es uns endlich!"

Und ich? Ich kann nur mit den Schultern zucken. Er wird, professionell und analytisch wie er als Polizist ist, die Karten auf den Tisch legen wollen: Zwei Personen, ein Mann und eine Frau wurden tot aufgefunden, ohne dass man in dem Fall automatisch von einem Verbrechen sprechen kann. Wie ist das möglich?

Kehren wir zur vorherigen Frage zurück: Warum sitze ich hier? Aus einem sehr einfachen, aber nicht zielführenden Grund: Einer der Leichname ist meine Frau. Zweifellos besonders unbedeutend, meiner Meinung nach, aber die Neugierigen, die Anhänger des Unglücks wollen daraus folgern, dass ich in diesem Todesfall eine Rolle spiele. Zumal die zweite Person der Student ist, sodass basierend auf der Nacktheit der beiden und auf dem Fakt, dass sie nicht an einem Nacktbadestrand, sondern in meinem Ehebett gefunden wurden, man zu dem Schluss kommt, dass dieser Student gezwungenermaßen der Liebhaber meiner Frau gewesen sein muss. Sicherlich eine fade Nebensächlichkeit – dennoch störend. Natürlich müssen alle denken, ich sei eifersüchtig gewesen und infolgedessen gewalttätig. Nur, weil ich zwei Personen – und eine davon aus meiner Familie – nackt gesehen habe? Ach, woher! Ich könnte argumentieren, dass die Tatsache der Nacktheit nicht notwendigerweise mit einem sexuellen Bedürfnis zusammenhängt. Ich selbst, um ein Beispiel zu geben, habe im Münchner Dantebad an einer Konversation zwischen nackten Männern und Frauen teilgenommen, die sich um Thesen zum Steuersystem, jährlichen Abgaben und Sozialbeiträgen drehte.

Dennoch werden die Fragen des Mannes mir gegenüber, gemessen an dem Fall, gemäßigt ausfallen, im mondänen Tonfall der Konversation einer Abendgesellschaft. Nach einer Tat wie dieser?, werdet Ihr einwenden. Tatsächlich, denn ich habe ein unerwartetes Alibi. Und das muss mir die Person auf der anderen Tischseite eben gesagt haben, noch vor der berühmten Frage.

Annemarie. Nun erinnere ich mich an den Namen. Das ist die Ehefrau von Z., von der alle sagen, sie sei leicht ins Bett zu kriegen. Diejenige, die mir auf der Party etwas sagen wollte. Und jetzt kann ich mir vorstellen, was. Da sie von mir kein Zeichen der Antwort erhalten hatte, war sie mir in den Garten gefolgt, ohne es jedoch zu wagen, meine Meditationen zu unterbrechen oder in gespannter Erwartung, wen ich dort im Dunkeln sitzend wohl treffen würde. Was sie mir unterbreiten wollte, war ein offenes Geheimnis. Annemarie ist die ehemalige Geliebte des Studenten. Und die Eifersucht hatte sie dazu getrieben, mir die Affäre zwischen ihm und meiner Frau zuzutragen.

Nun, in der Zwischenzeit muss sie ausgesagt haben, dass sie mich über die ganze Party hinweg im Blick gehabt hatte. Entweder im Wohnraum oder im Garten. Unmöglich konnte ich also ungesehen in den ersten Stock gelangt sein, wo sich die Schlafzimmer befinden. Bombenfestes Alibi.

Um ehrlich zu sein, es ist mir zuwider, dass ausgerechnet Annemarie mich entlastet. Das gefällt mir gar nicht. Im Gegenteil, es ärgert mich ausnehmend, dass ausgerechnet eine Hure wie sie sich in meine Angelegenheiten mischt. Warum hält sie nicht den Mund und sucht sich einen anderen Studenten? Wer hat ihr gesagt, dass sie mich unbedingt verteidigen muss? Als ob ich das nötig hätte!

Doch kehren wir zu unserem Thema zurück. Wie ich sagte, ist diese Sache ein Spiel aus Wahrnehmungen, nicht der Alibis oder Beweise. Es gibt keine Sicherheiten. Nur eine Sache ist gewiss zwischen all den bisher zusammengetragenen Andeutungen, und die ist, dass ich den Kopf heben und tolerieren, sozusagen mich dem forschenden Blick desjenigen aussetzen muss, der da vor mir sitzt und, wie Ihr euch erinnert, bereits zu dieser einen, sehr präzisen Frage hingeleitet hat. Und hier liegt meine Stärke, meine Damen und Herren!

Zunächst muss ich Ihnen eine überraschende Frage stellen: „Habt Ihr Dostojewskis *Schuld und Sühne* gelesen?" Wenn nicht, sehe ich mich gezwungen, Ihnen den Roman kurz zusammenzufassen. Es handelt sich um ausführliche Dialoge zwischen einem intelligenten und unbedarften Mörder und Porfirij Petrowitsch, dem Polizisten, der ihn befragt und mit bewundernswertem Scharfsinn versucht, zur puren Wahrheit vorzudringen: dem Geständnis des Verbrechens.Ihr werdet euch fragen, wozu dieser Vergleich dient. Und ob dies hier, wohl dasselbe Finale habend, eine moderne Neuauflage des russischen Meisterwerks sein könnte?

Überhaupt nicht, meine Damen und Herren. Lassen wir diesen Roman beiseite. Zu meinem Fall passt er wahrlich nicht. Denn in jener Erzählung geht es großenteils um einen Fuchs wie Porfirij, der den Dialog solange fortsetzt, bis der andere *nachgibt und zugibt*. Denn Porfirij hat nicht den Eindruck, sondern er ist sich vom ersten Moment an völlig sicher, dass er den Mörder vor sich hat.

Die Persönlichkeit, der ich gleich in die Augen schauen muss, wenn ich den Kopf hebe, besitzt mit Sicherheit eine durchschnittliche Intelligenz, aber ist vor allem weit von der Gewissheit entfernt, dass vor ihm ein Mörder sitzt. Er hat, um es so zu sagen, nur den *Eindruck*, nur den. Warum? Sollte nicht ich, der Ehemann, nicht der einzige Verdächtige sein? Sicherlich, doch da ist auch die Zeugenaussage von Annemarie, die mich entlastet. Und sollte ich deswegen entlassen werden? Mitnichten. Nicht nur deswegen. Versteht Ihr, warum Annemarie mich stört? Ich brauche sie nicht, deswegen. Diese Hure durchkreuzt den ganzen Effekt mit ihren Plaudereien zu meiner Verteidigung. Deswegen. Verflucht!

Und warum also, werdet Ihr fragen, warum sollte dieser Inspektor den Eindruck haben, den Verdacht und nur diesen? Könnte nicht theoretisch auch ein anderer der Täter sein?

Nein, auch das nicht. Also doch die Eifersucht? Die Rache? Die Logik könnte zu diesem Schluss führen. Aber es gibt keine Spuren. Und das ist, was der Kommissar versuchen wird, zu verstehen. Zum Donnerwetter! Er sucht die Waffe! Er versucht, zu verstehen, welche Waffe ich benutzt haben könnte.

Tja, und warum habe ich es so formuliert: *Er versucht zu verstehen*, und nicht die gewöhnliche Formulierung aus den Krimiserien: *Er versucht, die Waffe zu finden*?

In Porfirijs Fall war alles klar. Die Waffe war bekannt und in Griffweite. Zu ihr bestanden keine Zweifel. Porfirij, der subtile, geniale Polizist von Dostojewski, hatte die Waffe und musste nur noch den Täter finden, denjenigen, der sie angewendet hatte.

Porfirij war ein recht intelligenter Polizist, der ohne im damaligen Russland die moderne Kunst der Psychologie zu kennen, genau begriffen hatte, wer der Mensch vor ihm war und wie er wie eine Zitrone ausgepresst werden konnte, bis er gestand.

Derjenige dagegen, der mir die zweite Frage stellen wird und dann alle weiteren, hat mir mit seiner verunglückten Einleitung zu verstehen gegeben, dass er ausschließlich ein guter und gewissenhafter Polizist ist. (Eine würdige Formulierung für einen ungebildeten Schwachkopf.) Und der Unterschied zwischen meinem Fall und dem von Dostojewski?

Es ist eine wundervolle Sache: Ich bin es, der mit ihm spielen wird und nicht andersherum. Wunderbar, nicht wahr?Ihr haltet das für illusorisch? Für unmöglich? Sollte das Ihre Meinung sein, habt Ihr meine Sätze nicht aufmerksam verfolgt. Passt nun also auf: Man kann jemanden eines Verbrechens anklagen – oder verdächtigen – der daraus einen Vorteil zieht, die aus Eifersucht und Zorn oder auch nur aus sadistischem Vergnügen gehandelt hat. Folglich könnte man in meinem besonderen Fall mich verdächtigen, weil zwei Personen, meine Frau und ihr Liebhaber ermordet und nackt auf meinem Bett liegen. So wäre es doch?

Auf keinen Fall! Ich habe niemals das Wort *ermordet* verwendet, sondern immer nur *tot*. Versteht Ihr? Immer noch nicht? Das Interessante ist, dass der Kommissar es nie verstehen wird. Es gibt keine Spuren eines Mordes. Wie das? Beide waren tot und es gab keine Spuren von Prellungen oder Wunden. Also Gift? Das Labor muss ein definitives „Nein" geäußert haben. (Nun ist mir auch klar, warum es mindestens der dritte Tag nach der Party sein muss und nicht der folgende. Die Analysen dauern einige Tage.)

Und ich soll also der Verdächtige sein? Bei aller Liebe! Wie soll ich zwei Personen mit nichts umgebracht haben? Aufgrund dessen wird diese Person vorsichtig mit direkten Anschuldigungen sein. Alle Möglichkeiten werden akribisch untersucht werden, alle Motive, die medizinischen Untersuchungen werden wiederholt werden, das Geheule wegen der DNA, aber man wird immer wieder zu dem unglaublichen Fakt zurückkommen, dass zwei Menschen gestorben sind, weil ihre Herzen gleichzeitig aufgehört haben zu schlagen. Hervorragend. Hervorragend! Verzeihung, annehmbar wollte ich sagen. Beziehungsweise, ich gebe zu: Es ist unmöglich, es zu akzeptieren, aber gezwungenerweise in diesem Fall nötig. Zweifellos werden trotz allem Verdachtsmomente gegen mich bestehen bleiben. Es reicht, den Gesichtsausdruck des Kommissars zu sehen, dem ich gleich in die Augen schaue.

Und so wird mein Porfirij (es gefällt mir, ihn so zu nennen, auch wenn er es wegen seiner geringeren Intelligenz nicht verdient) verstehen, dass es absolut unnötig ist, mich zu fragen, wo ich vor zwei oder drei Abenden zum Beispiel zwischen 23 und 24 Uhr war. Und in der Zwischenzeit hat er sicherlich mit Hochdruck und schließlich mit hartnäckiger Gewissenhaftigkeit die Tatwaffe gesucht.

Doch welche? Die Mediziner werden die beiden Leichname untersucht und geröntgt haben, ohne etwas Verdächtiges oder Tödliches zu finden. Äußerlich nichts Schreckliches, wie eine Wunde, innerlich keine Substanz. Nur unschuldige Flüssigkeiten. Meine Frau hatte Mineralwasser getrunken (um abzunehmen) und der Student Cola. Nichts, keine Spur. Möglich? Unmöglich!

Was also bleibt als Ansatz für die Ermittlung, welche Frage gedenkt er mir zu stellen, wenn ich den Kopf hebe und unsere vier Augen sich auf derselben Höhe kreuzen werden?

Sehr wahrscheinlich wird er das im kriminologischen Psychologieunterricht Gelernte anwenden. Mich also mit seinen Blicken fixieren, vielleicht mit dem Finger auf meine Brust zeigen, zunächst ohne ein Wort. Das ist die Praxis, die viele Kommissare üblicherweise bei Kleinkriminellen anwenden, um in ihnen Unsicherheit zu wecken. Der wenn auch nicht direkt in drohender, aber in unerträglicher Weise wortlos ausgestreckte Finger würde bedeuten: „O ja, mein Lieber, ich weiß genau, dass du der Mörder bist. Und jetzt erzählst du schön der Reihe nach, wie alles abgelaufen ist. Ich weiß es genau, aber ich will es von dir hören."

Oft funktioniert das. Und bei mir?

Du liebe Güte, wir sind doch nicht albern! Außer dem Alibi durch Annemarie (ach, was ödet es mich an, durch ein gewöhnliches Alibi geschützt zu sein), ist da die unverrückbare Tatsache, dass es keinen Mörder geben kann, wenn nicht nur die Tatwaffe, sondern sogar eine Todesursache fehlt.

Die beiden lagen auf dem Bett, im Rigor Mortis, nackt und weiß wie zwei gekochte Hühnchen, ohne Anzeichen von Gewalteinwirkung oder Gift. Genauso, als wären sie Opfer auf dem Altar in Babylon.

Porfirij wird sich nicht geschlagen geben wollen. Er wird versuchen, mir mit einer straffen Befragung eine Falle zu stellen, wenn auch höflich, und doch wird er am Ende gezwungen sein, etwas zu murmeln wie: *Halten Sie sich bitte zur Verfügung und verlassen Sie nicht die Stadt.*

Doch nein! Porfirij ist professionell, neugierig, aber nicht nur das. Er ist besessen von der Wahrnehmung, die er hatte, als er mich ansah. Porfirij hat den Eindruck, dass ich, wie es normale Verbrecher tun, nicht versuchen werde, meine angenommene Schuld mit einem neutralen oder – sofern der Angeklagte ein guter Schauspieler ist – mit fassungslosem Blick zu verheimlichen, der die Überraschung und den Unmut darüber ausdrücken soll, als Täter verdächtigt zu werden. Ein guter Polizist ist auf dieses Theater vorbereitet und kann es daher nur zu leicht demaskieren. Aber Porfirij ist anders. Weil mein Blick anders war.

Porfirij hat also einen Eindruck. Er hat ihn bekommen, nachdem er mich vor und nach seiner Frage eingehend beobachtet hat. Vor allem danach.

Und das ist leider eine unerquickliche Wahrnehmung. Welche? Er fürchtet, er hat die Ansicht, aber natürlich nur die, in dieser mysteriösen Angelegenheit unfreiwillig Teil eines Spiels zu seinem Schaden und zum Schaden der Wahrheit zu sein.

Kurz gesagt, er hat den Eindruck, dass nicht er mir mit seinen Fragen Angst macht, sondern durch meine Antworten desillusioniert wird. Nicht nur das. Etwas entgeht ihm. Etwas fasziniert ihn an meinem Verhalten. Etwas enttäuscht ihn, etwas flößt ihm das unverfrorene Gefühl ein, Spielball zu sein, noch bevor er das Spiel begonnen hat. Ein unbekanntes Spiel, das ihn quält und zugleich fasziniert.

Es ist, exakt, seine Wahrnehmung.

Er fühlt sich provoziert von dem Gefühl, ja, von welchem? Von dem Gefühl, dass in meinem gesenkten Gesicht die Muskeln der Wangen sich in noch nicht sensibler, aber vielversprechender Weise zusammenziehen, um einem unheilvollen Lächeln Weg zu bahnen. Unheilvoll und doch verhalten. Warum verhalten? Denn sonst könnte es schaden, der teuflischen, süßen Versuchung nachgeben, in ein Lachen auszubrechen.

Lachen! Ich würde es gern, ich fühle, dass ich mich trotz übermenschlicher Anstrengung kaum zurückhalten kann. Und es gelingt mir, endlich, in dem kurzen Moment, den es dauert, um den Kopf zu heben und Porfirij anzusehen. Das muss ich, aus Dankbarkeit und Respekt für Babylon. Die Priester der Tempel lachten nie.

O ja, lieber Porfirij Petrowitsch, starr mich nur an, und dann klappere mit den Wimpern, ohne etwas zu sagen, im Bewusstsein, dass eine Metamorphose vonstattengegangen ist und trommle mit den Fingern auf den Melamintisch, meinen Triumph stoisch anerkennend. Dieses Gefühl wird dir bis morgen den Appetit vergehen lassen, so wie es dir die Fähigkeit rauben wird, für dich selbst einen Kommentar zu formulieren. Nur einen Bericht, für den dir die bürokratischen Floskeln helfen werden, nicht ehrlich zu sein. Und nun ist es genug, meine Damen und Herren. Jetzt seid Ihr bestimmt neugierig, etwa Einzelheiten über meine Patienten zu erfahren.

Hier der erste, Orfi. Um Orfi interessant erscheinen zu lassen, muss ich mich auf die Vergangenheit beziehen, als er 19 war und mager, fast kränklich.

ORPHEUS

Unheilvoll und jahrtausendealt war sein Name. Er hieß Orpheus. Seit langem lag er darnieder, im Bett, seit die Krankheit ihm nach und nach die Kraft raubte, ihm Tag für Tag die Energie entzog, als würde sie ihn aufweichen.

Die Sonne im Freien sah er nie, es war ihm nicht gelungen, sie noch einmal zu sehen. Nur durch das winzige Fenster des verlassenen Kellers, in dem er hauste. Zuerst hatte ihn das entmutigt, doch dann wurde ihm die riesige Gefahr bewusst, der er sich ausgesetzt hätte. Ab da entzog er seinen Körper jedem Lichtstrahl, der wie ein Schwert durch die Sichtschächte stach. Denn wenn das Licht seinen Körper träfe, würde es sein Fleisch auflösen. So ringelte er sich manchmal ein wie eine Schlange oder wälzte sich fluchtartig ängstlich unter der Bettdecke zur Seite, um nicht von den Sonnenstrahlen berührt zu werden.

Nur abends mit der ersten Dämmerung atmete er auf.

Anders nachts, denn die Nacht bedeutete fürchterliche Dunkelheit.

Seit langem lag er in diesem Bett, zu lange, es verursachte ihm sogar Ekel. Die Schlaffheit, in der er dahinsiechte, war tief in sein Wesen eingedrungen. Wenn er sich manchmal regungslos betrachtete, begraben unter der lumpigen Decke, war es ihm schon vorgekommen als sei er in der Einrichtung versunken und nun für immer Teil jenes leblosen Ganzen.

Eines Tages, besser gesagt eines Nachts, würde er unwiderruflich mit den Dingen verschmelzen, die ihn berührten, mit den Decken, Wänden, mit der Luft. Er würde unbeseelte Materie werden, wie die Muscheln und Blätter vor Millionen Jahren. Die Seele wäre in der Luft verhaucht und der Körper hätte die Eigenschaften und die Farbe des Bettbezugs angenommen, weißlich und von Krusten und schmählichen Flecken verdreckt.

Nach und nach, ganz allmählich. Davor grauste ihm!

Denn ihm war zu sehr bewusst, was passieren würde, wenn seine Existenz sich so verflüchtigte. Er wusste, dass auf dem Friedhof von Thalkirchen ein Steingrab auf ihn wartete. Ein Grab ohne Inschrift und mit dachförmiger Platte, wie die römischen Urnen. Aber sieh da, in den Zwischenraum zwischen Boden und Platte konnte nur das Sein – oder eine schmale Erinnerung seiner Existenz – flüchtig und körperlos geworden eindringen. Alle anderen Gräber auf dem Thalkirchener Friedhof warteten auf tote Menschen; nur jenes, seines, stand für seinen lebendigen Körper bereit. Daher hatte er sich immer bemüht, einen großen Bogen um den Ort zu schlagen, der seine ewige Ruine bedeutete.

Nicht einmal das stimmte. Manchmal, noch bevor er krank wurde, trieb er sich in der Nähe herum in einem Gebäude, in dem damals das Arbeitsamt untergebracht war. Tat so, als suchte er nach Arbeit. Wurde er aufgerufen und konnte ins Büro treten, um auf alle bürokratischen und belanglosen Fragen zu antworten, sah er zum Fenster hinaus, um von oben das Bild des Friedhofs zu erspähen. Die Angestellte glaubte, er würde den ihm angebotenen lächerlichen Minijob annehmen. Sie konnte nicht ahnen, dass er nur in den zweiten Stock kam, um auf die andere Seite der Friedhofsmauern zu sehen, ohne hineingehen zu müssen.

Von jenem Fenster hatte man eine sehr gute Sicht auf den ersten, den richtigen Teil des Friedhofs, den der wirklichen Toten, aber dahinter, weit hinten, befand sich der Teil, der für ihn reserviert war, den lebendigen Toten. An diesem Punkt überfiel ihn großer Schrecken und zur Verblüffung der jungen Dame stürzte er Hals über Kopf hinaus, floh, weit, weit fort. Mit der Tram Nummer 57 wollte er nie fahren, deren Route der Thalkirchener Straße folgte und die zum Beispiel wegen einer Störung genau vor dem Haupteingang zum Friedhof hätte halten können. Auch die Nummer 58 mied er, die zwar über die nicht weit entfernte Humboldtstraße verlief, doch – Vorsicht! – die Thalkirchener auf halber Strecke kreuzte. Dennoch bedauerte er es sehr, als das Arbeitsamt in ein anderes Gebäude verlegt wurde …

Und um die Folgen des Ganzen zu vermeiden beziehungsweise künftige Folgen aufzuschieben, hatte er versucht, diese Kraft umzukehren, die ihn behexte und versteifte, indem sie die Energie aus seinen Gliedern saugte.

In der Nacht wachte er plötzlich auf, starrte entsetzt auf die Zehen im Dämmerlicht des Mondes.

Sie waren völlig unbeweglich. Er spürte, dass nun die Zeit gekommen war, er nun die totale Verschmelzung seines Körpers mit der Materie würde verfolgen müssen. Mit wütenden Zuckungen zwang er sich, die von der Metamorphose ergriffenen Gliedmaßen aufzurütteln. Doch wie sehr er sich auch anstrengte, wie verzweifelt er es auch wünschte, es gelang ihm nicht.

Die Finger klammerten sich zum Gegenhalt um die Ränder des Klappbetts, so versuchte er sich mit ungeheurer Anstrengung zu krümmen, jede Faser anspannend, wobei er das Stück Bettdecke, das er zwischen seinen Zähnen hielt, mit Speichel wässerte. Die Füße bewegten sich keinen Millimeter.

Stattdessen fühlte er, wie der Stoff sich an die Beine saugte, den Formen der Knochen folgend und es schien ihm, dass seine Haut bereits Stoff geworden war, dass das Blut ausfloss, bald das ganze Bett füllte, um schließlich in den Mauern und durch den Boden zu zirkulieren, während sein Körper austrocknete.

Kalter Schweiß strömte an ihm herab und die Schwingen des Schreckens senkten sich über seine Augen mit der klaren Botschaft, dass nun jene Zeit angebrochen war, die auch der Beginn seines ewigen toten Lebens zu sein schien. Es kam ihm sogar vor, dass die durchscheinende Gestalt der Nymphe des Wahnsinns, den Finger auf den Lippen und wehmütig grinsend, ihm den Schweiß von der Stirn tupfte.

Zu Sonnenaufgang legte sich ein Schleier der Schläfrigkeit schwer auf seine Lider und die letzten Kräfte schwanden. Seine Glieder waren wie abgestorbene Schuppen. Ihm war, als blickte er durch den Halbschatten des Lagers, als wären seine Augen auf verschiedenen Seiten angeordnet, wie bei den präparierten Reptilien im Museum.

Das Licht des Morgens drang in den Raum und ließ die Gegenstände erblassen, indem es die Umrisse verwischte, aufsaugte. Unbeweglichkeit lag in den Formen und Lumpen, die sie umso plastischer und steifer in den Blick rückte. Vom Fenster her kam immer mehr vom matten Licht. Und mit dem Licht kehrten unvermittelt einige Reflexe in seinen Körper zurück.

Mühsam gelang es ihm, sich vom nächtlichen Albtraum zu befreien. Er stützte die Ellbogen auf das Kopfkissen und mit einiger Anstrengung gelang es ihm, sich heftig zitternd aufzusetzen. Ungläubig legte er eine Hand an sein Gesicht, lächelte beim Kontakt mit der extremen Magerkeit, in der die Wangen eingesunken waren. Sein Blick glitt die Wände entlang, welche die Feuchtigkeit grüne Flecken bildend durchtränkte, und über die Gegenstände, die von schlieriger Schmiere überzogen waren, als schwitzten sie ein gräuliches Öl aus; sie stopften das kleine Lager unterhalb des Straßenniveaus voll mit Verwahrlosung.

Das schwache Licht des Morgens fiel stumpf auf die Vorhänge, die nichts waren als verblichene, zerrissene Jutesäcke, die kaum die losen, schlecht verbauten Ziegel verdeckten, und ersoff im Gewirr ihrer Schatten und der Schatten der wenigen Möbel, die Helldunkel erzeugten, und es strich über den unfassbar dreckigen Boden voller Mäusedreck und den eisernen Rand der Militärpritsche, auf der er lag, wo es sich in glänzenden Tropfen verfing.

Eine Maus huschte schnell durch das Lager, den Linien der Mauern folgend, um sich schließlich behutsam in die Mitte des Raumes vorzuwagen. Dann verschwand sie unter seiner Pritsche und begann an etwas zu nagen. Unterschwellig breitete sich das Reiben ihrer Zähne aus.

Aus dem Loch unter dem Balken zur Rechten brachen drei Käfer hervor, und dann noch einer. Sie verstreuten sich über die Wand.

Er kannte genau, in jedem Detail, alles, was man von der Pritsche aus sehen konnte. Tagelang hatte er im Geiste mit der Kraft seines Blickes jedes Ding gewogen, jede Spur Verputz, jede Ritze hatte ihre Eigenschaften, hatte die Härte, die exakten geometrischen Formen eingehend studiert und miteinander verglichen. Seine Sensibilität hatte eine grässlich mephistophelische Wandlung durchgemacht. Er wusste mit geschlossenen Augen, welche Maus sich an den Essensresten in seiner Suppenschüssel auf dem Boden gütlich tat. Sein Gehör war so weit fortgeschritten, dass er nachts das Rascheln der Käfer an den Wänden ganz genau verfolgen konnte. Manchmal belauschte er im Dunkeln fasziniert den Kampf, der sich abspielte, wenn einer von ihnen sich in einem der Spinnennetze in der Ecke verfing. Dennoch betrachtete er die Dinge nun, als sähe er sie zum ersten Mal, als wäre alles ein Traum.

Dieser dreckige Ort flößte ihm Verzweiflung ein. Wenn er nur hinaus könnte und leben! Leben, um zu spielen!

O Gott.

Unvermittelt drehte er den Kopf auf seine Linke und suchte angestrengt mit seinen Augen. Ja, die Violine war da. Noch da, im schäbigen Geigenkasten, auf dem geflickten Stuhl. Er erinnerte sich an fast nichts mehr aus seinem Leben, nur dass er Geige gespielt hatte.

Er streckte eine Hand aus, um nach ihr zu greifen, aber es gelang ihm nicht. Er versuchte, sich zu bewegen, doch schaffte es nicht, aufzustehen und fiel schweißüberströmt in sich zusammen. Dann, röchelnd und in die Bettdecke beißend, versuchte er es erneut. Umsonst.

Er fühlte, wie die langen Haare vor Schweiß an seinem Hals klebten und dachte bitter daran, welche umso größere Schwäche diese Anstrengungen nach sich ziehen würden. Er musste die Augen schließen. Da nahm er, wie in all seinen Momenten musikalischer Inspiration, die Geige und behalf sich mit seinen Gedanken! Er hob die Geige an und nahm sie aus dem Geigenkasten heraus. Er hielt sie mit größter Vorsicht und inspizierte sie von allen Seiten. Er säuberte sie mit einem Zipfel der Bettdecke und testete eine Saite. Dann legte er sie ans Schlüsselbein und setzte den Bogen auf.

Musik entstand, dehnte sich in reiner und intensiver Luft aus, füllte dieses elende Loch und überlud es mit leichten Tönen. Die Melodie durchdrang sogar die Materie und entlockte ihr ein klares Klingen, als hätten die Lumpen ein Herz aus Kristall. Die Finger bewegten sich sicher und das Instrument reagierte auf jeden Druck, als handele es sich um eine Guarneri, wobei es Zwischentöne freisetzte, die ihn leicht berauschten. Er schloss die Augen und hatte plötzlich die erhebende Vorstellung, sich auf der Bühne eines Konzerthauses zu befinden. Die Menschen im Parkett und auf den Rängen hingen verzückt an ihm. Es war, als würde ein Konzert, das unterbrochen worden war, nach einer langen Pause fortgesetzt. Welch eine unbeschreibliche Erinnerung! Die Haare fielen ihm in die Stirn, er musizierte mit fiebrigen Fingern, er spielte und spielte. Die liebliche Stärke, der ephebisch runde Klang, den es ihm zu entfesseln gelang, vermochten es, die Sensibilität der zahlreichen Unbekannten zu erhöhen, die seinetwegen das Theater füllten. Es schien ihm wirklich, als setze er ein einst unterbrochenes Konzert fort. Aus den Regungen der Gesichter konnte er die Wirkung seiner Melodie lesen. Auf einigen lag ein trauriges Lächeln oder unumkehrbare Bestürzung. Andere, erfüllt von der vagen Ahnung des Königreichs, die die Musik auf atavistische Weise wieder zum Leben erweckte, versanken in der engelhaften Süße, die ihre Hilflosigkeit umgarnte.

Er spielte wie ein Gott in einer sich fortsetzenden Abfolge von Virtuosität und Nachdruck, von grazilem Nachgeben und schmerzlicher Melancholie. Und einige Themen schienen aus der Religiosität eines alten Kirchenschiffs einzuströmen oder aus der Tiefe eines unbekannten Abgrunds. Sogar die Spinnweben des alten Theaters aus dem 18. Jahrhundert bogen sich, blähten sich im Hauch dieser glänzenden und sinnlichen Raserei.

Als er die Geige absetzte, entkam ihm eine Träne. Er wusste, dass er niemals so gut gespielt hatte. Ein Kinderchor hatte, am Ende fast raunend, das Finale dieser musischen Spiralen begleitet.

Schon war wieder Abend, zu früh und düster.

Wieder war eine Nacht zu überstehen mit ihren vielgestalten Schrecknissen. Er hatte das Gefühl, dass diese Nacht anders sein würde. Diese Vorahnung: dass es seine letzte Nacht als Lebender sein könne.

Erneut fühlte er die Mattheit und großen Durst, wie er ihn noch nie gespürt hatte.

Vielleicht war es das Blut, das nun seinen Körper verließ; er erinnerte sich daran, dass in den Kämpfen der Antike die Sterbenden nach Wasser flehten. Nun starb er also!

Seine Augen suchten nach etwas, das Flüssigkeit enthalten konnte, aber er erinnerte sich, dass es in diesem Elendsloch kein Wasser gab. Wasser hätte auch nicht genügt, um diesen Durst zu löschen. Um den Verlust des Blutes auszugleichen hätte es kühles, prickelndes Bieres bedurft. Er spürte, wie sich bei der Vorstellung in seinem Gaumen Speichel sammelte. Bier würde sich in Blut verwandeln und ihm das Leben wiederschenken. Er schloss die Augen vor der Qual, die ihm der Durst und diese Gedanken verursachten. Es schien ihm, dass jede Pore seines Körpers die Mündung einer Vene sei, die in den rauen Stoff das Blut einließ, das von seinem Herzen kam, dass dieser Vorgang seiner Austrocknung fließend passierte. Er versuchte, sich die rissigen Lippen zu befeuchten, aber die Zunge war wie ein ausgetrockneter Schwamm. Ohne Zweifel hatte er Fieber und Schwierigkeiten, seine Gedanken zu formulieren. Er war äußerst schwach, bereit für den Tod, der aber nicht kommen würde, sondern nur und schrecklich: eine Metamorphose. Wie lange würde es dauern, bis sein Körper völlig eins mit der Materie war? Die Schläfen pulsierten, er hatte Durst. Eine selbstmörderische Zärtlichkeit schwebte ihm durch den Geist: Er bewegte sich nicht, er schloss die Lider in der Hoffnung, den Prozess mit vollkommener Trägheit zu beschleunigen.

Er dachte nichts mehr. Er begriff, dass die Gedanken nicht mehr ihm gehörten. Aber er war gezwungen, nur an die Empfindungen zu denken, die ihn von Mal zu Mal durchdrangen, sie neu zu weben und dem Geist alternativlos anzubieten.

In diesem Moment musste die Ausblutung abgeschlossen sein.

Er stellte fest, dass er kein eigenes Gewicht mehr ausmachen konnte. *Er spürte sich nicht.* Die Luft schien ihm eine klar herausgebildete, spürbare, körperliche Substanz zu sein, wie ein feines Spinnennetz und tödlich *lebendig*.

Seine Seele war nicht mehr bei ihm, sie war überall, sie war in der Luft.

Er spürte sich auch außerhalb der Pritsche präsent, hinter dem Flechtstuhl, ohne dass dazu eine Bewegung nötig wäre. Seine geistige Essenz verdunstete, dehnte sich aus im chamäleonhaften Spiegel der luftartigen Substanz, verstreute sich in Tausende winzige Moleküle.

Mit leisem Grausen wurde er gewahr, dass ein Schatten, der eines Gedanken, sich von ihm ablöste hin zu diesem Nichts aus all dieser Durchsichtigkeit.

Tausend unsichtbare Augen beobachteten ihn, vielleicht all jener, die vor ihm in diesem Loch gehaust hatten.

Da plötzlich sah er – oder kam es ihm nur so vor? – auf dem Boden einen Krug, bis zum Rand mit einer perlenden Flüssigkeit gefüllt. Zunächst weckte dieses seltsame Bild kaum Begeisterung in ihm. Er hielt es für eine geometrische und bizarre Fortsetzung der Träume. Doch diesmal verschwand die Erscheinung des Krugs nicht, indem sie sich in etwas anderes wandelte, sie blieb, wo sie war.

Mit aller Vorsicht und einem elendig spöttischen Grinsen, um sich gegen eine Enttäuschung zu wappnen, betrachtete er sie aufmerksam, seine ganze verbliebene Kraft in diesen Blick legend. Der Krug existierte.

Er war wahr. Ein stabiler Krug aus weißer und blauer Keramik, voll bis zum Rand mit einer Flüssigkeit, die überschäumte. Sie stand beinah zu Füßen seiner Pritsche. Und ein unbändiges Bedürfnis, eine Hoffnung bemächtigte sich seiner. Er musste den Krug erreichen. Doch er erinnerte sich an das kräftezehrende Greifen nach der Violine und beschloss, mit mehr Vernunft vorzugehen.

In der Zwischenzeit fasste er Zuversicht, weil er noch denken konnte. Im Geiste sammelte er seine wenigen Kräfte, sicher, dass sie durch die Entdeckung des Krugs gewachsen waren. Dann maß er die Entfernung zwischen sich und dem Krug.

Dieser befand sich nahe bei der Kante der Pritsche, also in der Nähe seiner Füße. Sein Kopf war etwa zwei Meter von ihm entfernt. Er fühlte sich so schwach, dass er sich niemals würde aufrichten oder gar würde auf seinen Füßen zu ihr gehen können. Es blieb kein anderer Weg, als sich von der Pritsche fallen zu lassen und dorthin zu robben. Aber auch das brauchte Kraft. Er beschloss, die Schwerkraft zu nutzen, um hinunterzugelangen und somit die restliche Energie zu sammeln, um den Körper zu drehen und den Krug zu erreichen.

Langsam gelang es ihm, einen Arm baumelnd hinunterzuwerfen. Die Fingerknöchel schlugen auf dem Boden auf, aber er fühlte keinen Schmerz. Blieb der Kopf. Mithilfe der Halsmuskeln gelang es ihm, ihn bis zum Rand der Matratze zu schleifen. Letzteres muss die Verlagerung des Gewichtes unterstützen, denn er hatte oft an derselben Stelle am Rande der Matratze gesessen, um nachzudenken, und so dort eine abschüssige Fläche geschaffen. Die leblosen Arme hatten nicht die Kraft, effizient den Rumpf zu bewegen. Doch es hatte sich noch eine gewisse Beweglichkeit seines Halses erhalten. Indem er ihn nach vorn warf und in den Rand der Matratze biss, zog er den Kopf voran, bis er unter dem Kinn keinen Widerstand mehr spürte. Da riskierte er einen noch größeren Aufwand, hervorgerufen von vielen kleinen Anstrengungen entlang des ganzen Körpers, und der Kopf fiel schlenkernd ins Leere. Er baumelte leicht hin und her, unfähig von selbst zu bremsen. Somit war die schwierigste Phase bewältigt. In einer Serie kleiner, schmerzhafter, oszillierender Bewegungen, die durch die abschüssige Matratze erleichtert wurden, rutschte der Körper nach einer endlos langen Zeit schließlich schwer auf den Boden.

Bäuchlings ausgestreckt fand er sich wieder, mit den Lippen in der Schmutzkruste auf den Fliesen. Sein Körper kam ihm außergewöhnlich weich vor, als wären die Knochen in den einzelnen Gliedern nicht mehr durch Gelenke verbunden. Und wie auch immer das geschehen war, er war mit völlig ausgestreckten Armen gelandet, wie ein Kruzifix.

Er schloss die Augen, sammelte erneut alle Kräfte und begann mit dem Versuch, sich in Richtung des Krugs zu bewegen.

Und das, indem er sich auf die Seite verlagerte, denn auch wenn der Krug am Fußende stand, war er in die andere Richtung gefallen. Zuerst gelang es ihm, einige Zentimeter voran zu robben. Dann überfiel ihn die Mattigkeit. Schweißgebadet hielt er inne, auf dem Bauch liegend, und wartete, dass die Schwäche vorüberging, den Krug fixierend, der sich nun zu seiner Linken befand.

Er war kaum mehr zu erkennen, denn der Abend war nun vorangeschritten. Dennoch erkannte er durch das Weiß im Muster die bauchige Form. Er grübelte über den günstigsten Weg nach, jene Form mit der geringsten Anstrengung zu erreichen. Ein Hauch von Erholung zog in seine Fasern. Doch es würde ewig dauern, bis er sich wieder ausreichend hergestellt fühlte und der Durst brannte in ihm, der Hals klebte wie Muschelschalen zusammen.

Er prüfte die essenziellen Teile seines Körpers. Die Beine waren völlig gefühllos, doch die Muskeln des Bauches und der Brust reagierten. So kroch er noch einmal weiter, wobei er die Kräfte verteilte und jede Abschüssigkeit des Bodens nutzte, sich an Fliesen festkrallte, die schief lagen oder kaputt waren.

Er machte Boden gut, mit Mühe, und er musste ein weiteres Mal innehalten, um einer neuen Krise vorzubeugen. Aber die Kraft kehrte nicht zurück. Im Gegenteil, er empfand eine neue, noch unnachgiebigere Mattheit, die ihn jeden Atemzug abtötend innerhalb kürzester Zeit dort festnageln würde.

Keuchend und sich in eine erhöhte Fliese verbeißend spannte er sich wieder an im unbeholfenen Versuch, einen Hebel zu finden, um den Körper vorwärtszubringen. Doch nicht einmal die Zähne hielten mehr, sondern schienen im Zahnfleisch abzustumpfen, das wiederum unter ihnen zusammenquetschte. Der Blick vernebelte sich ihm.

Gerade da fuhr ihm eine wilde Wut in die Knochen: Er wollte diesen Krug, er wollte trinken. Er wusste, um den Krug zu erreichen, musste er alles geben! Für einen Schluck opferte er sein Leben, sogar seine Seele. Und auch die Geige.

Unterstützt von seinem schrecklichen Durst kroch er, schob er, robbte er, sah den Krug nahebei, kugelrund, nur wenige

Zentimeter fehlten noch. Er war randvoll. Der Inhalt quoll über, bedeckte den Krug mit Schaum, gelblich, großer Gott, es war Bier!

Unter Anstrengung streckte er den Arm aus im Versuch, den Henkel zu greifen. Unmöglich. Also robbte er unter Einsatz weiterer Opfer und Schmerzen voran, schloss endlich seine Faust um den Henkel und zog ihn zu sich. Auch durch den Schweiß, der über die Augenlider rann, verschwamm seine Sicht. Zudem war der Krug schwer.

Verzweiflung packte ihn und er weinte. Nach schrecklichen Anstrengungen streckte sich auch der zweite Arm, der verrenkt schien, nach dem Henkel. Mit beiden Händen zog er am Krug, Gefahr laufend, ihn umzukippen, doch zum Glück neigte er sich über seinen Mund.

Er trank. Ununterbrochen. Das Bier rann durch seinen nimmersatten Hals und stellte den ganzen Organismus wieder her. Er trank in großen Schlucken, beide Hände um das Gefäß geschlungen. Und das Bier war köstlich, aber nicht nur das, es schien auch eine seltsame, wunderliche Macht zu besitzen.

Schließlich ließ er ab. Es gab nichts mehr zu trinken.

In jedem seiner Glieder spürte er eine belebende, angenehme Wärme. Und jede Gliedmaße, jeder Muskel sehnte sich nach irgendeinem Ausdruck einer schier unverantwortlichen Bewegung oder Kraft, erfüllt von überquellender Lebensenergie. Das war nicht alles: Die trostlosen Schatten verschwanden aus seinem Gehirn, vertrieben von der Klarheit einer neuen Vernunft, von Scharfsinn, einer scharfen, ausgeglichenen und tiefgründigen Begabung dafür, den Überblick zu behalten. Er trank nochmals, auch den allerletzten Rest des Getränks, die ihm, der das Gefäß schräg hielt, entgegenrann, und als er den Kopf vom Krug weghob, fühlte er sich durchaus gut.

Die Albträume, all die kleinen Ängste, die ihn niedergedrückt hatten, alles war im Bier verpufft. Aus dem Bier hatte er den enormen, wunderbaren Drang zu handeln geschöpft, der ihn von seinem Herzen her durchsprudelte. Er war nicht mehr krank, er war Herr all seiner Fähigkeiten. Wie war das möglich?

Nach so langer Zeit konnte er gehen. Er trat gegen die überstehende Bettdecke und lief im Lagerraum auf und ab, die Arme wie Napoleon hinter dem Rücken verschränkt.

Er testete jedes Gelenk, jeden Reflex in dem Bewusstsein, dass er dank welchen Zaubers auch immer eine unschätzbare und sonderliche Gabe erhalten hatte, nahezu eine Allmacht.

Die Lumpen beispielsweise erschienen ihm viel realer. Mit den Augen stieg er in jede ihrer inneren Falten hinab bis zu dem, was sie unter ihren Wölbungen versteckten und er berechnete den exakten Kraftaufwand, der nötig war, um mit den Fingern den Widerstand des Stoffes zu zerreißen. Und der Mond, der sich durch das zerbrochene Glas des Fensters bemerkbar machte, war deutlich weniger hell als die Blitze, die seine eigenen Augen versprühten. Er fühlte sich wahrhaftig gut. Vielleicht *zu* gut.

Es bestehen viele Ähnlichkeiten zu Natur, die es ermöglichen, einen Vorgang zu analysieren; jedenfalls wird dessen Epilog hässlich, insofern sich das physische oder spirituelle Phänomen gemäß festen und vor allem bekannten Regeln manifestiert. Doch es existiert keine bestimmte Formulierung, die eine Erklärung für die leichte, geheimnisvolle Vorahnung eines neu aufsprudelnden Lebens geben könnte. Ein langer schwarzer Faden in einem dicken Bund aus weißen.

Er setzte sich auf den Rand der Pritsche und versuchte, eine Hand auszustrecken, um ihr Zittern zu betrachten. Doch der Arm bebte nicht und bewies so die innere Gesundheit. Er besah seine blassen, mageren Hände, dreckig von Arzneien und Kohlsuppe. Es waren die zarten, nachgiebigen Hände eines Künstlers, klein wie die einer Frau.

Ihn überkam der mächtige Drang, sich zu einer feinen und diffizilen Unternehmung anzuspornen, deren überschwängliches Gelingen ihn von seiner vollen Gesundheit überzeugte. Die Violine! Er nahm die Geige aus dem Geigenkoffer, säuberte sie, korrigierte eine Saite und setzte sie liebevoll an seine Schulter.

Und ließ sie sogleich wieder sinken, um sie ganz genau aus der Nähe zu betrachten. Er drehte und wendete das Instrument ungläubig zwischen den Händen. Die Violine war die gleiche, immer noch jene, die er vor langer Zeit auf einem Trödel gekauft hatte, und dennoch schien sie ihm nun auf eine gewisse Art verändert, als barg sie eine unbekannte Besonderheit, die ihm entging.

Wieder legte er sie hin, drehte sie um, ungewisse Vermutungen anstellend. So schloss er die Augen und rief sich einen nach dem anderen die Charakterzüge der Violine in den Sinn. Er öffnete die Augen und überprüfte sie, ohne etwas Unnormales zu entdecken.

Dennoch: Etwas war da! Er spürte, dass das Instrument eine unerklärliche Veränderung durchzogen hatte.

Er stand auf, nahm das Instrument und schmiegte es mit gewissenhafter Fürsorge in die Halskuhle. Die Violine schien ihm nicht mehr als ein großes Blatt auf der Schulter, so kräftig fühlte er sich. In dem Lager war vollkommene Stille. So verhielt er, den Bogen auf halber Höhe. Ein bitteres Erstaunen, eine vage Andeutung geistigen Unwohlseins, die sich jedoch als bitterlich anziehend herausstellte, durchzog ihn. Mit unsagbarer Erschütterung warnte sie sein eigenes musikalisches Bewusstsein und seine musikalische Sensibilität, als wären sie nun zu einem okkulten Pathos gereift. Er fühlte, dass er spielen konnte, ohne sich vorher einen Notensatz in den Sinn gerufen zu haben, einfach der Welle des Instinktes folgend.

Welch schmähliche Lüge! Gewiss gab es hier kein Notenblatt, aber die Erinnerung an das Werk, an das er bereits gedacht hatte, war im Äther, … er hatte noch nie wirklich erschaffen können. Aber er hatte es gedacht! Und auch den passenden Titel ersonnen: *Der hinkende Teufel*. Es war unnötig, sich selbst etwas vorzumachen. Er sollte nun wirklich anfangen zu musizieren!

Die Melodie befreite sich nach einem Moment des Zögerns.

Unfassbar! Zunächst fast angenehm wurde sie sich bald lebhaft, dunkel, wandelte sich trotz seiner Bemühungen, sie wieder in seine Kontrolle zu bringen, in plötzlichen Wellen in qualvolle und unterirdische Spiralen, in melodiöse und schreckliche, die Nacht bis ins Mark erschütternde Schreie, die ihn faszinierten durch ihre Art, in der sie von zweifelloser Kunstfertigkeit durchdrungen und schwer waren. Es war eine seltsame Melodie, durch und durch verrückt, verrückt und traurig, bisweilen dahinschwindend, gleichgültig, an anderen Stellen schrecklich kreischend und trostlos. Sie war ein Wind, der dazu verdammt war, auf ewig zwischen den Wänden eines ewigen Grabes hin- und herzuirren, ohne je einen Durchschlupf zu finden, durch den er sich hinausbreiten und im hellen Tage auflösen konnte. Doch die ewige Verdammnis in dem Grab machte zwischen den schwarzen und feuchten Mauern jedes Auffahren episch und jedes Aufbäumen übersinnlich. Vor seiner Vernichtung fand der Wind zu einer verzweifelten Stärke. Er zog seine ganze Essenz in einem Punkt des Grabes zusammen und entfesselte sich in wüster Wucht gegen die glatten Wände, ohne ihnen etwas anhaben, ohne auch nur ein winziges Stück herausbrechen zu können.

Er hätte natürlich aufhören können zu spielen, zumal diese Musik ihn mit tiefster Trauer erfüllte. Und dennoch: Er spielte weiter mit allem Einsatz, betört von der Faszination über diesen melodiösen Trauergesang der Verdammnis. Diese Musik überwältigte ihn. Diese unvermittelten und dann wieder fadenartigen Noten zeichneten exakt das Bild des ewigen Grabes und verdüsterten es in seiner ewigen Entität ohne jedwedes Entrinnen.

Stirn und Hals waren schweißgebadet, aber eifrig fuhr er fort, mit dem Gefühl, niemals solch eine Goldader gefunden zu haben. Eine so unerwartete Gestaltung. Eine so tragische und unvergleichliche Variation. Der Wind erstarb: Das Grab rächte sich für die hochmütigen Wutausbrüche.

Das Geheul dauerte an, doch immer wieder schwächte es sich zwischen den dicken Wänden dumpf ab und wurde manchmal sogar von mysteriösen Geräuschen, die von außerhalb kamen, übertönt. Und dann wieder schwang es sich zu seinem klangvollen Totenkampf auf, abermals neu erwachend und abschwächend, während aus dem Grabschatten eine Strömung quoll, die noch schwärzer als jener war, tödliches und schnelles, irrlichterndes Flackern mit sich tragend.

Der Kampf verlor seine Heftigkeit, er wandelte sich und ermattete. Die Lichtreflexe im Schatten stachelten jenen verdammten Wind noch auf, sie zwangen ihn, sich im gewünschten Schlingern, doch immer langsamer, aufzureiben. Der Wind ging zugrunde. Noch immer trug er Schauderungen wütenden Schmerzes in sich, doch die schrecklichen, violetten Blitze töteten jeden Impuls in ihm ab und warfen ihn nieder.

Und jene nun nicht mehr geschriene Trauer beschrieb begleitet von seltsamen äußerlichen Geräuschen einen tiefen, elegischen und unmenschlichen Schmerz.

Plötzlich setzte er ab. Ein Grauen hatte sich mit der Musik in ihn geschlichen. So stand er da, erbleicht, die Stirn schweißnass.

Denn es war alles seltsam. Er hatte aufgehört zu spielen, doch die mysteriösen Geräusche, die von außerhalb des Grabes kamen, hallten weiter in seinem Trommelfell wider. Er lauschte, den Atem anhaltend.

Zunächst konnte er nur hören, wie der Schweiß an ihm herunterprasselte und Spuren über die Haut zog. Doch dann, von weit her, nicht unmerklich und dennoch real und unablässig, erreichten ihn die Druckwellen von Schlägen.

Ah! Es gibt viele Schrecknisse. Aber keines ist vergleichbar mit dem Wahnsinn, der die Vernunft lähmt in der Vorahnung von etwas Unbekanntem doch zweifellos Schrecklichem, das passieren wird. Unbekannt. Doch weshalb war bei der Wahrnehmung dieser Schläge sofort mit animalischer Panik der Gedanke an Spaten, an Schaufeln herbeigaloppiert, die Erde hinabwarfen, um ein Grab zu verschütten, das so groß war wie dieser Keller?

Unbeweglich verharrte er starr wie ein Holzbalken inmitten des Raumes, unfähig zu irgendeiner Bewegung. Scharfe Gedanken jagten sich wild, bis ein schrecklicher ihn niederrang. Erschöpft verhielt er noch einen Moment; die Schläge kamen näher und wurden lauter und lauter. Er vergrub das Gesicht in seinen Händen und drückte die Daumen auf die Ohren. Dennoch hörte er die Schläge. Er warf sich unter die Bettdecke und zog sich das Kissen über den Kopf. Deutlich hörbar durchdrangen die Schläge alles.

So füllte ihn eine andere bizarre Überlegung mit neuem Horror: In Gedanken ging er weitere unmerkliche Indizien, andere

Verdachtsmomente der letzten Tage durch, brachte sie mit den Schlägen in Verbindung und brach in Panik aus.

Das war die teuflische Wahrheit: Er erinnerte sich an alle nicht zuordenbaren Geräusche der vergangenen Tage und verglich sie mit diesen Schlägen. Endlich verstand er das Rätsel! Es war nie das Nagen der Mäuse gewesen, sondern solch ein Geräusch. Der Regen, das Brummen der Insekten, selbst die Töne der Violine waren nie gewöhnliche Geräusche gewesen, sondern das Rumoren von Stahlbeton, von stürzenden Ziegeln und den Schlägen, die sie zerstörten!

Er hatte Angst. Erinnerte sich an den Krug und wollte ihn holen, vielleicht war er ein weiteres Mal die Rettung. Vielleicht enthielt er wieder Bier.

Der Krug war verschwunden. Also war alles nur Einbildung gewesen! Derweil erzeugten die Spaten, die Schaufeln oder was immer sie waren dumpfen Krach, wie Sand oder geriebenen Beton, der rieselte. Er wurde also in diesem Moment lebendig begraben!

Für einen Augenblick sah er, dass auch die Kinder, jene vom Chor vorher, schmerzerfüllt mit vor Qual verzogenen Mündern weinten ... Da verstand er, dass dies das Ende war ..., und, auch das muss gesagt werden, er fühlte eine ungewohnte, seltsame Berührung an der Schulter.

„Maestro! Maestro!"

Eine weibliche Hand hatte sich auf seine Schulter gelegt. Schließlich musste er die Augen öffnen.

„Maestro, wir dachten nicht, dass Sie noch da sind. Fühlen Sie sich schlecht? Brauchen Sie etwas? Ich hätte ein Aspirin in meinem Kabäuschen." – Die unangenehme Falsettstimme der Garderobenfrau erreichte ihn in einem unangenehmen Rhythmus. Warum schrie sie denn so? Herrgott, was für eine schreckliche Stimme.

„Sie haben schon angerufen und gefragt, ob wir vielleicht wissen, wo Sie sind und wir haben Nein gesagt. Das müssen Sie entschuldigen. Wir wussten ja nicht, dass sie noch hier in Ihrer Ankleide sind, wo doch das Theater schon geschlossen war."

Er fuhr sich mit der Hand durchs Haar, wie er sich beim Finale des *Teufelstrillers* seine Haare mit einem nervösen Schwung des Kopfes aus den Augen schütteln musste, da er ja die Hände nicht von der Violine nehmen konnte. Derselbe Schopf, wenn auch mittlerweile ergraut, wie damals.

Nein, nicht wie damals. Wahrhaftig nicht, denn er war berühmt und reich und erfreute sich außerdem bester Gesundheit. Er aß zu viel und ... das war nicht zu verschweigen, er trank. Und das war es, weshalb er nach der Sonate in seiner Umkleide so erstaunlich lange bei geschlossenen Augen ins Sinnieren gekommen war.

Der Applaus des Publikums hatte ihn kalt gelassen. Zum ersten Mal hatte er sich gefühlt wie ein Kind mit seinem Flötenspiel in einem Triklinium von Pompeji. Wie ein Sklave. Und jene lästigen Haare über der Stirn hatten in ihm eine scheußliche Prüfung seines Gewissens ausgelöst. Die – langen – Haare fielen ihm auf die Stirn genau wie damals, als er die letzten Takte des *Teufelstrillers* gespielt hatte. Aber jene durchdringende und göttliche Harmonie der Geige, die war nicht da!

Unerreichbar!

Es war unsinnig, es zu leugnen und den Gedanken wie einen Raben konzentrisch im Sinkflug zu einem Kadaver hinabkreisen zu lassen. Er hatte es sich bei geschlossenen Augen bereits gesagt: Er spielte nicht mehr wie einst. Wie einst, vor sehr langer Zeit, als er schrecklich arm, kränklich und verlassen auf einer Pritsche in einem Kellerloch darniederlag.

Aber warum? Müssten nicht die reife Frucht der Erfahrung und das nützliche Abhandensein jedwedes finanziellen Mangels, nun all diese Dinge, sich günstig auswirken? Eben nicht.

Warum?

Es fehlte etwas. Das war klar, es fehlte ihm etwas.

Tatsächlich hatte er es immer vermutet, doch erst an diesem Abend nach der Sonate, als er es endlich geschafft hatte, sich dazu zu zwingen, im Dunkel sitzen zu bleiben, hatte er es mit geschlossenen Augen in schmerzlicher Gewissheit eingesehen. Er konnte nicht mehr wie einst spielen, denn es fehlte ihm ...

die sprudelnde Inspiration des Grauens. Die schreckliche Angst und die übermenschliche Anstrengung, das Handgelenk dazu zu zwingen, nicht zu zittern, um eine unvergleichliche Schwingung der Melodie zu erzeugen, sodass sie die Angst überwand und bezwang. Und also? Es war simpel, doch schwer, abscheulich, es zuzugeben. Ihm fehlte die ANGST.

Und die würde er nicht wiederfinden.

Was ist zu sagen über den pathetischen Orfi? Sein Fall ist der eines modernen Musikliebhabers, vergleichbar mit einem der begabtesten Geiger der Vergangenheit, Niccolò Paganini und dessen Virtuosität. Wir wissen, dass er sehr gut, ja wie ein Gott auf seiner Geige spielte – *wie* gut können wir uns nicht vorstellen. Dies gilt auch für Orfi. Wer weiß, wie er vor vielen Jahren gespielt haben mag, als er noch unter dem magischen Einfluss des schrecklichen Lampenfiebers stand, das er bei seinem Auftritt beherrschen musste. Jetzt spielt er nur ein wenig besser als André Rieu. Doch das ist wirklich kein großes Kompliment.

Im Gegensatz zu Verena und auch Jutta, mit denen sie vielleicht diskutiert, während sie nackt auf der Wiese sitzt und wie diese ebenso verwundert ist über die Verspätung des Professors, versucht Dorothea zu erahnen, welche Charakterähnlichkeit sie mit den beiden gemeinsam hat. Dorothea unterscheidet sich von ihnen dadurch, dass sie nicht deren schnelle Auffassungsfähigkeit besitzt. Jutta und Verena erahnten nach einer Unterhaltung von nur wenigen Minuten die Tiefe ihrer jeweiligen Empfindungen, während es bei Dorothea drei Tage dauert, bis sie diese plötzliche Erkenntnis hat.

Deshalb will ich diese Einzelheiten genau beschreiben.

DOROTHEA

Erster Akt

Vielleicht war das nicht der erste Tag. Wie lang mochte sie schon hier sein? Vielleicht auch zwei oder sogar schon drei Tage. Wie hätte sie es mit Sicherheit sagen können? Es war der erste Tag, an dem sie wirklich wach war. An dem ihre Pupillen sich nicht mehr unter der abnormen Schwere einer unnatürlichen Müdigkeit verdunkelten. An dem die Benommenheit sie losließ, die sie seit dem Moment befallen hatte, in dem sie entführt worden war.

Wie war es passiert? Wann genau? Die Erinnerungen zerrannen wie Nebelschwaden: spätes Erwachen in der Vormittagssonne. Dass sie ausgegangen war, vielleicht spazieren, vielleicht auch, um Besorgungen zu machen, irgendeine Kleinigkeit, um etwas nach Hause zu tragen, etwas, das später vielleicht auch als Geschenk für jemanden dienen konnte. Ja, jetzt erschien es ihr etwas klarer ... Sie hatte auch ein Antiquariat besichtigen wollen, dann einige Minuten Pause in einem Café in der Innenstadt ...

Es musste so schnell passiert sein, ohne eine Chance zu begreifen, was vor sich ging. Jemand, der ihr nah kam, der sie mit unerwarteter Gewalt in ein Auto zerrte. Das Auto, das so plötzlich genau hinter ihr gehalten hatte. Sie rieb sich die Schläfen, dann das ekelerregende weiche Ding auf Mund und Nase, der Druck, und dann ... So musste es gewesen sein. Noch immer schmeckte sie den seltsamen und üblen Geschmack nach Krankenhaus auf den Lippen, nach Medikament oder Ähnlichem. Sicher wusste sie nur eins: keine Erinnerung daran, wie sie an diesen Ort gelangt war.

Nun blieben zwar ihre Augen ohne größere Anstrengung offen, aber was sie sahen, fand keine Erkenntnis, Gedanken und Eindrücke flossen zäh, unmöglich, sie zu verbinden, zu logischen Schlussfolgerungen, zu einer Erklärung. Fragen trieben in ihrem Kopf wie Sperrgut.

Chloroform, zog es ihr durch den Kopf. War es das? Oder ein anderes Gift? Aber wo war sie? Wo? Keine Frage wollte sich formulieren lassen, die Fragen entstanden wie von selbst, instinktiv, im Nervengeflecht ...

Nach einer Stunde erwachte sie wieder, fast vollständig. Nein, Chloroform konnte das nicht sein, sondern etwas Komplexeres, Hartnäckigeres. Etwas Unbekanntes, das noch lange ihren Willen, ihre Sinne beeinflusste, wenn auch nicht unangenehm.

Sie war entführt worden!

So stand er da, der Gedanke. Der einzige. Das einzige Bild, das sich nicht ignorierbar, durchscheinend und verschwommen vor ihr bewegte wie eine Pendeluhr in Zeitlupe.

Wo?

Wo hatten sie sie ohne einen Funken Bewusstsein hingebracht, ohne die kleinste Ahnung, dass jemand sie gerade packte, anfasste, mit Sicherheit roh herumschleifte? Es war nicht auszumachen, nichts war auszumachen in ihrem geistigen Zustand.

Mit einiger Anstrengung richtete sie sich im Bett auf – es war ein Bett, auf dem sie lag – streckte die Füße über den Rand, hielt sich am Kopfende fest gegen den Schwindel. Endlich gelang es ihr, die Formen ihrer Umgebung wahrzunehmen. Der Raum im Halbdunkel versunken. Schräge Decken. Licht kam durch ein kleines Gaubenfenster im Dach, das von einem Stoff verhängt war. Mansarde.

Sie betrachtete die schrägen Wände und die Dachbalken. Wirklich eine Mansarde. Wie groß? Sie zwang sich, zu schätzen. Vielleicht 50 Quadratmeter, mit diesem einzigen, fast völlig verdunkelten Fenster, durch das Licht kam.

Sie schob einen Fuß, den zweiten auf den Boden. Tiefer Teppichvorleger. Schlurfte auf dem weichen Untergrund. Sie fühlte sich immer noch schwach, auch wenn sehr langsam eine erste, ermutigende Ahnung von Kraft in sie zurückkehrte. Vor allem hatte sie nicht mehr viel Lust, zu schlafen. Und das war ein sehr gutes Gefühl. Leider das einzige. Sie befand sich in einem traumverhangenen, düsteren, schrecklichen Rätsel.

Wer? Warum? Sicher, um eine enorme Summe von ihrem Ehemann zu erpressen. Ob sie ihn schon kontaktiert hatten? Fetzen aus Kinofilmen drängten in ihren Kopf, von verzerrten Telefonstimmen, die kurze Anweisungen gaben, ohne zu antworten. Wusste die Polizei Bescheid? In ähnlichen Fällen kam die Polizei nie, aus Vorsicht, wenn nicht zu bestimmten Dingen aufgefordert. Was bedeutete, dass alles von ihrem Mann abhing.

Ob er zahlen würde? Ob er, wie es seine Art war, Befehle kategorisch ablehnte? Er war so hart und unsensibel geworden in letzter Zeit! Und wer weiß, wie exorbitant viel Geld die gefordert hatten. Mit Sicherheit eine Summe, die ihn in den Ruin treiben würde. Würde man sie töten?

Sie setzte sich. Kämpfte gegen den Gedanken. Atmete. Schloss die Augen und öffnete sie wieder, konzentrierte sich darauf, ihr Gefängnis zu betrachten.

Sie war in einem französischen Bett aufgewacht, zwischen hohen, weichen Kissen, die mit gemusterter Seide bezogen waren. Kissen und weiche Teppiche überall. Ein überdimensionaler, barocker Sessel. Die Möbel, eine Kommode und ein Bettkasten, waren aus massiver Eiche mit feinen Schnitzereien, auf der Kommode stand ein altmodischer, geschwungener Kerzenhalter. Angrenzend ein Bad. Das Zimmer war hochwertig und mit einem gewissen, wenn auch diskutablen, Geschmack eingerichtet: Ihr Gefängnis war barock.

Dann fielen ihr noch mehr Skurrilitäten auf. Ihr femininer Instinkt registrierte sie auf bemerkenswerte Weise gleichzeitig. Keine Tür zum Bad. Auch die Einrichtung des Bades, voll mit wertvollen Badesalzen und Düften und besonders die Wanne aus schwarzem Granit mit ziselierten Intarsien in Azur und Ocker, musste einiges gekostet haben. Sie war groß, diese Wanne, für zwei Leute gedacht, die dort gemeinsam eintauchen konnten. Wer hatte das so eingerichtet? Sie musste zugeben, dass der Raum um einiges schöner als ihr eigenes Bad war. Sie hätte sich nie ausgemalt, dass das Gefängnis einer von Banditen geraubten Geisel so aussehen könnte. Sie betrat das Bad. Die Ablagen aus Granit waren voller Öle, Salze und Parfüms, einige darunter sehr exotisch, alle von den besten Marken. Große, saubere, weiche Handtücher. Gedankenverloren griff sie nach einem Parfüm. Alles akkurat von langer Hand und mit Feinsinn vorbereitet. Nur für sie? War das möglich?

Oder war sie hier zufällig? Weil die Entführer keinen besseren Ort gefunden hatten? Oder war etwas schiefgegangen, vielleicht war ihr ursprüngliches Versteck nicht mehr sicher, gefährlich geworden, und man hatte in letzter Minute umdisponieren, eine andere, neue Lösung finden müssen. Vielleicht gehörte dieses Versteck nicht den Entführern, sondern war dem wahren Besitzer abgepresst worden. Eine schnelle Notlösung, weil etwas nicht nach Plan verlaufen war.

Wo war sie? Sicher auf dem Land, weit weg von der Stadt. Das unaufhörliche Zirpen unzähliger Grillen, das durch das halbgeöffnete Dachfenster drang, brachte sie zu dieser Überzeugung.

Im Spiegel bewegte sich eine Frau nach ihren Bewegungen. Entsetzt stellte sie das Parfüm abrupt ab und betrachtete die Frau, sich. Erst jetzt wurde ihr bewusst, was sie trug: ein durchsichtiges Seidenkleid. Darunter war sie nackt.

Wo waren ihre Kleider. Zäh rollten Gedanken, die erschreckend hätten sein müssen. Überrollten sie. Zäh pochte das Herz, das hätte rasen müssen. Wer hatte sie entkleidet. Ein Mann? Ihre Hand, ihr Inneres auf der Suche. Sie versuchte, in sich zu erspüren, was sie nicht denken wollte. Was sie in schüttelndes Entsetzen versetzt hätte, hätte sie die Kraft gehabt. Über ihr türmte sich eine Welle Befürchtungen. All das, dieses Gefängnis, das mehr einem Schlafzimmer aus dem Playboy ähnelte, so absonderlich, beängstigend. Warum das Kleid. Warum war sie allein, ungefesselt. Warum kam niemand? Was sollte das alles? Was wollten die? Nichts wollte sich zusammensetzen, nirgends fand sich ein haltender Gedanke. Sie nahm all ihre Sinne zusammen, um ihre Situation zu beurteilen.

Was sie wollten, teilten sie ihr vermutlich nicht mit, weil sie es ihrem Mann längst gesagt hatten, mit einer lakonischen, furchtbaren Nachricht: Geld oder Mord. Manchmal sandten sie, wie bei der Entführung dieses reichen Amerikaners Getty, per Post ein blutiges Ohr der Geisel in einer Schachtel an die Verwandten, um den Ernst der Drohung zu betonen.

Sie sprang zur Tür, rüttelte an der Klinke. Verschlossen. Wie naiv von ihr!

Das kleine Fenster war halboffen! Und erreichbar. Aber zu klein, um selbst ihren schlanken Körper durchzulassen. Und was hätte sie dann irgendwo weit oben auf dem Dach gewollt? Um Hilfe rufen. Sie konnte sich nicht vorstellen, dass die Entführer das nicht bedacht hätten. Vermutlich war das Haus abgeschieden auf weiter Flur oder inmitten eines riesigen Geländes, das den Entführern gehörte. Ihre Schreie würde niemand hören. Sie würden ihre Lage nur verschlimmern. Die Entführer würden sie hören, sie bestrafen, sie fesseln, sie schlagen.

Warum kam niemand?

Das war nicht der gewöhnliche Umgang mit einer Geisel.

Sie ging zurück ins Bad durch diese verflixte, nicht vorhandene Tür. Gab es eine Überwachungskamera? Sie suchte aufmerksam Wände, Decken, Balken von Bad und Mansarde ab.

Nichts.

Also untersuchte sie die Einrichtung des Bades, vor allem der Wanne, die wirklich gut gearbeitet war und wie bereits festgestellt bequem Platz für zwei Körper hatte, Whirlpool-Funktion. Dann brachte sie ihr weiblicher Instinkt dazu, die Parfüms endlich eingehend zu untersuchen. Es waren viele, und teure. Auf einem grazilen Regal reihten sich verschwenderisch viele Cremes, Öle, Badezusätze. Und auf den Wandkacheln, im Stil der hochwertigen Majolika-Manufaktur, waren Szenen des pompejanischen Lebens abgebildet, anzügliche Andeutungen.

Alles war so seltsam.

Was geschah hier mit ihr? Alles hier war seltsam, angenehm unnormal. Sie ließ sich auf den riesigen Barocksessel sinken und betrachtete die Wände. Sie waren mit rotem Samt tapeziert. Fensterlos.

Sie war also hierhergebracht worden. Mit Gewalt. Bewusstlos. Fremde Hände hatten sie ausgezogen … und hatten sie ihre Lethargie ausschlafen lassen bis zu diesem Moment.

Für Lösegeld?

Doch dieses Wort, diese vermutlich horrende Summe, löste sich schnell wieder auf und war ein Nichts gegenüber der seltsamen Vorstellung, dass jemand sie ohne ihr Wissen angefasst hatte, sie ausgezogen hatte.

Jeans, ein leichter Pullover. Das hatte sie angehabt! Wo waren sie? Sie ging zur Kommode und öffnete sie. Ihre Kleidung war nicht darin. Dafür noch mehr durchsichtige Kleidung.

Sie ging zum Spiegel im Bad und betrachtete sich. Was sie trug, war vermutlich sogar noch das am wenigsten durchsichtige Stück. Und schon transparent genug. Mehr ein Morgenmantel aus einer Art Seide, ohne Knöpfe, knöchellang. Die einzige Möglichkeit, ihn zumindest teilweise zu schließen, war ein Gürtel – wäre ein Gürtel gewesen, den es aber nicht gab. Sie überprüfte die anderen Kleidungsstücke in der Kommode, alles knopflose, gürtellose Morgenmäntel. Sie beschloss, etwas zu tun, was ihr in diesem Moment zugleich kühn, aber auch notwendig erschien. Die Lehnen des Sessels waren mit einer samtenen Kordel verziert, die in einem großen Knoten endete. Sie zog die Kordel aus den Stoffringen, die sie um den Sessel hielten, und band sie sich als eine Art Gürtel um, um ihr Gewand zumindest notdürftig zusammenzuhalten. So fühlte sie sich etwas sicherer, zumindest vor unverschämten Blicken.

Sie setzte sich wieder. Was gab es auch anderes zu tun, als zu sitzen und zu warten. Bis sich vielleicht endlich jemand zeigte und ihr sagte, dass das Lösegeld gezahlt und sie frei war.

Zu schön.

Aber es gab keine andere Wahl: sitzen und warten. Eine erneute Welle der Schwäche überkam sie und sie sank matt zurück und lehnte ihren Kopf auf den weichen Samt. Ihr schien, als ströme von irgendwoher ein leichter, aber eindringlicher Duft, wie von Räucherstäbchen, orientalisch, wie sie ihn schon einmal in Indien gerochen hatte – oder etwas sehr Ähnliches.

War das Einbildung? Woher kam er? Aber noch bevor sie ihre Sinne auf die Lösung dieses Rätsels konzentrieren konnte, ließ ein seltsames, kreischendes Geräusch sie auffahren. Etwas wie ein kleiner Anlasser und dann das unvorstellbare Kreischen eines Flaschenzugs. Plötzlich verstummte es. Es folgte ein Moment der Stille und dann öffnete sich plötzlich etwas an der Wand zwischen den Vorhängen, das sie auf eine Weise auseinanderschob, als wären sie die Kulisse einer Bühne.

Entsetzt betrachtete sie den Vorgang. Sie stellte fest, dass sich in der Wand die Türen von einer Art kleinem quadratischem Schrank geöffnet hatten. Völlige Stille war eingekehrt.

Nach einigen Atemzügen erhob sie sich, schockiert, aber neugierig, um sich das Machwerk in der Wand genauer anzusehen. Es war ein Lastenaufzug, der hervorgekommen war. Die beiden nun sperrangelweit geöffneten Türflügel hatten die Vorhänge auseinander gedrängt wie die eines Fensters. Im Aufzug entdeckte sie ein Tablett mit einem zugedeckten Teller und einem Weinglas, randvoll mit Rotwein. Ohne Zweifel ihr Mahl.

Sie hatte es zu nehmen und zu essen und dann sicher das Gedeck in den Aufzug zurück zu stellen. Warum zeigte sich immer noch niemand? Wer spielte mit ihr dieses rätselhafte Spiel? Hatten sie Angst, erkannt zu werden?

Sie ging gedankenvoll auf und ab. Hielt vor dem Aufzug inne. Hunger hatte sie nicht, aber Durst, wie sie jetzt feststellte. Einen Schluck Wein hätte sie gern getrunken. Schon hatte sie das Glas in der Hand, aber dann änderte sie ihre Meinung und stellte es zurück. Besser nicht. Auf keinen Fall durfte sie den Wein trinken. So durstig war sie auch nicht.

Unbewusst war sie einen Moment erfüllt von Stolz über diese kleine Entscheidung zum Widerstand. Sie war eine Bestätigung, dass sie sich fremdem Willen nicht unterwerfen würde.

Etwas unentschlossen tastete sie mit dem Finger nach dem Schalter auf der Seite und drückte ihn. Die Flügeltüren knallten abrupt zu und der Aufzug fuhr mit seinem Inhalt nach unten. Sie ging wieder auf und ab, bestärkt von ihrer Entscheidung. Was konnte sie noch tun?

Sie setzte sich aufs Bett. Mittlerweile fühlte sie sich kein bisschen mehr müde und schlafen war in diesem Moment auch überhaupt nicht angesagt. Ihre Lage war verzweifelt: Was würden sie mit ihr anstellen? In dieser Umgebung? Sicher war ihr Gefängnis besser als die, welche die Polizei in den Zeitungen veröffentlichte, denn es hatte ein bequemes Bett, ein weiches, angenehmes Umfeld, dieses seltsame Luxusbad. Jedes Mal, wenn sie an dieses Bad und all diese Parfüms und Cremes dachte, sprangen ihre Gedanken automatisch weiter zu der Vorstellung von ihrem schlafenden Körper, den unbekannte Hände entkleideten.

An dieser Stelle hielten ihre Gedanken inne: eben, wie seltsam. Hände, die sie langsam entkleideten, nicht hastig, ohne Gewalt. So erschien ihr das Bild vor Augen. War das eine Erinnerung? Kurze Eindrücke davon, wie ihr Körper gedreht und gewendet worden war, von zwei – oder verschiedenen – Händen, die sie wiederholt angefasst hatten, ihr selbst die intimsten Kleidungsstücke auszogen wie den BH und … o Gott … Nein, keine Erinnerung. Gar keine.

Aber dieses Zimmer, vor allem dieses Bad, die hatten sie dazu gebracht, an einen Besitzer zu denken, dessen Hände, wenn sie den Körper einer Frau auskleideten, erfahren und bewusst langsam vorgingen.

Einbildungen. Es blieb nur die Tatsache, dass sie ahnungslos ausgezogen worden war, während sie schlief, wehrlos war.

Diese Stille im Raum. Diese unglaubliche Stille – kein entfernter Hauch von Motorengeräuschen, nur die Grillen. Und die lullten sie ein, ließen sie an alles andere denken als an Gewalt. Sie bemerkte, dass das Licht abnahm, das durch das Fenster drang. Schon Abend. Wie spät mochte es sein? Die Uhr hatten sie ihr abgenommen, fiel ihr jetzt ein. Aber wie wichtig war das in ihrer Situation?

Nur der Moment ihrer Befreiung zählte. Wann war es so weit? Und wenn es Schwierigkeiten gab, wenn ihr Mann statt zu zahlen in seiner üblichen widerborstigen Dickköpfigkeit alles in die Hände der Polizei gelegt hatte?

Das würde vermutlich ihren Tod in dieser Mansarde bedeuten. Niemand würde ihren Leichnam finden, irgendwo unter einem Baum in der Wildnis vergraben. Niemand würde von der Mansarde erfahren und wer die Entführer waren. Was für eine Vorstellung. Aber eine andere wollte nicht in ihren Kopf.

Inzwischen war es Abend geworden. Sie erhob sich auf der Suche nach einem Lichtschalter, auch wenn sie bis jetzt nirgends Lampen entdeckt hatte.

Nichts. Außer für den Lastenaufzug schien es keine Stromversorgung zu geben. Aber aus dem Wasserhahn im Bad kam warmes Wasser, was bedeutete, dass es absichtlich hier oben keinen Strom, kein Licht gab. Sie näherte sich der Tür, aufmerksam die Wand rundum die Pfosten überprüfend, dort, wo sich normalerweise die Lichtschalter befanden. Und tatsächlich entdeckte sie wie vermutet einen Abdruck dort, wo sich der Lichtschalter befunden hatte. Die Stelle, wo das Kabel aus der Wand kam, war fachgerecht und kunstvoll in der gleichen Farbe der Wand abgedichtet worden.

War das nur für sie gemacht worden, vor ihrer Ankunft? Oder diente diese Mansarde schon immer als sehr eleganter, aber in der Nacht völlig dunkler Aufenthaltsort? Der Gedanke war beunruhigend, dass man das womöglich nur für ihre Entführung so ausgeklügelt hatte. Warum? Welche Gefahr konnte eine Lampe bergen?

Und wieder drehten sich verrückte Gedanken. Wenn es kein Licht gab, war es besser, sich aufs Bett zu legen und versuchen zu schlafen und auf den nächsten Tag mit seinen unvermeidlichen Neuigkeiten zu warten. Morgen würde sicher irgendetwas passieren. Ihr Mann, in die Ecke gedrängt, würde zahlen, sie würden sie gehen lassen. Aber ihr Mann musste *entscheiden* zu zahlen. In letzter Zeit war er ihr gegenüber so gleichgültig ...

Sie war derart in diese Gedanken vertieft, dass sie im ersten Augenblick nicht wahrnahm, wie der Lastenaufzug sich kreischend in Bewegung setzte. Ob sie wohl das Essen von vorher wieder hochschickten und sie zwangen, es zu essen? Sie überlegte, ob sie etwas Hunger hatte. Aber sie wusste jetzt schon: Sie würde es zurückschicken. Aus Stolz.

Der Lärm des Aufzugs verstummte. Nach wenigen Augenblicken sprangen die Metalltüren auf, ließen das Samt vor der Wand zurückschnellen wie einen Bühnenvorhang. Dann war es still.

Sie erhob sich, um nachzusehen, ob auch dieses Mal der Teller und das Glas voll Wein nach oben gekommen waren, da entfuhr ihr ein kurzer Schrei.

Das Herz klopfte ihr bis zum Hals und sie strengte ihre Augen an, um im Halbdunkel besser zu sehen. Sie wollte nicht glauben, was sie sah: Im Lastenaufzug kauerte ein Mann. Instinktiv legte sie ihre Hand auf den Mund, um einen weiteren Schrei zu verhindern. Versteinert verharrte sie und starrte auf den Mann, der das Tablett hielt. Endlich, nach einem nicht enden wollenden Moment der Stille, bewegte sich der Mann beeindruckend geschmeidig in der Enge und kam heraus.

Er stellte das Tablett aufs Bett, ohne sie anzusehen. Sie zitterte vor Angst.

Vor allem, weil der Mann eine Maske trug. Sie versuchte, sich nicht zu bewegen, und auch wenn sie hätte schreien wollen, sie hätte jetzt keinen Ton aus ihrem weit geöffneten Mund herausgebracht.

Der Mann drehte sich um und betrachtete sie kurz wortlos im Halbdunkel des Zimmers. Dann nahm er etwas vom Tablett. Mit einer gewissen Gleichgültigkeit zog er etwas aus einer länglichen Schachtel und genauso langsam zog er etwas aus seiner Hosentasche, ein Klicken ertönte. Sofort entzündete sich die Flamme einer Kerze. Er nahm den kleinen, bronzenen Kerzenhalter von der Kommode und steckte die Kerze hinein.

Das zitternde Licht machte nun fast alles in der Mansarde erkennbar, vor allem aber den Mann. Er trug eine Maske aus Leder, nicht groß, die gerade die Augenpartie und die Nase abdeckte. Mund und Kinn blieben frei. Im schwachen Kerzenlicht wirkte sein Gesicht nicht hässlich, aber furchteinflößend.

„Nicht auf den Sessel. Setz dich auf das Bett, neben das Tablett."

Die Stimme war ruhig, aber gebieterisch.

Einen Moment war sie unfähig, sich vor dem Mann im Halb-dunkel zu bewegen. Schließlich gelang ihr ein Schritt, gehorch-te stumm, ohne etwas von all dem aussprechen zu können, das sie hatte sagen wollen.

Der Mann musterte sie. Dann sagte er: „Gib mir die Hand-schellen",wobei sich sein Mund seltsam unter dem Rand der Maske bewegte. Als er ihren verdatterten Blick bemerkte, deu-tete er auf das Tablett auf dem Bett neben ihr. Verwirrt folg-te sie seiner Bewegung. Da war der zugedeckte Teller von vor-her, der Kelch mit Rotwein, ein Löffel, eine Serviette. Endlich bemerkte sie eine weitere weiße Serviette. Und darauf: Hand-schellen. Wie auch die Polizei sie verwendete.

„Nimm sie."

Es war eine strenge Anordnung, die keinen Widerspruch duldete, aber brutal war sie nicht. Sie unterdrückte die Frage, die ihr auf die Lippen drängte, und nahm die Handschellen. Sie drehte sie kurz zwischen den Händen, nervös.

„Erst die linke Hand, dann die rechte."

Sie hob den Kopf wie um zu protestieren, aber die Augen in den ovalen Öffnungen der Maske flößten ihr zu viel Furcht ein, und sie sagte nichts.

Diese Maske war undurchdringlich. Der Mund unter dem geschwungenen Saum blieb geschlossen. Nur die Augen, die sie erneut fixierten, trugen neben dem zarten Flackern der Kerze einen weiteren Schimmer.

Sie senkte ihre Augen auf die Handschellen in ihren Hän-den. Sie steckte eine Hand in einen der offenen Ringe, dann die andere in den zweiten. Der Mann fasste langsam ihre bei-den Hände in diesen seltsamen Armreifen und schloss sie mit einem metallischen Klicken. Sie war eine Gefangene. In diesem Moment noch gefangener als gefangen. Als er sie losließ, fielen ihre Hände gefesselt und schwer in den Schoß. Und da saß sie auf dem Bett, ohnmächtig, unfähig auch nur zu einem einzigen Satz zu diesem maskierten Mann. Erst nach einigen Sekunden gelang es ihr ermutigt durch sein Schweigen zu sagen: „Warum haben Sie mich gefesselt, wenn ich essen soll?"

„Vielleicht zur Sicherheit."

Die Antwort kam nach einer langen Pause, während der sich der Mann nicht bewegt hatte. Er schien sie zu beobachten mit einem Interesse, das, wenn auch durch die würdevolle Maske unergründlich, schwer auf der unbewegten Atmosphäre der Mansarde zu wiegen schien, wie eine übernatürliche und intensive Präsenz. Sie wollte etwas erwidern, unterließ es aber, als er sich bewegte. Er setzte sich neben sie aufs Bett. Zwischen ihnen stand das Tablett.

Er hob den Deckel vom Teller weg, auf eine elegante Weise, die ihr nahezu zeremoniell erschien. Im schummrigen Kerzenlicht erschien eine steife, weißliche Creme. Dann nahm er den Löffel, tauchte ihn in die Masse und hob ihn an ihren Mund. Ehe sie sich versah, fand sie sich mit dem Löffel und der cremigen Paste zwischen ihren Lippen wieder. Aus Prinzip biss sie instinktiv die Zähne aufeinander, entsetzt über die seltsame Situation. Aber unter dem festen Blick des Maskenmannes öffneten sich die Zähne und sie schluckte das zähe Gemisch. Es hatte einen undefinierbaren Geschmack. Nicht eklig. Undefinierbar. Nach dem zweiten Löffel säuberte er ihr die Mundwinkel mit der Serviette. Ihr schien, als verweile sein Zeigefinger ohne erkennbaren Grund auf ihrer Unterlippe und sie fühlte, so gefesselt, ein ihr unbekanntes Beben. Der Moment ging vorbei. Ein weiterer Löffel mit dieser Art englischem Porridge landete in ihrem Mund. Selbst die Art, wie er den Löffel zwischen die Lippen schob und wie er ihn langsam wieder herauszog, erschien ihr einzigartig. Es war, als hielte er mit dem Löffel zwischen ihren Lippen inne, während er noch teilweise in ihrem Mund war. Vor allem aber die Art, wie er ihr die Lippen reinigte.

Was es wirklich möglich, dass er sie aus Angst gefesselt hatte? Entmutigt und verloren, wie sie in dieser vermutlich weit von zu Hause entfernten Mansarde war, stellte sie sicher keine sonderliche Gefahr für diesen agilen und kraftvollen Mann dar. Wohin hätte sie denn fliehen sollen? Und wie ihn bedrohen?

Sie versuchte, sich sein Gesicht vorzustellen, aber sie gab auf, weil die Maske mit ihren irrealen Verzierungen ihr jeden

Anhaltspunkt entzog. Was sie vor allem nachdenklich machte (aber diesen Eindruck konnte auch dieser derart einzigartige Moment ihres Lebens hervorgerufen haben), war diese seltsame Art, ihr Essen zu geben, als wäre es ein Ritual. Oder als empfände er dabei einen verborgenen, unnormalen und irgendwie gehaltvollen Genuss. Aber vielleicht war das alles nur Einbildung und ein Ausdruck ihrer überreizten Nerven.

Das einzig Gute daran war, dass diese zähe Brühe ihr eine gewisse Kraft einflößte. Sie auch (aber auch das konnte Einbildung sein) etwas schläfrig machte, ihre Gedanken leicht und auf nicht unangenehme Weise benebelte. Als der Teller halbleer war – und das mochte ebenfalls von der Verwirrung der letzten Stunden herrühren – überkam sie das Bedürfnis sich hinzulegen, sich dieser weichen Schwere hinzugeben und ihren Körper in einem Anflug von Schläfrigkeit und ungekannter Mattigkeit zu verlassen. Da wurde sie gewahr, dass er sie beobachtete, noch immer den fast leeren Teller haltend. Sie hatte sich wohl kurz gehen lassen, ihren Kopf auf das große Kissen des Bettes gleiten lassen und bemerkte nun, dass dadurch ihr Seidenumhang mit einem fast unmerklich spürbaren Knistern über die Haut der Oberschenkel glitt, sich etwas öffnete und gezwungenermaßen die Beine freigab. Unwillkürlich versuchte sie, den Stoff wieder über ihre Knie zu ziehen, was die Handschellen aber verhinderten. Was sollte das alles bedeuten? Sie, die Gefangene, völlig der Willkür dieses Mannes unterworfen, der vermutlich nur auf einen Moment wie diesen gewartet hatte. Sie ließ den Kopf, statt ihn wie beabsichtigt zu heben, wieder ins weiche Kissen zurückfallen, ohne etwas Weiteres denken zu können. Sie fühlte sich geschwächt, durchsichtig, schutzlos, und obwohl sie von Gefahr umgeben war, ohne den kleinsten Funken Willen zum Widerstand. Sollte doch das passieren, was passieren musste.

Er stellte den Teller ab und richtete ihren Körper etwas auf. Sie verfolgte, wenn auch ohne ihren Kopf anzuheben, seine Bewegungen, wehrlos, genauer gesagt: ohne den geringsten *Willen* zum Widerstand. Und sie wartete.

Der maskierte Mann schien keine Eile zu haben, im Dämmerlicht tastete er nach dem Schlüssel auf dem Tablett und öffnete ihr die Handschellen. Kaum war sie sie los, zog sie hastig die Enden des Morgenmantels wieder über die Knie, denn ihre Beine lagen da in einer ziemlich anzüglichen Position. Dann musterte sie ihn, um herauszufinden, ob er die Absicht hatte, ihre Lage auszunutzen, so wie sie da auf dem Bett lag, hingestreckt und schwach …

Da blieb ihr die Luft weg. Er hatte eine Pistole hervorgezogen. Sie konnte sie gut erkennen, denn er wendete sie im Lichtkegel der Kerze in der Faust hin und her. Es war eine Pistole, wie das Militär sie im Ersten Weltkrieg verwendet hatte, mit einem ziemlich langen Lauf. Ihr Mann hatte eine ähnliche vom Großvater geerbt und stellte sie in einem Glasschrank zusammen mit anderen Waffen zur Schau. Nun aber war so eine Pistole geladen in der Hand eines anderen Mannes und auf sie gerichtet. Sogar die Ausstrahlung seiner Maske wirkte verändert, denn die schwarzen Augen starrten sie fürchterlich an. Sie fühlte ihren Blick im Halbschatten auf sich ruhen und stöhnte, als er die Hand mit der Pistole bewegte. Diese Hand näherte sich ihr nun, sank hinab bis zu ihren Knien, von wo der Saum des Morgenmantels schon wieder weggerutscht war, vertrieben von ihrem ängstlichen Schaudern.

Sie blieb starr, zu keiner Bewegung fähig, gelähmt vor Angst, den Mund halb geöffnet, unfähig, zu schreien oder irgendeinen Laut auszustoßen. Die andere, freie Hand des Maskenmannes schob zwei Finger zwischen ihre zusammengepressten Knie. Dann, während sie glaubte, von dem Schrecken ohnmächtig zu werden, schoben die beiden Finger ihre Knie auseinander und der harte und kalte Lauf der Pistole schob sich zwischen ihre Beine.

Instinktiv presste sie ihre Zähne und Beine gleichermaßen zusammen, mit der Folge, dass sie den Lauf der Pistole dabei einklemmte. Angst, eine riesige Angst und eine unaufhaltsame Empfindung machte es ihr unmöglich, zu sprechen, zu schreiben oder sogar die Beine zu lockern und sich von dieser unnachgiebigen Pistole zu befreien, aus der sich jeden Moment ein Schuss lösen und ihren Körper an seiner empfindlichsten Stelle zerfetzen konnte. Es vergingen unendliche Sekunden.

Plötzlich entzog der Mann die Pistole, indem er wieder mit der anderen Hand die Knie auseinanderzwang, die sich mit aller Kraft dagegenstemmten.

„Nein, am Ende bist du vielleicht nicht so frigide, wie man vermuten könnte. Ich meine, du könntest es nicht sein. Wer weiß", fügte er ohne eine Spur des Lächelns auf diesen Lippen unter der Maske hinzu.

Diese Worte, langsam formuliert, lösten in ihr etwas Unbeschreibliches aus. Der Mann hatte sie gesprochen, nachdem er die Pistole neben den Teller auf das Bett zurückgelegt und sie wieder dort niedergelassen hatte, von wo aus er sie gefüttert hatte.

Sie war zu keiner Reaktion, zu keiner Antwort fähig. Sie atmete schnell, mit einem Aufruhr in ihrer Brust, der ihre Brüste unter dem hauchdünnen Morgenmantel deutlich sichtbar zittern ließ.

„Du musst die Beine nicht mehr entblößen, nicht oberhalb der Knie."

Dieser Satz ließ sie ihren Kopf ruckartig hochheben. Was sollte das jetzt bedeuten? Sie verstand gar nichts mehr. Sie war sich sicher gewesen, gleich vergewaltigt zu werden, vorher mit Handschellen gefesselt, als er seine Finger zwischen ihre Knie geschoben hatte, der Gefahr der Pistole zwischen ihren Beinen ausgesetzt. Und jetzt befal er ihr, *ihre Beine nicht mehr zu zeigen!*

Er erhob sich, sagte: „Bedeck dich."

Verblüfft blieb ihr nichts anderes übrig, als zu gehorchen. Mit dem Stoffsaum bedeckte sie das Bein, das in der Zwischenzeit bis zum Oberschenkel entblößt worden war. Er folgte ihrer Bewegung mit einem Wimpernzucken inmitten der Ovale der Maske.

„Die Kerze wird dir für diese Nacht reichen. Außerdem habe ich etwas in die Suppe getan, das dir helfen wird, zu schlafen. Das ist besser", fügte er nach einer kurzen Pause hinzu, in der er sie mit veränderter Miene betrachtete. „Heute bist du zu nervös."

Das Schweigen dauerte endlos.

„Die anderen beiden Kerzen auf der Kommode wirst du für die nächsten zwei Nächte brauchen."

„Warum zwei Kerzen", platzte es aus ihr heraus.

„Weil am dritten Tag dein Lösegeld gezahlt werden soll. So läuft das Spiel."

„Und wenn mein Mann das Geld nicht auftreiben kann? Auch seine Branche ist gerade in einer Krise. Die Chinesen ruinieren das Export-Geschäft. Wenn ... wenn er also keine große Summe zahlen kann?" Kaum ausgesprochen, kam ihr dieser Einwurf ungeschickt vor, dumm, unpassend. Aber seine Mitteilung hatte sie derart aufgewühlt, dass sie ihn nicht hatte zurückhalten können. Am liebsten hätte sie ihn schreien mögen.

Aber der Mann antwortete diesmal nicht. Er nahm das Tablett und wandte sich zum Lastenaufzug. Gerne hätte sie ihn aufgehalten, ihm noch viel mehr Fragen gestellt. Doch er hatte schon den Kopf eingezogen und war in den Aufzug gestiegen. Die Türen klappten abrupt zu, als er den Schalter im Inneren betätigte. Er verschwand.

Das Rattern des Aufzugs ging ihr bis ins Mark. Sie war wieder allein in der undurchdringlichen Stille, im zitternden Licht der Kerze.

Es war Nacht. Sie war allein und halbnackt in dieser luxuriösen Mansarde, Gefangene eines Maskenmannes.

Ob ihr Mann die sicherlich horrende Summe zahlen würde? Ob er zynischerweise alles in die Hände der Polizei gelegt hatte? Die Polizei würde sicher niemals dieses Versteck in irgendeinem verlassenen Haus irgendwo mitten in der Natur finden.

Man würde sie wahrscheinlich umbringen, mit dem Schuss einer Pistole – das stand zu vermuten – zwischen ihre Beine, wie dieser rätselhafte Mann es unmissverständlich angedeutet hatte.

Wann? Vermutlich in zwei Tagen beziehungsweise am Morgen des dritten Tages, wenn die letzte der Kerzen auf der Barockkommode abgebrannt war.

Drei Kerzen. Diese Kerzen auf der Anrichte vor ihr, von denen eine brannte, verkörperten womöglich die letzten drei Nächte ihres Lebens. Vielleicht, vielleicht. Das Vielleicht war das Schlimme.

Doch ihr Instinkt setzte dieser Logik der Fakten einen Zweifel entgegen, einen sehr seltsamen Zweifel.

Warum war sie hier? Warum dieses seltsame Verlies? Warum dieses seltsame Ritual, dieses Abendessen in Fesseln? Warum dieser durchsichtige Morgenrock und dieses von Parfüms und Massageölen überbordende Bad? Dieser kontinuierliche Duft von Räucherwerk … Und noch dazu dieser ungewöhnliche, niemals vorher wahrgenommene Geschmack des Muses. Es war, als wäre mit diesen Happen irgendeine, was wusste sie schon, irgendeine, eine Substanz in sie gelangt, die logische Schlussfolgerungen unmöglich machte, aber ansonsten alles andere als unangenehm war. Oder es war nichts von alledem und alles war schlicht Einbildung, ihre Nerven, die ihrer Lage entsprechend überreizten.

Die Mansarde konnte als Gefängnis gewählt worden sein, weil das Haus unbewohnt und sie somit das einzig mögliche vorübergehende Gefängnis sein konnte, wohingegen sie, die Geisel, im Erdgeschoss schwieriger unter Kontrolle zu halten gewesen wäre. Und es war ja nicht gesagt, dass alle Verstecke für Geiseln schäbige Löcher sein mussten. Die Handschellen – eine Vorsichtsmaßnahme eines misstrauischen Mannes. Der Wurm hatte Angst vor der weiblichen List. Die Trägheit, die Mattigkeit – nun, der Mann hatte es ihr ja in aller Direktheit erklärt, dass sie durch das Schlafmittel im Mus kamen. Ja, war es wirklich nur ein Schlafmittel?

Wie schrecklich, diese Pistole zwischen den Knien. Verstörend aber, unglaublich verstörend war das Gefühl, das sie überwältigt hatte, als sie den Lauf zwischen ihren Beinen spürte – bei Gott, auf sehr seltsame Art verstörend. Und seine Bemerkung über ihre Frigidität. Diese Worte … Geradezu eine Anschuldigung … Genau wie wenn ihr Mann sie ihr vorwarf, schulterzuckend wegging und sich mit einer anderen vergnügte – einer Sekretärin vermutlich. Immer mit einer Geschäftsreise zu einer Messe oder Ähnlichem als Ausrede. Das bildete sie sich nicht ein, sie wusste es, denn jemand hatte sie in einem anonymen Brief über alles informiert.

Die Gedanken stießen ihr auf. Außerdem war das ihre Sache, nicht seine. Er konnte nicht ahnen, dass sie neben dem Horror –

oder zugleich mit dem Horror – etwas völlig Unbekanntes, Unerwartetes, Unaussprechliches gespürt hatte ... Nein, das konnte er nicht ahnen. Weshalb aber hatte er diese ekelhafte Andeutung auf ihre Frigidität gemacht?

Dass sie etwas frigide war – oder aus männlicher Sicht so gelten mochte – konnte nur ihr Mann wissen. Denn sie vertraute das niemandem an, nicht mal ihrem Arzt. Die einzigen beiden Freundinnen, denen sie sich zur Uni-Zeiten einmal offenbart hatte, wohnten seit langer Zeit weit entfernt, eine in Australien, eine in Hamburg. Der Schlaf schlich sich in ihre Gedanken. Wieder Schlaf. Wieder die Wirkung des Schlafmittels im Mus. Widerstandslos ließ sie, eine leichte Beute, ihre Sinne sich umstürzen, wogegen sie sich zu ihrer Überraschung gar nicht mehr widersetzen wollte. Es war dieses seltsame, unklare und nicht unangenehme, dieses unbekannte und unerwartete Gefühl von vorher. Wie es nur möglich war, dass Grauen und Neugierde sich mischen konnten. Angst und zugleich das bedingungslose Loslassen des Körpers. Die Gedanken verwischten. Der Schlaf verzerrte alle Kontraste, während das letzte Flämmchen der vergehenden Kerze ersterbend flackerte.

Zweiter Akt

Es war längst heller Tag, als sie ganz langsam erwachte und sich wohlig auf dem weichen Bett hin und her drehte.

Wie lange mochte sie geschlafen haben? Viele Stunden! Sie hätte es gern gewusst und vermisste ihre Armbanduhr. Andererseits: Was zählte das!

Nicht das kleinste Geräusch, außer den Grillen draußen auf den Wiesen. Konnte es schon Mittag sein?

Es war ungewöhnlich, ging es ihr durch den Kopf, als sie sich wieder in den Kissen umdrehte und sich nicht entschließen konnte, aus dem Bett zu steigen, es war ungewöhnlich, dass es sie nicht wie zu Hause morgens üblich dringend nach Kaffee verlangte. Sie verspürte gar kein Bedürfnis zu essen oder zu trinken, sie fühlte sich schwer und spürte in sich Unerhörtes, unbekannte und müßige, gar undenkbare Gespinste für eine Frau in ihrer Situation.

So verging eine weitere Stunde, während sie unbewegt den Grillen lauschte und wie ihr Atem leicht und unregelmäßig die Brust durchzog. Plötzlich fuhr sie erschrocken auf. Ihr Morgenmantel, dieser bequeme Umhang, in den man sie bewusstlos nach der Entführung gekleidet hatte, hing an dem einzigen Kleiderhaken im Zimmer an der Wand unweit des Lastenaufzugs. Sie erinnerte sich nicht, sich am vergangenen Abend vor dem Einschlafen entkleidet zu haben. Sie war sich sicher, dass sie sich in der nun so gut bekannten wohligen Mattheit hingestreckt hatte, beruhigt von dieser angenehmen Schwere, die sie überredet hatte, sich die Anstrengung sich zu entkleiden, nicht anzutun. Ob sie es doch aus Gewohnheit getan hatte, ohne sich dessen bewusst zu sein? Sie war sich nicht sicher – und schlimmer: Sie verspürte nicht die geringste Lust, in ihrem Gedächtnis nach der Erinnerung zu graben. Es blieb ein nicht zu verdrängender Verdacht. Hatten sie sie erneut im Schlaf ausgezogen, ohne dass sie es bemerkt hatte? Nicht möglich! Undenkbar! Sie musste es selbst getan haben. Sie kramte in ihrem Gedächtnis nach einer Erinnerung. Nichts. Wie schon am Tag zuvor rieselte mit zunehmendem Bewusstsein dieser eine schreckliche Verdacht über sie, lähmte ihr Herz. Angestrengt horchte, spürte sie in sich hinein – nichts. Sie sagte sich, dass sie ins Bad gehen, überprüfen müsste … Aber sie fand den Willen nicht, wirklich aufzustehen. Wie von selbst tastete ihre Hand wieder und wieder. Nichts. Kein Schmerz, kein Zeichen, kein Zucken. Ihre Finger waren die ersten und einzigen, die seit wer weiß wie viel Zeit die zarte Haut ihrer Vagina berührten, an die sich ihr purer, unverfälschter Duft heftete.

Die starre Formation der Wachsreste im Kerzenhalter wirkten, als hätte das schüchterne Flämmchen der Kerze schon vor langer Zeit sein Werk beendet. Ihr kam ein Gedanke: Wer immer sie wohl ausgezogen haben mochte, und er musste es – wie absurd – mit äußerster Zartheit getan haben, um sie nicht zu wecken, dieser jemand musste eine Kerze mitgebracht haben, denn diese hier war, kurz bevor sie eingeschlafen war, selbst eingeschlafen.

Warum hätte der Maskenmann warten sollen, bis sie schlief, um sie auszuziehen? Er hatte sie doch schon betrachtet, als sie so hingestreckt neben ihm auf dem Bett lag, den Bauch und die Beine entblößt. Schon vorher hätte er sie in aller Ruhe vergewaltigen können, als sie in Handschellen gefesselt unfähig war, sich zu wehren. Niemand hätte ihre Schreie gehört ... Nur, hätte sie überhaupt geschrien?

Sie verdrängte den Gedanken. Zumindest war der davor logisch gewesen. Fakt blieb: Sie war nach ihrer Entführung entkleidet worden. Jemand hatte sie mit Absicht in diesen Morgenmantel gesteckt ... Und jetzt hatte sie jemand dieses Morgenmantels entledigt ... Ah! Warum sollte sie sich noch mit diesen Gedanken einer Jungfrau quälen. Hier ging es um Lösegeld. Nur um Geld ging es!

Und wenn das nicht rechtzeitig eintraf, würde der Mann mit der Ledermaske sie umbringen. Mit einem Schuss zwischen die Knie, ein, zwei, drei Kugeln genau in die Vagina. Und sie konnte nichts tun, als zu warten.

Immer noch kein Durst, kein Hunger. Endlich raffte sie sich auf, ging ins Bad, drehte an der Badewanne das warme Wasser auf, selbst erstaunt über ihre Art, auf eine solche Gefahr auf diese Weise zu reagieren. War sie dabei, hier als Gefangene, trotz allem ihre eigenen, tiefsten Gründe zu erforschen? Sie war es müde, nachzudenken. Sie streute allerlei Badesalze ins Wasser, stieg nach kurzer Zeit ins warme duftende Nass und ließ sich bis zum Hals hineingleiten. Den Kopf bettete sie an den Wannenrand. So blieb sie eine ganze Zeit lang, betrachtete gedankenlos die Vielfalt und die zarten Farben der Flakons, Cremes, die pompejanischen Mosaike, die ihre erotischen Szenen zart über die Wände spielten. Gedanken umnebelten sie mal, mal verzwirbelten sie sich. Alles schien ihr nachzugeben, sie in Weichheit und Loslassen zu wiegen. Lange ließ sie sich mit geschlossenen Augen treiben, unterbrach nur, um warmes Wasser nach zu lassen. Das ihre Sinne noch weiter streichelte, beruhigte, noch mehr dazu verführte, einfach loszulassen. Eine ungewollte, aber durchaus reizvolle Empfindung.

Wie lange sie wohl in diesem schmeichelnden warmen Wasser geblieben war, das sie auf so angenehme Weise weiter in süße Mattigkeit trug? Was sonst hätte sie gegen die Gefahr, die ihr drohte, tun können? Nichts. Mit neu erwachter Neugierde widmete sie sich den Parfüms und hatte große Lust, jedem einzelnen den Deckel abzuziehen und daran zu schnuppern. Sie probierte ein paar Cremes, massierte den ganzen Körper damit und parfümierte sich schließlich. Während ihre Finger gewandt und leicht ihrer Haut schmeichelten, wurde ihr klar, dass ihre Gefühle einen völligen, um nicht zu sagen: ungehörigen Kontrast zu ihrer Situation bildeten. Dieser Widerspruch wurde dadurch verstärkt, dass sie noch nie derart rätselhafte und zugleich entspannte Gefühle empfunden hatte, wie in diesem Moment. Sie hüllte sich wieder in den Umhang und betrachtete sich im Spiegel. Fand sich blass. Kämmte sich lange.

Schon verdichtete sich der Lichtstrahl des Fensters wieder, trübte er sich. Es musste schon wieder später Nachmittag sein. Sie begann im Zimmer auf und ab zu wandern. Möglicherweise würde gleich der Mann mit der Ledermaske wieder kommen und ihr Essen bringen. Vermutlich wieder das gleiche Ritual. Nervosität ergriff sie.

Um sich abzulenken, konzentrierte sie sich auf ihre Neugierde. Sie stellte den kleinen Badhocker unter den Spiegel und stieg darauf, um herauszufinden, wie ihr dieser Morgenmantel, dieser durchsichtige Umhang von oben bis zu den Knöcheln stand. Sie fand ihn unanständig. Beziehungsweise hätte sie so etwas sonst als „provokant" bezeichnet. Entsprechende Kleidungsstücke hatte sie in den langweiligen und abstoßenden Pornos gesehen, die ihr Mann sich oft nach Hause brachte und die stets aufs Neue Anlass für ihre Abneigung gegen den männlichen Geschmack waren. Sie so betrachtend wurde ihr klar, warum der Maskenmann ihr befohlen hatte, zumindest die Knie zu bedecken.

Was für ein Widerspruch! Das war der Punkt! Sie einerseits auszuziehen, in so ein Ding zu stecken und andererseits einzufordern, dass sie ihre Beine bedeckte, die auch noch übereinander geschlagen darunter hervorkamen. Was für eine Heuchelei! Wie konnte das Teil eines Plans sein, einer bis ins kleinste Detail erdachten Choreographie, eines unvorstellbaren Vorhabens. Dieser Umhang, die Parfüms, der Löffel im Mund, der Lauf der Pistole zwischen ihren Füßen, das Aphrodisiakum, das in dem Mus mit dem eigentümlichen Geschmack gewesen sein musste. In der Tat, alles war sehr ungewöhnlich, auch das, was sie empfand, als sie im warmen Wasser der Wanne schwebte und sich massierte.

Zu Hause war ihr all das nie passiert. Ihr Mann hatte sie zu Unrecht der Frigidität beschuldigt. Zu Unrecht? Sie war sich nicht ganz sicher, aber das war noch eine Sache, die aber in der jetzigen Situation keine Priorität haben konnte. Die Wahrheit konnte auch sein, dass sich eine derartige Choreographie gerade nur in ihrer Fantasie zusammenfügte, in ihren ausgemergelten Nerven, die auf eine harte Probe gestellt wurden. Und bei allem schickte niemand, gar niemand sich an, sie nicht mal dann zu vergewaltigen, wenn sie bewusstlos oder in Handschellen war. Im Gegenteil. Man sagte ihr, sie solle sich besser bedecken!

Sie wurde fast wütend, setzte sich aufs Bett, streckte sich dann hin, um nicht nachdenken zu müssen. Was nicht gelang. Wie auch, wenn sie in zwei Tagen vielleicht erschossen würde. Nach der dritten Kerze.

Wieder breitete sich die Abenddämmerung im Zimmer aus. Der Gedanke war ziemlich dämlich, aber es war ihr gelungen, einen Tag zu verbringen, ohne dass sie die übliche hausfrauliche Langeweile überkam. Ein leichter Druck legte sich über ihre Stirn, sodass sie unwillkürlich Stirn und Schläfen zu massieren begann. Da fiel ihr etwas auf, das ihr bis zu diesem Moment entgangen war. Man hatte ihr den Ehering vom Ringfinger gezogen, aber ihren anderen Ring, der einen Diamanten einfasste, den hatte man ihr gelassen. War es möglich, dass jemand, der ihr eine kleine Uhr und einen Ring abgenommen hatte, zwei fast wertlose Gegenstände, einen derart unübersehbaren Solitär übersehen hatte? Ein Schmuckstück, das noch dazu ihren Mann (als er noch in sie verliebt gewesen war) ein Heidengeld gekostet hatte.

Nur Widersprüche.

Weitere kleine, aber bedeutende Rätsel in dieser Mansarde weit entfernt von ihrer Welt, wo sie als halbnackte Geisel gehalten wurde.

Ein metallisches Klicken krachte in ihre Gedanken. Der Lastenaufzug setzte sich in Bewegung. Sie sprang mit pochendem Herzen auf und starrte auf die Wand, wo der Vorhang noch die Öffnung des Aufzugs bedeckte. Und noch bevor sie den Blick von dieser Stelle losreißen konnte, wurde ihr klar, dass sie sich an diesem Abend selbst kennenlernen würde. Denn die Aufregung, die ihr das Herz bis zum Hals schlagen ließ, rührte mehr noch als von der Angst vor dem Maskenmann von der fürchterlichen Neugierde her, ihn wiederzusehen und mit ihm zu sprechen – zu erfahren, warum sie hier war.

Die Türen klappten mit dem üblichen Krach auf. Der Mann stieg aus dem Aufzug. Derselbe Mann. Dieselbe Ledermaske.

Er stellte den Teller aufs Bett und entzündete eine der beiden verbliebenen Kerzen, ohne sie eines Blickes zu würdigen. Dann erst wandte er sich im Licht der Kerze ihr zu und musterte sie aufmerksam. Sie wollte etwas sagen, doch mit einer kurzen Bewegung hieß er sie, sich aufs Bett zu setzen. Sie folgte, genau wie am Abend zuvor, und wunderte sich über ihre Fügsamkeit. Als er die Handschellen vom Tablett nahm, streckte sie ihm die Hände hin mit einer Bewegung, die ihr gleich darauf unfassbar peinlich und übereifrig erschien.

Der Mann setzte sich auf den Rand des Bettes. Er tauchte den Löffel in die Suppe und führte ihn ihr wie beim ersten Mal in den Mund. Die Suppe schien dieselbe wie am Abend zuvor. Doch sie nahm nur das harte Metall des Löffels wahr, das sich mit bestimmter Zartheit zwischen ihre Zähne schob und auf die weiche Oberfläche ihrer Zunge drückte.

Er trocknete ihr die Lippen, wie am Abend zuvor. Hörte nicht gleich auf damit, als sie schon trocken waren. Diese besondere Art, ihr mit einer kleinen, leichten Bewegung den Zeigefinger auf die Unterlippe zu legen, wieder und wieder. Dann eine Pause, er schaute sie fest an.

„Warum bin ich hier gefangen?"

Der Nachdruck ihrer eigenen Frage klang für sie selbst unangebracht, was sie richtiggehend bestürzte.

Ohne eine Antwort bot er ihn die zweite Portion an. Deshalb wollte sie etwas sagen, doch der Löffel schob sich diesmal rücksichtslos zwischen ihre Lippen. Die Augen des Mannes leuchteten lebendig. Sie musste hinunterschlucken. Dann noch einmal, wobei sie die Fäuste und Knie anspannte.

„Du hast die Parfüms benutzt", sagte er und schob ihr den vierten Löffel voll Suppe in den Mund und verhinderte ihre Antwort, indem er ihr den Mund mit der Serviette abtupfte.

„Stehen Sie in Kontakt mit meinem Mann? Hat er Ihnen etwas sagen können?"

„Vielleicht", sagte er diesmal freundlicher nach einer Pause.

„Vielleicht?"

„Vielleicht zahlt er. So scheint es."

„Das heißt, das ist nicht sicher?"

„Wenn einer von uns beiden sich dessen sicher sein könnte, dann müsstest du das sein. Du kennst deinen Mann, seine finanzielle Situation und wie sehr er dich liebt. Zumindest ..."

„Zumindest?"

„Finanzen und die besitzergreifende Liebe für eine Frau. Das sind die beiden Elemente des Spiels. Wenn eines der beiden fehlt, ist das Ziel unerreichbar. Die Waage wäre nicht ausgeglichen und das Spiel hätte keinen Reiz mehr, es wäre kein Spiel mehr, wenn es überhaupt eins wäre. Aber es ist Ernst."

„Das Ziel ... also, von diesem Spiel ... wenn es ein Spiel wäre."

„Deine Freiheit. Ohne Handschellen, ohne exotische Parfüms, mit denen du deinen Körper so reichlich übergossen hast."

„Aber ..."

„Heute hast du zu viel geredet. Kein Wort mehr." Er schob ihr mit gewisser Gewalt den Löffel zwischen die Zähne. Diesmal so rücksichtslos, dass ihr Tränen in die Augen schossen. Er trocknete sie ihr zärtlich, dann presste er ihr mit noch mehr Kraft noch einen Löffel voll in den Mund. Ohne ein Wort. Sie hatte den seltsamen Eindruck, dass jedes Mal, wenn der Löffel ihre Lippen aufzwang, sie sich öffneten, als würden sie einen Angriff, eine Schändung, empfangen, nicht Nahrung. Und er schien sich dessen bewusst zu sein und es still zu genießen. Als wäre das Metall des Bestecks die Verlängerung seiner Hand. Im Kerzenlicht versprühten seine lebendigen Augen eine mal überbordende, mal zärtliche, heimliche und perverse Freude.

Wer war er? Was sollte diese Fütterung?

„Frag nicht, warum du so gefüttert wirst. Frag nichts." Seine Stimme beantwortete ihr die geheimsten Fragen. Konnte der Fremde ihre Gedanken erraten? Doch alles, was er gesagt hatte, leuchtete ihr ein. Der Punkt war, dass ihr Mann verstand.

„Und wenn mein Mann nicht zahlt und die Polizei verständigt?"

„Dann musst du dir keine Hoffnungen machen." Der Mann zog die Pistole aus der Tasche, ohne dabei zu vergessen, ihr einen weiteren Löffel voll Mus zwischen die Lippen zu schieben. Mit dem Löffel voll Essen war sie gezwungen, den Kopf aufrecht zu halten, und konnte nicht nach unten sehen. Sie fühlte den kalten Lauf der Pistole in der Öffnung zwischen ihren Knien. Doch nicht so intim wie am vorigen Abend. Der Pistolenlauf schien auf den Knien zu ruhen, ohne die Absicht, unbedingt weiter vorzudringen. Aber sie war da. Mit erhobenem Kopf spürte sie sie, ohne sie zu sehen zwischen den Knien, bereit, ein Projektil los zu schleudern, das ihre Vulva zerfetzen würde. Doch der Lauf blieb ruhig.

Den Mus schluckend, schloss sie die Augen und unter dem Eindruck einer ungeheuerlichen Empfindung unterdrückte sie die aufkommenden Tränen und – ohne sich zu fragen, warum – löste die Knie vollständig voneinander. Erst einen Spalt, dann ließ sie sie auseinanderfallen. Der Lauf der Pistole drang vor bis zwischen die Oberschenkel. Ihr entfuhr ein Stöhnen, das durch den Löffel in ihrem Mund erstickte. Der Mann schien zu zögern, während er ihre Tränen beobachtete, die ihr nun über die Wangen strömten, auch er ohne einen Blick nach unten. Dann bewegte er die Hand und der Pistolenlauf drang vor bis zum Widerstand ihrer Vulva. Mit lautem Stöhnen schloss sie die Beine und dann die Augen. Sie zitterte lange, auf den leeren Löffel beißend, mit der unnachgiebig geraden und unbeweglichen Pistole und der Faust zwischen den Beinen, die sie hielt.

Der Moment wuchs zu einer Ewigkeit. Sie bemerkte nicht, dass auch er dieses abnorme, grausame Spiel nicht beenden wollte.

„Mach die Beine auf. Sie sind zu fest." Seine Stimme schwang in einer ungewohnten, mysteriösen Zärtlichkeit.

Sie gehorchte. Bis aufs Äußerste widerstrebend, es tat fast körperlich weh, die Knie öffnen zu müssen. Er legte die Pistole weg, stellte das Tablett beiseite und nahm ihr die Handschellen ab. Sie bewegt sich nicht. Langsam trocknete er ihre Tränen.

„Bedeck dir die Beine, auch die Brust."

Sie folgte. Immer noch flossen die Tränen. Einige Momente der Stille vergingen, bis er ihr das Glas Rotwein hinstellte. Sie nahm zwei Schluck, dann packte sie es mit beiden Händen und trank es bis auf den Boden aus. Er trocknete ihr abermals die Lippen, bevor er sich erhob.

Sie wartete, dass er etwas sagte, irgendetwas, irgendeine Banalität, Hauptsache sie hörte noch einmal seine Stimme. Doch der Maskenmann schob die Pistole zurück in die Hosentasche, sodass der Lauf herausragte, hob das Tablett vom Bett. Ohne sie noch einmal anzusehen, verschwand er im Lastenaufzug.

Sie blieb auf dem Bett sitzen, unfähig die Flut an unaussprechlichen Empfindungen, die sie noch vor ein paar Minuten empfunden hatte, in klaren Gedanken zu fassen. In dieser Mansarde, so anders als ihre Welt, in dieser Atmosphäre so anders als die Erziehung es ihrer Seele erlaubte.

Dritter Akt

Der dritte Tag war angebrochen. Nur die dritte Kerze lag noch vor ihr auf der Kommode. Es war ihr nicht gelungen, auch nur eine Minute zu schlafen. Und das passte nicht zur Theorie, dass man ihr mit den Speisen Schlafmittel verabreichte. Draußen graute der Morgen. Sie fühlte sich extrem nervös und dünnhäutig. Mit einem Ruck erhob sie sich endgültig aus dem Bett und ging ins Bad. Sie drehte das warme Wasser auf und warf wahllos Badesalze in die Wanne. Durfte sie sie noch verwenden? Was für eine blöde, banale Frage angesichts dessen, dass es hier um Leben und Tod ging, nur noch eine Kerze übrig war.

Diese verdammten Kerzen ersetzten hier drinnen die Sanduhr des Lebens, deren Sand unaufhaltsam und senkrecht nach unten rieselte, bis kein Korn mehr übrig war. In ihrer Uhr war kaum noch Sand im oberen Teil, fast alles war verronnen. Drüben auf der Anrichte lag die letzte Kerze.

Heute Abend würde der letzte in dieser Mansarde sein. An diesem Abend würde ihr der Maskenmann das Essen bringen und zugleich die Nachricht, ob ihr Mann gezahlt hatte. Und nach einem letzten seltsamen Mahl in Fesseln würde er sie zurück in die Stadt bringen. Oder vielleicht würde er sie mitten auf dem Land aussetzen, frei, irgendwo an einem vielleicht auch entfernten Ort, aber frei. Sie würde eine Telefonzelle, ein Lokal oder eine andere Möglichkeit zu telefonieren finden und zu Hause anrufen! Sie würde in ihre Welt zurückkehren und diese Mansarde würde für sie nur eine schmerzhafte Erinnerung bleiben.

Schmerzhaft? Schrecklich. Doch im bunt kreiselnden Kaleidoskop aus Eindrücken, die ihn nun seit zwei Tagen quälten, drängten sich funkenweise Ungereimtheiten hervor, kleine Anhäufungen aus Widersprüchen, Nuancen, die ohne Unterlass in ihrem Geist und durch ihre Sinne wallten. Gefühle und Gedanken, die sie nie gekannt, nie in sich vermutet hätte. Niemand hatte jemals ihre Lippen so lange liebkost. Dieser sein Zeigefinger, dieser zufällige, wenn auch ungewollt entschieden perverse Verführer …

War es möglich, dass ihre Lage als Gefangene in diesem Zimmer, als Sklavin, aber eine Sklavin, von der man nichts erwartete, einige Emotionen hervorbringen konnte, die ihr aus einem paradoxen, verstörenden und ganz anderen Blickwinkel heraus richtig erschienen, anders als jener ruhige und normale, in dem sie erzogen worden war? Ihr Psychologe hätte das vielleicht als einen momentanen Effekt der Angst und Isolation erklärt.

Und morgen? Alles aus. Oder ... Sie wollte einfach nicht mehr daran denken.

Sie ließ sich ins warme Bad sinken. Sie schloss die Augen und atmete diesen eigentümlichen Geruch von Räucherstäbchen, von dem die Mansarde getränkt war und der sich über alle anderen Düfte legte. Dieser exotisch betörende Duft hatte warum auch immer etwas Aufwühlendes. Mit dem Kopf an den Wannenrand gelehnt, atmete sie langsam mit halbgeschlossenen Augen und ließ sich immer weiter von diesem verflucht anziehenden Duft wegtragen. Nach einer schier unendlich erscheinenden Zeit beschloss sie, die Wanne zu verlassen und sich abzutrocknen. Ohne weiter nachzudenken, verwendete sie reichlich Parfüm und Cremes, ohne sich zu fragen, warum sie so handelte. Sie warf den Morgenmantel über und betrachtete sich im Spiegel. Und sie fragte sich selbst, ohne es abstoßend zu finden, ob sie eine Sache einfach tun sollte. Sie fragte sich – eine Freundin hatte ihr einmal verraten, dass auch sie es anlässlich einer Karnevalparty mit Striptease auch schon einmal gemacht hatte – sie fragte sich, ob sie an diesem Abend nicht im Bad bleiben und sich die Vulva enthaaren sollte. Sie hatte die kleinen notwendigen Utensilien in einem Kästchen im Badschrank entdeckt. Dann verwarf sie den Gedanken. Wie kam sie nur auf so etwas? Was für Gedanken! Sie waren ihr in einem Anfall aus Scheinheiligkeit sich selbst gegenüber in den Sinn gekommen, kurz, die Vorstellung, dass sich die Pistole bei der nächsten Speisung in ihrem Schamhaar der Vulva verfangen und unlösbar hängen bleiben könnte. Oder dass das dichte Haar überhaupt verhindern könnte, dass der Pistolenlauf weiter eindrang, also ... na ja, nach innen! Und so ihre geheimste, intimste Stelle verletzen könnte. Sofort drängte sie diese abnorme, lächerliche Idee von sich – und zog schnell ihre Finger zurück, die in der Zwischenzeit begonnen hatten, genau diesen Flaum zu kraulen.

Müßig ging sie ein paar Schritte auf und ab und legte sich im Bett nieder. Es musste noch einige Zeit dauern, bis die Türen des Lastenaufzugs wieder aufsprangen. Zum letzten Mal. Vielleicht würde ihrem Gefängniswärter bei dieser letzten Gelegenheit das Verlangen kommen, sie nun wirklich zu vergewaltigen. Dann wieder kam ihr der Gedanke, dass er es vielleicht nicht tun würde, weil er sie überhaupt nicht vergewaltigen wollte. Es war sogar möglich, dass sie ihm gar nicht gefiel, dass er es bisher nicht getan hatte, weil er sie als Frau, als Sexpartnerin gar nicht anziehend fand. Was für unsägliche Gedanken. Sie fasste sich an den Kopf, um das Kreiseln aufzuhalten. Wie konnte sie es wagen, ihrem Geist einen derartigen Gedankengang zuzumuten? Solche seltsamen Gedanken kamen ihr, weil sie auf der letzten Stufe stand, am Ende der Treppe, die nach unten führte. Hinunter in ihre Seele.

Das letzte Mal? Nun war sie ans Ende dieses perversen Spiels gelangt, dessen Regeln ihr immer noch unverständlich waren. Aber sie war am Ende. Auf die eine oder andere Weise. Und selbst im Schrecken dieses Moments empfand sie mit übler Klarheit, dass eine morbide Neugierde ihre Gedanken vergiftete. Sie lenkte alle Gedanken unweigerlich zum Mann mit der Ledermaske. Sicher, er könnte sie umbringen. Der Fakt allein war schon furchtbar.

Aber das, was sie beunruhigte, und was sie trotz aller Angst neugierig machte, war das, was sie trotz dieser äußerst seltsamen Gefangenschaft empfand. Als ob sich ein anderes Selbst in ihr Bewusstsein drängte. Eine andere Frau, die sie bisher noch nie genauer kennengelernt hatte, nie vermutet hatte, die in sich zu vermuten sie niemals auch nur gewagt hatte. Jene morbide Neugierde überwog die Intensität der Angst.

Wer hatte sie ausgezogen? Warum fesselte dieser Mann sie ohne Grund, wenn es doch genügt hätte, ihr einfach ohne großes Tamtam einen Teller hinzustellen? Das, was sie am meisten beunruhigte, bewegte, was am unerklärlichsten, auf furchtbare Weise am faszinierendsten war, war jene unmenschliche Berührung mit dem Pistolenlauf zwischen ihren Schenkeln. Und davor die Berührung der Finger, die die Lippen reinigten. Dieser Finger, der ihr den Mund langsam von einer Seite zur anderen fahrend trocknete, leichten Druck ausübend, jedoch manchmal auch mit unvermuteter Kraft sogar in den Mund hineinglitt, um die Zunge zu berühren und sogar über sie hinweg zu streichen ...

Und das, was unerträglich, unerklärlich, aber wunderbar verwirrend war ...

Das, von dem jene unhaltbare Verwirrung und Anziehungskraft ausging, war jener lange und harte Pistolenlauf mit seinem ganzen Potential der sengenden Gefahr zwischen ihren Beinen, die ihn trotzdem festhielten, ihn in einer schluchzenden Mischung aus Gefühlen festhielten und nicht loslassen wollten, die schier unerklärlich war.

Ihr war immer klar gewesen, dass er bemerkt hatte, dass sie nicht nur erschrocken war, sondern orientierungslos und auf obskure Weise gegen ihren Willen von dieser verrückten Berührung erregt. Warum zog er es nicht einfach durch, wenn er sie vergewaltigen wollte? Doch halt: Musste sie denn an diesem Punkt nicht ein anderes Wort verwenden als „vergewaltigen"?

Vielleicht war er auch ein Verrückter, der sich an diesem Spiel außerhalb der Normen erregte, der sich ausschließlich daran erregte, ihre Reaktionen zu beobachten? Oder war er nur ein methodischer Bürokrat der Geiselnahme und Erpressung von Lösegeld, der nur sichergehen wollte, dass auch nicht der kleinste Versuch der Rebellion im Opfer aufkeimte, dem er gezwungenermaßen etwas zu essen geben musste?

Und was ... ja was, wenn alles nur Einbildung ihrer überreizten Nerven war? Nein! Wer hatte ihr diesen durchsichtigen Morgenmantel angezogen? Wer hatte ihr diese Schwere, diese wohlige Weichheit eingeflößt, dieses unbewusste Verlangen, mit den Fingern an allen Kanten der Möbel entlangzufahren, wenn sie sich in der Mansarde bewegte ... um dann Dinge in ihren Körper zu pressen, vor ausgerechnet dort, am besten nicht daran denken. Ausgerechnet dort musste er die Pistole ansetzen. Dummheiten, unverschämte, unsagbare Dummheiten brütete ihre von, ja, von den Sinnen verwirrte Seele da aus, das war es, die Sinne, die selbst von diesem absurden Aufenthalt in der Mansarde außerhalb jeder Zeit und jedes normalen Lebens selbst völlig überdrehten.

Waren das etwa normale Gedanken einer Frau, die in Kürze erschossen werden würde?

Ihr wurde einmal mehr klar, dass dieser Abend der wichtigste in ihrem Leben werden würde. Sie würde *endlich* mit dem Mann *reden*, der Richter über ihr Leben war, sie würde ihn zwingen, ihr zu offenbaren, *warum!*

Sie wurde gewahr, dass über all diesen Gedanken die Zeit weit vorangeschritten sein musste, schon wurde das Licht schwächer. Es war als wieder Abend. Und bald Nacht. Und sie wusste, dass sie die Ankunft des Maskenmannes mit einer anderen Aufregung erwartete als der Angst, die in dieser Situation geboten gewesen wäre.

Hatte sie sich nicht deswegen parfümiert? Blödsinn, Übertreibungen. Dennoch löste alles, was ihr hier drinnen passierte, in ihr Schrecken, Empörung und auch Wut aus, und noch etwas, das sie nie zuvor gefühlt hatte. Etwas, das sie sich womöglich selbst nicht eingestehen wollte. Doch es war unnötig, es zu ignorieren. Und sie wusste, dass er es wusste.

Er hatte genau begriffen, dass sie nicht nur seinem Befehl gehorcht hatte, sondern – um Himmelswillen! – plötzlich die Beine für die Pistole geöffnet hatte. Was für ein schreckliches Geständnis. Doch sie fand kein anderes, kein passenderes und kein heuchlerischeres.

Und es war Abend. Und in Kürze würde der Moment kommen, in dem sich alles ein letztes Mal im Licht der dritten Kerze wiederholte. Das versetzte sie in heftiges Zittern.

Eine neue Frage kam ihr mit unheilvoller, heimtückischer Beharrlichkeit auf die Lippen: Wie viel dieser Hinwendung zu diesem raffinierten Sadismus war den Drogen geschuldet, die sie ihr vermutlich einflößten, und wie viele ihrer eigenen, bisher unterdrückten Natur?

Dann wieder: Würde sie umgebracht werden? In eben diesem Augenblick setzte das unwillkürliche Rumoren des Aufzuges ein. Sie fuhr furchtbar zusammen und konnte einen kurzen Schrei nicht unterdrücken. Sie verschluckte sich vor Aufregung und stieg vom Bett. Wenige Sekunden später hörte sie den brüsken Knall der Türen, die beim Öffnen gegen die Wand schlugen. Es war so weit.

Doch sie riss die Augen auf, ungläubig.

War das möglich? Sie näherte sich einige Schritte der Wand. War das möglich? Sie starrte angestrengt durch das Halbdunkel und sah ... dass der Lastenaufzug leer war.

Wie fremdgesteuert machte sie auf dem Absatz kehrt und ging, um die Kerze anzuzünden. Mit dem kleinen Kerzenhalter in der Hand näherte sie sich von Neuem der Wand. Im Aufzug befand sich wie beim ersten Mal auf einem Tablett ein Teller, der von einem zweiten zugedeckt war, und ein Glas Wein. Ihr Abendessen. Der Mann war nicht gekommen!

Aufgeregt und mit einem gewissen Gefühl, das sich in anderen Momenten hätte als Enttäuschung beschreiben lassen, stellte sie den Kerzenhalter ab und nahm Teller und Glas an sich.

Sie war allein und das war die letzte Kerze. Was würde morgen passieren an dem Tag, auf den es bei der Geldübergabe ankam?

Warum war er nicht gekommen? Eine Sekunde lang packte sie die Lust, in den Aufzug zu klettern und hinunterzufahren, um die Angelegenheit mit ihrem Gefängniswärter zu klären. Doch ihr fehlte der Mut und sank auf die Bettkante zurück.

Den Teller rührte sie nicht an. Sie hatte keinen Hunger, sie wünschte nichts, trank nur einen Schluck Wein. Wut kochte in ihr auf. Schließlich packte sie das ganze Zeug und schob es zurück in den Aufzug.

Nervös wanderte sie im Raum auf und ab, bis endlich nach etwa 20 Minuten die Türen zuklappten und der Lastenaufzug mit gewohntem Getöse abfuhr. Er würde merken, dass sie ihm das Essen zurückgeschickt hatte. Er würde vielleicht hochkommen und sie zwingen, vielleicht tadelnd, vielleicht zornig.

Nichts passierte. Drückende Stille, durchbrochen nur vom Ruf eines Kauzes. Im Kerzenlicht nahm sie nur ihren eigenen unregelmäßigen Atem wahr und wie ihre Schritte über den Teppich schleiften.

Würde das Lösegeld morgen eintreffen? Gezahlt werden? Würde sie mit dieser Pistole erschossen werden? Ein Schuss, eine schlagartige Detonation und ihre Vagina zersplitterte? Sie sagte sich, dass es nichts bedeuten musste, dass sie heute zum Abendessen allein geblieben war. Dass ihr Schicksal sich so oder so morgen erfüllen würde. Dennoch kreisten die Gedanken weiter und weiter um die Frage, warum der Mann mit der Ledermaske nicht mehr erschienen war, um sie zu fesseln.

Diese unwahrscheinlichen Gedanken! Es war doch völlig unlogisch, völlig irrational zu denken, dass sie hier von seltsamen Zitteranfällen gepackt und voller Grauen saß, weil sie insgeheim die Handschellen *erwartete*. Sie erwartete den langen Lauf der Pistole.

Was für ein grausames Werk hatte diese Droge getan, die ihr auf irgendeine Weise sicher jeden Tag eingeflößt worden war. Sie hatte sanft ihre Sinne umgedreht, bis sie sich in eine Sklavin verwandelt hatte, ohne dass jemand sie ganz offensichtlich gebrochen hatte. Und sie war einem Mann ausgeliefert, der sich nicht herabließ, zu kommen und sie zu vergewaltigen, wie sie es sich ausgemalt hatte.

Ja, und das alles war unlogisch, seltsam und deprimierend.

Nicht mal darüber war sie sich sicher. Alles konnte eine unglaubliche Halluzination ihrer verwirrten Sinne sein. Niemand hatte die Absicht, sie zu vergewaltigen, das war eine sichere Sache. Und die Substanzen im Essen oder im Wein – deren Wirkung der Mann selbst angedeutet hatte – waren nichts anderes als das geeignete Mittel, um sie unschädlich zu machen und ihr die Energie zu rauben, mit der sie etwa nach Hilfe hätte schreien können, wie es natürlich gewesen wäre.

Sie erwachte (aber war sie tatsächlich irgendwann eingeschlafen?), als es noch nicht ganz Morgen war. Die Kerze war heruntergebrannt, das verflossene Wachs entlang des Kerzenhalters geronnen. Hatte sie mit offenen Augen geträumt? Das Morgengrauen ließ bleiches Licht über die Dinge rinnen. Das war der Schimmer ihres letzten traurigen Tages in der Mansarde.

Sie erhob sich in zäher Langsamkeit und bewegte sich fast taumelnd Richtung Bad. Dort stand sie und starrte geistesabwesend in den Spiegel. Da knallten die Metalltüren! Wie war es möglich, dass sie den Aufzug nicht gehört hatte? Sie eilte aus dem Bad und ... der Mann war da!

Sie suchte hektisch nach ihrem Morgenmantel und drückte ihn zerknüllt vor ihren Körper, um nicht völlig nackt vor ihm zu stehen. Er blieb reglos und beobachtete aufmerksam und wortlos ihre Bewegungen. Sie presste den Morgenmantel an sich und versuchte vor allem, den Bauch zu bedecken. Aber sie hatte ihn zu sehr zusammengeballt, er bedeckte ihren Busen kaum.

Der Mann, dieser rätselhafte Mann bedeutete ihr, sich aufs Bett zu setzen.

Sie gehorchte und er drehte sich um und holte aus dem Aufzug das Tablett. Dann setzte er sich neben sie. Sie ärgerte sich, seinen Moment der Unaufmerksamkeit nicht genutzt zu haben, um sich ihren Umhang anzuziehen. So musste sie ihn weiter an sich halten.

Er stellte das Tablett wie immer zwischen sie.

Sie senkte den Blick, um die Handschellen zu nehmen, doch überrascht musste sie feststellen, dass auf dem Tablett nicht das übliche Gericht und auch kein Glas Wein standen, sondern etwas ganz anderes.

Was für ein Schock. Einen Augenblick lang hatte sie geglaubt, er habe ihr das Essen vom vorigen Abend gebracht, um sie zu zwingen, es in Fesseln zu essen. Dagegen lag jetzt, im Morgengrauen, etwas ganz anderes auf dem Tablett. Ein kleiner Teller mit zwei oder drei Wattebauschen und einem dunklen Flakon.

Instinktiv versuchte sie, den Ausdruck ihres Gefängniswärters in den Pupillen hinter der Maske zu ergründen. Der zuckte nicht einmal mit der Wimper. Mit seiner gewohnten Langsamkeit zog er die Pistole hervor und legte sie neben das Tablett auf die Bettdecke. Der Lauf endete nur wenige Zentimeter neben ihrer unbedeckten Flanke.

„Mein Lösegeld ...", murmelte sie und hatte nicht den Mut, weiterzusprechen. Das Herz tobte in ihrer Brust.

„Wurde bezahlt", sagte er in größter Gemütsruhe. „Heute Nacht."

„Also ... also werde ich nicht erschossen?"

„Nein."

Wie gern hätte sie aufgeatmet, einen Freudenschrei ausgestoßen, doch sie unterdrückte diese Gefühlswallung und musterte ihn. „Und jetzt?"

„Jetzt kehrst du in deine Welt zurück, genauso wie du gekommen bist." Er deutete auf das Tablett.

„Ich verstehe nicht."

„Du kehrst zurück, ohne etwas davon mitzubekommen. Du darfst nicht wissen, wo du warst, du darfst nichts mitbekommen."

„Ist das ... Chloroform?" Sie deutete auf den Flakon.

„Etwas Ähnliches. Es ist besser und harmloser. Du wirst nichts fühlen, du wirst nichts mitbekommen. Wenn du morgen aufwachst, wirst du nicht mehr hier sein. Du wirst angezogen sein wie vorher und wirst jemanden anrufen können, damit er dich holt. Du wirst für lange Zeit nur die Erinnerung haben."

Die Tatsache, dass er in normalen, verständlichen Sätzen sprach und nicht nur einzelne Wörter ausstieß wie in den vergangenen Tagen, ermutigte sie. Ihr wurde bewusst, dass ihre Neugierde und ihr Drang, ihn zum Sprechen zu animieren und mehr von *ihm* zu erfahren, sogar größer waren als ihre Freude, wieder frei zu sein. Doch er schien das mitzubekommen und wurde schweigsam.

Sie versuchte, die richtigen Worte zu finden, um möglichst reichhaltige, lange Antworten von ihm zu erhalten. Und zwar bevor sie erneut betäubt wurde und diese kleine Welt voll seltsamer Widersprüche nie wieder sehen würde.

„Also hat mein Mann gezahlt. Darf ich wissen, wie viel?"

Er schwieg.

„Nicht nötig, es mir zu sagen. Wenn ich aufwache, ist es vielleicht das Erste, was ich erfahren werde."

Er bewegte sich nicht. Er schien zum ersten Mal ihre nackten Schultern zu bewundern, die perfekte Rundung ihres kleinen Busens, den Teil ihres Bauches, den sie mit ihrem zusammengeballten Morgenmantel nicht bedecken konnte. Sie war unfähig, genauer, sie wollte ihn gar nicht zurechtrücken. Sie ließ sich betrachten.

Dass er sie erst jetzt ansah, wie ein Mann eine Frau bewundert, wo alles vorbei war?

Dabei hatte sie längst bemerkt, dass er ihren Körper kannte. Denn er war es gewesen, der sie ausgekleidet hatte, da war sie sich sicher. Warum also sah er sie jetzt so an?

„Muss ich das Betäubungsmittel gleich nehmen?" Die Frage erschien ihr scheinheilig. Sie fand, dass sie damit unzumutbar dreist erschien. Warum hatte sie das nur gefragt? Um nicht alles sofort enden zu lassen oder aus einem anderen Grund? Sie sah ihm trotzdem fest in die von Leder umrahmten Augen.

„Jetzt."

„Also ... jetzt!"

„Ich möchte, dass du es dir selbst verabreichst."

„Warum?"

„Nicht fragen."

„Ich will es aber verstehen!"

„Eines Tages, wenn du wieder daran denkst, wirst du es verstehen. Du verstehst es nur jetzt noch nicht. Oder nicht ganz."

Sie schwieg, um ihm das Gefühl zu geben, dass sie verstanden hätte, auch wenn ihr diese letzte Bemerkung mehr als absurd vorkam.

„Wie muss ich es machen?", sie sagte es provozierend. Sie wollte unbedingt weiter mit ihm reden, jetzt, da sie wusste, dass sie ihn nie wieder sehen würde. „Muss ich die Watte selbst nehmen? Das muss ich machen?"

Ihre eigene Frechheit verblüffte sie. Aber war es nicht so, dass sie sich in dieser Mansarde selbst kennenlernte? Sie fuhr leicht emotional fort: „Legen Sie mich deshalb heute nicht in Handschellen? Und auch ..."

„Auch?", unterbrach er sie mit einer gewissen Erregung in der Stimme.

„Auch die Pistole. Ich wollte sagen ... zwischen meinen Knien. Spielen Sie nicht mehr mit mir? Es war ein scheußliches Spiel!"

„Du hieltest es für ein Spiel?"

„Nicht ganz. Ich weiß genau, wie gefährlich es war ...", und sie fügte fast boshaft hinzu: „Jedenfalls war es vor der Übergabe des Lösegeldes auch gefährlich, nicht wahr?"

Er antwortete nicht. Nach einer Pause fragte sie: „Was hat er gezahlt?"

„Ist das so wichtig für dich?"

„Du hast recht, im Grunde ist es das nicht. Nur für dich und deine Komplizen." Ihr fiel auf, dass sie begonnen hatte, ihn zu duzen. Ermutigt von seinem Schweigen, redete sie weiter: „Um das Geld dreht sich alles. Schließlich bin ich im Grunde deswegen hier, oder? Irre ich mich?"

Aber er antwortete nicht. Es schien, als vermiede er, sie anzusehen. Er nahm den Flakon vom Tablett und schüttelte ihn. Gemeinsam mit einem Wattebausch hielt er ihn ihr hin.

„Was muss ich tun?"

„Du musst ein paar Tropfen darauf träufeln und ihn auf die Nase drücken. Einen Augenblick später wirst du bewusstlos und nichts mehr spüren."

„Warum muss ich das machen?"

Wieder keine Antwort.

„Warum?"

„Ich hab gesagt: Frag nicht!"

„Ich hab gedacht", sagte sie schnell, um ihre Beharrlichkeit zu übertünchen, „dass wir uns nach all dem nicht mehr wiedersehen." Und staunend mit welcher Sicherheit sie selbst den Dialog leitete, das erste Gespräch nach drei Tagen Schweigen und Sklavenleben, fügte sie hinzu: „Denn mich ein weiteres Mal zu entführen könnte gefährlich für dich werden. Also ist es das letzte Mal, dass ich mit dir sprechen kann!"

„Vielleicht."

„Vielleicht?!"

„Na gut, niemand wird dich ein zweites Mal entführen. Da kannst du sicher sein." Und er fügte leise hinzu: „Aber ein Wiedersehen könnte noch einmal passieren."

„Auf die Gefahr hin, dass ich dich verrate?"

„Würdest du mich erkennen?"

„Ohne Maske? Nein. Aber deine Stimme. Die ist unverwechselbar. Ich werde deine Stimme nie vergessen."

„Du irrst dich. Du würdest sie nicht wiedererkennen. Ich habe etwas im Mund, wenn ich hoch zu dir komme. Meine Stimme ist verfälscht. Meine richtige Stimme klingt anders."

„Heißt, du könntest dich mir nähern, ohne dass ich es mitbekäme?"

Still sah er sie an. Sie grübelte, wo sie bereits einen Mann mit solchen Schultern und solchen Händen, aber einer anderen Stimme gesehen haben konnte.

„Nun?", fragte er, als wäre sie in seine rhetorische Falle getappt.

„Ich würde dich nicht erkennen."

„Ich weiß."

Sie überlegte weiter, ob der Mann ihr kein Unbekannter war. Vielleicht war er ihr richtiggehend vorgestellt worden, vielleicht hatte sie ihn nur einmal getroffen, vielleicht hatte ihn ihr jemand nebenbei vorgestellt. Jemand aus ihrem Freundeskreis? Nein, wirklich nicht. Aber vielleicht jemand mit seltsamen und geheimen Angewohnheiten, den sie flüchtig auf einer der vielen Sommerpartys im Freien letztes Jahr kennengelernt hatte? Das Risiko kitzelte sie, sie verspürte den unwiderstehlichen Drang, ihm mit einer katzengleichen Bewegung die Maske aus dem Gesicht zu reißen ... Nein, das ging zu weit. Das zu wagen konnte fatale Folgen haben. Er wäre gezwungen gewesen, die Pistole wirklich zu verwenden. Er würde sie umbringen.

Da blitzte ein verrückter Gedanke in ihrem Kopf auf, wie sie ihn in ihrem ganzen früheren Leben noch nicht gehabt hatte. Sie war versucht, einen boshaften Kompromiss ihres Plans umzusetzen, eine Geste zu wagen, mit der sie andeutete, ihm seine Maske zu entreißen, ohne ihn überhaupt zu berühren.

Das würde ihn dazu verleiten, sie zu bedrohen, vielleicht zu schlagen und, sehr wahrscheinlich, wieder seine perverse Strategie mit der Pistole zwischen den Beinen anzuwenden. Aber dieses Mal schneller, roher, schrecklicher ... mit dem Lauf bis ... also hinein ... und sie würde die Schenkel zusammenpressen, bis es der Waffe unmöglich war, sich zurückzuziehen ... und der kalte, lange Pistolenlauf würde immer weiter eindringen ... Was für eine Verrücktheit! Wo kamen nur diese Gedanken her?!

Sie musterte den Mann. Diese Gewissheit, dass er, der sie ja nicht halbnackt freilassen konnte, sie berühren, mehrmals hin- und herwenden, sie wieder anziehen würde. Und das, ohne es auszunutzen, ohne sie zu missbrauchen, diese Gewissheit erfüllte sie mit einem ungewohnten, sehr seltsamen und tiefen Gefühl. Eine bisher uneingestandene, beunruhigende Enttäuschung ließ sie heftig zittern. Er betrachtete sie mit unverständlicher Ruhe, noch immer den Wattebausch in der Hand.

„Nimm."

Ihr schwand die Courage. Entmutigt nahm sie die Watte.

„Sieh dir diese Mansarde noch einmal genau an. Es ist das letzte Mal. Du wirst sie nie wiedersehen."

Sie konnte nichts erwidern. Mit dem Wattebausch in der Hand zögerte sie und dachte, dass kein einziger Entführer dieser Welt, der eine Frau für Lösegeld entführt, so mit ihr sprechen würde. Unmöglich, dass sie sich irrte, auch wenn das Geld der Hauptgrund gewesen sein mochte ... vielleicht ja auch nur für seine Komplizen. Aber dieser Mann hatte mit ihr ein sinnliches und raffiniertes, sogar flüchtiges und fließendes Spiel gespielt. Sie war nicht Opfer ihrer eigenen Einbildung. Aber warum spielte er jetzt also kein letztes Mal mit ihr, bevor er sie auf welche Weise auch immer in ihr früheres Leben entließ? Warum legte er ihr keine Handschellen an und wiederholte alles und, zumal es ja das letzte Mal war, trieb das Spiel über die bisher erreichte Grenze hinaus? Warum betäubte er sie nicht selbst, mit seinen eigenen Händen? Mit seinen Händen auf ihrem Gesicht, auf ihrem Mund? Sie blickte wieder auf ihn und war überwältigt von seiner fürchterlichen Ruhe. In dem Moment zog er mit einer durchaus eleganten Bewegung den Deckel vom Flakon.

„Tränke jetzt den Wattebausch."

Sie tat es.

„Leg ihn auf die Nase und atme ein. Atme!"

„Aber ..."

„Keine Angst. Du hast längst verstanden, dass dir nichts passiert, solange du schläfst. Absolut nichts. Ich werde deinen Körper nur berühren, um dich wieder anzuziehen, so als wäre meine Hand neutral, abstrakt, wie die Hand deines Mannes, wenn sie deinen Rücken hinauffährt, um den Reißverschluss deines Kleides zu schließen, bevor ihr ins Theater geht. Leg es auf die Nase und atme ein. Langsam."

Ihr standen die Tränen in den Augen, als sie diesen Wattebausch hochhob. Die Wallung ihrer Gefühle ließ ihre Hand zittern. Was war das? Enttäuschung ... aber war das möglich? Es war unbekannt und ihr unmöglich, es einzuordnen.

Einige Zeit verharrte sie so, unfähig etwas zu sagen. Er ebenso.

Mit der anderen Hand wischte sie sich über die Augen. Da zog er aus seiner Tasche ein Taschentuch und wischte leicht und zärtlich unter ihre Lider, eine Träne abtrocknend, die ihr über die Wange geronnen war.

„Muss ich es jetzt sofort tun?"

„Ja. Jetzt."

Plötzlich fuhr sie zusammen. Ein Telefon schrillte. Nicht laut, es klang zugedeckt, sicher weil es aus einer der Taschen seiner Kleidung kam. Es schien in ihm Ärger auszulösen. Er sprang auf, zog das Handy aus einer Hosentasche, ging ein paar Schritte zur Wand, wo er sich von ihr abwandte.

Sie vernahm aufgeregtes Flüstern in einer fremden Sprache. Das Gespräch dauerte gut eine Minute. Es war das erste Mal, dass ein so moderner Gegenstand wie dieses Handy in dieser Umgebung ohne Zeit und Mode auftauchte.

Als er sich das Handy einsteckend wieder umdrehte, blickte er sie streng an. Sie fühlte sich unsicher mit diesem Wattebausch in der Hand.

„Und … soll ich's jetzt tun?" Die Worte sprangen ihr spontan über die Lippen, aber es war, als hätte sie einen Zweifel in seinen Augen erraten oder erahnt.

Ohne ein Wort ging er auf sie zu und nahm ihr brüsk die Watte aus der Hand. Und dann stieg er in den Lastenaufzug. Er verschwand begleitet von dem ekelhaften Quietschen des Metalls, der einzige Gegenstand aus einer uralten Zeit und damit zeitlos.

Sie trocknete sich eine weitere Träne. Sie verstand nichts mehr. Nichts verstand sie, war allein und fühlte sich tot.

Vierter Akt

Wieder allein näherte sie sich langsam wie automatisch dem Bad. Aber sie hatte keine Lust mehr zu baden, geschweige denn sich zu stylen. Wie hätte sie sich in diesem Moment entspannen können, in dem so viele aufreibende Gedanken in ihrem Kopf hämmerten. Ihr Ehemann hatte eingewilligt, zu zahlen. Seine ganze Branche steckte in einer historischen Krise, aber er hatte zugesichert zu zahlen, um sie zu befreien.

Ein Zeichen von Liebe? Unmöglich. Vielleicht war es nur aus gewohnheitsmäßiger Zuneigung. Oder einfach, weil es für ihn im Hinblick auf das gesellschaftliche Umfeld vorteilhafter war.

Jedenfalls hatte er gezahlt und sie würde frei sein!

Freikommen aus dieser verfluchten Lage in diesem seltsamen, irrealen Gefängnis, das auf obskure Weise so oft seine Gestalt wandelte.

Und dann dieses bedrohliche Telefonat! Was konnte passiert sein?

Warum hatte er die Prozedur unterbrochen? Warum war er so schnell gegangen? Es war einfach nicht logisch. Weiter hier eingeschlossen zu sein, ohne den Grund dafür erraten zu können, erfüllte sie mit einem immer lauter vibrierenden Missgefühl, einer Vorahnung von Tücke und Bösartigkeit.

Ja, dieser Anruf war eine sehr schlechte Botschaft gewesen. Und ganz sicher ging es um sie. Wen auch sonst.

So wie jetzt hatte sie noch nie empfunden. Sie fühlte sich nicht mehr so unterworfen, nicht so hörig einem unvorstellbaren Schicksal unterworfen wie in den vergangenen drei Tagen. Dennoch ging sie trotz der angekündigten Freilassung nicht davon aus, dass sich ihre Lage mittlerweile verbessert hätte.

Noch immer befand sie sich in dieser Mansarde. Und noch lange nicht würde sie frei von diesen perfiden Gefühlen sein, die sie hier übermannt hatten. Nein, sie war nicht frei, weder körperlich noch geistig.

Nie zuvor hatte sie so empfunden wie in den letzten drei Tagen. Dieses Zimmer hatte erst ihren Geist geschwächt und dann ganz langsam verdorben. Das musste sie zugeben. Wann würde sie sich davon endgültig befreien können? Und würde das bedeuten, dass sie wieder zu sich selbst zurückkehren würde? Vielleicht, aber ehrlich gesagt: Nein.

Was, wenn dieser Anruf nun aber alles verändert hatte? Auf welche Weise? Was hatte es zu bedeuten, dass er alles wieder mitgenommen hatte, all die Zutaten, die sie betäuben sollten?

Sie ließ sich auf den Teppich sinken. Von hier aus, so ihr Gedanke, konnte sie die Dinge aus einem anderen Blickwinkel betrachten als auf dem Bett. Er hatte sie mit „Du" angeredet, hatte mit ihr fast auf Augenhöhe gesprochen. Hätte sich diese Konversation – den Chloroform getränkten Wattebausch zwischen ihnen – noch etwas länger hingezogen, hätte sie sicher mehr über ihn herausgefunden.

Natürlich nichts, durch das sie ihn später hätte wieder erkennen können, das war klar. Aber um seinen Motiven auf den Grund zu gehen, um die Bedeutung seiner undurchdringlichen Welt zu ergründen und vor allem das, was sie aufzehrte: die Pistole zwischen ihren Beinen.

Dieser Mann hatte sie drei Tage lang in seinen schattigen, geheimnisvollen Zauber verstrickt. Oder sie hatte sich das erträumt, hatte dahingehend verdreht, was nichts als Einbildung war, hervorgerufen durch den Schrecken und das seltsame Umfeld, in das sie gezwungen worden war. Gedanken, Gedanken. Aber nein, stellte sie fest, korrigierte sie sich, es waren ja keine klar umrissenen Gedanken, nur Eindrücke, Gefühle, wortlos, unaussprechlich, ungreifbar.

Und jetzt dieses Mysterium um ihre unterbrochene Freilassung oder vielleicht endgültig abgebrochene Freilassung. Dieses neue Warten war zermürbend, so voller „Warum".

Sie hatte keinen Hunger, aber redete sich ein, dass er später schon mit einem Abendessen kommen würde. Mit diesem Gedanken – oder war es eine Hoffnung? – kroch sie aufs Bett, mit dem festen Entschluss, etwas zu schlafen.

Fünfter Akt

Der Abend war schon weit fortgeschritten, als der Lastenaufzug ihren Halbschlaf unterbrach. Elektrisiert riss sie den Kopf vom großen Kissen. Durch das schnell dichter werdende Halbdunkel erkannte sie dennoch deutlich den Mann, der den Aufzug verließ. Er brachte kein Tablett mit Mus – auch keinen Wein.

Wortlos ging er zur Kommode, stellte eine Kerze auf den Kerzenhalter, der ja nun leer war, und zündete sie an.

„Hast du Hunger?"

„Nur eine Kerze?" Die Frage entfuhr ihr ganz plötzlich, so plötzlich wie ein Impuls sie völlig ohne die Unterwürfigkeit der letzten Tage zum Reden brachte.

„Wenn du Hunger hast, bringe ich dir nachher das Essen und den Wein."

„Eine Kerze heißt eine Nacht. Nur noch eine?" – Sie war selbst überrascht davon, wie leicht ihr die Worte über die Lippen gingen, dass sie ohne einen Skrupel Fragen stellte, statt zu antworten.

Er sah sie an, verblüfft, wie ihr schien.

„Ich hab gesagt, dass ich dir das Abendessen und den Wein bringe, aber später."

„Den üblichen faden Brei?", murmelte sie und es kam ihr vor, als sei ihr tatsächlich etwas Ironie gelungen. Was sie als Willensstärke auslegte, die nach einer Zeit des Unterworfenseins zurückgekehrt war. Doch traute sie sich nicht zu viel? Konnte sie sich bereits wieder als freie Frau betrachten? Sie machte sich bewusst: Nein, konnte sie nicht. Auch wenn er nur eine Kerze gebracht hatte.

„Ich muss mit dir reden", sagte er, nachdem er sich gesetzt hatte – mit großem Abstand zu ihr.

„Ich habe keinen Hunger. Du kannst mir gleich sagen, was immer zu mitzuteilen hast", erwiderte sie mit gesenktem Blick. Was für eine verrückte Idee: Für einen Moment hatte sie sich vorgestellt, dass er die Maske abnahm und mit ihr ganz anders sprach. Stattdessen schwieg er.

„Dein Mann hat noch nicht gezahlt."

„Nicht? Aber dann ..."

„Er hat im letzten Moment erfahren, dass die Bank Schwierigkeiten macht. Er hat anscheinend finanzielle Probleme. Er hat um einige Tage Aufschub gebeten. Offenbar ist dann der Verkauf eines eurer Gebäudekomplexe abgeschlossen. Mit dem Geld will er zahlen, sagt er."

„Das heißt, ich muss ... wie lange hierbleiben?"

Er antwortete nicht sofort.

„Muss ich hier noch lange bleiben?", beharrte sie nervös.

Er erhob sich, ging einige Male auf und ab, setzte sich wieder. Es schien, als wäre er kein bisschen daran interessiert, sich ihr zu nähern und das sadistische Spiel der letzten Tage fortzusetzen. Hätte die Maske nicht jegliche Gefühlsregung verborgen, hätte es den Anschein haben können, er wäre gelangweilt. Er war völlig verändert.

Außerdem fiel ihr etwas zutiefst Beunruhigendes aus: Da gab es einen großen Unterschied zwischen jenem „einige Tage" und der einen Kerze, die er herauf gebracht hatte. Eine Kerze brannte in einer Nacht herunter. In einer einzigen.

„Das heißt, ich meine, ich muss hier noch einige Tage gefangen bleiben? Wie viele? Wie viele Tage noch?"

Sie bemerkte den ängstlichen Ton in ihrer Stimme. Und auch er beziehungsweise seine Augen, hatten ihn wahrgenommen. Er antwortete nicht. Sie beharrte: „Heißt es das? Noch einige Tage und dann ist es vorbei?"

„Vielleicht."

„Warum? Warum denn vielleicht? Mein Gott, warum vielleicht?"

„Weil es eine Finte der Polizei sein könnte, um für die Suche nach dir Zeit zu gewinnen."

„Du meinst, dass sie eine Spur haben, dass sie dieses Versteck hier finden könnten."

„Nein, sie hätten schon längst versucht, uns hier zu stürmen. Unser Informant hätte uns gewarnt. Aber wer weiß, ein paar Tage mehr an Ermittlungen und sie ziehen den Kreis enger und für uns wird es gefährlich. Das wollen wir vermeiden. Verstehst du doch."

„Ja. Verstehe", sagte sie mechanisch. Und wartete darauf, dass er mit einer weiteren Mitteilung herausrückte. Stattdessen legte er den Kopf in den Nacken und schlug bequem die Beine übereinander.

„Und?" Es gelang ihr, in ihr Nachbohren ein schüchternes Zittern zu legen.

„Wir haben an einen Trick gedacht, ein Verwirrspiel, einen Trick, um die Ermittlungen abzulenken. Wenn du einverstanden bist – ich erkläre dir jetzt alles. Und wenn ich das Essen bringe, kannst du mir deine Antwort sagen. Wenn du zusagst, machen wir es morgen. Es wird ein genialer Coup, um die Aufmerksamkeit von diesem Haus abzulenken."

Sie glaubte, sich verhört zu haben. Heimtückisch, geheimnisvoll, rätselhaft hallte dieses „Wenn du einverstanden bist" in ihren Ohren wieder.

„Was ..."

„Du musst nur die Hauptperson des Verwirrspiels sein."

„Ich?"

„Du musst nur etwas aufsagen, wie im Theater. Ungewohnt, ich weiß, aber theoretisch nicht ganz unmöglich für dich."

„Aber rezitieren ... ich war immer schlecht in so was. Ich kann nicht ..."

„Wie ich sagte: ungewohnt. Und vielleicht wirst du sie als grauenhaft, würdelos empfinden, oder vielleicht auch als interessant, als reizvoll, auch weil sie spontan, kurz, vor allem kurz, und reizvoll sein wird. Das wird deiner Einschätzung unterliegen. Das und es aufzusagen! Aber nicht ganz wie im Theater."

„Ich verstehe nicht … grauenhaft? Würdelos?"

„… aber reizvoll. Oder besser gesagt: alles auf einmal. Für uns ist es essenziell."

„Ich verstehe immer noch nichts."

„Ich zähle auf dich."

„Auch mich? Aber ich verstehe doch gar nicht, was …"

„Ich erkläre es dir genauer. Aber bitte mich nicht, zu wiederholen, was ich jetzt sage. Dafür haben wir nicht die Zeit – und du bist auch zu intelligent, um es nicht sofort zu verstehen."

Sie unterdrückte den Impuls nach weiteren Erklärungen zu fragen. Es entstand eine kurze Pause.

„Die Wahrscheinlichkeit, dass die Bitte um Aufschub ehrlich ist, schätzen meine Kollegen auf 60 Prozent. Ich eher auf 30."

„Aber wenn mein Mann gesagt hat, dass er zahlt, dann wird es wahr sein!"

„Dein Mann ist vielleicht nicht mehr derjenige, der das Spiel in der Hand hat. Es kann sein, dass seit gestern die Polizei mitmischt. Die Polizei braucht Aufschub, nicht die Bank."

„Ihr glaubt also nicht daran … Ich bin also in Gefahr?"

„Wir haben zwei Alternativen."

„Ja?"

„Erstens: Wir lassen dich spurlos verschwinden und bringen dich in ein sicheres Versteck im Ausland."

Sie legte die Hand über die Augen, sog tief die Luft ein und stieß sie in einem unterdrückten Seufzen wieder aus. Eben hatten sie über ihre Befreiung gesprochen, jetzt ging es um ihre Ermordung. Er ließ ihr keine Zeit für eine Antwort.

„Die zweite Alternative ist etwas fantasievoller. Ein intelligenter Schachzug jenseits des Erwartbaren und deswegen ziemlich aussichtsreich."

„… ja und welche?"

„Ich zähle auf dich.“

Ich zähle auf dich. Das hatte er nun schon zweimal gesagt. Was bedeutete das? Sie hatte Angst, zu fragen. Und er gönnte sich eine kleine Pause.

„Einer von uns hat ein Luxusbordell in der Stadt, ein Etablissement, das nur ausgewählte Frauen anbietet, junge Prostituierte, die sich für die höhere Gesellschaft eignen. Ein sehr stilvoller, hochpreisiger und ungewöhnlicher Laden. Vor der Krise war auch dein Mann einige Male dort.“

Sie schluckte, schwor sich aber, ihn nicht zu unterbrechen.

„Da es sehr erfolgreich ist, wird in Kürze hier in den unteren Stockwerken ein Ableger eröffnen. Ein weiteres diskretes Haus.“

Er sah sie seltsam an, fast ironisch schien ihr.

„Einer der Kunden ist ein hohes Tier bei Interpol. Bei uns heißt er ‚Monsieur Y‘. Er ist nicht unbedingt ein Stammkunde. Er kommt selten und ist sehr anspruchsvoll. Er hat eine Leidenschaft für Frauen, die nicht dem Klischee einer klassischen Prostituierten entsprechen. Wenn wir eine haben, die seinen Wünschen entspricht, teilen wir ihm das diskret mit und er kommt, um sie zu testen. Letztes Mal haben wir ihm eine 15-jährige Jungfrau vorgestellt. Die war ihm aber zu oberflächlich und lautstark. Oberflächliche Nutten hasst er.“

„Ja ... ja und?“

„Wie ich sage: Sie war zu durchgeknallt, lachte häufig ohne Grund und besaß überhaupt keine erotische Fantasie. Eine, die sofort kichernd die Beine breit macht. Für einen feinsinnigen Mann wie ihn eine Frau zweiter Klasse. Zweite und nicht dritte Klasse nur, weil sie 15 war. Er will das Etablissement künftig nur wieder aufsuchen, wenn wir ihm das nächste Mal Anregenderes bieten. Etwas Einzigartiges.“

Sie verbot sich jeglichen Kommentar. Sie war sich nun fast sicher, dass er ihr eine widerwärtige, abscheuliche Überraschung offenbaren würde.

„Aber wenn wir Monsieur Y hierher locken“, fuhr er nahezu belustigt fort, „in diese neue Liebeshöhle und mit einem besonderen Angebot, mit einer Premiere, die sich so nie wiederholen wird, wäre er eher verleitet, das Angebot anzunehmen. Vor allem ist das Erdgeschoss noch wie die Villa eines puristischen Milliardärs gestaltet. Das macht das *Happening* noch aufregender: das diskrete Vergnügen des Großbürgertums. Du verstehst ...“

„Nein ... Ich ...“

„Wenn er, der sicher an den Ermittlungen beteiligt ist, hierherkommt, wird er ganz sicher dafür sorgen, dass hier keine Durchsuchungen durchgeführt werden. Ein Luxusbordell ist sicher kein vernünftiges Gefängnis für eine Geisel, das musst du zugeben.“

Sie musste nicken.

„Wir könnten den Aufschub akzeptieren. Drei Tage. Nicht länger. Wenn er zahlt, bist du frei.“

„Und wenn er nicht zahlen kann, wenn die Bank oder der Käufer dieser Immobilien länger brauchen, um sich zu entscheiden, wenn die Bürokratie alles verzögert, dann ... würdet ihr mich umbringen?“

„Kein Zweifel. Das Spiel hat wenige Regeln, aber die sind eisern.“

Überrannt von der Grausamkeit seiner einfachen Antwort senkte sie den Kopf. Er beobachtete sie still. Seine Augen hinter der Maske erschienen dabei erstmals wieder lebhafter.

„Du hättest kein Erbarmen mit mir?“, murmelte sie mit Tränen in den Augen.

„Nein. In diesem Spiel ändert keiner die Regeln.“

„Aber du sagtest ja, dass du eine Lösung gefunden hättest, durch die ihr die drei Tage Aufschub akzeptieren könntet. Sodass ich noch Hoffnung haben kann, zu überleben. Oder?“

Er trommelte mit den Fingern auf seinem Knie und es schien ihr, dass sein Mund unter der Maske sich zu einem fast unmerklichen Lächeln verzog.

„Tatsächlich. Ja. Ich habe eine Idee, die funktionieren könnte.“ Und er fuhr sanfter fort: „Und sie wäre auch ein Geschenk, etwas, das dein innerstes Herz krönen würde.“

„Mein ... Ich verstehe wie immer gar nichts.“

„Ich meine dein Innerstes, das dir selbst noch unbekannt ist. Das in diesen Tagen hier in dem Dachzimmer plötzlich in dir erweckt wurde. Ein Geschenk für dein neues Selbst."

„Keine Ahnung. Immer noch nicht."

Doch sie verstand. Sie verstand, dass ihr sogleich etwas Schmachvolles, Hinterhältiges vorgeschlagen würde.

„Du bist eine erhabene Frau, mit Stil, mit Klasse. Das erkennt man auf den ersten Blick. Du bist 32 und Jungfrau."

„Nein."

Sie hatte ihn mehr aus Angst unterbrochen, um zu unterbinden oder aufzuschieben, was er gleich sagen würde – nicht so sehr wegen der falschen Unterstellung ihrer angenommenen Unschuld.

„Ich bin verheiratet. Das weißt du nur zu gut."

„Die körperliche, vaginale Unschuld meinte ich nicht."

„Und was soll ich dann tun? Was willst du von mir?"

Sie rief es aus, die Augen geschlossen, das erwartend, was er zweifellos gleich mit eisiger Entschiedenheit sagen würde. Er erhob sich und ließ sich neben ihr auf dem Bett nieder, jedoch ohne Anstalten zu machen, sie gleich anzurühren.

„Ich kenne die Vorlieben dieses Mannes genau. Und nach diesen drei Tagen kenne ich auch dich ganz genau."

„Du kennst mich nicht", erwiderte sie halb trotzig, um eine winzig kleine Verteidigungslinie aufzubauen, halb um ihm auszuweichen.

„Unterbrich mich nicht."

Sie klappte den Mund zu.

„Tu das nicht mehr. Damit machst du dir nur deinen eigenen Wunsch kaputt, mehr zu erfahren."

„Aber ich habe keinen ..."

„Hör zu. Ich habe keine Lust, die Pistole rauszuziehen und dich zu zwingen. Wir wissen beide, dass das unnötig ist. Aber du musst mir zuhören, weil du es willst. Und du hast sehr gut begriffen, dass das, was ich dir erkläre, wichtig für dich ist."

„Ich würde lieber nichts hören. Nur die Nachricht, dass ich freikomme. Nur das."

„Im Moment hängt alles von dir ab. Nur von dir!"

„Meine Befreiung?"

„Oder dein Tod. Ich und du, wir haben beide keine andere Wahl. Eins von beidem. Nichts dazwischen."

Da er keine Anstalten machte, noch etwas zu sagen, wagte sie zu fragen: „Was willst du von mir?"

„Hast du das jetzt also verstanden, dass ich etwas von dir will."

„Ja, ich glaube."

„Ich will deine Sinne."

„Meine ..."

„Nicht, wie du denkst. Ich will nicht sie. Ich will, dass du mit ihr spielst. Wie in einem Tanz. Wie Salome. Auch sie war von einem fetten und abscheulichen Playboy wie Herodes nicht sehr angetan. Trotzdem hat sie mit Grazie den sinnlichen Tanz der sieben Schleier vor seinem Thron getanzt und höchstes Verzücken ausgelöst."

„Jetzt verstehe ich wieder nichts. Was hat meine Sinnlichkeit damit zu tun?"

„Ich will, dass du sie mir zeigst, wie du sie bisher noch nicht einmal dir selbst gezeigt hast. Weil du nie geahnt hast, dass sie so sein könnte. Jetzt aber hast du es zu ahnen begonnen, auch wenn du nicht zu vermuten wagst, wie sie im Ganzen sein könnte. Habe ich da nicht Recht?"

„Bitte, bitte, sag mir einfach, was du willst. Ich bitte dich. Es ist eine Qual für mich, es ist absurd, was du da redest. Was willst du?"

Er erhob sich erneut und ging wieder einige Schritte auf und ab. Langsam. Ließ sich wieder in den Sessel sinken. Beobachtete sie. Die Augen unter der Maske betrachteten sie seltsam ironisch, fest.

„An was hast du gedacht. Was willst du", hauchte sie fast tonlos.

„Wenn ich sage ‚deinen Körper‘, würde ich deiner sensiblen Psyche Unrecht tun. Ich will *auch* deinen Körper, aber vor allem deine Seele."

„Meine Seele?"

„Deine Seele. Deine erotisch verquere Seele. Genau die."

„Warum verdrehst du derart die Tatsachen? Nach drei Tagen drogenversetzter Suppe und Terror glaubst du, eine Frau zu kennen, die tatsächlich überhaupt nicht so geworden ist, wie du hoffst. Ich bin nicht die, die du in mir siehst. Ich bin wie immer. Ich bin nur deine Gefangene."

„In der Tat. Ich kann mich irren."

„Und wenn genau das der Fall wäre?"

„Du kennst ja nun die Regeln des Spiels. Wir haben keine Alternativen, außer der, deine Leiche für immer unauffindbar verschwinden zu lassen. Bin ich zu grausam? Aber Beschönigungen helfen nicht. Wir dürfen nichts schönreden, sondern müssen uns auf die Realität konzentrieren."

„Also? Was willst du von mir?"

„Diesem raffinierten Polizisten eine Falle stellen."

„Und wie?"

„Mit dir. Du bist die ideale Frau dafür. Vor allem, weil du das noch nie gemacht hast. Du bist perfekt. Beziehungsweise kannst du es ganz schnell werden. Morgen Nacht."

„Puh."

„Morgen Nacht."

„Morgen Nacht ... Was wird da passieren?"

„Nichts. Nichts wird dir passieren. Du wirst es passieren lassen. Du bist diejenige, die spielen wird. Für uns. Für dich."

„Irgendwas Widerliches, um meinem Todesurteil zu entkommen?"

„Etwas von uneingestandener Lust, ein Spiel mit Sex, mit Sex und mit dem Tod. Wenn das sexuelle Spiel faszinierend ist, entkommst du dem Tod. Pass auf: Ich habe ‚faszinierend' gesagt. Denn Sex und Tod sind verbunden miteinander faszinierend. Eine einzigartige, unvergessliche Lust. Für ihn und für dich."

„Unmöglich."

„Möglich und faszinierend."

Sie fuhr sich mit den Händen durchs Haar und senkte den Kopf, doch auch das brachte keine Ruhe in ihr aufgewühltes Inneres. Sie legte die Hände zurück in den Schoß und schüttelte unaufhörlich den Kopf. Er hatte sich bequemer in den Sessel gesetzt, die Beine überschlagen, und rückte sich die Maske über der Oberlippe zurecht.

„Du willst diesem Mann, diesem Polizisten, eine Prostituierte servieren. Aber das bin ich nicht."

„Genau deshalb."

„Ich kann das nicht. Und wenn ich es versuchen würde, würde ich total versagen, weil ich vor Scham im Boden versinken würde. Ich würde deinen Schachzug zerstören. Er würde sofort merken, dass ich alles aus Zwang tue, dass es eine Finte ist."

„Stattdessen könnte es dir gefallen."

„Nein. Nein. Wirklich nicht."

„Oder du fändest es zum Sterben schön. Ein Spiel. Ein subtiles, aber phasenweise ungestümes Spiel der Nuancen. Es könnte dir gefallen, weil es *dein* Spiel wäre."

Obwohl sie es als würdelos, überflüssig und unerträglich empfand, fragte sie heiser: „Was ... was müsste ich tun?"

Er schien sie zufrieden zu mustern. Er ließ einen Moment verstreichen, bevor er antwortete. „Ich habe erfahren, dass du auf einer Ballettschule warst, bevor du geheiratet hast."

„Ja, schon. Du willst, dass ich für ihn tanze? Und was? Schwanensee? Das wäre albern. Außerdem habe ich seit Jahren nicht mehr getanzt."

„Stimmt, und diese Art Tanz wäre für ihn auch ziemlich monoton."

Sie nickte in der Annahme, dass das nur der harmlose Einstieg war. Er schien zu lächeln. Der Mund unter der Maske hatte sich zu einer Grimasse verformt, die wollüstige Ironie ausdrücken mochte. Und sie hätte zu gern gewusst, was diese Grimasse in Wahrheit bedeutete.

„Er wird kommen, wenn ein einzigartiges Angebot ihn lockt. Abseits aller Klischees von Nutten und auch des sogenannten Luxus."

„Ich hab dir gesagt, dass ich nicht so eine bin."

„Und ich habe dir gesagt: genau deshalb!"

„Nicht ..."

„Wir werden ihm eine einzigartige Frau vorstellen. Keine Nutte, sondern eine Dame aus guter Gesellschaft, eine junge, unbefriedigte Frau, die keine Bezahlung will, sondern für ihr Erlebnis zahlt. Sie! Um die Erfahrung als Prostituierte zu machen. Ziemlich einzigartig also!"

„Unmöglich. Ich würde es nicht schaffen und das alles ist absolut nicht machbar. Glaub mir: unmöglich."

„Eine junge Frau, die ihm einen grazilen Tanz vorführt, langsam, erotisch, neckend, die in ihm eine unterdrückte, seit Jahren geheime Wollust aufflackern lässt."

„Nein, nein."

„… geheim, weil sie in den Kreisen, in denen er sich bewegt, nicht ziemlich ist. Und unfassbar verführerisch, weil es zum ersten Mal passiert und instinktiv wie neckisch sein wird."

„Du weißt ganz genau, dass ich das nie tun könnte."

„Nach diesen drei Tagen weiß ich genau, dass du es tun kannst. Damit meine ich: dass du es tun willst."

„Nein."

„Und weißt du, warum? Weil du versucht bist, es trotz allem zu tun. Weil es dich fasziniert."

„Das stimmt doch nicht!", rief sie aus, besann sich und wiederholten mit leiser Stimme: „Das ist nicht wahr. Es ist nur die Angst zu Sterben, die mich dazu bringt, dir diese Fragen zu stellen. Ich habe keinen anderen Wunsch, als zu überleben!"

Ein Funken der Abwehr blitzte in ihr auf. Sie musste unbedingt eine Strategie finden, sich gegen ihn aufzulehnen, um nicht nachzugeben, wie er es sich vorstellte. Ihr glückte ein Tonfall, den sie für passend empfand. „Außerdem wäre es für dich und deine Komplizen gefährlich. Wenn dieser Mann in der Polizei, die mich sucht, wirklich so wichtig ist – ich könnte ihm ganz schnell vermitteln, wer ich wirklich bin."

„Stimmt. Und ihr würdet beide sofort umgebracht werden. Vergiss nicht, dass ich dort sein werde. Ich werde alles sehen und hören. Jedes Detail."

„Das auch noch."

„Ich denke, es wird eine Darbietung sein, die es wert ist, in all ihren Einzelheiten betrachtet zu werden. Und natürlich gefilmt zu werden."

„Du bist ..." – Mit aller Gewalt zwang sie ihren Zorn herunter, um ihn nicht zu provozieren.

„Morgen Nacht wirst du einen Schutzengel haben, der jeder deiner Bewegungen und jedem Atemzug folgen wird, während du am Werk bist. Ich muss gestehen, es wird mir gefallen. Alles zu sehen, alles zu hören. Interessant. Interessant. Glaub mir."

Sie verbarg ihr Gesicht in den Händen. Es war ihr unmöglich, das Gefühl zurückzuhalten. „Du willst ausgerechnet ..."

„Ich werde dir doch nicht deine Bewegungen, deine Worte vorschreiben! Das wäre eine Todsünde gegen dein Gefühl und deine sexuelle Ästhetik. Deine Worte, deine erotische Art mit ihm umzugehen, werden bis zum letzten Zug von deiner neugewonnenen Sinnlichkeit geleitet sein, spontan, aufregend, natürlich obszön."

„Unmöglich."

„Du wirst sehen, es wird wie in einem Traum sein. Wie ein sündiger Traum. Eine einzigartige Nacht, von der niemand erfahren wird, sobald du frei und in dein banales Leben in deinen bürgerlichen Freundeskreis zurückgekehrt sein wirst."

„Unmöglich."

Sie merkte sofort, dass dieses letzte „Unmöglich" schwächer klang. Das kam aber vielleicht daher, dass sie, von einer gewaltigen Emotion überrollt, die Stimme gesenkt hatte. Sie musste sich unbedingt Mühe geben, der nächsten Ablehnung mehr Kraft zu verleihen. Und mehr Empörung.

„Ein Traum", fuhr er fort. Und es schien, als bereitete es ihm größtes Behagen, sie mit diesen Sätzen zu überhäufen, mit dieser irgendwie veränderten, verhängnisvoll schmeichelnden Stimme. „Ein Traum, der ein Geheimnis bleibt, aber immer in deiner Erinnerung lebendig sein wird, unvergesslich! Ein Traum, der sich in deinem künftigen bürgerlichen Leben leider nie mehr wiederholen wird."

„Unmöglich."

„Siehst du? Ich merke doch, dass die Abwehr in deiner Stimme weicher klingt. Sie spiegelt deine Gedanken wider, die nun von deinem Kopf bis dein tiefstes Inneres sinken. Ich merke es.

Jeder würde es merken! Nur du musst die Kraft finden, es zuzugeben."

„Nein. Nein. Unmöglich."

Sollte sie einen schwächeren, nachgiebigeren Unterton bemerkt haben? Dabei hatte sie sich doch bemüht, wütender, un-
nachgiebiger zu klingen.

„Denkst du darüber nach?"

Vielleicht war es wahr. Als sie ihr letztes „Unmöglich" ausgestoßen hatte, waren ihre Gedanken um das galoppiert, was
er aufzählte und unbedingt wollte. Auch er schien aufgewühlt
zu sein. Doch wenn er es war, dann ließ er es sich zumindest
nicht an der Stimme anmerken, die er ganz nach seinem Willen
schwingen ließ. Ihr gelang das zusehends weniger, das war ihr
klar, aber es musste so sein. Und er wusste genau, wie er davon
profitieren konnte. Sie beschloss, eine andere Antwort als das
monotone „Unmöglich" zu finden.

„Dein Tanz, erst zärtlich erotisch, dann immer enthemmter,
wird ihn verführen, denn er weiß, dass es dein erstes Mal ist,
dass er allein deiner unterdrückten, bürgerlichen Fantasie ent-
springt. Und, vergiss nicht, dass du selbst dafür gezahlt hast,
das tun zu können."

Es war eine Qual. Sie erwiderte nichts mehr, konnte nichts
als matt ihren Kopf schütteln. Sie schloss die Augen.

„Ein Tanz der Wollust unter dem übermächtigen Eindruck des
Todes. Eine entfesselnde Empfindung, passend für dich. Er wird
dich aufs Bett werfen wollen, noch bevor du geendet hast. Doch
du wirst ihn bitten, weitertanzen zu dürfen, um die höchsten Wellen der Erregung vor ihm tanzend zu erreichen, für die ultimative
Erregung, und dann … das Finale. Nicht das Übliche, nicht so ein
normales, ein anderes. Eines, das dir schmerzvolle Lust bereitet."

Sie wiederholte die Bewegung mit dem Kopf, um ihre Ablehnung mit mehr Nachdruck auszudrücken.

„Nicht auf dem Bett, sondern auf dem Teppich."

„Unmöglich."

„Und das ist der Clou: Es wird keine Täuschung sein, kein gespielter Orgasmus, wie du ihn oft deinem Mann vorgetäuscht

hast, um ihn zufriedenzustellen. Dein Orgasmus wird echt sein. Zum ersten Mal. Und vielleicht auch zum letzten. Soll ich dir zeigen, wie? Auf einem kleinen Tisch wird ein Koffer stehen. Du wirst ihn öffnen und meine Pistole hervorholen."

„Ah!" – es entfuhr ihr unglücklicherweise in hohem Ton, zu hoch, wie ein Aufschrei, der nicht zu unterdrücken war.

„Und du wirst dich hinlegen, die Beine auseinandergespreizt. Und langsam, mit geschlossenen Augen, wirst du den Lauf der Pistole auf dein Knie legen und von dort aus hinaufstreichen und dann langsam unter Kontraktionen deiner Muskeln, du wirst sie nicht unterdrücken können, wirst du die Pistole hineingleiten lassen, so weit du willst."

Er verstummte und beobachtete die Bewegung ihrer Lippen, die seine Schilderung ausgelöst hatte, und auch sie unterdrückte die Frage, die ihr gekommen war, schwieg. Dann aber wagte sie doch zu sagen: „Ich soll die Pistole …", sie brauchte einen Moment, bis sie sich durchringen konnte, „… und bis wohin?"

Er antwortete kaum hörbar: „Ich weiß es nicht, denn es wird nicht mehr meine Hand sein, die sie führt. Sondern deine."

„Die Pistole … ist sie geladen?" – Sie wusste, dass sie diese Frage nicht hätte stellen dürfen. Sie wusste es zu gut, aber es war ihr unmöglich, es nicht zu tun.

„Warum ist das wichtig? Es nicht zu wissen, ist das, was dieses Spiel ausmacht. Der Clou deiner ungestümen perfekt mit der Angst verknüpften Lust."

Er schwieg plötzlich. Es folgte eine drückende Stille.

Auch ihr gelang es nicht, zu sprechen, nicht einmal, um diese fatale Anmaßung abzuschmettern. Im Gegenteil, sie wünschte, er würde weitersprechen, um nicht an das denken zu müssen, was sie eben gehört hatte … wiederholt gehört, und das sich, eine weitere Qual, anfühlte wie ein Rammbock derjenigen Sorte, wie sie auf die Tür eines Tempels gerannt wurden, um den frevlerischen Mob eindringen zu lassen, der ihn auf übelste Weise schänden würde. Einen Moment lang spielte sie mit dem zornerfüllten Gedanken, aufzuspringen, ihn zu ohrfeigen und ihm die Maske zu entreißen.

Aber sie hatte Angst. Nicht vor ihm selbst, nicht vor seiner zweifellos grausamen Reaktion, sondern vor ihrer eigenen Weichheit, mit der sie nicht weit kommen würde, und vor ihrer Unterwürfigkeit, mit der sie sich jeder Bestrafung, egal welcher, ergeben würde. Sie wusste, dass sie sich ohne Gegenwehr niederknien würde, um die Schläge zu empfangen, für eine Strafe, der es sich nicht weiter zu erwehren geziemte. Eine weitere Stufe, die auf der kurzen Treppe hinunter zur Unterwürfigkeit führte.

Die Pistole … Die Knie zu öffnen, um sie hineingleiten zu lassen … um sie sanft – oder wer weiß: mit Kraft – zu schieben … Schrecklich, Himmel, wie furchtbar … Oder? War es das nicht?

Sie schloss die Augen, um der Gegenwart, um ihren Gedanken zu entkommen, doch sie merkte schnell, dass sich das Zittern in ihrer Brust verstärkte. Und schrecklicherweise, fürchterlicherweise waren ihre Brustwarzen hart geworden.

Er hatte es bemerkt. Aber er blieb still, tat nichts, betrachtete sie nur, löste nur die übereinandergeschlagenen Beine. Doch schließlich stand er auf und sie riss reflexhaft den Kopf hoch, den sie hatte zurückfallen lassen.

„In spätestens einer Stunde werde ich dein Abendessen bringen. Keine Sorge, diesmal ohne spezielle Zutat im Essen oder im Wein. Du wirst mir dann sagen, ob du dich entschieden hast, zu tanzen."

„Ob ich beschlossen habe, eine Hure zu sein."

Dieser verächtliche Ausruf war ihr herausgerutscht. Silbe für Silbe pulsierte in ihrer Brust, unterwarf sogar den Rhythmus des Herzschlags.

„Ob du entschieden hast, für eine einzige Nacht eine andere zu sein, für einen eine Nacht lang wahrgewordenen unterdrückten Traum. Oder ob du im Herzen für immer eine Hure sein willst, ohne je den Mut zu haben, es zu tun … und für lange Zeit nur noch von der Erinnerung an die verstrichene Möglichkeit zu träumen."

Sie wollte antworten. Sie wollte ihm weitere Fragen stellen, um wegzureden, was das Wort „Hure" in ihr auslöste. Sie wollte Details über ihre Freilassung erfragen, aber er hatte sich bereits zum Lastenaufzug gewendet. Ohne sie noch eines Blickes zu würdigen, drückte er den Türöffner.

Zögerte einen Moment, bevor er eintrat.

„Solltest du dich dafür entscheiden, wirst du morgen im Erdgeschoss gestylt, bevor er kommt. Deine Bekleidung: vermutlich ein französisches Dessous. Oder nichts als transparente Schleier und Schuhe mit hohen Absätzen und eine prachtvolle Halskette. Es wird alles bereitliegen, wenn sie dich vorbereiten. Anders als die biblische Tänzerin Salome wirst du eine feine Maske über den Augen tragen. Der Polizist wird nie erfahren, wer die Dame aus der gehobenen Gesellschaft war, die viel Geld hingelegt hat, um einmal Hure sein zu dürfen. In drei Tagen, wenn das Lösegeld gezahlt ist, werden seine Leute eine andere finden, halb schlafend, neben einer Telefonzelle, weit weg von hier in einem Dorf am Rande einer anderen Großstadt. Eine gewöhnliche Frau in Jeans und Pullover. Er wird nicht im Geringsten auf die Idee kommen, dass es sich um dieselbe junge Frau handeln könnte, die dann wieder wie bei ihrer Entführung gekleidet ist. Das Geheimnis wird einzig und allein deins bleiben. Alle Videoaufzeichnungen werden vollständig zerstört"

Als er das gesagt hatte, stieg er ohne einen weiteren Blick zurück in den Aufzug. Und verschwand.

Sechster Akt

Der Aufzug öffnete sich mit dem gewohnten Kreischen und er erschien, maskiert und mit Tablett. Er stieg wie üblich mit geschmeidigen Bewegungen aus, sah einen Moment um sich, dann stellte er das Tablett auf dem Bett ab.

Er hob den Deckel aus feinem Porzellan von der Suppenschüssel und Dampf strömte aus, der die Luft der Mansarde mit dem typischen Aroma einer cremigen Mus tränkte. Im Gegensatz zu den vergangenen Tagen, als ihr die Suppe in minderwertigen Plastiktellern gebracht worden war, war das Porzellan auffallend hochwertig. Auf einem ovalen und nicht weniger graziösen Teller daneben befand sich ein Viertel Hähnchen. Und der Rotwein glimmte im Glas von einem tiefen Rubinrot, das anders als zuvor seines Gleichen suchte. Die Tischdecke schließlich war nicht länger aus Papier, sondern aus besticktem Stoff.

Langsam griff er nach einem zierlichen Schöpflöffel aus Silber und schenkte einen Teil der Suppe auf den Teller. Die Krümmung der Lippen unter dem Rand der Maske konnte ein Lächeln darstellen.

„Hast du keinen Hunger?" Die Stimme war sehr freundlich, als hätte er eine partnerschaftliche Frage beim Dinner in einem Restaurant gestellt.

Sie öffnete die Augen und schloss sie wieder. Als sie antwortete, schien ihr auch die eigene Stimme die einer anderen zu sein. „Der Wein hätte gereicht. Hunger habe ich nicht."

„Nicht?"

„Vielleicht für immer."

„Und wenn ich dich bitten würde, zu essen?"

„Warum? Was für einen Unterschied macht das deiner Meinung nach?"

„Es könnte deine Nervosität lindern."

„Und, ist in der Suppe die passende Substanz?"

„Tatsächlich." – Er fügte kryptisch hinzu: „Ich will dich so, ich will die Frau, die du vor weniger als einer Stunde geworden bist."

Was für Worte! Sah er sie nun also anders? Vielleicht war sie das ja gar nicht. Dann fiel ihr auf, dass er sie eingeladen hatte zu essen, jedoch nicht den Löffel genommen und ihr die Suppe in den Mund gezwungen hatte wie zuvor. Einen Moment lang hatte sie nur das erwartet. Aber er rührte sich nicht und machte auch keine Anstalten, jene ungewöhnliche Konversation fortzusetzen, die sie so sehr aus der Fassung gebracht hatte, bevor er im Aufzug davongefahren war. Der ganze Schwall an Gedanken, der sie seither gequält hatte, verflog nun einfach. Sie sehnte sich unendlich danach, mit ihm zu sprechen, Antworten zu bekommen, von seiner Stimme alles zu hören, was sie wissen musste. Alle Details. Alle Stufen, die sie noch hinuntergehen musste.

„Du fragst gar nicht, ob ich mich entschieden habe."

„Ich weiß, dass du es hast."

„Als ob es mir ins Gesicht geschrieben steht. Sag es mir."

„Nicht deutlich, aber ich wusste es schon, als ich gegangen bin."

„Ich habe aber nichts gesagt."

„Nicht mit Worten. Aber mit dem Pochen deines Herzens, als du die Augen geschlossen hast, um mich nicht ansehen zu müssen. Irre ich mich?"

Sie antwortete nicht, schloss wieder die Augen, um sein Lächeln nicht sehen zu müssen. Er raunte: „Sag es mir."

„Was?"

„Du weißt es genau. Sag es mir klar und deutlich."

Sie schluckte, schwieg. Aber sein Lächeln war ein Abwartendes.

„Ist es nicht das Gleiche, wenn ich hinuntergehe, um mich vorbereiten zu lassen, ohne etwas zu sagen?"

„Was deinen Kunden betrifft: Ja. Aber ich will hören, dass du es sagst, so wie du es dir selbst gesagt hast. Ich will hören, dass du entschieden hast, für eine Nacht eine Hure zu sein. Nicht, weil du gezwungen bist. Denn so ist es, als wolltest du wirklich für eine Nacht du selbst sein und viel Geld zahlen, damit ich es dir ermögliche. Die Angst vor dem Tod könnte dich auch gezwungen haben. Aber nicht nur die. Höchstens zu einem kleinen Teil. Ist es nicht so?"

Sie griff nach dem Weinglas, jedoch ohne zu trinken.

„Ich kann es nicht aussprechen. Ich kann es nicht. Aber es steht dir frei, es zu denken. Du bist leider mein Herr."

„Nein, wir denken es gemeinsam. Denn du denkst es genau in dieser Sekunde."

„Warum quälst du mich? Hast du mich nicht schon genug gequält?"

„Weil ich es hören möchte. Aus deinem Mund."

Sie nahm einen Schluck Wein und er trocknete ihr zart die Lippen. Dann nahm er den Löffel, tauchte ihn in die Suppe und bot ihn ihr an. Sie wusste, dass er ihn nicht mehr gegen ihre Lippen pressen, damit ihre Zähne auseinanderschieben und sie zwingen würde, zu schlucken. Jetzt wollte er etwas anderes. Eine neue Stufe des Sadismus: Er wollte, dass sie das vorlebte, was sie erregte. Es war, als verlangte er eine freiwillige Vergewaltigung. Eine spirituelle Gewalt, tiefschürfend und auf besorgniserregende, verborgene Weise erregend.

„Willst du es wirklich nicht sagen?" – Diese Frage war mit ungewohnter Freundlichkeit in der Stimme vorgetragen, die unmöglich zu dem Mann der vergangenen Tage passte. Sie wehrte mit einer Handbewegung den Löffel ab und da er mit dem Arm angespannt in der Luft verharrte, nahm sie ihn und legte ihn auf den Teller ab. Danach schaute sie ihn an, besser gesagt, sie fixierte die leuchtenden Augen hinter den Sehschlitzen in der Maske. Langsam ließ sie daraufhin den Kopf auf das Kissen gleiten und legte sich aufs Bett. Sie murmelte leise: „Ich weiß. Ja, ich will es. Ich will es tun, um dem Ganzen ein Ende zu bereiten." Er sagte nichts.

Mit halbgeschlossenen Augen, halbnackt neben ihm ausgestreckt, während er saß, wiederholte sie: „Ich will es. Ich will es. Und dann wird alles zu Ende und vergessen sein." Und sie fügte hinzu: „Oder auch zu Ende, aber nie vergessen. Ich weiß. Ich weiß auch das. Ich weiß es und will es."

Ein Moment des Schweigens verharrte zwischen ihnen. Dann zog er fürsorglich ihren Seidenumhang über ihre Brüste und Schenkel. Sie lag in anzüglicher Pose vor ihm.

„Ja, es wird vorbei sein. Und unvergesslich. Das wissen wir beide."

„Warum quälst du mich dann? Bring mich runter und lass mich wie eine echte Nutte stylen."

Er erhob sich. Einen Moment lang wirkte es, als würde er zum Aufzug gehen, ohne das Tablett mitzunehmen oder sie noch einmal anzusehen.

„Nimmst du mich nicht mit, um … nun ja, um mich vorzubereiten?" Sofort bereute sie diesen Satz, diesen Satz, der keinen Zweifel mehr ließ.

„In einer halben Stunde. Es ist noch früh und ich muss etwas erledigen", sagte er, während er in den Aufzug stieg.

Plötzlich wollte sie nicht mehr allein in dieser Mansarde bleiben, wollte mit ihm reden, sich ihretwegen auch mit bedrängenden Fragen wie kurz zuvor noch quälen lassen, aber wenigstens mit ihm reden, ihn aufhalten, ihm Einzelheiten entlocken über die einzelnen Phasen ihres bevorstehenden tiefen Falls in die Prostitution, darüber, was sie wagen konnte zu sagen und zu tun, welche Bewegungen, welche unanständigen Schmeicheleien sie vorbringen sollte, um als diejenige zu erscheinen, die er haben wollte. Eine Frau, die sie nie gewesen war, da ihr Mann sie ja immer als nahezu frigide bezeichnet hatte. Und das für eine Nacht oder vielleicht auch nur eine Stunde, wie er es ausgedrückt hatte, und unvergesslich. Aber er war schon im Aufzug und die Türen schlossen sich mit einem Lärm, der ihr noch schrecklicher als sonst vorkam, mit einem Unterton Spott, der im Quietschen mitschwang.

Wieder einmal war sie allein. Drei Tage und drei Nächte war sie es nun gewesen. Jeden Abend zusammen mit einer Kerze. Und sie hatte widerstanden. Aber nun war es anders.

In den vergangenen Nächten war sie von ihrer Unsicherheit besessen gewesen, davon, nicht zu wissen, welches Ende das Mysterium in dieser Mansarde nehmen würde. Nun aber schien sich das Finale klar erkennbar, aber deswegen nicht weniger quälend, vor ihr auszubreiten.

Sie näherte sich der Wand, durch die sich das Rechteck der Zugangstür zum Lastenaufzug brach. In einer halben Stunde würde sie ihn betreten, würde sie gestylt werden, im Erdgeschoss, in verführerische Schleier gehüllt werden, die natürlich genug von ihrem nackten Körper durchscheinen ließen. Er hatte hohe Schuhe erwähnt, vermutlich High Heels mit Pfennigabsätzen, um die Beine noch sinnlicher erscheinen zu lassen. Nackt mit der Halskette, die ihr einziger Schmuck sein würde. Und die Maske. Wenigstens die! Musste sie sich nicht bereits jetzt als Prostituierte bezeichnen? Nein, längst schon war sie es. Seit dem Moment, als er sie dazu verleitet hatte, zuzugeben, dass sie es tun wollte.

Das war nicht einmal das Problem. Es war ein anderes. Sie beide, er und sie, wussten es. Und er hatte es leider sofort durchschaut. Sie hätte es besser verbergen müssen, seine Existenz abstreiten, aber in diesem moment konnte sie es nicht leugnen, nicht vor sich selbst. Das Problem war: Dieser Mann veränderte sie. Er machte sie zu einer Hure, die nicht unter Zwang stand, sondern einfach nur Lampenfieber vor dieser neuen Erfahrung hatte. Hatte sie nicht vielleicht längst versucht, sich zu bewegen, sanft die Hüften zu wiegen, um die ersten Gesten eines erotischen Tanzes zu erfühlen?

Hatte sie nicht bereits fremdartige Gedanken gehabt, jenem Mann zugewandt, den sie bezirzen sollte, bis hin zu einem bis aufs Äußerste erotischen und erregenden Finale? Für *diesen* Mann? Oder auch für sie selbst, und zwar von jenem Moment an, in dem sie dabei war, restlos in *diese Sache* hineinzugleiten. Und sie mit Recht zu ihrem eigenen, geheimen Spiel zu machen?

War das hier nicht eine seltsame, letztendlich jedoch gar nicht ekelerregende Gelegenheit, die das Schicksal ihr zugespielt hatte, um eine Stunde lang ein neues, bizarres, tiefes Lustgefühl zu empfinden, wie sie es in ihrem ganzen Eheleben noch nicht gehabt hatte und sicher nicht haben würde? Die Wollust, sich in eine große, verführerische und geheimnisvolle Hure zu verwandeln, gleichermaßen auserlesen wie provozierend – für eine Nacht.

Was für Gedanken. Es war unmöglich, ihnen etwas entgegenzusetzen, waren sie doch wahr. Leider nur zu wahr. Sie schämte sich nun wieder, dass sie es nicht vermocht hatte, sich zu widersetzen. Nein: Sie schämte sich dafür, *wie* sie sich widersetzt hatte. Vor allem aber störte sie ein Detail. Warum hatte er sie nicht gleich mit hinuntergenommen? Um sie noch mehr in ihren Mutmaßungen versinken und nervöser werden zu lassen? Er wusste sicher ganz genau, dass sie sich in dieser Erwartung wand, dass sie in dieser Wartezeit aus freien Stücken immer mehr zur Hure wurde. Er wusste es, es war sein Ziel. Deshalb also!

Sie gestand sich ein, dass sein Plan, um die Ermittlungen der Polizei in die Irre zu führen, tatsächlich ziemlich geschickt war. Weitere Gedanken, mehr bizarre, unangebrachte und natürlich sinnliche Empfindungen.

Ihr fiel auf, dass ihr nicht ein Gedanke an die Rückkehr in ihr normales Leben in den Sinn kam, daran, ihr schönes Haus wiederzusehen, den großen Garten, ihren Mann und anderes, an dem sie hing. Der Fünf-Uhr-Tee mit ihren Freundinnen in einem eleganten Café in der Fußgängerzone erschienen ihr nun wie ein abgeschmacktes Treffen aufdringlicher, viel zu junger Frührentnerinnen.

Und ihr Mann? Der kam sicher gerade fast um vor Verzweiflung, dass er sich in diesem Moment der wirtschaftlichen Flaute von derart viel Geld trennen musste. Und er sah wahrscheinlich bereits darin den Grund für eine mögliche Pleite in naher Zukunft.

Ihre eheliche Beziehung im Bett hatte sich in letzter Zeit völlig verflüchtigt und würde sich nach diesem Vorfall sicher nicht wieder beleben. Zudem erinnerte sie sich an dieser Stelle, hatte ihr eine Freundin zugeflüstert, dass er eine Schwäche für seine Sekretärinnen hatte, weshalb er immer sehr junge Frauen einstellte. Das war doch Grund genug, sich überhaupt nicht schuldig zu fühlen!

Sicher, auch. Aber letztendlich war das nicht das zentrale Problem. Es hatte überhaupt nichts mit der Entscheidung zu tun, die sie eben getroffen hatte. Sie musste tanzen … sie musste sich prostituieren.

Siebter Akt

Plötzlich klackte der Lastenaufzug und ließ sie auffahren. Dann setzte das unerträgliche und rhythmische Geräusch der Zugkette ein, das den Aufstieg mit seiner Leier begleitete.

Sie war doch tatsächlich eingenickt und hatte nicht bemerkt, dass der Abend dämmerte. Nun hob sie den Kopf und glitt vom Bett, um vorbereitet aufzutreten. Endlich! Und, Himmel, welche unbändige Gefühlswallung!

Die Tür sprang auf und gab den Mann preis, der hineingefaltet war. Sie zupfte den Seidenumhang zurecht, sodass er Bauch und Busen bedeckte. Er stieg heraus, doch nicht geschmeidig wie sonst, er kam langsam zum Bett, wo er sich setzte, ganz offensichtlich ohne sich um sie zu kümmern.

Sie dagegen konnte ihre Nervosität kaum bändigen, zupfte wiederholt an ihrem Überwurf herum, um nicht zu nackt zu erscheinen. Diese primitive Scham war mehr als oberflächlich, vor allem in diesem Moment und nach dem vorherigen Gespräch.

„Ist meine Stunde gekommen?", fragte sie und breitete die Haare um ihren Hals. Sie dachte daran, dass sie ihn auch noch fragen musste, ob ihre Frisur zusammen mit dem Makeup verändert würde. Würde sich dort unten auch eine Friseuse um sie kümmern? Denn ihre Haare waren in den letzten Tagen natürlich ohne Wellen geblieben.

Zum ersten Mal sah er sie an.

„Du hast die Suppe nicht angerührt, wie ich sehe – auch nicht das Huhn."

„Ich habe dir ja auch gesagt, dass ich keinen Hunger habe", antwortete sie und wiederholte: „Bald ist Nacht. Ist es so weit? Kommt nun das, für das du mich vorbestimmt hast?"

Sie nahm wahr, wie die Augen hinter der Maske sie eingehend ohne auch nur das geringste Zeichen eines Lächelns musterten. Kein ermutigendes Wort, nichts, was ihr geholfen hätte, ihre Emotionen in den Griff zu bekommen. Dann sagte er: „Gleich. Aber es wird nicht das sein, von dem wir geredet haben."

„Nein? Nicht?" Sie fuhr zusammen, das Herz schlug ihr bis zum Hals. „Nicht ... Nicht mehr?"

„Nein, nicht mehr."

„Aber ..."

„Du bist nicht mehr gefragt. Das heißt, du wirst nicht die hochklassige Hure sein müssen, in die du dich gerade bewusst zu verwandeln begonnen hast."

„Ich bin nicht ..." Sie hatte nicht den Mut, den Satz zu beenden und ihre Worte zu wiederholen. Ein Universum an Gefühlen brach über ihr ein und betäubte sie. Sie sagte sich, dass sie sich freuen sollte, und doch gelang es ihr nicht, sich durch die-

116

se Neuigkeit erleichtert zu fühlen. Diese unerwartete Befreiung von dieser unbeschreiblichen Erfahrung, die sie um jeden Preis zu erleben erwartet hatte, versetzte sie in eine geistige Zerrissenheit, die all dem sehr ähnelte, was sie empfunden hatte, als diese Erfahrung ihr als unabwendbar präsentiert worden war. Sie verlor die Orientierung und hasste sich dafür, sich nicht wieder ehrbar und zutiefst glücklich darüber zu fühlen: „Also …"

„… ist etwas Unvorhersehbares passiert."

„Und ist das … gut für mich?"

„Es ist eine große Verbesserung, eine andere Ausprägung, eine neue Form. Viel besser geeignet für deine neue Seele."

Das klang höhnisch – und zugleich wieder nicht.

„Muss ich mich also nicht mehr prostituieren?"

Er sah sie an und dieses Mal war sie sicher, dass unter der Maske ein Lächeln spielte.

„Ja und nein. Jedenfalls nicht so wie vorher."

„Ich bitte dich, kannst du es mir nicht einfach genau erklären? Meinst du nicht, dass ich ein Anrecht darauf habe? Ich fühle mich … ich fühle …"

„Stimmt. Das leugne ich auch gar nicht. Du hast das Recht!" – Er erhob sich und machte es sich auf dem Sessel vor ihr bequem. In aller Ruhe.

„Du sagtest, dass ich mich nicht … nicht mehr prostituieren muss."

Er sah sie fest an. Seine Augen schienen zu glänzen, doch das mochten die Lichtreflexe der flackernden Kerze sein. Sein erneutes Schweigen war unerträglich. Und auch die neue Färbung seiner Stimme.

„Dein Kunde", sagte sie, um ihn ohne weitere Pausen zum Reden zu bringen. „Kann dein Kunde von der Polizei nicht kommen?"

Er schüttelte den Kopf. „Doch, er will. Denn er möchte etwas Spezielles. Aber er ist uns zuvorgekommen. Als ihm dein kleines Abenteuer vorgeschlagen wurde, hat er uns unterbrochen und einen anderen Wunsch geäußert. Tatsächlich etwas sehr Ungewöhnliches. Von dem er aber weiß, dass wir es ihm bieten können."

„Will er denn keine Frau mehr?", wollte sie mit gesenktem Blick wissen.

„Ein kleines, bürgerliches Flittchen lässt ihn völlig kalt. Er hatte Dutzende davon."

Ein Flittchen.

Noch dazu hatte seine Stimme mehr als abfällig geklungen. Diese Bezeichnung war entwürdigend. Hatte er vorher noch achtungsvoll davon gesprochen, um ihre Zustimmung zu bekommen, war jetzt seine verachtende Wortwahl umso verletzender. *Salome*, hatte er fantasiert. Und jetzt so eine erschütternde Beleidigung. Sie war unglücklich. Und hätte doch froh sein müssen, zurück nach Hause zu können. Nichts anderes bedeutete es doch? Diese Neuigkeit musste doch heißen, dass sie nach der Geldübergabe freikommen würde, ohne irgendeine weitere Scheußlichkeit vorher.

Nein. Er hatte „Ja und nein" gesagt und damit einzig gemeint: nicht in dieser Form. Welche also? Was hatte er mit ihr vor? War es immer noch ihre Wahl oder nunmehr endgültig ein Befehl, dem sie sich nicht widersetzen konnte, weil sie wehrlos und ihm völlig ausgeliefert war?

„Es ist ein genialer Wunsch. Teuflisch genial."

„Aber keine Frauen – das hast du gesagt!"

„Das habe ich nicht gesagt. Ich habe gesagt, dass er genial ist, ich muss mich wiederholen: teuflisch genial."

„Bitte ... Ich verstehe nichts", sagte sie flehend. Zugleich jedoch erfasste sie ein Beben, das sie nicht mal dann empfunden hatte, als er ihr vorgeschlagen hatte, sich zu prostituieren. Sie fühlte, dass sie gleich eine Antwort hören würde, die sie erschüttern würde, oder vielleicht noch einen Vorschlag, der anders war, herrje, was konnte das sein?

„Bist du dir sicher, dass du es dir in deiner Fantasie nicht schon ausmalen kannst? Du solltest es versuchen ... Deine neue, erotische Fantasie ..."

Sie antwortete nicht. Aber da ihre Befreiung ja offensichtlich immer noch um drei Tage verschoben war, war sie fatalerweise neugierig, oder erwartungsvoll, zu hören, was er ihr noch vorzuschlagen hatte. Warum aber musste dieser harte, niederträchtige Ton sein? Sie musste sich auf eine Veränderung vorbereiten, nicht nur im Tonfall. Das fühlte sie.

Er schwieg. Schwieg und beobachtete sie. Bis sie es nicht mehr aushielt und erneut flehte: „Willst du es mir nicht endlich sagen?"

Er neigte sich zu ihr vor und flüsterte ihr zu: „Ich genieße die Vorfreude, es dir gleich zu sagen."

Diese Äußerung überwältigte sie. Und sie hatte nicht den Elan, dagegen anzukämpfen. Sie wartete, seine Ledermaske fixierend, ohne es zu wollen fasziniert von der Offenbarung, die nun folgen würde.

„Der Polizist hat eine Schwäche. Andere würden es als ungewöhnliche Marotte bezeichnen", sagte er leise. „Er fühlt sich zum Satanistenkult hingezogen."

„Ah!", entfuhr es ihr laut.

„Er weiß, dass wir ihn unter strenger Geheimhaltung ausüben und von jedem, der daran teilnehmen will, eine horrende Summe fordern."

Sie biss sich auf die Lippen, um jeden weiteren Kommentar zu unterdrücken.

„Er möchte einer schwarzen Messe beiwohnen. Verstehst du jetzt? Mein Geschäftspartner führt sie nur wenige Mal im Jahr mit vermögenden und vertrauenswürdigen Adepten durch. Die Ankündigung muss diskret durchdringen und unser Polizist möchte davon profitieren: Als ich ihm als Geschenk des Hauses und als Zeichen der Hochachtung eine Nacht mit einer wie dir angeboten habe, hat er als Antwort darum gebeten, lieber einer schwarzen Messe beizuwohnen. Das ist ein Glücksfall für uns. Denn er wird niemals auf die Idee kommen, dass sich die entführte Frau, die seine Männer seit vier Tagen suchen, in derselben Nacht, morgen Nacht, in demselben Haus befindet, in dem die Zeremonie stattfindet."

„Das heißt, ich bleibe hier, während ihr ..."

„Überhaupt nicht. Was ich dir zu beschreiben versuche, ist ein komplexeres Konzept: Er wird nämlich noch weniger vermuten, dass sich unter den Teilnehmern der Messe jene Frau befindet, die die Polizei seit Tagen mit Hochdruck sucht."

Nun wurde ihr alles klar. Sie sollte an dem horrenden Ritual teilnehmen. Ein ungekanntes Zittern durchfuhr sie, ein ungewohntes Gefühl. Etwas, das in einer normalen, anständigen Person nicht vorkam. Man erzählte sich irre Dinge über diesen sadistischen Ritus. Und sie war in die Hände von so einem geraten. Einem Menschen, der es genoss, im Verborgenen diese verstörenden, ungesetzlichen Dinge zu tun.

„Was denkst du?" Er unterbrach sich sofort. „Überflüssige Frage. Ich weiß, was du denkst – und auch, was du dich selbst fragst." Unter der Maske kräuselte sich der Mund zu einem Lächeln.

„Ich denke, dass ich deine Geisel bin."

„Auf Leben und Tod. Das ist wahr. Verdammt wahr."

„Du kannst mit mir machen, was du willst. Das ist mir klar. Aber für dich wäre ich eine plumpe, entsetzte Statistin. Und das würde allen auffallen. Du glaubst doch nicht, dass der Polizist das nicht merken würde. Ich wäre eine Gefahr für dich. Es könnte passieren, dass der Polizist mir näherkommt, mich anspricht, mich erkennt. Gefährlich für dich und deine Komplizen. Ich müsste nur kurz meine Kapuze heben, sagen, wer ich bin, um euch auffliegen zu lassen. Da ist es doch besser, mich aus der Sache rauszulassen und hier oben zu behalten."

„Überhaupt nicht", erwiderte er sofort.

„Warum nicht? Warum willst du mich zwingen, an dieser grauenhaften, unnatürlichen, furchtbaren Sache teilzunehmen?"

Er sagte nichts und sie sprach weiter:

„Ich komme aus einer anderen Welt, nicht aus deiner. Ich bin nicht geeignet ..."

„Doch, das bist du."

„Nein, dafür nicht. Ich könnte das nicht."

„Oh, haben wir da etwa die sozialen Bremsen angezogen? Oder die moralischen? Seit drei Tagen nutzen die sich ab. Und das weißt du am allerbesten. Und du weißt auch, dass die nicht von allein nachgelassen haben. Sie haben sich, sagen wir, leicht verändert."

„Das ist nicht wahr", fuhr sie – doch ohne jegliche Kraft in der Stimme – dazwischen.

„Und nach der Nacht morgen werden sie nicht mehr da sein. Weil sie sein werden wie diese Kerzen, die nicht mehr da sind. Weil sie in Flammen aufgegangen sind. Das andere Feuer dagegen, das der Messe, das wird dich verändern. Du weißt selbst am besten, dass du schon jetzt eine andere Frau bist."

„Ich bin nur deine Gefangene."

„Du warst deine eigene Gefangene. Bis vor drei Tagen."

„Ich bin immer noch ich selbst."

„Irrtum. Du musst deine Position überdenken. Du bist nicht die von früher. Und noch nicht wie die Künftige."

„Ich bin nicht ... Sicher, ich bin deine Gefangene. Aber im Geist bin ich frei!"

„Da liegt dein Fehler. Du wirst körperlich frei, ungebunden sein, wenn dein Mann in zwei oder drei Tagen zahlt. Aber nicht mehr im Geist. Ich würde sogar sagen, du wirst keine Frau mehr sein ... du bist ... nun ..."

„Was? Was redest du nur?"

„Du bist eine Sklavin. Eine Sklavin deines neuen Selbst."

Sie presste sich die Hände auf die Ohren, um nichts mehr hören zu müssen. Und er wartete, den Mund unter der Maske zu einem Grinsen verzogen, bis sie sie wieder herunternahm und den Saum ihres Umhangs damit nervös zusammenknäulte.

„Hör zu."

Wortlos senkte sie den Kopf, um seine Worte zu hören. Sie konnte nicht auffahren, sie hatte nicht die Kraft und vielleicht auch nicht den Willen. Er sagte ohnehin, wozu er Lust hatte, und nahm keine Rücksicht auf sie. Sie hatte ja selbst schon mehrmals gesagt, dass sie seine Gefangene war. Welche Mittel hatte sie, mit denen sie seinem Redefluss entkommen oder ihn aufhalten konnte? Es war unmöglich. Sie dachte an seine Gleichgültigkeit gegenüber all ihren „Unmöglich", die sie zuvor eingeworfen hatte, die er unschädlich gemacht, die er neutralisiert hatte.

Hatte sie damals noch eine Hoffnung gehabt, so war es nun völlig aussichtslos, ihn aufzuhalten und ihm klarzumachen, dass seine Forderung gegenüber einer moralisch erzogenen Frau aus guter Gesellschaft wie ihr einfach absurd und undurchführbar war. War es nicht so? Sie schwor sich, sich besser zu verteidigen, wenn er geredet hatte.

„Ich sehe: Du bist jetzt bereit, mir zuzuhören. Du hast dich dazu entschieden und willst es hören."

Teufel, konnte er ihre Gedanken lesen? Oder hatte er es aus ihrem trostlosen Blick geschlossen? Oder ihr Blick verriet ihm, dass in ihr unbewusst die Neugierde wuchs, ihm zu lauschen. Unbewusst, aber vorhanden, heraufbeschworen aus einem verborgenen Kämmerchen, das nie zuvor geöffnet worden war. Dagegen hätte sie ihm Energie zeigen müssen, nicht einmal stark, nur entgegengesetzt, wie wenn eine Frau einen Mann bestimmt zurückweist, der ihr ungebeten näherkommt. Er war ihr gegenüber auf diesem Sessel und beobachtete sie. Hinter seiner Maske verborgen vermutete sie ein sadistisches, höhnisches Grinsen. Nicht mehr abfällig, doch pervers. Das gewiss.

„Er war seiner selbst sicher. Und seiner Beute ebenso."

Konnte sie dagegen das Gleiche von sich behaupten? Er hatte sie eben als „Sklavin" bezeichnet. Und ihr fehlte die Geistesgegenwart, gleichsam der Atem, um dieser zerstörerischen Unterstellung entgegenzutreten. Knapp fasste sie ihren geistigen Zustand zusammen: Seit der Entführung war sie nicht mehr sie selbst gewesen. Darin hatte er, zumindest teilweise, recht. Sie musste sich alle neuen, bis dahin unbekannten Emotionen eingestehen, die sie in diesen drei Tagen aufgerüttelt hatten.

Gleich darauf war sie vor diese unrühmliche Wahl gestellt worden, sich für eine Nacht zu prostituieren, sogar mit der Rechtfertigung, dass sie daraufhin freikäme. Und nun wandelte sich alles: ins Schlechtere. Die nächste Stufe führte hinunter in die moralische Verwirrung, zusätzlich zur körperlichen …

So war es doch, oder? Zweifellos. Was er ihr unterbreiten wollte, musste etwas Ekelerregendes sein, etwas, das man sofort vergessen wollte – und vermutlich war es unmöglich, wieder aus der Erinnerung zu bekommen. Aber würde sie denn all seine bisherigen abscheulichen Details vergessen können? Oh, und jetzt würde sie noch mehr davon hören. Sie erzitterte beim Gedanken daran. Doch überrascht entdeckte sie, dass sie neugierig war, sie zu erfahren.

„Willst du, dass ich rede?"

Diese einfache Frage, von ihm, mit dieser normalen Stimme, brachte sie durcheinander. Sie hatte erwartet, mit gesenktem Kopf seine weiteren Kommandos anhören zu müssen. Und er dagegen fragte sie, ob sie mit dieser schmerzvollen Konversation fortfahren wollte. Erwartete Zustimmung von ihr. Hatte er ihren Augen nun auch noch Neugierde abgelesen? War das nicht der Moment, in dem sie sich ihm widersetzen oder ihn durch beharrliches Schweigen entwaffnen könnte?

„Sag, was du von mir willst. Sag's mir. Dann hat diese Quälerei hier ein Ende, diese Erwartungen, die mich innerlich fertigmachen. Ja, ich will's wissen. Sag's mir. Sag's mir jetzt."

Sie war sicher, dass ihre Stimme am Anfang gezittert hatte, aber auch, dass sie zum Schluss so selbstbewusst geklungen hatte, wie sie es nie für möglich gehalten hätte.

„Ja, es ist richtig, nur logisch und sehr schön, dir alles offen zu legen." Seine Stimme war normal, doch auch sie wandelte sich, wurde befehlend, als er fortfuhr. „Leg dich auf's Bett, ohne Mantel, Beine breit. Schließ die Augen."

„Aber …"

„Das ist die richtige Haltung, um zu hören. Hören und das in dir aufzunehmen, was ich dir zu sagen habe."

Sie gehorchte, streckte sich sogar vorschnell aus und entledigte sich des Umhangs. „So?"

Er antwortete nicht. Im Zurücksinken, als sie die Beine öffnete, schien ihr, dass sie nun jede Gegenwehr aufgegeben hatte und sich darüber nicht einmal genug aufregte. Hätte sie es denn auch tun können? Als sie die Augen schloss, wartete sie angespannt darauf, dass er begann. Diese Situation, die Beine geöffnet, nackt, die Augen geschlossen, war unerträglich. Unerträglich zu wissen, dass er zu ihr sprechen würde, ohne sie zu berühren, ohne sie zu liebkosen, wie ein Mann es mit einer Frau macht. Er würde diesen Moment nicht ausnutzen, das wusste sie, aber war das nicht dennoch eine geistige Vergewaltigung, hier so zu sein und ihn neben sich zu wissen?

Sie hätte ihr vorschnelles Entgegenkommen abschwächen können, die Beine nicht so weiten können, wie sie es aber getan hatte. Sie hatte das Gefühl, dass ihre Vulva dabei eine hervorstehende Form angenommen und sich nach oben bewegt hatte, sodass er problemlos eine Hand dorthin legen und sie berühren könnte. Nun befand sie sich in einer stummen, sich unwiderruflich anbietenden Haltung ...

Verrückt! Was dachte sie nur! Sie wusste doch genau, dass er das nicht ausnutzen würde, dass er seine Hand nicht auf ihre Vulva legen würde, nicht einmal antippen würde. Außerdem bewegte sie sich nun schon seit drei Tagen halb nackt vor ihm, ohne dass etwas passiert wäre. Doch diese neue Position, mit geschlossenen Augen, brachte sie nun endgültig in eine sexuelle Hörigkeit, die entwürdigend und ob seiner Nähe auch aufwühlend war. Und er sagte nichts!

Er hatte angekündigt, ihr jedes Detail dieser hässlichen Sache zu erläutern und stattdessen schwieg er und ließ sie dort, wehrlos, bebend.

„Warum sagst du nichts?", fragte sie flehend, doch ohne die Augen zu öffnen, wie er es sicherlich gewünscht hätte.

„Müsste ich? Soll ich dir erklären, was du morgen Nacht erleben wirst? Warum? Alle Einzelheiten werden dir Stück für Stück aus deiner Fantasie zukommen. Du musst nur die dunklen Gedanken entschlüsseln, die obszönen, aber zutiefst faszinierenden. Und sie alle werden wahr werden, genau wie du sie dir vorstellst. Morgen Nacht."

„Nein. So was habe ich nicht. Sag's mir, damit ich nicht verrückt werde. Ich bitte dich."

„Du bittest mich, mit dir zu sprechen?"

„Ja, ja, ja."

Sie hätte diese, wenn auch notwendige, Antwort mit anderer Stimme geben müssen. Nicht so nervös. Aber nun war es geschehen. Stille. Bebende Stille, doch sie war nicht mehr so dramatisch, denn sie wusste, dass er ihr nun alles sagen würde, was sie unbedingt wissen wollte. Natürlich wollte sie es wissen. Was sonst wäre denn bis zum nächsten Abend wichtig für sie in diesem Dachzimmer? Sie musste um jeden Preis wissen, was ihr am nächsten Abend widerfahren würde. In dem Sinne hatte er recht: Sie hatte sich Dinge vorgestellt, sogar viel zu präzise, doch sie wollte anhand seiner Worte deren Echtheit überprüfen … Genauso, wie sie den Effekt spüren wollte, den seine Worte auf ihre sensibelste Stelle haben würden, die nun so unglücklich exponiert war. Was für verdorbene Gedanken nur auf sie eindrängten!

Und konnten sie nicht möglicherweise dieselben (und vielleicht beschämenderweise exakt dieselben) sein, die er gleich mit ihr teilen würde?

Sie hatte keine Zweifel mehr. Sie dachte wie er! Dessen war sie sich nun sicher.

„Du hast mir versprochen, zu erklären. Mir alles zu sagen. Du wolltest, dass ich mich nackt und mit geschlossenen Augen hinlege, damit du mir es sagst. Und jetzt? Habe ich nicht das Recht zu erfahren, was du aus mir machst?"

„Es dir sagen? Das wäre überflüssig. Es wäre nur eine unnötige Bekräftigung deiner Gedanken."

„Ja, ich weiß. Wie du sagst, ich bin eine Sklavin. Ich muss mich dem unterwerfen, was du denkst. Zumindest morgen Nacht. Das ist mein unausweichliches Schicksal. Ich bin eine Sklavin. Leider deine."

„Leider?" – Er betonte das seltsam. Schien auf etwas zu warten. Die Augen geschlossen, überdachte sie genau die Wirkung dieses Ausrufs: fragend. Das stand fest. An sie gerichtet. Vermutlich war es für ihn nicht wichtig, ob sie antwortete oder nicht. Er wollte nur, dass sie den Ausruf entschlüsselte, die Folgen abwog. Das trat ihr klar vor Augen.

„Eine Sklavin ist eine Dienerin, die keine Möglichkeit hat, sich zu widersetzen. Eine Frau, die Befehle empfängt, vor allen anderen den, niederzuknien. Verstehst du?"

„Ja."

„Göttlich wird sie dagegen, wenn sie eine freiwillige Sklavin ist, eine Sklavin, die sich vorbestimmt sieht, es zu sein, sich dessen bewusst ist, glücklich darüber, es zu werden", er senkte die Stimme bis zu einem Murmeln. „Denkst du nicht?"

„Ich aber bin nicht so. Halt mich aus deiner schwarzen Messe raus."

„Alles ist vorbereitet. Die verschlüsselten Einladungen verschickt, die Zusagen sind eingegangen. Jeder Adept bebt vor Erwartung, daran teilnehmen zu dürfen."

„Dann halte mich abseits, sodass mich keiner bemerkt oder berührt. Stülp' mir eine Kapuze über den Kopf, hüll' mich in ein schwarzes Tuch, sodass niemand mich im Halbdunkel bemerkt."

„Du willst zusehen, ohne teilzunehmen?"

„Ich will gar nicht da sein."

„Und wenn ich dir nicht glaube?"

„Ich möchte jetzt gern die Augen wieder aufmachen. Darf ich?"

Zu spät bemerkte sie, dass ihre Frage schon wieder ein Zeichen der Hörigkeit sein konnte, die sie in eine geringe, aber sehr reale Unterwerfung versetzte. Sie konnte die Augen öffnen, aber natürlich konnte sie sie öffnen, ohne ihn zu fragen. Sie konnte sich den Seidenumhang wieder über den Bauch ziehen, sie konnte sich wieder hinsetzen. Oder?

„Wann hast du von den Schwarzen Messen gehört?", fragte er plötzlich.

„Puh … weiß ich nicht genau. Das Thema hat mich nie besonders interessiert. Man weiß, dass sie durchgeführt werden, aber niemand weiß, wer das tut."

„Aber hat dir irgendjemand genau erklärt, was das ist?"

„Nein. Es hat mich auch nicht interessiert."

„Nicht? Wirklich nicht?" Der Mund unter der Maske verzog sich zu einer Grimasse, ein sarkastisches Lächeln.

„Wie hast du davon erfahren?"

„Zufällig. Jemand hat in einem Gespräch bei einer Abendveranstaltung über einen Artikel berichtet."

„Und vielleicht auch etwas aus dem Internet?"

„Kann sein. Manchmal klickt man daneben." Dieses Eingeständnis fand nicht einmal sie glaubhaft. Und sie beschloss, es abzuschwächen. „Ich glaube, ich habe auch mit einer Freundin darüber geredet."

„Hast du Fragen gestellt? Wolltest du Genaueres wissen?"

„Nein. Das Thema hat mich nie besonders interessiert."

„Jetzt auch nicht, wo du im Begriff bist, eine zu erleben?"

„Wenn du mich zwingst, muss ich es wie eine Folter aushalten, das verstehe ich. Aber es wird ein qualvoller, schrecklicher Zwang für mich sein. Und ich werde nichts anderes tun können, als es wie eine der christlichen Märtyrerinnen inmitten der Bestien zu erdulden. Ich werde die Augen zumachen, wie jetzt auch. Und werde deine Märtyrerin sein und es ertragen."

„Tatsache. Aber du wirst es nicht erdulden müssen. Das glaube ich wirklich nicht."

„Nein? Werde ich frei sein?"

„Du solltest es genießen."

„Unmöglich. Unmöglich."

„Ich habe dir ja schon gesagt, dass mir deine ewigen ‚Unmöglich' sehr gefallen. So, wie du sie aussprichst, wie du die Lippen bewegst, um sie zu formen. Du zeigst, dass sie dir unvermittelt aus der Seele kommen, also aus dem Bauch, das heißt aus den Hüften, was genau das Gegenteil von dem aufdeckt, was sie eigentlich aussagen sollen. Du weißt, dass du die Messe mit allen Fasern genießen wirst. Du weißt, dass du aufgeregt und nervös es nicht erwarten kannst, daran teilzunehmen. Angst, Neugier, Begehren. Und noch mehr, das du noch nicht durchdrungen hast."

„Ich werde mich in eine Ecke verkriechen und die Augen schließen, wie jetzt. Jede andere Art teilzunehmen ist mir unmöglich. Mich zwischen diesen Menschen zu bewegen, an diesem Ritual teilzunehmen … für mich unmöglich. Es wird dir nicht gelingen, mich zu zwingen."

„Ich weiß. Ich werde dich nicht zwingen."

„Und wie soll ich das jetzt verstehen?"

„Ich will dich wirklich nicht zwingen. Nein, ich werde dich nicht zwingen, dich den heiligen Anordnungen des Großmeisters unterzuordnen."

„Nicht?"

„Nein. Du wirst demütig darum bitten."

„Nein. Sicher nicht."

„Wenn du Sklavin sein musst, wirst du es freiwillig sein, weil du dich dazu vorbestimmt fühlst."

„Aber das ist unmöglich!"

„Der Großmeister wird von den Göttern der Unterwelt die Prophezeiung erbitten, und wenn er sie erhält, wird er in der Menge der Adepten auf diejenige zeigen, die die erwählte Sklavin sein wird, sehnsüchtig danach, geopfert zu werden. Den Anforderungen unserer Götter würdig, ohne Bedenken und Scham."

„Unmöglich."

„Du wirst kommende Nacht die wunderbare Ausnahmesklavin sein. In deiner Nacht."

Nach einer Pause, in der sie gewahr wurde, dass sie unter einem unnatürlichen Beben erzitterte, fuhr er fort: „Weißt du, was das bedeutet?"

Sie schluchzte auf und schrie: „Ja! Ja, ich weiß es und habe Angst davor!"

„Du bist fasziniert."

Sie wollte auffahren: wieder „Angst" rufen. Doch eine extreme, unmoralische Neugier, das zu erfahren, was er vielleicht noch sagen würde, zwang sie, zu murmeln: „Nein, ich weiß es nicht, ich stelle mir nichts vor. Wie könnte ich auch? Ich weiß nichts."

„Aber du willst es wissen. Du bist süchtig danach, es zu erfahren, es zu genießen."

Tränen strömten ihr über die Wangen, schluchzend wiederholte sie: „Nein, es ist unmöglich. Ich will nichts hören. Es ist furchtbar."

„O doch, du willst es hören."

„Ich will es wissen, damit es endet. Ja, ich will es wissen. Ja!"

Eine Pause entstand. Sie war sicher, dass er ganz nah bei ihr war. Sie meinte, seinen Atem auf ihrem Gesicht zu spüren.

„Bleib so! Lass die Augen zu. Sag jetzt nichts mehr." Die Stimme wandelte sich, schmeichelte. Worte formten sich murmelnd neben ihrem Ohr: „Du wirst den von Fackeln erleuchteten Saal betreten, wo alle Adepten warten, verhüllt von Kapuzen, genau wie du. Du wirst am Rand warten, bis der Großmeister dich nach der Liturgie heranzitieren wird. Er wird es dir mit nur einer Geste bedeuten, mit dem ausgestreckten Zeigefinger, und die Adepten werden eine Reihe formen und einen Gang bilden, durch den du schreiten wirst. Du wirst neben dem niedrigen Altar innehalten, zur Linken des Großmeisters, dem Herrn der Finsternis, niederknien. Zu deiner Rechten befindet sich bereits ein Widder, das Opfertier. Der Großmeister wird dich fragen, ob du die Auserwählte für den satanischen Ritus sein möchtest, du wirst dreimal mit einem Ja antworten. Der Großmeister wird dich heißen, deine Kapuze und die Kutte abzustreifen. Und du wirst ihm Folge leisten. Zwei Gehilfen werden dich auf den Steinaltar heben. Und die Adepten, einer nach dem anderen, werden sich um den Altar aufstellen. Die Frauen werden sich in deine Flanken verbeißen und deine Brüste packen. Die Männer werden dich auf den Rücken drehen und deine weichen, analen Rundungen mit Ruten peitschen. Dann bist du bereit für das Opfer. Der Widder wird nun neben dich auf den Altar gebunden. Der Großmeister schneidet ihm die Kehle durch. Du wirst dich um den im Todeskampf zuckenden Widder schlingen, sein Blut wird über dich strömen. Die Adepten stimmen *Dies irae* an, während von dir Besitz ergriffen wird."

„Aber ... von wie vielen?", entfuhr ihr ein schwacher Schrei.

„Nach dem zweiten wirst du sie nicht mehr zählen."

„Aber es war von einem Polizisten die Rede, von einem einzigen Mann", sagte sie bebend, doch leise und ließ die Augen geschlossen.

„Ein einziger Adept wäre in einer Nacht wie dieser zu wenig für dich. Übrigens wird unter den Adepten auch ein Nachbar von dir sein, den du für völlig unverdächtig gehalten hast. Er wird dich nicht erkennen können."

„Das alles, also."

„Nein, noch andere Quälereien, satanische Fantasien. Du kannst dir selbst ausmalen, welche. Ich bin mir sicher, dass du sie errätst. Du musst sie nur denken, wenn du es in diesem Moment nicht ohnehin schon gemacht hast. Ich weiß, dass deine erotische Fantasie längst in Bewegung ist. Denk daran."

„Zwing mich nicht, daran zu denken! Zwing mich nicht!"

„Genau. Du musst nicht denken. Das ist nicht nötig."

„Nein?"

„Du musst nur deine atavistischen, deine primitiven Empfindungen wachrufen."

„Und ich werde ... auf dem Altar sein. Mein Gott."

„Am Ende des Rituals, die Reinigung."

„Was für dich vermutlich etwas Verqueres, Dreckiges bedeutet."

„Nicht für uns, nicht für dich. Du wirst für den satanischen Kult gereinigt werden. Alle Adepten, Mann wie Frau, werden sich an dich pressen, indem sie dich auf den Boden zurücksinken lassen, und auf deinen Körper und dein Gesicht urinieren. Der Urin wird für dich eine reinigende Wirkung haben. Und das ist nur ein Teil der Beschreibung, die du so unbedingt haben wolltest."

„Ah", hauchte sie in verwaschenem Stöhnen, das sie selbst ekelte.

„Du kannst nun die Augen öffnen."

Sie war so schockiert, dass sie die Augen nicht sofort öffnete. Doch tief innen empfand sie bereits die Sünde. Die kleine Sünde, die darin bestand, sie nicht sofort zu öffnen und noch etwas weiter über die Einzelheiten dessen nachzudenken, was ihr eben in aller Härte dargelegt worden war.

„Möchtest du, dass ich dir ein Glas Wein bringe?"

„Ich will sterben."

„Oder wieder geboren werden. Du wirst für morgen Nacht neu geboren. Die, die du früher warst, jene Frau ist längst gestorben. Morgen Nacht wird sie neu auferstehen. Und für immer eine andere sein."

„Nein", sagte sie, es gelang ihr mit fester Stimme. „Nein, das ist wirklich unmöglich. Ich kann es nicht tun. Bitte mich nicht darum. Ich bitte dich. Ich kann das niemals tun."

Er erhob sich und näherte sich langsam der Tür zum Aufzug. Als er dort war, drehte er sich um und sah sie an.

„Ich kann es nicht tun", sagte sie leise. „Bitte mich nicht darum. Du weißt selbst, dass es unmöglich ist. Sprich nicht mehr davon."

„Ich muss dich nicht bitten. Ich habe längst erkannt, dass dich dieses außergewöhnliche Experiment anregt. Sogar ziemlich, würde ich sagen. O ja, sehr stark."

„Aber wie willst du das erkennen, wenn ich doch Nein sage?"

„Ich habe es schon am ersten Tag begriffen. Ich habe es erkannt und genossen, als ich dir den Löffel in den Mund zwang. Ich habe eine lebhafte Antwort erhalten, als ich dir meine Pistole zwischen die Beine gelegt habe. Widersprichst du mir?"

„Ich … ich war unter Schock!"

„Nur unbewusst fasziniert."

Sie senkte den Kopf, doch es gelang ihr zu flüstern: „Unmöglich."

„Wirklich?"

„Unmöglich. Ich kann es nicht … Es ist etwas …"

„… das dich aus der Fassung bringt, aber anzieht, in einer Weise, die du noch nie empfunden hast. Oder?"

„Unmöglich."

„Ich liebe deine ‚Unmöglich'. Jedes Mal, wenn du es aussprichst, sagt dein ganzer Körper, *dass es im Gegenteil möglich ist*. Nein, ich habe wirklich nicht die Absicht, dich zu zwingen, das wäre wirklich ein Mangel an Taktgefühl, an Geschmack. Du wehrst dich gegen dein früheres Ich, indem du mir die immer gleichen Worte wiederholst. Aber du weißt selbst, dass du dich vor dir selbst leugnest. Die Lüge, die Täuschung ist bereits mit dem ersten Löffel voll Suppe in dich eingedrungen. Du wusstest schon sehr genau, dass du eine Sache wie diese akzeptieren würdest, nachdem du die Pistole länger in dir festgehalten hast, als ich es vorgehabt hatte. Du wusstest noch nicht, dass deine primitive Versuchung, die Triebe deiner Vorfahrinnen in dir schwelten. Du warst eine von uns, eine Sklavin, die sich vor ihrer Entführung dessen nicht bewusst war, während du es jetzt freiwillig bist. Morgen wirst du nicht anders können, als dir selbst zu gehorchen und dem archaischen Rhythmus zu folgen, der in dir selbst pulsiert. Du wirst dir selbst gehorchen und dem Großmeister. Nicht mir. Und nicht dein Herz, sondern deine Vagina wird befehlen. Das habe ich in diesen Tagen erkannt, noch vor dir."

„Nein. Ich kann es immer noch nicht glauben. Warum erzählst du mir das?"

„Und jetzt sind wir zwei, die es wissen. Der dritte, dein Mann, wird es niemals ahnen, nicht im Mindesten. Und deswegen wirst du ihn verachten."

„Warum redest du so mit mir?"

„Hör doch auf mit deiner Scheinheiligkeit."

„Aber ..."

„Wir erwarten dich morgen Nacht."

„Aber ..."

„Was antwortest du mir?"

Sie war so entsetzt, niedergeschmettert, dass sie nur wieder die Augen schließen und mit einem schwachen Zucken des Kopfes ihren Widerstand andeuten konnte. Er beobachtete sie ohne ein weiteres Wort. Doch bevor er die Tür des Lastenaufzugs schließen ließ, schaffte sie es noch zu sagen: „Ich weiß nichts über dich. Und ich wäre verrückt, zu hoffen, dass du mir deinen wahren Namen verrätst. Aber wie werde ich dich in dieser Hölle rufen können, die du für mich vorbereitest? Sag mir einen Namen!"

„Nenn mich Dionysos", antwortete er, während die Tür sich vor ihm schloss.

Allein. Allein nach diesem intimen Sturm aus Worten und seltsamen Gefühlen, die er so zu formulieren wusste, als wären sie wirklich akzeptabel. Und dann war er gegangen, überzeugt, dass sie überzeugt, freiwillig dabei war, wie er gesagt hatte.

Und sie? Niemals.

Sie sprang auf und ging unruhig auf und ab, zuerst mechanisch, dann mit ihrem natürlichen Schritt, sie wurde langsamer. Zuletzt drehte sie sich blitzschnell um, ließ sich aufs Bett sinken und nahm den Teller Suppe vom Tablett. Als sie den Löffel in den Mund schob, kam es ihr vor, als führte ihn nicht ihre, sondern seine Hand.

Als sie die Suppe gegessen hatte, griff sie nach dem Hähnchenschenkel und biss ab. Sie versenkte ihre Zähne im Fleisch und schloss die Augen.

Doch öffnete sie sofort wieder. Sprang auf, lief wieder auf und ab. Immer schneller. Sie streifte sich den Umhang ab, der sie in der Bewegung behinderte. Schließlich hielt sie inne. Was geschah ihr hier in der Mansarde? Gegen das Dunkel der Nacht zündete sie die Kerze an. Sie nahm das Tablett, brachte es zum Aufzug, drückte den Knopf, der ihn nach oben rief.

Als er angekommen war und sich geöffnet hatte, stellte sie das Tablett hinein und drückte wieder auf den Knopf. Es blieb ihr nichts übrig, als die Angst zu unterdrücken, die auf ihr lastete. Das Abwarten. Zerstreut hüllte sie sich wieder in den Seidenumhang und bewegte sich nicht mehr.

Gut zehn Minuten vergingen. Da drang in dieser vollkommenen Stille zunächst schwach, dann unüberhörbar das Knattern der Zugketten, die den Aufzug wieder nach oben zogen. Die Tür des Aufzugs sprang auf.

Überrascht näherte sie sich nervös.

Es befand sich auf einem winzigen Tischchen aus Porzellan ein Glas voll Rotwein. Es bündelte den flackernden Lichtschein der Kerze. Es schien das fatale Zeichen eines stillen Vertrags zu sein, nicht vorhanden, aber bindend. Sie nahm es, trank den Wein in kleinen Schlucken, stellte das Glas auf das Tischchen zurück und schickte es mit einem Druck auf den Knopf wieder nach unten. Es schien ihr, ihm mit dieser Geste eine Antwort gesendet zu haben. Ihr Herz klopfte.

Achter Akt

Die ganze Nacht war sie wach gewesen. Erst im Morgengrauen war sie etwas eingedämmert, müde und schreckhaft.

So war sie beim ersten Knarren des Aufzugs hellwach. Die Tür öffnete sich und sie krabbelte schnell vom Bett, um zu sehen, was darin war.

Es war das Tischchen von gestern Abend und darauf ein silbernes Tablett, eleganter als in den vergangenen Tagen. Und darauf ein ausgesuchtes Kaffeeservice aus weißblauem Porzellan. Aber nicht nur das. Da war noch ein Gegenstand. Sie ging näher heran, um ihn genauer betrachten zu können. Es war eine kleine, dunkle Lederpeitsche. Sie nahm sie in die Hand, drehte und wendete sie und betrachtete von allen Seiten ihre Beschaffenheit, das Flechtmuster und den kleinen, aber sehr harten Knoten am Ende. Das, dieses Ding, war für sie.

Mit dieser Peitsche würde sie verdroschen werden, immer wieder, vielleicht mit gebundenen Händen, vielleicht nicht, aber hingestreckt auf den Altar. Sie löste eine Hand von dem Gegenstand und strich sie über die Hüften, die Schenkel, den Po, wobei sie den Seidenmantel hochschob. Dorthin würden sich die Schläge konzentrieren, sie zusammenfahren lassen, beben, schreien. Würden sie vielleicht auch vorne treffen? Den Bauch? Sogar ...? Sie schob die Hand vom Rücken auf die Brust. Weibliche Hände, hatte Dionysos gesagt, würden sie packen, schlagen, Frauen würden an ihnen saugen und zugleich beißen.

Sie trug das Tablett zum Bett und trank einen Schluck schwarzen Kaffee, ohne Zucker. Sie biss gedankenverloren in ein Croissant. Nach dem kleinen Frühstück stand sie auf und begann auf und ab zu wandern, hielt hin und wieder inne, um nachzudenken.

Schließlich griff sie wieder nach der Peitsche, drehte sie hin und her, roch daran. Der Duft des Leders mischte sich mit dem einer Salbe, mit der es eingerieben war, ein eigentümlicher Geruch. Sie legte sie auf ihren Busen und auf den Bauch und merkte, dass der seltsame Duft blieb. Dann packte sie die Peitsche an ihrem Griff und verblieb so einige Zeit lang gedankenverloren.

Sie wandte sich zum Bett und betrachtete eingehend ihr Kissen und auch die kleine Ausbuchtung in der Bettdecke, dort wo sie nachts lag und schlief. Auf einmal ließ sie die Peitsche durch die Luft sausen und hielt die Luft an, um ihr Sirren zu hören. Einen Moment lang dachte sie nach. Dann, zuerst unsicher, doch immer kräftiger, schlug sie auf die Bettdecke und das Kissen ein, ungewollt entfuhr ihr ein kleiner Schrei. Sie hielt inne.

Ruhig legte sie den Gegenstand zurück auf das Tablett. Sie trank eine letzte Tasse vom bitteren und nun kaltgewordenen Kaffee, spielte im Mund mit der Flüssigkeit, leckte über den Tassenboden, als diese längst leer war.

Wieder ging sie auf und ab, unterbrach sich jedoch und setzte sich wieder nervös aufs Bett. Sprang wieder auf. Stellte das Tablett zurück in den Aufzug, ließ aber die Peitsche auf dem Bett liegen. Sie betrachtete sie lange. Das dunkle Leder hob sich vom Weiß der Laken ab. Wieder und wieder berührte sie sie. Doch dann zog sie das Kissen darüber, um sie nicht länger ansehen zu müssen.

Es musste bereits Mittag sein, doch er kam nicht. Sicher, es war noch zu früh um hinuntergebracht und geschminkt zu werden, um die Maske zu erhalten, die ihr Gesicht verdecken und sie unkenntlich machen würde, wie er erklärt hatte.

Das Warten war lästig, es war verwirrend. Eine geistige Quälerei, genau wie die schillernden Gedanken, die kamen und verschwanden, um von anderen noch schillernderen, obszöneren überblendet zu werden, unmöglich, sie mit Verachtung zurückzustoßen, wie es natürlich gewesen wäre. Am liebsten wäre sie wieder herumgewandert, doch sie beschloss, sich in den Sessel zu setzen und mit geschlossenen Augen, um sich den halberleuchteten Saal im Erdgeschoss mit den Fackeln besser vorstellen zu können, die schaurige Musik im Hintergrund, die Adepten, nicht erkennbare Frauen und Männer, die vollkommen still unter ihren Kapuzen verharrten.

Der Steinaltar. Dionysos hatte von einem Altar aus Stein gesprochen. Ein Altar für sie. Sie erhob sich und legte sich so aufs Bett, wie sie in wenigen Stunden auf dem Altar liegen würde. In dieser Nacht.

Es war ihr unmöglich, sich daran zu erinnern, wie sie sich in den vergangenen Tagen im Bett eingerollt hatte, denn unter ihrem Rücken spürte sie die längliche, harte Form der Peitsche, die sie dort hingelegt hatte. Sie rückte zur Seite und zog sie hervor. Strich sie über den Busen und schloss die Augen. Sie legte den Griff auf ihre Lippen und erschauderte.

Es war verrückt, verrückt, sagte sie sich und verbot sich jeden weiteren Gedanken.

Plötzlich rumorte es im unteren Geschoss, noch nie hatte sie von dort ein Geräusch vernommen! Ob das die Vorbereitungen für die Messe waren? Das würde bedeuten, dass bald er, Dionysos, heraufkommen würde, um sie nach unten zu holen. Vielleicht in ein anderes Bad, wo sich alles Nötige für das Makeup befand. Ein keinem, keinem, nicht einem einzigen Moment durfte sie zu erkennen sein.

Genauso wie sie jene nicht erkennen würde, die sie schlagen würden, in sie dringen und bis ins tiefste Innere erniedrigen würden mit ihrem scheußlichen Urin. Obendrein würde ein Bekannter darunter sein, ein Nachbar, wie Dionysos erklärt hatte, auch er würde in sie fahren, die unter der Maske verborgen war. Was für eine Schmach, was für eine Niedertracht!

Ihr fiel auf, dass sie eingehend darüber nachdachte, aber keine einzige Träne dabei vergoss. Keine einzige! War sie schon so weit, war sie bereits verdammt? Ein bisschen? Mehr als ein bisschen?

Sie weinte nicht länger bitterlich, sie raufte sich nicht mehr die Haare. Sie ertappte sich dabei, wie sie unbedacht wieder nach der leeren Kaffeetasse griff, obwohl sie ja wusste, dass nichts mehr darin war. Ein Bodensatz vielleicht? Sie leckte den Tassenboden. Besonders einen Gedanken vermochte sie nicht zu vertreiben. Einen, nun ja, peinlichen Gedanken. Schließlich gelang es ihr.

Sie erhob sich, nahm die Peitsche, ging zur Tür des Aufzugs. Davor wartete sie.

Gleich, oder sehr bald, würde genau wie in ihrer Vorstellung die Tür mit einem schrillen Kreischen der Federn aufspringen und ihr vorgeschriebenes Schicksal als Sklavin würde seinen Lauf nehmen.

Sklavin auf Zeit, Sklavin für eine Stunde, für zwei oder länger, aber nicht länger als eine Nacht. Bis zum Morgengrauen … Ach, wie war das alles verstörend, verheerend: „freiwillige Sklavin", hatte Dionysos gesagt.

Und dann nie wieder. Das hatte ihre schwindende Kraft wiederbeleben müssen … Ehrlich gesagt: Es hätte ihre Bereitwilligkeit rechtfertigen müssen. Nur die Erinnerung würde bleiben. Nicht mehr. Sie würde ihre gewohnte Umgebung wiederfinden, ihren Besitz, ihren Wintergarten, ihre Freundinnen, ihre Bücher, die Theaterabende … die luxuriösen Wellnessurlaube im Ausland.

Jetzt aber war es doch an der Zeit, Stolz zu zeigen, oder? Dionysos dachte sicher, sie ängstlich heulend auf dem Bett vorzufinden, doch sie würde ihn stehend erwarten, in ihren Händen vor der Brust die verfluchte Peitsche. Eine Walküre, keine Sklavin. Eine Walküre in Gefangenschaft, die ihre Folter mit Würde ertrug.

Aber, und das war dieser unvorstellbare, unmoralische Gedanke, den sie zuvor noch weggeschoben hatte – war das nur Stolz? Wenn sie diese Vorstellung vom offen gezeigten Stolz wirklich auch nur diese eine Sekunde genossen hätte, war das nicht schon ein sicheres Zeichen für eine völlig unangebrachte, geistige Lust? Widernatürlich und verboten?

Um nicht von den anderen Gedanken zu reden, die ihr gekommen waren, die sich wie kleine Schlangen in ihre Seele und zwischen ihre Flanken gebohrt hatten. Gedanken, die sie bravourös, aber nie ganz verdrängt hatte. Jetzt kehrten sie zurück. Und sie hatte nicht die Kraft und noch weniger die Lust, sie endgültig zu verjagen.

Sie hatte sie also verdrängt, aber nie aufgelöst. Was passierte ihr hier nur in diesem verfluchten Dachzimmer? Wo war ihr Ich, diejenige von früher? Dionysos …

War es, weil er sie anfangs unter Drogen gesetzt hatte – sogar ganz offen? Möglich, doch vielleicht auch nicht, denn im Moment war sie sich ganz sicher, nicht betäubt zu sein. Sie war sich völlig bewusst. Sie war sie selbst. Zumindest körperlich, doch in ihren Empfindungen war sie eine ganz andere.

Nichts anderes stand zu Auswahl: Hätte sie all diese Gedanken und Empfindungen erfolgreich verdrängt, bliebe ihr nun nichts als der Terror, gleich das aushalten zu müssen, was von ihr erwartet wurde. Das war die Macht von Dionysos! Er wollte sie als Sklavin, aber als freiwillige Sklavin, die es genoss, es für eine Nacht zu werden … Oder für immer im Geist, im Traum?

Nun war es also so, dass sie mit dieser abnormen Art zu denken den Terror bezwingen konnte, indem sie ihn mit einem Impuls vermischte, einer seltsamen, hintergründigen Art Verlockung, die sie noch nie empfunden hatte.

Fühlen. Es zum ersten Mal fühlen. Ein einziges Mal fühlen …

Sie wiederholte sich, dass sie sie selbst sein und bleiben musste. Aber wer war dieses Ich? Nein, sie hatte keine Tränen mehr. Gedanken, Gedanken, nicht nur einmal ausgepeitscht und vergewaltigt zu werden, sondern von allen Teilnehmern … Intellektuellen, Zyniker und auch traurigem, geschmacklosen Pöbel …

Gedanken. Sie konnte sie verdrängen, es war möglich, keine mehr zu haben … oder sie zu haben, ohne zu erschaudern? Ohne auch nur einen Funken Scham zu fühlen?

Der Verschluss der Tür gab ein kaum hörbares Knirschen von sich. Dann begann die Seilrolle ihre Rotation.

Endlich!

Neunter Akt

Die Metalltür sprang auf, sodass der hineingezwängte Mann sich heraussortieren konnte. Sie schluckte den Speichel aus ihrem Mund hinunter, aufrecht vor dem Aufzug stehend, die Peitsche an ihren Busen gepresst. Aber Dionysos kletterte aus seinem ungemütlichen Vehikel, ohne sie eines Blickes zu würdigen. Er sagte kein Wort und ging so rabiat an ihr vorbei, dass er sie beinah umrempelte, und ließ sich in den Sessel fallen. Dadurch geriet sie in die bizarre Lage, ganz allein vor dem leeren Aufzug zu stehen. Um mit ihm in Kontakt zu treten, musste sie sich umwenden, überrascht und zutiefst enttäuscht nach der Anspannung des Wartens. Was hatte das zu bedeuten? Aber in diesem heiklen Moment blieb ihr nichts anderes übrig, als sich umzudrehen und aufs Bett zu setzen, um ihm gegenüber zu sein. Sie wurde überhaupt nicht aus ihm schlau. Schließlich bewegte sie sich, senkte die Hand mit der Peitsche, die nun auf unangenehme Weise überflüssig war.

Er hatte die Beine überschlagen. Sie beobachtete ihn, während sie auf dem Bett sitzend wartete. Trotz seiner Maske konnte sie deutlich erkennen, dass er sehr schlechte Laune hatte. Und er sprach kein Wort und ließ sie derart im Ungewissen.

„Ist es … Ist es nicht noch etwas früh, um mich hinunter zu bringen?", wagte sie zu fragen, um diese drückende Stille zu unterbrechen. Es war wie eine unausgesprochene, völlige Unterwerfung, als ob sie versucht hatte, seiner Erklärung zuvorzukommen und freiwillige Sklavin zu werden. Aber was anderes hätte sie tun sollen? Mit größter Kraftanstrengung unterdrückte sie den Impuls, sich selbst zu antworten. Dionysos schwieg. Schließlich machte er eine wütende Handbewegung. Als er sprach, war seine Stimme ganz anders als die, an die sie sich mittlerweile gewöhnt hatte.

„Wir haben ein Problem. Ein anderes, größeres als vorher. Nicht größer, aber komplizierter."

Sie hielt die Luft an und faltete nervös den Saum ihres Seidenmantels. Er schien nicht geneigt, mehr zu sagen. Was konnte das bedeuten? Sie versuchte, es sich vorzustellen: Vielleicht hatten die Dutzenden Ermittler der Polizei durch intensive Recherchen und Informanten herausgefunden, was das abgelegene Landhaus beherbergte? Hatte es eine Schießerei gegeben? Würde sie in aller Eile in ein anderes Versteck gebracht werden?

Dionysos sagte nichts mehr und beobachtete sie von seinem Sessel aus.

Nein, so wie er dasaß, mit überschlagenen Beinen, war überdeutlich, dass er überhaupt keine Eile hatte. Bei drohender Gefahr würde sich niemand in aller Ruhe ihr gegenüber setzen und sie anstarren. Außerdem war er sonst nicht der Typ, dem die Worte ausgingen. Wortkarg war er und er sagte ihr nie mehr als das Notwendige, das hatte sie nun zur Genüge erlebt. Aber in diesem Moment konnte er kaum so aufgewühlt sein, dass es ihm die Sprache verschlug.

„Wir haben ein Problem", wiederholte er und betrachtete seine Fingernägel. „Das müssen wir lösen."

Sie hielt es für das Beste zu nicken und den Mund zu halten. Doch gleich darauf platze sie heraus, denn sie konnte die Spannung nicht mehr ertragen und wusste nicht, was sie von dieser neuen seltsamen Situation halten sollte. „Also doch keine Orgie? Ich meine, doch keine schwarze Messe?"

Er sah sie schräg an, zumindest wirkte es hinter der Maske so auf sie. Ohne auf die Frage zu antworten, fuhr er fort: „Da ist eine Frau im zweiten Stock." Nach einer kurzen Pause sagte er: „Eine andere Frau."

Immer noch nickte sie mechanisch, aber ihre Augenbrauen schnellten überrascht in die Höhe. „Was sagst du? Was …"

„Eine andere wie du."

„Wie ich?"

„Ihr Mann vertraut der Polizei und weigert sich, das Lösegeld zu zahlen. Und die Polizei glaubt, einen sicheren Plan zu haben, wie sie die Frau freibekommen kann. Das heißt, dass sie ihm geraten haben, nicht zu zahlen …"

„Und jetzt? Eine andere Frau! Himmel! Noch eine! Und die Polizei hat alles herausgefunden?"

„Nein, hat sie nicht. Sie sind auf einer falschen Spur. Das wissen wir sicher. Denn wir haben sie auf die falsche Spur geschickt."

„Eine Frau. Eine Frau. Eine andere Frau … Wer? Ich verstehe nicht, Dionysos!" Sie war außer sich vor Entsetzen.

„Was verstehst du denn daran nicht? Die Frau im zweiten Stock? Wir haben sie noch vor dir entführt. Und weil ihr Mann nicht zahlt, haben wir dich geholt, um ein anderes, sicheres Lösegeld zu bekommen. Dein Mann ist nicht zur Polizei gegangen. Das wissen wir. Er wird zahlen, du wirst freikommen. Du ja! Sie nicht."

„Du sagst …"

„Der Mann dieser Frau wird nicht zahlen. Er hat alles in die Hände der Polizei gelegt: schlechtes Zeichen. Das dürfen wir nicht durchgehen lassen. Die Frau muss sterben."

„St… Sterben? O Gott!"

„Sie muss sterben. Heute. Das ist das Gesetz unseres Geschäftes: kein Risiko, kein Zögern, sonst sind wir verloren!"

Sie schlug sich die Hand vor den Mund, entsetzt von dieser fürchterlichen und so zynischen Aussage.

„Wir werden ihre Leiche natürlich weit weg bringen, um die Ermittlungen zu verwirren. Wir werden sie allerdings nicht vergraben. Der Mann muss sie als Folge seiner Entscheidung verstehen, dass er zur Polizei gegangen ist. Dein Mann, meine ich. Der morgen mit der Zahlung dran ist. Verstehst du jetzt?"

Erst nach einigen Sekunden wurde ihr bewusst, dass sie den Kopf senken musste. Sie wiederholte diese Zustimmung mehrere Male. Zu verstört! Alles war mit einem Mal unvorstellbar furchtbar geworden, anders furchtbar. Wo war sie nur hineingeraten!

„Bist du erschrocken? Beruhige dich. Dir wird nichts passieren. Wir wissen sicher, dass dein Mann trotz seiner Schwierigkeiten zahlen wird. Du solltest froh sein, so einen Bilderbuchmann zu haben!"

Welch ein Zynismus. Sie schaffte es nicht, an ihre eigene Befreiung zu denken. Alle Gedanken waren bei der Frau im Stockwerk unter ihr. Es war einfach unvorstellbar, dass eine andere Frau vor ihr entführt worden war und sich nur wenige Meter von ihr entfernt befand. Eine andere Unglückliche musste nun sterben! Zwei Frauen waren tagelang, die andere vielleicht wochenlang festgehalten worden, während man unten eine unbeschreibliche Orgie vorbereitete ... Wenigstens die sollte angesichts dieser fürchterlichen Notwendigkeit abgebrochen werden, wenigstens das!

Sie hob den Kopf, um fest in die Augen hinter den Aussparungen der Ledermaske zu sehen. Zum ersten Mal erschienen sie ihr schrecklich, so schrecklich wie die jüngste Nachricht. Zu was waren er und seine Komplizen noch fähig? Mit welcher Kälte hatten sie beschlossen, den Verdacht abzulenken und die Beute des Spiels umzubringen!

Sie war sicher, dass das seine Idee war, Dionysos'. Sicher, er hatte Komplizen, doch sie war sicher, dass er der Urheber des Plans, auch dieses Finales war. Das bedeutete auch, dass er eine weitere Frau wie sie gefangen gehalten hatte. Mit denselben teuflischen Psychospielen, und jetzt wollte er sie loswerden wie ein überflüssig gewordenes Ding, das zu behalten zu gefährlich war.

„Wolltest du etwas sagen?" – Seine Stimme und diese Frage erschütterten sie. Stumm schüttelte sie den Kopf.

„Nicht?"

Nun schienen seine Augen zu strahlen, belebt von einer inneren, diabolischen Kraft.

„Nein", murmelte sie.

„Wirklich?"

„Was soll ich denn sagen? Ich bin in deiner Gewalt." Und sie fügte blinzelnd hinzu: „Wie die Frau unten."

„Sie muss sterben."

„Ja, hast du gesagt. Und ich?"

Er antwortete nicht sofort. Schien zu lächeln. Er veränderte seine Position im Sessel.

„Nicht. Ich habe es dir gesagt. Ihr Tod wird aber deine Absicherung sein, denn dein Mann wird gezwungen sein zu zahlen. Das wird ihm selbst die Polizei raten, wenn sie die Nachricht gelesen hat, die wir an den Hals der Leiche binden werden."

„Und das ist beschlossen?"

Er fuhr fort, als hätte sie nichts gesagt. „Ihr Tod ist eine Garantie für dein Leben. Du solltest dich etwas erleichtert fühlen. Du solltest mir danken!"

„Werdet ihr sie quälen?"

„Du willst wissen, wie wir sie töten? Das kann ich dir nicht sagen. Jetzt jedenfalls nicht."

„Sondern ... wann? Du machst mir Angst, Dionysos."

Die Lippen unter der Maske bewegten sich, zogen sich in die Breite, bevor sie sich wieder schlossen. Ein Lächeln?

„Es gefällt mir, wie du meinen Künstlernamen aussprichst. Es bereitet mir besonderes Vergnügen."

„Wann wird es passieren?"

„Es gefällt mir, weil es bedeutet, dass du auch in dieser heiklen Lage deiner Existenz nicht deine ideale Rolle in den dunklen Versuchungen der schwarzen Messe vergessen hast, auf die du dich vorbereitet hast. Du hast es nicht vergessen, du bist immer noch davon angezogen, trotz der Nachricht über die andere Frau im unteren Stockwerk und ihr Schicksal. Richtig?"

„Nein. Nein. Nein. Nein. Nein. Es ist nicht, wie du denkst."

„Die Peitsche. Wolltest du sie mir geben, damit ich dich noch vor der Messe damit züchtige?"

„Nein. Nein, so ist es wirklich nicht."

„Ohne es zu wollen, ohne es zu vermuten, aber auch ohne es zu bekämpfen. Du bist von ihrer Faszination verhext. Jener der Messe."

„Ich sage dir noch mal: nein!"

„Doch, meine wunderbare, bezaubernde Françoise."

„Françoise? Das ist nicht mein Name!"

„Françoise-Athénaïs. Marquise de Montespan."

„Aber ..."

„Die Marquise war eine göttliche Zeremonienmeisterin von schwarzen Messen in Frankreich."

„Und ... und was ..."

„Das wird dein Name für den Rest deines Aufenthalts hier bei mir sein, in unserem Dachzimmer."

„Aber ich ... nun ja ..."

„Dionysos und Françoise, das fantastisch diabolische Paar."

„Deine Partnerin, sagst du?"

„Du wirst mir in nichts nachstehen. Du wirst mir nicht als Sklavin unterworfen sein."

„Nein? Keine Sklavin mehr? Sondern was? Was hast du dir noch an Abartigem für mich ausgedacht?"

„Du wirst Domina sein. Unsere Herrin."

„Ich?"

„Eine Herrin ist keine Sklavin. Sie empfängt keine Befehle, sie gibt Befehle. Mit eiserner Bestimmtheit verlangt sie Dinge, die ihre Sklaven nicht ablehnen können, und das mit grausamer Intelligenz. Du bist dafür prädestiniert, Françoise!"

„Das ist jetzt noch unmöglicher! Absurd!"

„Du wirst grausam sein, ohne zu offenbaren, dass du es immer sein könntest oder immer gewünscht hast, es zu werden."

„Ich bitte dich. Quäl mich nicht schon wieder. Ich bin nicht und werde sicher nicht jene sein, die du dir vorstellst. Ich bin nicht ... ich ..."

„Was nicht? Jetzt sagst du Nein, aber heute Nacht, Françoise ..."

„Ich kann wirklich nicht ..."

„Nicht mal jetzt begreifst du dich selbst, nicht mal jetzt. Denn schon jetzt bist du nur neugierig, teuflisch neugierig zu erfahren, wer du in Wahrheit bist. Diese Mansarde verändert dich nicht, sie holt nur aus dir hervor, was du unbewusst schon immer gewünscht hast. Und was bist du? Sag es nicht mir. Sag es dir selbst."

„Verstehst du überhaupt nicht, welchen Fehler du machst? Ich bin überhaupt nicht die, die du dir einbildest. Deine Gefangene bin ich. Sonst nichts. Ich bin ohne Willen, halbnackt und allein. Ich bin, so wie du gesagt hast, eine Sklavin, bis mein Mann das Lösegeld bezahlt hat."

„Bist du nicht mehr. Ich habe dir gesagt, dass du dich als diejenige fühlen sollst, die du bist. Domina."

Sie hielt sich die Ohren zu. Aber er zog ihr die Hände freundlich bestimmt weg. Zusammen mit seinen Händen sanken sie auf ihre Oberschenkel. Leider war sie nur zu neugierig, was Dionysos ihr sagen wollte.

„Dir ist die Peitsche runtergefallen."

Sie erinnerte sich, dass sie sie losgelassen hatte, als sie sich die Ohren zugehalten hatte, sodass sie auf den Teppich gerutscht war. Ohne ihn anzusehen, kniete sie sich hin, um das Ding aufzuheben, und nahm es unbewusst fest in eine Hand.

Warum hatte sie es aufgehoben? Um ihm zu gehorchen? Ja, auch. Oder lag in dieser Geste auch eine Bedeutung, die ihr entging oder die sie nicht entschlüsseln wollte. Sie hatte sie aufgehoben und Schluss.

„Vorher, als ich heraufgekommen bin, hast du sie eng an den Busen gepresst. Du hattest intuitiv richtig geraten, dass das die richtige Position ist. Du wolltest sie mir geben, damit ich dir den ersten Hieb versetze, richtig?"

Sie schwieg. Wusste nicht, was sie sagen sollte.

„Jetzt ist sie deine. Deine Peitsche. Du musst sie oft eng am Busen halten. In ihm findest du deine innere, verfluchte, aber extrem verführerische Stärke. Dort findest du deine Lust. Gibst

144

du es zu? – Vielleicht noch nicht jetzt, aber du ahnst, dass es nicht anders sein kann. Du bist dafür prädestiniert, Françoise, wundersam vorbestimmt und das wissen nur wir beide."

Sie schüttelte krampfhaft den Kopf. Doch irgendwie fühlte sie sich als eine andere, seit er sie Françoise nannte. Die Marquise de Montespan – Sie hatte von ihr gehört, sie im Internet gesucht und einen Artikel aus einer Wochenzeitschrift gelesen. Ja, nun erinnerte sie sich genau, sie hatte die sehr wahrscheinlich verdorbene und verdammte Marquise de Montespan recherchiert.

„Du sagst nichts? Noch nicht, klar. Aber ich kann warten, Françoise." Und honigsüß fügte er hinzu: „Ich kann eine Stunde warten. Eine lange Zeit, zu lang für beide, das wissen wir."

Sie schüttelte den Kopf und verhielt einen Moment lang in verdrehter Pose, als ob sie mit ihrem Kopf nie wieder in eine mittige Position zurückkehren wollte. Sie wollte auch die Peitsche zurücklegen, doch es gelang ihr nicht, sich zu bewegen. Sie umklammerte die Peitsche so nervös, dass sie sich zwischen ihren Beinen bewegte. Es wäre besser gewesen, sie beiseite zu legen, doch es war ihr nicht danach, sie loszulassen. Was für ein Gefühl, herrje!

„Kannst du mir diese Frau nicht ersparen? Dafür könnte ich im Tausch, wie du sagst, freiwillig an der Schwarzen Messe teilnehmen", murmelte sie und bereute sofort dieses offensichtliche, vulgäre Angebot. Noch nie hatte sie so etwas vorgeschlagen! Sie selbst! Ob sie ihn damit dazu bringen würde, ihr unwürdiges Angebot anzunehmen?

„Bist du verrückt geworden? Hast du immer noch nichts von der Situation hier kapiert? Dass die sich völlig verändert hat, meine liebe, göttliche Françoise?!" Dionysos beugte seinen Oberkörper, um ihrem Gesicht ganz nah zu kommen. Seine Augen sprühten Funken. „Hör zu! Hör genau zu, Françoise! Ich habe dir erklärt, dass der Ehemann dieser Frau zögert, zu zahlen, weil die Polizei glaubt, auf der richtigen Fährte zu sein. Wir werden sie – und den Mann – enttäuschen!"

Nach einer genau berechneten Pause, während der sie sich auf seltsame Weise durchleuchtet fühlte, fuhr er fort: „Aber nicht deswegen – oder nicht nur deswegen – muss diese Frau sterben."

„Nicht nur?"

„Nein. Der Zusammenhang ist anders und viel interessanter für uns beide, denke ich. Für dich und mich, Françoise, auf fatale Weise schlüssig. So schlüssig, dass die Durchführung uns ein unglaubliches Vergnügen bereiten wird."

„Uns … beiden?"

„Exakt. Eine absolut faszinierende Sache, Françoise. Du selbst, nachdem du, wie ich sagte, eine Stunde darüber nachgedacht haben wirst, wirst es aufs Extremste mitreißend finden." Dionysos verstummte und sah sie an.

„Aber", riskierte sie den Einwurf, weil sie um jeden Preis verstehen wollte. „Was soll denn zum Teufel mitreißend an einem Mord sein?"

„Der Mord selbst, wenn er in einer untergründigen, geheimen, orgastischen Zeremonie gefeiert wird. Ein normaler, alltäglicher, wie er in diversen Varianten in den Medien berichtet wird, ist es nicht. Doch er erhöht in einem okkulten, wunderbaren Opferritus. Verstehst du mich jetzt, Françoise?"

Sie schloss die Augen. Und öffnete sie wieder, weil das nichts half. „Dionysos!"

„Denk an die Zeremonie."

„Ich denke an den Mord."

„Alles, was dir in der Messe vorbehalten war, ist nun ihr vorbehalten. Nackt auf dem Altar. Mit dem Unterschied, dass du nach dem Ritual nackt und bebend zurückgelassen worden wärest. Sie dagegen wird pulsierend sterben. Das wird der Clou der Orgie sein, die Huldigung Luzifers, Blut und Fleischeslust, eine Kombination, die diesem herrlichen und von den Priestern verfluchten Engel würdig ist. Verstehst du jetzt? Mach nichts, ich weiß genau, dass du verstehst. Auch wenn du es nicht zugeben willst, vor mir, vor dir selbst, beginnst du unbewusst bereits nach und nach, es zu genießen. Ist es nicht so? Sag: Ist es nicht so?"

Sie senkte den Kopf und sagte nichts mehr. Sie fühlte sich verloren. Aber wenig später hob sie den Kopf. „Das heißt, ich werde bei der Messe am Rande sein und nicht mehr auf dem Altar, wie du es zuvor haben wolltest? Ich werde nur eine gefangene Beobachterin sein? Nicht mehr ich, sondern sie? Ich werde bei dieser Perversion außen vor bleiben?"

Zum ersten Mal lachte Dionysos kurz auf.

„Das willst du doch damit sagen oder nicht?" Dieses kurze, sarkastische Lachen folterte sie. „Nein. Wirklich nicht. Nein!"

„Ich muss also doch in irgendeiner Rolle teilhaben? In welcher?"

„Teilnehmen? Françoise, du wirst im Zentrum der Messe stehen! Alle werden von deinen Bewegungen gelenkt und bezaubert sein. Du bist die Auserwählte, die Vorbestimmte, die teuflische Genießerin."

„Ich?! Nein, nein! Warum? Warum? Warum diese Quälerei? Wie kann ich im Zentrum sein, wenn doch nun sie auf den Altar kommt?"

„Der Großmeister wird sie dorthin legen. Das heißt, er wird sie dazu bringen, ihn zu besteigen. Der Altar hat zwei kleine Stufen."

„Sie, also die andere Unglückliche. Also werde ich …"

„Der Großmeister in dieser Nacht bist du, Françoise."

„Nein!" Ein langgezogener Schrei entfuhr ihr, bebend vor nicht zu unterdrückendem Leid. Sie presste sich eine Hand aufs Herz und brachte kein einziges Wort mehr heraus. Sie hatte diese Ankündigung vorausgeahnt. Befürchtet. „Ich habe dir gesagt: Du wirst keine Sklavin sein. Du musst Domina werden. Du wirst dich selbst dominieren, um es zu werden. Das hier ist die erste Sehnsucht in Gedanken, gefolgt von dem krampfhaften Wunsch, der dir nun zart, aber auch eisern deinen Geist umhüllt und du wirst dich davon nicht mehr befreien können."

„Dionysos, warum willst du mich unbedingt weiter quälen?"

„Zu quälen wird in dieser Messe deine Aufgabe sein."

„Niemals!"

„Die Peitsche, die du vorher noch so straff über deinem Busen gehalten hast … Diese Peitsche hat es bereits in dich hineinfließen lassen, bevor ich heute herauf gekommen bin. Du bist jetzt zur gleichen Zeit Sklavin und Herrin. Das wird dich zittern lassen, es wird dich im Orgasmus verrückt werden lassen! Dein dunkles Schicksal. Ich habe es an deinem Atem durchschaut, als ich dir den ersten Löffel in den Mund geführt habe, am ersten

Tag. Und ich habe es genau wie du genossen, als ich dir die Pistole zwischen deine Beine gedrängt habe. In diesen Momenten habe ich genau erkannt, dass du noch mehr als ich gewünscht hast, dass die Pistole sich deiner Vagina näherte mit all ihrer Macht an Gefahr und Lust. Willst du das leugnen? Du bist die ideale Kreatur für diese Nacht, Françoise."

„Unmöglich."

„Du musst nur das Muster ergründen. Deine Seele ist schon geformt. Seit langer Zeit, seit deiner Geburt. Ohne dass du es gemerkt hast. Eine faszinierende, wunderbar von der morbiden Schönheit des Bösen verunstaltete Seele."

„Unmöglich."

„Die Gleichgültigkeit, die Gewohnheit, die Langeweile deines früheren Lebens werden heute Nacht wie ein böser Zauber verschwinden, sobald du in den Lastenaufzug steigst und die dunkle Schwelle außer der Kapuze nackt überschreitest, während der Chor *Dies Irae* singt. An deine Brust die Peitsche gepresst. Was für eine Erfahrung für dich, Françoise! Von viel herrlicherer und tieferer Tragik als jene, die jene Françoise nach Versailles zog, die deinem Leben vorangegangen ist. Du bist noch reiner und besser geeignet als die erste Marquise de Montespan."

Sie seufzte hörbar, ohne einen Einwand zu erwidern. Sie wusste nicht was sagen, was zu ihrer Verteidigung vorbringen. Sie fürchtete sogar, nicht reden oder laut schreien zu können. Sie hätte nur Sätze nuscheln können, die selbst ihr windig und ungeeignet erschienen. Doch schließlich beschloss sie, wenigstens zu versuchen, ihn mit einer Bitte zu erweichen. „Kannst du nicht eine Ausnahme machen und sie am Leben lassen?"

Dionysos änderte nur wieder die Position seiner Beine. Dieses Schweigen war schlimmer als eine ablehnende Antwort. Zugleich wurde ihr bewusst, dass ihre Bitte an sich schon als überflüssig betrachtet werden musste. Als wäre Dionysos der Typ, der seine eigenen Entscheidungen revidierte. Sicher nicht! Und diese unbekannte Frau zu verteidigen war, als wenn sie über das hinweggehen wollte, das er eben vorgeschlagen hatte. Ja, jene letzte Frage zum Todesurteil der Frau im unteren Stockwerk war doch nur eine Entschuldigung, ein Versuch um die eigenen Gedanken von dem abzulenken, was man von ihr erwartete: Domina. Sklavin und Herrin! Wie sollte sie reagieren? Sollte sie überhaupt? War das überhaupt noch möglich? War es nicht längst eine sinnlose Anstrengung?

„Françoise, du musst sie zum Altar führen, ihr die Hand reichen, ihr helfen, hinaufzusteigen, sich hinzulegen, die Beine breit zu machen."

„Warum ich?"

„Keiner von uns kann es tun. Sie hat uns mittlerweile ohne Masken gesehen. Sie könnte schreien. Vergiss nicht, dass dieser Polizist unbedingt anwesend sein muss. Er will es unbedingt und uns kommt das nur entgegen."

„Aber ich …"

„Ich weiß. Jetzt musst du noch nicht zustimmen. Nicht sofort. Du musst darüber nachdenken. Und zustimmen, wenn ich wiederkomme."

„Keine Sekunde lang. Das, was du von mir verlangst, ist …" Doch sie wusste nicht, wie sie den Satz beenden sollte, denn sie ging davon aus, dass er ihr ein unsagbares Adjektiv ins Gesicht gebellt hätte. Dionysos lachte schon wieder, kurz, sein sarkastisches Kichern, das sie befangen machte. „Natürlich, erst musst du sie überzeugen. Das macht man nicht aus dem Stand heraus. Sie muss aus Überzeugung zu dir kommen und die Hand reichen. Um auf den Altar zu steigen und sich dem auszusetzen, was vorbestimmt ist."

„Aber warum ich?"

„Erstens, weil ich es will. Zweitens, weil du es grandios kannst, virtuos und forsch. Qualitäten, die sich in dem Moment spontan in dir manifestieren werden. Drittens, weil niemand von uns es kann. Aus Versehen hat sie uns ohne Maske gesehen. Sie könnte schreien und den Polizisten im Kreise dieser göttlichen Orgie aufrütteln."

„Nein, nein. Unmöglich. Wirklich."

„Das sagst du jetzt, ich weiß. Wir müssen auf jenen Moment warten. Du wirst nicht Ja sagen. Du wirst es ausführen, Françoise."

„Keine Sekunde lang könnte ich Handlanger bei einem Mord sein! Wie soll ich denn sie überzeugen, auf ihr orgastisches Schafott zu steigen, wenn ich mich erst selbst überzeugen müsste? Unmöglich."

„Dein Einwand ist berechtigt und sogar logisch in genau diesem Moment. Es ist klar, dass du sie erst überzeugen musst, in kurzer Zeit aber Schritt für Schritt."

„Ich? Sie? Wie denn? Warum denn?"

„Du wirst ihre Herrin werden, ihre intimste Freundin, ihre Liebhaberin. Du musst sie verführen, Françoise. Du fängst damit noch tagsüber an, bevor es Abend wird, dann heute Nacht, noch vor deiner Schwarzen Messe."

Sie hob die Hand, als ob sie ihn bitten wollte, das Gespräch zu beenden. Alles war so qualvoll, so monströs. „Merkst du in deiner ungesunden Manie nicht, dass du von mir verlangst, was … einfach …"

„Unmöglich ist? Auf dem ersten Blick, im ersten Zusammenprall deiner neuen Versuchung mit deiner sittentreuen Erziehung. Aber in deinem Unterbewusstsein bemerkst du bereits, wie du anfängst, zu überlegen, wie du diese zufällige Gelegenheit erleben wirst, denn sie ist erzwungen und daher kann dich keine Schuld treffen. Und all das vor deiner Befreiung und deiner Rückkehr in dein langweiliges Leben. Vor diesem Einschnitt, wenn alles zu einer brennenden Erinnerung wird, die niemand aus deiner früheren Welt auch nur ansatzweise erahnt."

„Nein."

„Eine Erinnerung nur für dich. Nur eine Erinnerung."

„Nein. Auch Erinnerungen können manchmal töten. Und das würde mich umbringen. Da bin ich sicher."

„Aber du bist auch sicher, dass du es genießen können wirst. Du bist unberechenbar. Sogar für dich selbst, Françoise. Wir haben es gemeinsam herausgefunden in dieser Mansarde, als du deine Oberschenkel an den Lauf meiner Pistole gepresst hast."

„Das war eine Bewegung aus Angst. Nichts weiter."

„Ein anderer – morbider – Beweis ist dein brennender Wunsch, der natürlich auch nachvollziehbar ist, jetzt jeden kleinsten Vorgang des Ereignisses von mir zu erfahren. Seine Phasen, von denen es zwei gibt. Eine davon beginnt in Kürze. Hier."

„Nein!"

„Die zweite heute Nacht. Vorbereitung und Durchführung."

Verzweifelt schüttelte sie den Kopf, wobei ihr die Haare ins Gesicht und über die Augen fielen. Sie musste sie wegschieben, was ihr die Gelegenheit bot, ihn für einen kurzen Moment zu beobachten. Er musterte sie. In den Augen hinter der Maske schien eine übernatürliche Kraft zu lodern, die angsteinflößend war. Doch als er wieder zu sprechen anfing, klang seine Stimme viel angenehmer. „Weißt du, wer diese Frau ist?"

„Nein. Woher denn? Wer ist sie?"

„Genau. Das ist interessant. Es ist für dich nicht interessant zu wissen, wer sie ist. Eine beliebige Frau aus reichem Hause, dir nicht bekannt. Du hast sie noch nie gesehen. Gleich wirst du sie kennenlernen. Und dann nie wieder, denn während der Messe wird sie sterben."

„Nein. Dionysos!"

„Du wirst kein Bedauern empfinden. Denn sie wäre ohnehin durch unsere Hand gestorben. Sieh es doch außerdem mal philosophisch: Sie ist ein Lebewesen wie du. Und eines Tages muss jedes Lebewesen sterben. Das bedeutet, dass dieser Tag nur vorgezogen wird. Weshalb sollten wir uns in die Theorie der Reue reinziehen lassen? Glanzvolle Frauen, wie Lucrezia Borgia oder die Marquise de Montespan haben dazu einfach nur kokett die Schultern gezuckt. Reden wir lieber von etwas anderem: Du wirst nichts empfinden außer wie im Traum die seltsame, ungewohnte Gestalt der Schönheit einer einzigartigen, einmaligen Erfahrung. Und übermorgen und noch lange nach deiner Befreiung wirst du dich daran erinnern, dass du stürmische, wollüstige Momente erlebt hast, die nichts gemeinsam haben mit dem normalen, alltäglichen Leben, in das du zurückkehren musst."

„Dein Zynismus ist unmenschlich."

„Aber er fasziniert dich."

„Er ist einfach nur monströs."

„Und ich werde dir fehlen, Françoise."

Bestürzt über diese letzte Bemerkung hob sie den Kopf. Doch aus ihrem halboffenen Mund wollte das, was sie darauf zu erwidern hatte, nicht heraus. „Und ich habe die Befürchtung, dass du mir fehlen wirst. Aber das ist Schicksal. Wir werden uns nie wieder sehen."

„Nicht ... nicht ..." – Kein Satz wollte ihr gelingen. Sie hätte nie gedacht, dass er das sagen würde, was er ihr eben offenbart hatte. „Sie, diese andere Frau, ist ganz anders als du. Das wird dir deine Aufgabe erleichtern", sprach Dionysos weiter. „Ich habe sie durchschaut, wie ich dich durchschaut habe. Indem ich ihr Essen gebracht habe. Doch ich habe sie anders behandelt, denn ihre Persönlichkeit ist schwach und auch ihre Psyche ist anders. Ich habe sie entschlüsselt, durch ihre Bewegungen, ihre Blicke, die Reaktionen ihrer Sinne, ihres Intimbereichs, genau wie ich es bei dir gemacht habe. Doch darüber hinaus hat sie sich völlig hingegeben; sie hat mehr ihrer intimsten Geheimnisse preisgegeben als du. Und wie bei dir täusche ich mich auch bei ihr nicht. Mein Urteil ist präzise, bei dir wie bei ihr."

Sie schloss den Mund, restlos verstummt. Sie wollte zuhören, was er sagte. Hätte sie vielleicht irgendetwas anderes tun können? „Frag dich nicht, ob ich Recht habe. Hinterfrage nicht, ob du wirklich die bist, die ich beschreibe. Hör nur meine Worte. In deiner momentanen Lebensphase bin ich der Spiegel deiner primitiven Seele. Dir bis vor drei Tagen unbekannt, noch nicht völlig entfaltet, doch in deinem Herzen schon lebendig. Nur für mich in diesem Moment deutlich sichtbar, Françoise." Es schien, als gönne er ihr einige Sekunden Atempause. Dann fuhr er fort und sie konnte nichts tun, als zuhören, unfähig, sich zu widersetzen oder irgendein anderes Zeichen der Ablehnung zu senden. Sie fühlte sich zugleich tot und lebendig, meinte, diese Worte wie unerwünschte, doch schmerzvoll fortwährende Echos zu hören. Und phasenweise verwandelten sich der Schmerz und das Leid auf nicht nachvollziehbare Weise in sinnliche Wellen der Lust. Was geschah ihr nur?

Zugleich war sie sich völlig sicher, keine Drogen zu sich genommen zu haben, keine bewusstseinsverändernde Substanz.

Das bewerkstelligten seine Worte. Sie waren die sanfte und durchdringende Droge.

„Die Frau unten hat eine andere Seele, so leicht lesbar wie ein Buch und zugleich kompliziert, beschränkt und deswegen leicht zu manipulieren. Ideale Beute."

„Lass sie am Leben, ich bitte dich."

„Im Gegensatz zu dir, die du nicht wusstest, was du bist, was du sein könntest. Sie ging schon lange vor der Entführung davon aus. Ohne einen Funken Mut, es ihren Freundinnen und noch weniger ihrem Mann zu eröffnen."

„Worauf willst du hinaus?"

„Für dich wird sie eine leichte und vorzügliche Beute sein. Um sie in der Hand zu haben, musst du dich verwandeln, Françoise, musst du ihre Seele und ihre Herrin werden."

„Nein, ich bin nicht ..."

„Genau wie du hatte sie ein gut situiertes, mondänes, unzufriedenstellendes Leben. Sie wusste, dass sie bisexuell ist, ohne dazu stehen zu können, sie ahnte, masochistisch zu sein, ohne je die intensive Freude einer Ohrfeige oder einer plötzlichen Kratzwunde auf der Brust empfunden zu haben."

„Das ... das ... Hat sie das also zugegeben? Vor dir?"

„Nachdem du mit ihr Sex hattest, wirst du sie umdrehen und sie mit deiner Peitsche züchtigen, bis ihre helle Haut rot ist, mit Methode, mit wohldosierten Schlägen und sie wird dich darum anflehen, nicht aufzuhören. Das ist sicher, glaub mir. Sie ist die perfekte Masochistin."

„Das ist doch grausam! Undenkbar!"

„Das ist, wofür sie sich vorbestimmt fühlt, ohne es jemals jemandem gestanden zu haben. Nur mir. Ausschließlich mir."

„Aber hast du mit ihr gesprochen? Ich meine so? Mit all diesen Einzelheiten?"

„Nein. Aber ich habe ihren Atem und ihre Augen befragt, wenn ich ihr die Mahlzeiten und die Kerzen brachte. Wie ich es mit dir gemacht habe. Und von ihr habe ich eine viel ausführlichere Antwort bekommen als von dir."

„Von ihr?"

„Von ihren Augen, die selbst die Dümmsten für den Spiegel der Seele halten. Vom Beben ihres Busens und noch anhand anderem."

„Ich kann dir nicht widersprechen, Dionysos, aber das, was du von mir verlangst, kann ich nicht tun."

„Das glaube ich dir nicht, Françoise."

„Es ist einfach undenkbar. Das ist deine Fantasie, die aus mir ein irreales Konstrukt, ein perverses Trugbild kreiert."

„Undenkbar? In deinen Gedanken lässt du es doch längst ausreifen. Das Undenkbare denkst du doch schon in genau diesem Moment."

„Ich habe gedacht, dass es eine furchtbare Sache wäre. Und dann, wie könnte ich, wie du sagst ..."

„Sie verführen? Du bist eine schöne Frau. Mit Klasse. Du kannst mit Leichtigkeit in der Stimme, in deinen Bewegungen angedeutete erotische Botschaften aussenden, sowohl an Männer als auch an Frauen."

„Das sagst du leicht dahin. Ich habe noch nie intime Erfahrungen mit einer Frau gemacht."

„Dein Erscheinen in ihrem Gefängnis wird Balsam für ihre angespannten und seit einer Woche auf die Probe gestellten Sinne sein. Deine Liebkosungen, die Worte, die du ihr ins Ohr flüsterst, das Zittern, wenn sie deinen nackten Körper berührt, die sexuelle Erregung, die dein Mund auslöst, schüchtern provozierend und bald schmerzhaft beherrschend. Das wird nach einer Woche voll Anspannung, Angst, bodenloser Einsamkeit einen überraschenden Effekt haben, der ihr tief unter die Haut geht."

„Also ... ich soll sie verführen? Verführen, sagst du?"

„Und dann die finale erotische Phase, die Peitsche, die Schelte."

„Ah, Dionysos!"

„Sie wird deine Seele, dein Körper sein, Françoise."

„Nein. Nein. Nein!"

„Du wirst sie überzeugen, die Sklavin, die völlig passive Sklavin in der Schwarzen Messe zu sein."

„Ich fühle, dass ich dazu nie fähig sein werde ... Verstehst du das nicht?"

„Sie ist zu hundert Prozent Masochistin. Ich weiß es genau. Und für dich wird es ein leichtes Spiel sein, sie dahin zu bringen, dass sie sich völlig für unser Blutopfer hingibt. Und für dich, Françoise."

„Nein, Dionysos."

„Sanftheit und Peitsche. Deine Waffen der Verführung, deiner Herrschaft über sie. Eine wundervolle Sache. Erst wirst du liebevoll sein, dann derb, brutal sein müssen."

„Aber ich ... wirklich ..."

„Du musst ihr gefallen, mit deinem Intellekt und deinem Körper. Ihre Schwester und ihre Liebhaberin sein. Was du tust, muss dir selbst Lust bereiten. Beides: die Sanftheit und die Schläge. Die Qual der sexuellen Lust und die Qual des Schmerzes durch die Hiebe. Ein Schmerz, den sie mehr genießen wird als jenen, den vorher dein Mund hervorgerufen hat, Françoise. Sie selbst wird darum flehen, erst geküsst zu werden, dann: gekratzt zu werden. Und schließlich muss sie selbst es sein, die dich anfleht, dass du sie auserwählst und zum Steinaltar geleitest, Hand in Hand, wie eine Braut und wie eine Sklavin. Verstehst du jetzt alles?"

„Und dann soll ich sie auf diesen Altar bahren, obwohl ich weiß, dass sie geopfert ... und umgebracht wird?"

„Die letzte Phase, ihre Tötung, musst du ihr verschweigen. Alles wird seinen natürlichen Gang nehmen."

„Grauenhaft."

„Unsere Freude, unser aller Wollust. Und versteh mich recht: auch deine, Françoise. Denn an dem Punkt wirst du dich der Lust des Moments nicht mehr entziehen können. Du wirst dich verfluchen und zugleich diese Lust genießen, mit allen Fasern und mit Horror zusammen mit uns allen genießen."

„Aber das könnte ich mir nie, nie verzeihen. Diesen Umstand, diese Tat, für die es gar keine Bezeichnung gibt, so schrecklich ist sie!"

An der Stelle änderte Dionysos seinen Ton, sich zu ihr hinbeugend, als wolle er ihr etwas gestehen. „Um deine letzten bürgerlichen Skrupel zum Schweigen zu bringen, kannst du dir besonders vor Augen halten, dass dein Umgang mit ihr eine Linderung, Balsam ist, um ihren Schmerz zu erleichtern. Das Geringste aller Übel. Zum anderen: Wenn du nichts tun wirst, werden wir mit göttlicher Brutalität auf sie einwirken. Dein Handeln dagegen wird ein Akt der Liebe sein, sie wie eine Braut zum Altar zu führen, deine Braut für eine Nacht."

„Also ich soll ... Ich glaube, ich verstehe ...“

„Sie ein letztes Mal auf diesem Altar genießen, während wir eurem Akt mit unserem Stöhnen und gierigen Augen folgen.“

„Und ... und dann?“

„Du wirst sie auf dem Altar zurücklassen und sie unserer Vergewaltigung überlassen.“

„Mein Gott! Und der Polizist wird dort sein!“

„Das ist ein geistiger Genuss, der uns beiden vorbehalten sein wird, Françoise. Es wird eine geniale Lust sein, zu sehen, dass dieser hohe Polizeibeamte vor Scham sein Gesicht verbirgt, dessen Mannschaft zwei Frauen in völlig entgegengesetzten Richtungen sucht, die sich ineinander verschlungen auf einem Altar vor ihm befinden. Ein graziöses Detail pervertierter Moral, nicht?“

Sie antwortete nichts, weil sie buchstäblich nichts herausbrachte. Mit gesenktem Kopf spürte sie nur Dionysos' Blick auf sich ruhen. Da rang sie sich doch dazu durch, etwas zu sagen, obwohl sie nicht wusste, was sie sagen sollte.

„Ich bin ... und ich werde dazu nicht fähig sein.“ Sonst sagte sie nichts, überließ ihm, ihren Satz zu vollenden. Mit grausamer Freude würde er es bestimmt gern tun. „Du warst fähig, Masochistin zu sein, als ich die Pistole zwischen deinen Beinen entlanggleiten ließ. Heute Nacht wirst du fähig sein, dich in eine Domina zu verwandeln.“

„Nein.“

„Du bist für diese beiden Bestimmungen geboren, Françoise.“ Damit erhob sich Dionysos und wandte sich Richtung Aufzug. Sie hob ruckartig den Kopf, verstört. So konnte er sie doch nicht zurücklassen! „Wohin gehst du? Jetzt lässt du mich so allein?“

„Das ist notwendig. Meine Worte haben deinen Weg neu geebnet. Jetzt muss dein Geist ihn gehen, die Freuden der Nacht vorspüren und genießen. Ich bringe dir bald das Mittagessen. Du wirst mir erzählen, was du gedacht hast. Bis später, Françoise."

Sie wollte ihn aufhalten, mit ihm über eine Menge Dinge sprechen. Doch er hatte sich bereits abgewandt, bestieg den Lastenaufzug und drückte den Knopf. Die Türflügel schnellten zu. Der metallene Lärm des Aufzugs polterte in seine Paukenschläge und drang ihr tief in die Eingeweide.

Zehnter Akt

Allein. Wieder und all diesen schwindelerregenden Gedanken ausgeliefert. Einige Minuten verharrte sie mit Ihrem Blick unbeweglich auf die geschlossene Aufzugtür.

Allein! Allein, nachdem sie all das gehört hatte, Himmel! Was sollte sie tun? Es war unmöglich, sich das zu fragen, das zu beantworten. Schon allein ihre verbale Reaktion, jenes „Unmöglich", das er durchgängig als „möglich", sogar als „supertoll möglich" übersetzte. Langsam wandte sie sich um und ging zum Bett. Sie ordnete sich die durcheinandergeratenen Haare, versuchte sich mit dieser Bewegung vom Denken abzuhalten. War nicht das schon eine Sünde, eine Schande, sich zwingen zu müssen, nicht darüber nachzudenken?

Sie ging ins Bad, dem einzigen Ort, wo sie vielleicht entspannen konnte, öffnete den Wasserhahn über der Wanne, ließ warmes Wasser hineinlaufen und kippte die ganze Dose Badesalz hinein. Ganz langsam ließ sie den Seidenumhang von ihrem Körper gleiten und hatte vor sich die unzähligen Augen, die sie beobachten würden, wenn sie in der Schwarzen Messe ihren Umhang mit der Kapuze ablegen würde. Zum Glück war die Wanne bereits vollgelaufen und sie setzte einen Fuß ins warme Wasser, schloss die Augen und jener Gedanke verlor seine Form. Sie wusch sich nicht, sondern ließ sich mit geschlossenen Augen ins Wasser sinken. In dieser schwebenden Haltung in der milden Wärme verflüchtigten sich die Gedanken und ließen sie in nahezu süßer Trägheit dümpeln. Wie viel Zeit blieb ihr? Eine Stunde vielleicht. Es schien ihr, als wäre alles, als wären ihre Gedanken nicht so entsetzlich. Sicher, Dionysos hatte seine Karten mit eleganter Grausamkeit auf den Tisch gelegt, andererseits war all das aber auch unvermeidbar und sie durfte sich nicht so schuldig fühlen.

Eine Frau sollte sie verführen. Darin war sie völlig ohne Erfahrung. Sie war nie mit einer Frau im Bett gewesen, auch wenn während des Studiums auf einer Fete eine Kommilitonin ihr einen langen Zungenkuss gegeben hatte. Dazu war es gekommen, weil auf der Party zu wenige Männer waren und um nicht ohne dazustehen, hatte sie es vorgezogen mit einer Freundin zu tanzen. Erst zu einem wilden Rocksong, dann ein langsames Lied. So war es passiert. Und von dieser lieben Freundin geküsst und berührt zu werden, hatte ihr auch gefallen. Sie hatte nur deren Hände von ihrem Busen gezogen, was ihre Freundin aber nicht beleidigt hatte. Außerdem war an diesem Abend alle ziemlich betrunken. Auch sie.

Aber selbst eine andere Frau verführen ... (Dionysos hatte sie dazu gebracht, unbewusst zum ersten Mal darüber nachzudenken, dass sie eine derartige Faszination ausstrahlen könnte, um sogar eine Frau zu verführen, während sich ihre feminine Anziehungskraft der ersten Zeit für ihren Mann völlig verflüchtigt hatte.)

Zudem konnte sie sich an die Ausflucht der Menschlichkeit klammern. Ihr Handeln würde eine Linderung sein für jene schmerzgeplagte Unglückliche. Bis zum letzten Moment würde ihr der Tod versüßt werden. Sie sei, hatte Dionysos gesagt, bisexuell, wahrscheinlich mit einem stärkeren Hang zu Frauen als zu Männern. Der ganze Vorgang war wie eine prunkvolle Henkersmahlzeit, wie man sie früher den zum Tode Verurteilten eines bestimmten Standes gewährt hatte.

Welche Gedanken flößte dieses warme Bad ihr ein? Und alles andere? Diese finstere, schwarze Messe? War sie nicht, wenn auch nur ganz entfernt, sogar neugierig darauf? Allein das kribbelnde Gefühl der Gefahr, weil der Polizist anwesend war! Zum ersten Mal wurde ihr bewusst, dass Gefahr, die während des Aktes vorhanden war, phänomenal aphrodisierend wirken konnte. Das war ein Gedanke, von dem sie nie gedacht hätte, dass sie ihn haben könnte und der zugleich boshaft ihre Vorstellung von sexuellem Vergnügen verwandelte.

Dann war da die Vergewaltigung durch eine ganze Gruppe. Tja, die war ja nun der armen Todgeweihten vorbehalten. Doch sie versuchte, sich vor Augen zu führen, wie sie auf eine derartige Erfahrung reagiert hätte. Nun aber, von einer Sekunde auf die andere, entzog sich ihr diese fürchterlich abnorme, schreckliche Erfahrung – und dennoch ging sie ihr nicht aus dem Sinn. Und es war so schändlich, ihren Geist wieder darauf zu lenken, hier im warmen Wasser treibend, das allen Bildern die Schärfe nahm, den Schrecken abmilderte, das Grauen ...

Sie musste damit aufhören. Es war gefährlich, mit morbider Beharrlichkeit darauf herumzudenken. Sie erhob sich pflichtschuldig, stieg aus der Wanne und trocknete sich ab. Schließlich schlüpfte sie wieder in den Seidenmantel.

Doch inzwischen näherte sich bereits der Abend mit seinen Schatten. Wann würde Dionysos kommen und ihr das Essen bringen? Sie beschloss, dass sie sich unbedingt etwas schminken musste, um bereitzustehen ... nun ja ... weniger zerzaust eben.

Er erwartete sich schließlich eine stilvolle Frau, die sogar fähig war eine andere Frau zu verführen. Definitiv hatte sie noch keine Entscheidung getroffen, doch zweifellos erwartete er sich das. Dionysos duldete niemals Abweichungen von seinen Wünschen.

Doch er würde mit dem Abendessen kommen und ihre Entscheidung erwarten. Und das Abendessen war in dieser Lage sicher das letzte, über das sie grübeln sollte. Was würde sie ihm antworten? Sie entdeckte eine neue Kerze auf der Kommode. Dionysos musste sie dort hingelegt haben, ohne dass sie es bemerkt hatte.

Im weichen Licht der Kerze wirkten die Züge der Mansarde eingetrübt, ungewiss. Wie am ersten Abend in ihrem Gefängnis. Das stürzte sie in bodenlose Verzweiflung. Und nun? Alles war anders! Am ersten Tag hatte sie nichts gewusst und jetzt wusste sie alles, das war das größte Problem, so unbegreiflich, dass es eine komplette Wendung in ihrem psychischen Kampf, der in ihrem intimsten Inneren stattfand, bewirken konnte. Und das war das einzige Problem, denn ihr Mann würde nach der Nachricht vom Tod der anderen Unglückseligen zahlen und sie würde freikommen und diesen Raum für immer verlassen. Das bedeutete, dass dieses Problem damit eigentlich gelöst war. Doch das Problem war eigentlich ein anderes: Und zwar, dass sie vorher diese Nacht durchstehen musste, und auf welche Weise! Das war das Problem!

Würde sie gegenüber Dionysos einwilligen? Würde sie all das tun, was er verlangte? Sie wollte einfach nicht darüber nachdenken. Schon das war ein Verbrechen. An die Details zu denken, die sie durchführen würde müssen, war unbeschreiblich. Sie musste, ja konnte sie denn ablehnen? Vor allem, *wollte* sie das? Dionysos etwas abschlagen? Sie musste diese Gedanken unterdrücken, wegschieben, zumindest bis zum Morgengrauen. Aber im Grunde war das doch damit gleichzusetzen, dass sie auf diese Weise auch alle Skrupel beiseiteschob.

Die letzten Zweifel. Denn sie musste sich eingestehen, dass sie längst eine andere war. Sie war nicht mehr wie am ersten Tag, sie war nicht mehr wie vor der Entführung. Er nannte sie jetzt Françoise.

Sie überdachte wieder die Ausführungen von Dionysos: Françoise-Athénaïs, Marquise de Montespan. War sie wirklich so geworden? Wie sie?

Oder, nur um einen Augenblick lang alles aus einem anderen Blickwinkel zu betrachten: War es möglich, für eine einzige Nacht Françoise zu werden?

Eine Nacht und nie wieder. Gewiss, denn einmal zurück im normalen Leben würde sie niemandem und am wenigsten ihrem Mann eröffnen, was sie wirklich erlebt hatte. In der Mansarde und im Erdgeschoss während der Schwarzen Messe.

Schluss jetzt! Es waren zu viele Gedanken, und alle, jeder einzelne, waren beschämend. Gedanken voller ekelhafter, obszöner, perfider Details. Eine Pause, ein Stündchen Schlaf, eine

Yogasession, wie sie es früher nach dem Training gemacht hatte. Nein, nicht mehr möglich, und das wollte sie auch nicht.

Doch sie musste es versuchen. Sie beugte die Brust und neigte sich so zum Boden, wie früher, und nahm mit gefalteten Händen die Position einer Yogafigur ein. Doch nach kurzer Zeit gab sie auf. Ihre Nervosität war zu überbordend. Keine Chance, sich zu konzentrieren. Außerdem, das konnte sie nicht länger leugnen, zögerte sie, die Gefühle zu definieren, die sie seit dem letzten Gespräch mit Dionysos durchströmten. Sie rang jeden Widerstand in sich nieder, sie noch länger zu bekämpfen, denn sie wollte sie wieder und wieder empfinden, während sie so obsessiv darüber nachdachte. War sie wirklich dabei, die Marquise de Montespan zu werden? Albern, das war doch nichts als die Ausdünstungen unanständiger Gedanken, die mit Dionysos in ihren Kopf gelangt waren.

Sie erhob sich. Tat einige Schritte und kehrte zurück ins Bad, wo sie sich lange im Spiegel betrachtete. Da ... aber was war das? Sie war überrascht, in besonderer Weise überrascht, durch einen Lichtreflex im Spiegel ein winziges Ding zu entdecken, das ihr vorher nie aufgefallen war. Es befand sich neben dem Kerzenhalter, auf dem sie kurz zuvor die neue Kerze befestigt hatte. Wie konnte es sein, dass sie das nicht bemerkt hatte? Vielleicht, weil der Umschlag – es schien ein länglicher Briefumschlag zu sein – dieselbe Farbe wie die Kommode hatte, auf dem er lag.

Dionysos musste ihn zusammen mit der Kerze dorthin gelegt haben, als sie kurz nicht aufpasste.

Ein Brief für sie? Von Dionysos? Nein, das wäre allzu lächerlich. Dionysos sprach mit ihr, teilte mit seiner Stimme alles mit, was er wollte. Er hatte es nicht nötig, ihr zu schreiben. Und jetzt? Es konnte niemand anderes den Umschlag dort abgelegt haben und ganz sicher war er für sie gedacht.

Ein hellbrauner Umschlag, verschlossen. Sie nahm ihn in die Hand, wog ihn nachdenklich. Es stand nichts darauf, wie eine Adresse oder Ähnliches. Sie musste ihn mit dem Fingernagel öffnen.

Und zog eine hauchzarte, lilafarbene Maske aus Seide hervor. Eine Maske! Für sie? Ohne Bänder. Doch als sie sie berührte, merkte sie, dass sie sie problemlos am Gesicht anbringen konnte, denn die Rückseite war mit einem Klebstoff behaftet.

Sie war schockiert. Diese Maske sagte nichts. In dem Umschlag befand sich ansonsten keine Nachricht, keine Erklärung. Doch zugleich übertrug dieses Ding unzählige Informationen. Es sagte ihr alles. Sie ging zurück ins Bad, stellte sich vor den Spiegel und befestigte die Maske an ihrem Gesicht. Lange betrachtete und bewunderte sie sich. Niemand würde sie damit erkennen, nicht einmal ihr Mann, vor allem nicht umhüllt von einem Umhang und verborgen unter einer Kapuze. Was für ein Gefühl, im Spiegel das eigene maskierte Gesicht zu betrachten. Es war nicht vergleichbar mit einer Faschingsparty. Es war etwas völlig anderes. Ein seltsames, extrem seltsames Gefühl. Sie musste sie abnehmen. Es gelang ihr nur mit Mühe, denn der Haftstoff grub sich in jede Pore ihrer Haut.

Sie wandte sich ab, holte den kleinen Kerzenhalter und platzierte ihn neben dem Spiegel.

Ausgiebig betrachtete sie sich mit ihren Haaren, die von ihren Bemühungen, die Maske loszuwerden, etwas zerzaust waren, und den vom Klebstoff leicht geröteten Wangen genauer: Sie beobachtete bei Kerzenlicht ihre Lippen, wie sie murmelten: Françoise-Athénaïs, Marquise de Montespan. Nach einer Minute des Nachdenkens musste sie schnell die Schublade des Badschranks öffnen und die Maske darin verbergen. Das war alles zu ergreifend. Zeit, aufzuhören. Das war alles unlogisch, verrückt.

Stattdessen ging sie zum Bett, von einer Versuchung, das heißt nicht ganz, von einem Ansatz eines fast harmlosen Gedankens geleitet.

Sie nahm die Peitsche in die Hand. Zum ersten Mal betrachtete sie jede kleinste Faser, mit Akribie und fasziniert. Mit einem Finger fuhr sie über die längliche Gestalt des harten Leders, vielleicht Nilpferdleder. Sie hielt an der Spitze inne und umfasste sie mit der Handfläche. Sie war biegsam, doch aus zähem, hartem Material. Das war der Teil der Geißel, mit dem sie den Körper des Opfers malträtieren würde. Ihres Opfers? Was fiel ihr nur ein!

Dann strich sie am Griff entlang, fühlte seine massive Beschaffenheit, aber auch wie leicht er in der Hand lang. Die Peitsche, die Dionysos ihr geschenkt hatte …

Sie ertappte sich dabei, wie sie sie beroch und verdrängte die Versuchung, an ihr zu lecken. Sie warf sie von sich, aufs Bett, und kehrte ihr den Rücken zu. Nervös. Zu nervös. Was sollte sie tun? Sie legte sich bäuchlings aufs Bett, doch spürte die Härte des Gegenstands auf ihrem Bauch – sie hatte sich ohne nachzudenken darauf gelegt.

Sie zog es weg, doch musste es noch einmal anfassen und verrücken, weil der Griff sich zwischen ihre Knie presste. Ach … Der Lauf von Dionysos' Pistole kam ihr in den Sinn, wie er sie aufgewühlt hatte. Nie vorher so gefühlt! Nun fühlte sie mit ihrem Knie den harten Peitschengriff, weil sie ohne es zu wollen, ihn zwischen ihre Schenkel geschoben hatte. Es war doch unmöglich, dass sie solche Reize in der tragischsten Situation ihres Lebens spürte!

Unverantwortlich!

Wieder musste sie das Ding verschieben, legte es sich auf die Brüste.

So blieb sie lange, die Augen geschlossen und überraschenderweise ohne von schicksalshaften Gedanken überfallen zu werden. Ausgestreckt auf dem Bett, die Peitsche fest gegen den Busen gepresst.

Schließlich musste sie aufstehen, wenn auch langsam und immer noch mit der Peitsche in der Hand. Hielt wieder gedankenvoll inne und machte sich – langsam – wieder auf ins Bad, um den Umschlag mit der Maske zu holen. Sie setzte sie aufs Gesicht und betrachtete sich flüchtig im Spiegel. Der feine Stoff verband sich mit ihrem Gesicht, als wäre er eine natürliche Ausprägung ihrer Haut. Als wäre ihr wahres Gesicht dieses. Das von Françoise, der Marquise de Montespan.

Bewusst langsam, jeden Impuls dorthin zu eilen unterdrückend, trat sie in strenger Haltung zum Bett. Mit dem Griff der

Peitsche manövrierte sie elegant das Kissen in die Position, in der sie es haben wollte. Sie betrachtete es einen Moment lang und glaubte zu fühlen, wie ihre Wangen sich unter einer ungewohnten Härte ihres Gesichts anspannten. Da gab sie dem Kissen zwei, drei, dann vier, fünf, sechs wütende Peitschenhiebe, schloss mit einem scharfen Zischen, das ihren Lippen entkam.

Bewegungslos. Sie stand reglos mit geschlossenen Augen für ungezählte Minuten. Immer noch hatte sie die Peitsche in den Händen. Und als sie sie öffnete, merkte sie, dass ihre Brustwarzen hart geworden waren. An eine solche angenehme Erregung konnte Sie sich nicht erinnern. Ihr Mann hatte sie immer als schöne, frigide Frau bezeichnet. Und tobte sich, das wusste sie aus verschiedenen Quellen, mit seinen diversen Sekretärinnen aus. Eine nach der anderen, denn er wechselte sie häufig. Vielleicht deswegen. Aber die Untreue ihres Mannes war sicher nicht das Thema, mit dem sie sich nun beschäftigen wollte. Im Moment war ihr Geist in einem ganz anderen Durcheinander gefangen. Und endlich gelang es ihr einige kleine Bewegungen in Gang zu bringen, auf die sie stolz sein konnte. Sie kniete auf den Teppich und kauerte sich zu einer Yogaübung nieder. Endlich.

Sie musste wieder aufstehen und einen anderen Platz für sich finden. Denn hier hatte sie sich genau vor der großen Wandmalerei einer pompejanischen Erotikszene niedergelassen. Sie versuchte, alle Gedanken zu verscheuchen und nichts zu fühlen als ihren Atem in jeder Yogafigur, die ihr zu Hause immer perfekt gelungen war.

Hier schaffte sie sie nur mit Mühe und zu ihrem großen Jammer verspürte sie kurz darauf das dringende Bedürfnis, sie zu ändern und musste aufhören. Sie fühlte sich lächerlich, sie fühlte, dass sie eine andere war. Sie war nicht sie selbst, aber war auch nicht – oder noch nicht – Françoise.

Als sich die Aufzugtüren öffneten, entstieg Dionysos dem Gefährt mit einem elastischen Schwung. Er schien überrascht, sie nicht sofort zu erblicken, denn die Schatten des nahenden Abends verwandelten das Licht in der Mansarde in ein Vorspiel der Nacht. Er wurde gewahr, dass die einzige Lichtquelle aus dem Bad kam. Dort war die Kerze abgestellt worden, weshalb ihr Licht nicht direkt und gedämpft in die Mitte des Zimmers reichte. Sie war bis auf einen Stummel heruntergebrannt.

Dann sah er sie. Sie saß im Schneidersitz mitten im Zimmer, unbeweglich. Die Augen halbgeschlossen. Ihr Seidenumhang bildete auf dem Boden eine kleine, nebulöse Erhebung. Sie wirkte in diesem Halbschatten wie eine Statue aus Marmor, nackt und zart. Dionysos sagte nichts, doch um sich ihr gegenüber setzen zu können, musste er den Sessel drehen. Davor hatte er das Tablett, dessen Inhalt mit einer Serviette bedeckt war, auf der Kommode abgestellt. Still beobachtete er sie. Als er sprach, begann er langsam und ließ die Silben eine nach der anderen fließen, sodass der Satz in der Stille fast greifbar wurde. „Kann ich deine Meditation unterbrechen?"

Sie antwortete nicht. Nach einer Pause fuhr er fort. „Ich weiß, dass du unbedingt mit mir sprechen willst. Oder nicht?"

„Denkst du, dass es nötig ist?", fragte sie leise und bewegte die Lippen ohne ihren Kopf zu rühren.

„Im Prinzip nicht. Denn du weißt noch nicht alles, aber errätst es. Du hast dir wirklich alles unumkehrbar vorgestellt. Alles bis ins Letzte, nicht wahr, Françoise?"

Sie vermied es zu antworten und bewegte sich keinen Millimeter.

„Also?", fragte er und schien zum ersten Mal ungeduldig zu sein.

„Du wirst mir alles bestätigen, was ich mir vorgestellt habe."

„Du weißt es wirklich?"

„Ich weiß es und fürchte mich davor. Als du aus diesem Aufzug gestiegen bist, habe ich verstanden, dass du mit einer neuen Planänderung kommst. Der letzten. Ich weiß es und mir graut es. Aber nicht mal das ist ganz wahr: Mir graut es und ich habe den Wunsch, es zu erfahren, mit Grauen das zu kosten, was du mir enthüllen wirst, Dionysos."

„Also nicht nur Schrecken. Eine ungebremste Neugierde, zu erfahren, die Bestätigung zu erhalten, dass deine Gedanken mit meinen übereinstimmen, nicht wahr? Du musst mir nicht antworten. Ich sehe, dass es so ist."

„Ich habe die instinktive, nun sichere Bestätigung, dass du jedes Mal, wenn du heraufkommst, eine neue, obszöne Wendung für die letzte Zeit meines Aufenthaltes in dieser verfluchten Mansarde hast. Daran habe ich keinen Zweifel mehr, Dionysos. Ich weiß nur nicht, wie du mich auf den Boden des Abgrundes prallen lässt, ich erkenne noch nicht genau, wie verquer deine Idee sein wird. Zumindest nicht ganz, nicht alles in seinem grauenhaften Ganzen. Aber du bist ja dabei, es mir zu sagen. Du bist hier heraufgekommen, damit du es mir sagen kannst. Das wissen wir beide."

„Aber ich muss nicht. Das hast du verstanden. Ich würde deine Intelligenz, deine feine Empfindsamkeit beleidigen, die nun so verquer ist wie meine, wie du dir selbst eingestehst."

„Sag es mir. Sag's mir. Ich will es hören", sagte sie und wandte ihm diesmal den Kopf zu, die Augen jedoch geschlossen.

„Die Frau, die unten gefangen ist …", er schien unentschlossen, ob er fortfahren sollte.

„Die Frau hier unten also", sagte sie leise.

„Du musst sie verführen, Besitz von ihrer Seele und ihren Sinnen ergreifen und sie dann auf den Altar bringen. Mit hocherotischen Spielen und mit der Peitsche, die Teil eurer Liebe sein wird."

„Weiß ich. Weiß ich genau. Aber das war schon Teil der Phase vorher, als du das letzte Mal zu mir heraufgekommen bist." Eine Pause entstand. Als ob keiner der beiden fortfahren wollte.

„Du schämst dich noch immer. Weniger als vorher, doch trotz eines immer größeren Wunsches und weniger Scham. Du weißt, dass du es genießen wirst, vor allem mit der Peitsche."

Sie antwortete nicht, änderte nur ihre Pose, verließ die Strenge der Yoga-Figur. Dionysos wiederholte: „Du wirst es genießen. Sehr. So, dass du dich vor Genuss winden möchtest."

„Das ist ein verrückter Einfall. Ich könnte es genießen, stimmt, das leugne ich nicht mehr, aber nur, wenn ich ganz wie du geworden wäre."

Seine Maske schien die Lippen zu krümmen, sodass man ein Grinsen erahnen konnte. „Du bist nicht wie ich. Du hast mich gerade übertroffen. Ich habe dafür Jahre gebraucht. Du nicht mal eine Stunde. Du bist wahrlich Françoise. Du bist die wahre Marquise de Montespan."

„Das ist nicht wahr. Das ist überhaupt nicht wahr, es ist nur, dass ..."

„Du wirst es sogar ganz unbekümmert vor allen verbergen können, wenn du freigekommen bist. Nur nicht vor dir selbst."

„Ja, das ist zum Teil leider wahr."

Er schüttelte den Kopf.

„Ich habe mir kein so schlagartiges Eingeständnis erwartet. Du überraschst mich. Aufs Angenehmste, muss ich sagen. Du bist auf dem richtigen Weg, ganz perfekt zu werden, Françoise."

„Ich habe heute Nachmittag niemanden außer mir selbst überrascht, als ich meditiert habe, während du nicht da warst. Du dagegen warst am ersten Tag überrascht. Beim ersten Löffel in meinem Mund."

„Es war wunderbar."

„Ich weiß. Und die Pistole war nur die logische Konsequenz."

„Die Pistole. Es war wunderbar, quälend schön, sie dir zwischen die Beine zu legen."

„Ja."

„Ich habe gemerkt, wie enttäuscht du warst, trotz deiner Scham, so enttäuscht, als ich sie entfernt habe."

„Ich hätte schreien können, aber ich habe es nicht geschafft. Ein befreiender Schrei, Himmel. Aber es ist mir nicht gelungen, ihn zu formen."

„Das wusste ich. Auch dein unterdrückter Schrei, dieses Verharren in Stille, als du auf den zweiten Löffel zwischen deinen Lippen gewartet hast ... auch das war köstlich. Du wirst nie verstehen, wie sehr."

Sie senkte den Kopf. Eine Pause entstand. Sie war völlig unbewegt, während er sich zum ersten Mal erregt bewegte. Wegen seiner Ledermaske über dem Gesicht konnte sie ihm seine Gefühlsregung nur an den kurzen, nervösen Zuckungen seiner

Finger auf den Armlehnen erraten. Also fühlte auch er, wie er dominiert wurde.

„Das glühende Grilleisen, das unter der Kohle und unter der Asche versteckt ist“, sagte er schließlich. „Das ist dein Fall, Françoise.“

Ihre Stille schien ihn zu irritieren. Er zeigte eine Regung der Enttäuschung, als er einsehen musste, dass er keine Antwort auf seine Beobachtung erhalten würde. Kaum hörbar trommelte er mit den Fingern auf der Sessellehne und rückte auch die Maske zurecht, indem er sich über der Nase zusammenzwickte. „Und jetzt erwartest du, dass ich dich über die letzte Phase der Schwarzen Messe aufkläre. Deine erste und sicher auch deine letzte Messe. Zumindest so, wie du mutmaßt, wie sich höchstwahrscheinlich das Finale würdig abspielen muss. Nicht wahr?“

Sie erhob sich vom Boden, streifte sich den Seidenumhang über und setzte sich aufs Bett ihm gegenüber, wobei sie die Hände faltete und das Kinn darauf abstützte. „Ich habe einige Fantasien gehabt, nachdem du mich verlassen hast. Um sie nicht zu haben beziehungsweise nicht allein, habe ich dich gebeten, mich nicht zu verlassen, mich mit dir hinunterzubringen.“

„Das war noch nicht möglich. Es war zu früh.“

„Also, nach deinem Abgang hatte ich diese Fantasien.“

„Welche?“

„Obszöne, aufwühlende.“

„Ich möchte sie hören.“

„Wie du sagtest: Ich würde deine Intelligenz beleidigen, würde ich sie dir ausmalen.“

„Ich wusste, dass du versuchen würdest, dir alles vorzustellen.“

„Nun aber möchte ich sie bestätigt wissen. Ich könnte nicht weiterleben, ohne eine Bestätigung. Eine Bestätigung, dass es dieselben sind, die auch deinen Geist aufwühlen.“

„Dieselben, Françoise.“

„Ich will alles aus deinem Mund hören, Dionysos.“

„Warum?“

„Ich muss wissen, ob es eine flüchtige Droge ist, stark aber endlich, die du mir in die Venen geflößt hast. Eine Droge, die bis zum Moment meiner Befreiung wirksam sein wird. Bis morgen, oder ob es ein düsteres Übel ist, das ich nicht ahnen konnte und das mich nie loslassen wird."

„Dein herrlicher, mächtiger, nicht zu unterbindender Makel. Wenn es so wäre?"

„Das will ich nicht glauben. Daran will ich nicht denken."

„Du hast es getan, als ich nicht hier war."

„Und bestätigst du es mir?"

„Warum? Die Bestätigung wird von dir selbst kommen. Heute Nacht."

„Heute Nacht wird schrecklich für mich."

„Es ist das, wofür du vorbestimmt bist und was du ersehnst. Jetzt verstehst du, dass es ein Weg ohne Umkehr ist. Wie du es sagst: bis morgen. Dann nie wieder so intensiv wie heute. Das bürgerliche Leben wird aufs Neue deine Sinne dämpfen und die schreckliche Schönheit einer Nacht wird nichts sein als ein entfernter Traum, eine ferne Erinnerung. Du wirst dich sogar zwingen zu denken, dass alles niemals existiert hat, dass du es nie erlebt hast. Ein Traum."

„Heute Nacht wird dieser Traum real sein … oder sollte ich aus bürgerlichem Anstand nicht eher sagen: Albtraum."

„Ja, und du genießt ihn bereits jetzt."

Sie fuhr sich mit der Hand übers Haar, als wolle sie einen penetranten Gedanken verdrängen. Nun schien sie so nervös zu sein wie er. „Dionysos, du hast mich bis hierhergebracht. Wenn du nur wolltest, könntest du mich festhalten, ablenken, mich hier mich selbst zerfressen lassen, morgen oder übermorgen das Geld einsacken und mich für immer gehen lassen. Das könntest du, oder nicht?"

Er schüttelte den Kopf und hob die Hand, um sie von weiteren Reden abzuhalten. „Wenn ich es täte, würdest du es mir morgen oder übermorgen, wenn du frei bist, nicht verzeihen. Du würdest meine Tat als infame Schwäche verachten. Denn du bist davon angesogen und du willst es."

Sie erhob sich, ging einige Male auf und ab und kehrte gedankenvoll zum Bett zurück. „Sag es mir, sag es mir Dionysos."

Ihre Stimme erschien ihr selbst flehend, doch anders als vor einigen Stunden, beklagte sie sich nicht darüber. Sie wiederholte: „Sag es mir. Was muss ich unten noch tun?"

„Was du tun musst? Was du tun *willst*?"

„Ja."

„Das, was du gedacht hast, kurz bevor ich heraufgekommen bin, Françoise. Du weißt genau, was du gedacht hast."

„Ich musste dir beiwohnen, als du mich zur Aufgabe meiner Moral verflucht hast, ich habe deinen Willen befolgt, diese Frau mit Zartheit zu verführen und auch zu züchtigen, mit Verachtung auszupeitschen, sie zum Altar zu führen und dem Henker zu übergeben. Und dann?"

„Dann musst du das Werk vollenden. Das weißt du genau."

„Was! Was?"

„Auf diesem niedrigen Altar aus Stein, mit Affodillen übersäht ..."

„Affodillen?"

„Für die alten Hellenen waren sie die würdevoll schönen Blumen des Todes. Am Ende musst du sie mit deinen Händen strangulieren, auf diesem von Blumen bedeckten Altar, Françoise. Für dich, für uns. Und an das hast du gedacht."

Sie schrie heiser auf, doch hatte keine Kraft, irgendetwas zu formulieren. Außerdem schwieg auch er. „Nicht gleich reden", sagte er schließlich sanft. „Warte noch einen Moment. Noch nicht, Françoise."

Langsam erhob sie sich vom Bett, ging zur Kommode, wo eine Kerze flackerte und blies sie aus. Es war dunkel. Die andere Kerze im Bad war längst zu einem schwächlichen Stummel geschrumpft und in einem schwächlichen Aufglimmen erloschen. Nach einer guten Minute, in der das Mondlicht durch das Dachfenster die Umrisse der Mansarde sichtbar machte, wurde er sich bewusst, dass sie in seinem Rücken stand.

„Es ist weniger schrecklich, mit dir zu reden, wenn ich nicht in deine Augen hinter der Maske sehen muss, Dionysos."

„Weil es ist, als sprächst du mit dir selbst. Du bist großartig, Françoise. Du verhältst dich würdevoll. Heute Nacht wirst du der ideale Großmeister sein. Alle Adepten werden dich mit großem Respekt bewundern! Du bist dafür geboren. Besser: In dieser Mansarde bist du wiedergeboren. Und nun weißt du, dass du es tun musst, ohne weitere lächerliche Zaudereien."

„Unmöglich."

„Danke, dass du es noch einmal gesagt hast. Ich bewundere deine,Unmöglich'. Ich labe mich an den Silben, die aus deinem Mund kommen, als kämen sie zugleich aus der Seele und der Vagina. Wenn du dieses Wort aussprichst, kann ich aus den Silben, aus der Modulation deiner Stimme alle so ausweichenden und dennoch tiefgründigen Färbungen erlesen. Du schenkst dich selbst deinem Gesprächspartner, wenn du,unmöglich' sagst. Du machst ihm jede deiner intimen Vibrationen deiner Aufgewühltheit deutlich und die explizite Ankündigung, bedingungslos deine Seele und deine Beine zu öffnen."

„Nein, nicht ..."

„Sag es mir noch mal, Françoise. Sag mir noch mal, dass es unmöglich ist, aber dass du dich im Gegenteil trotzdem anbietest."

„Nein, nein ... vielleicht nein oder vielleicht ja ..."

„Und dass du diese unverhoffte Zweideutigkeit schmerzlich genießt."

„Nein, nein. Alles, was du willst, alles Abartige, was ich mit ihr in dieser Schwarzen Messe mit ihr anstellen muss, aber nicht das. Ich kann sie nicht umbringen. Ich kann sie nicht umbringen!"

„Du meinst, ihre alberne Existenz. Eines Tages wird sie sterben müssen. Also schaffen wir ihr statt eines fernen, aber sicher kommenden Tages eine Nacht voller Leidenschaft."

„Nein, Dionysos."

„Du willst sagen, dass du nur deshalb nicht willst, weil dir jetzt der Mut fehlt. Er wird zu dir kommen, Françoise."

„Ich will sagen: Sie auf diesem Altar umzubringen, nachdem ihr alle sie vergewaltigt habt. Sie zu töten ist zuviel."

„Du meinst, das abzukürzen, was sich für sie selbst monoton anfühlt: Die sterile Existenz zu Hause, ein eintöniges Leben, wie das der Karpfen in einem Teich. Alle Lebewesen müssen sterben, die Menschen wie die Tiere und Pflanzen. Das ist nur eine

Frage der Zeit, des Lebensrhythmus. Diese Zeit in jenem Weibchen unten in einer feierlichen Zeremonie zu verkürzen, wird für uns alle eine Stunde des wunderbaren Rausches sein. Was dir im Moment wie eine Übertretung vorkommt, war es nicht für die Phönizier, die Germanen, und auch nicht für die Maya. Sie opferten ihrem Gott, wir opfern unserem Racheengel: Satan. Du selbst wirst berauschter sein, als wir alle zusammen."

„Aber es wäre doch auch für dich gefährlich. Du hast gesagt, dass der Polizist dabei ist."

„Aber hallo! Seine geheime Passion."

„Aber er wird merken, dass es nicht fingiert ist, dass es Mord ist, eine fürchterliche Strangulierung, langsam und qualvoll. Wenn ein Polizist wie er Erfahrung mit Mordtaten hat, wird ihm die grausame Realität des Rituals nicht entgehen. Er würde es unterbinden und die Zentrale anrufen."

„Nur allzu richtig. Du hast Recht: Er wird es merken, er wird sich dessen bewusst sein wie wir alle. Das ist unser Ass, das wir im Ärmel haben."

„Ich verstehe dich nicht."

„Als Experte würde er erkennen, dass du sie erwürgst, dass es kein Spiel ist, dass deine Hände ihren weichen Hals mit tödlicher Energie und mit zuckender und geiler Wollust zusammenpressen."

„Er würde es also merken!"

„Aber er ist ein Adept, voller Leidenschaft für den satanischen Kult. Aber auch, wenn er dachte, einem finsteren Ritual beizuwohnen, das letztendlich jedoch eine symbolische Illusion ist, wird er in einem Moment erkennen, dass er der freiwillige Teilnehmer eines tödlichen Rituals ist. Ihm wird bewusst sein, dass er sein Geheimnis unbedingt für sich behalten muss, denn sonst würde seine Karriere sofort beendet sein und er selbst ein Beschuldigter. Er wird vorgeben müssen, nichts zu bemerken. Das, was am meisten zählt, wird sein, was er am nächsten Tag macht. Dass er die Ermittlungen in eine andere Richtung weit weg von hier lenkt. Ein Meisterwerk, findest du nicht?"

„Mein Gott, Dionysos. Du bist ... Aber nein, kein Verbrechen. Nein!"

„Es ist kein Verbrechen. Es ist eine göttliche Zeremonie. Und als solche kann sie nicht nach dem Maßstab der Gesellschaft bemessen werden, der du angehört hast."

„Ich bin ... ich kann nicht mehr denken!"

„Weil du davon verzaubert bist, Françoise!"

„Ich bin schockiert davon ... ich bin ..."

„Was du tun wirst, ist ein Akt, der jenen der antiken Priesterinnen gleicht, die den Göttern der Unterwelt das Blut der Opfer darboten. Das Volk kniete davor nieder, ehrerbietig und begeistert von diesem heiligen Feuer. So wie wir es bis zum Morgengrauen tun werden: zu deinen Füßen auf die Knie fallen. Du bist eine Göttin geworden und wir werden dich anbeten."

„Red nicht davon, ich bitte dich, Dionysos."

„Heute Nacht, wenn du dich dem Altar näherst, wird es dir spontan kommen, diese unvergessliche Vergangenheit heraufzubeschwören und sie mit uns wieder durchleben zu wollen."

„Ich fühle mich ..."

„Die Adelung deines Schoßes, das Feuer, das uns erhitzen wird ..."

„Nein ..."

„Ein schmerzhafter Reigen an überirdischen Empfindungen ... nun verstehst du, dass du nicht länger passive Statistin in dieser Messe sein kannst. Du willst eine Teilnehmerin sein, du willst sie anleiten, du willst von ihr durchdrungen werden, ihre Seele sein, Françoise. Du weißt, dass es so ist."

„Nein. Ich habe immer noch die Kraft, dir Nein zu sagen!"

„Aber du hast den Wunsch, Ja zu sagen!"

„Ich bin nicht fähig, dir die Stirn zu bieten. Lass mich gehen. Du hast gesagt, dass mein Mann zahlen wird. Nimm das Geld und lass mich gehen."

„Tu es für uns, Françoise. Tu es für dich."

„Unmöglich."

„Die andere Françoise, die Marquise de Montespan, die diese heiligen Orgien in Paris anleitete, wird dir erscheinen und dich leiten, heute Nacht. Sie wird bei dir sein. Es wird sein, als wärst du sie. Und sie du."

Plötzlich unterbrach sich Dionysos, vielleicht um eine letzte Reaktion zu provozieren. Doch sie schwieg. So verharrten sie still, sie hinter ihm stehend, im Dunkel. „Dein Schweigen erfüllt mich mit Freude, Françoise", sagte er nach einer langen Pause. „Ich würde mich am liebsten aus diesem Sessel erheben und dir die Füße küssen. Aber ich bleibe sitzen und rühre mich nicht, um die flüchtige Reinheit dieses Moments nicht zu zerstören. Du bist meine Priesterin. Ich habe immer von einer Frau wie dir geträumt. Nein, ich bitte dich, sag jetzt noch nichts." Sie verharrte im Schweigen, stand hinter ihm, während er im Sessel sitzen blieb. Und er fuhr fort, sanft, mit leiser Stimme: „Denk an die Orgie, obszön, ungebremst. Und danach, gleich danach, wenn du dich dem Altar näherst, langsam die beiden Stufen hinaufsteigst, um zu ihr zu gelangen und sie mit deinem Körper überragen wirst, als würdest du eine Haut sündiger Wollust besteigen. Deine Hände werden ihren Hals umschließen, immer fester, mit immer zerstörerischer Kraft. Jede ihrer Zuckungen wirst du genießen und unsere Gesänge werden dich tragen. Deine Haare fallen auf dein und auf ihr Gesicht, bis zum letzten Atemzug im Todeskampf. Und unsere Seufzer schockierter, aufgewühlter Bewunderung. Wie wunderschön!"

Sie atmete nicht. „Wunderschön", wiederholte er fast flüsternd. Dann schwieg er. Und zündete eine neue Kerze an. Setzte sich wieder.

Doch nach ein paar Minuten erhob er sich erneut, vermied es, sie anzusehen. Und sie vermied es, sich zu ihm hinzudrehen. Sie wirkte wie eine Statue aus Marmor in diesem ungewissen und zitternden Licht der Kerze. Als er beim Aufzug war, sprach er in die Richtung der Tür: „Du sagst nichts mehr, Françoise. Deine unzähligen ‚Unmöglich' haben sich nun erschöpft. Du hast kein Wort mehr, das du mir entgegensetzen kannst."

„Ich habe keine Worte mehr."

„Unsere Verbindung ist eine stumme, doch nicht weniger mächtige. Du hast keine miserablen, bürgerlichen Ausflüchte mehr."

„Ich habe keine Tränen mehr."

„Du hast deinen früheren Namen nicht mehr."

„Das ist wahr. Schrecklich wahr."

„Du kannst dir nicht ausmalen, wie sehr mich das freut."

„Das ist wahr. Ich habe keinen Namen mehr. Ich werde unrein sein, eine Mörderin."

„Du wirst eine Priesterin sein. Heilig."

Dionysos drückte den Knopf, um das Türchen zu öffnen, das sich nach seiner Ankunft automatisch geschlossen hatte. Zum ersten Mal wandte sie sich da um, schien erschrocken. „Wo gehst du hin? Nimmst du mich nicht mit?"

„Nicht sofort."

„Aber ich kann hier nicht allein bleiben. Nicht mehr! Meine Gedanken quälen mich. Nimm mich mit, Dionysos."

„Du wirst nur wenige Minuten allein sein."

„Lass mich nicht allein. Es ist zu gefährlich, allein zu denken. Und auch diese vage Vorahnung, dass, wenn du zurückkommst, alles wieder anders sein wird, beunruhigenderweise anders als vorher ... Vielleicht noch eine Stufe weiter hinunter."

„Ich komme sehr bald zurück und bringe dich zu ihr. Und wenn du sie gewonnen hast, wenn du ihr Vertrauen hast und sie mit sinnlichen Liebkosungen verführt hast, mit erotischer Zartheit, zu der du dich zum ersten Mal fähig fühlen wirst, dann und nur dann werde ich euch beide ins Erdgeschoss bringen, um euch auf die Schwarze Messe vorzubereiten."

„Aber ich halte es nicht aus, hier allein auf dich zu warten. Ich flehe dich an, Dionysos, nimm mich mit!"

„Ich bringe dich gleich zu ihr. Aber jetzt musst du allein bleiben. Du musst, Françoise." Mit diesen Worte drehte sich Dionysos um, tat zwei Schritte zur Kommode, wo er vorher das Tablett mit dem kleinen Tuch abgestellt hatte. Er zupfte die Ränder zurecht, wie um den Inhalt besser vor neugierigen Blicken zu schützen. Er betrachtete sie aufmerksam und auf gewisse Weise verstohlen. Dann deutete er darauf und sagte mit veränderter Stimme: „Ich lasse das Tablett hier. Rühr es nicht an. Denk nicht dran, das Tuch wegzuziehen und nachzusehen, was darunter ist! Das darfst du nicht tun! Es ist sehr wichtig für dich, es nicht zu erfahren. Das ist ein Befehl, Françoise! Der einzige, den du in diesen Tagen von mir empfängst." Sie schien daraufhin mehr aufgewühlt als neugierig.

„Wenn du es so willst, werde ich es nicht tun", sagte sie. „Aber warum? Was ist darunter? Eine Waffe? Eine Waffe, um …?"

„Nein, keine Waffen. Du musst sie mit bloßen Händen strangulieren. Keine Spuren …"

„Also …"

„Du darfst nicht wissen, was auf dem Tablett ist. Noch nicht … Nicht anfassen."

„Ich berühre es nicht."

„Ich komme gleich zurück. Nun brechen die letzten Stunden unserer Beziehung an. Danach kehrst du nach Hause zurück."

„Und die Zeremonie?", fragte sie und bereute nicht ihr Verlangen, es noch einmal zu erfahren und sagen zu hören.

„Mitternacht. Deine Schwarze Messe."

„Das heißt, ich habe wenig Zeit, um … Sehr wenig Zeit!"

„Für deine Braut? Nein. Sie ist voller Zweifel, sie quält sich und ist aufgelöst. Eine leichte Beute für eine wie dich, Françoise. So wie du geworden bist, so wie du dir selbst zeigen wirst, was du noch werden kannst."

„Ich weiß. Du hast es mir gesagt. Du hast mir das Herz mit deinen Bekanntmachungen gefoltert, du hast es aus meiner Brust gerissen, Dionysos. Aber nimm mich mit. Ich halte es nicht aus, noch allein zu bleiben."

„Du musst allein bleiben. Bis gleich. In zehn Minuten vielleicht. Das Tablett ist tabu!"

„Wenn du es wünschst, rühre ich es nicht an", antwortete sie mit gesenktem Blick. „Ich werde es nicht anfassen, wenn es für dich wichtig ist."

„Es ist wichtig. Das hast du verstanden."

„Bis gleich, Dionysos. Aber beeil dich!"

Elfter Akt

Schon wieder und noch einmal allein. Es war nicht mehr möglich, hier allein zu bleiben, Gefangene von Gedanken, Versuchungen, Klagen. Sie ging ins Bad und kam wieder heraus, um die lilafarbene Maske zu suchen. Sie setzte sie auf und funktionierte ein großes Badetuch zur Kapuze um: nicht wiederzuerkennen.

Und mit einer richtigen Kapuze, die Dionysos mit Sicherheit unten für sie bereit hielt, würde es noch besser sein. Mit einem langen, schwarzen Umhang, unter einer Kapuze, die Maske über dem Gesicht, durch die wie bei Dionysos nur der obere Teil verdeckt war, knalliges Rot auf den Lippen, war sie eine völlig andere Person, nicht mehr sie selbst, sondern Françoise.

Sie war jene Person, von der man sich Schlag Mitternacht mit Inbrunst den Beginn eines äußerst besonderen und gefürchteten Rituals erwartete, von dem man sonst nur flüsternd sprach.

Sie würde die unnachgiebige Königin sein. Musste es sein. Durch jedes ihrer Kommandos würden die Adepten (eingeschlossen der Polizist) unnennbare Verderbtheit empfangen. Ja, sie würden gehorchen müssen, blind allen ihren bizarren, sexuellen Eingebungen Folge leisten müssen. Den energiegeladenen Kommandos einer Herrin würde niemand etwas entgegensetzen, niemand würde eine langsame Exekution verweigern. Bis hin zum Opfer, mit verrückter Akribie von ihr selbst durchgeführt, von einem leisen Chor umjubelt, im Klang der Bewunderung vieler Kapuzenträger, versammelt rund um den Altar, um dem Wunder beizuwohnen, das durch ihre Hände auf dem Hals des sterbenden Opfers hervorgerufen wurde.

Der Chor des *Dies Irae*, das berauschende Räucherwerk, das aus den schillernden Weihrauchfässern entwich ... Das verlangte man von ihr. Das!

Sie verließ das Bad, machte aber sofort kehrt, um sich noch einmal im Spiegel zu betrachten. Sie zögerte. Sie war unsicher, ob sie das Handtuch und die Maske abnehmen sollte, um ihre normalen Züge sehen zu können. Oder ob sie aus der riesigen Auswahl an Lippenstiften, die ihr hier zur Verfügung standen, das passende Rot aussuchen sollte, das ihre Lippen weiche Fülle geben und sie provokant färben würde. Sollte sie also nicht gleich dort bleiben, weil sie schon eine andere war? Nicht mehr jene, die schlafend in die Mansarde gebracht worden war.

Sie entfernte alles, doch mit schmerzlicher Langsamkeit.

Ja, sie konnte sich sagen, dass sie noch immer die von vorher war, vergiftet, mental schwer verletzt durch die niederträchtigen Psychospielchen ihres Gefängniswärters, aber im Grunde war sie immer noch sie selbst.

Und sie hieß nicht Françoise.

Sie musste auf keinen Fall versuchen, eine Frau mit sexuellen Liebkosungen zu verführen, die überhaupt nicht mit ihrer christlichen Moral vereinbar waren. Sie war nie mit einer Frau im Bett gewesen, auch wenn sie einen Moment lang und nur ansatzweise und lange vor ihrer Ehe einmal versucht war. Nein, sie musste keine Frau mit erotischen Schmeicheleien umgarnen und noch weniger jemanden umbringen, erwürgen in der kommenden Nacht in einer unaussprechlichen Orgie.

Ein Traum. Ein Albtraum. Oder beides zugleich.

Sie war an einen Scheideweg gekommen. Das fühlte sie und ihr fehlte die Kraft, zu entscheiden. Doch trotz allem steckte ein Detail wie eine unheilvolle Wolke in ihrem Hirn. Sie ging zurück ins Bad, um dieses Gefühl zu überprüfen, besser dieses Detail, oder auch einfach, um sich noch einmal ihrer Existenz zu vergewissern.

Sie betrachtete sich aufmerksam im Spiegel, wie sie es zu Hause unzählige Male gemacht hatte, morgens oder abends, und besonders, bevor sie ins Theater oder auf eine Party ging.

Nein, nichts war zu entdecken, gar nichts, als sie die Haut unter ihren Augen überprüfte. Aber es war klar, es war eine bittere Wahrheit, festzustellen, dass sie ab dem Punkt, zu dem sie während ihres Aufenthalts in der Mansarde gelangt war, auf dem eigenen Gesicht keine feuchte Spur von Tränen mehr finden würde. Auch nicht die winzigen Fältchen, hervorgerufen durch die Langeweile und Melancholie ihres früheren Lebens zu Hause. Tatsächlich leuchtete ihr ihr Gesicht im Spiegel in einer Reinheit entgegen, in einer strahlend weißen Weichheit einer straffen und nur leicht rosigen Haut, die sie ähnlich einer Statue erscheinen ließ. Eine Verwandlung! Aber war das möglich? Nach diesem Sturm aus Unmoral mit Dionysos? Oder vielleicht ... Himmel! ... genau deswegen?! War sie wirklich Françoise geworden?

Ihr Gesicht, das einer Statue, konnte wirklich nie wieder, was auch immer passieren sollte in dieser Nacht, auch nur von einer einzigen Träne benetzt werden. Die wunderschönen Statuen aus Marmor haben kein Herz, keine Moral und sind somit unfähig, aus den Augen auch nur eine Träne zu vergießen oder sie unter dem Eindruck von Sentimentalitäten zu senken, die ihre Würde verderben würden.

Langsam kehrte sie ins Zimmer zurück, setzte sich aufs Bett und fragte sich, wie viel Zeit bereits vergangen sein mochte. Dionysos hatte von wenig, sehr wenig Zeit gesprochen, bevor er sie endlich holen würde. Und dann?

Sie bemerkte, dass sie unbewusst ihren Blick auf das Tablett auf der Kommode gerichtet hatte. Das Tablett. Warum wollte er nicht, dass sie das Deckchen anhob und nachsah, was darunter war? Mit Nachdruck hatte er es ihr untersagt.

Was war wohl auf dem Tablett? Eine Waffe? Nein. Ihre Aufgabe zu Mitternacht würde sie nicht mit einer Waffe durchführen. Nur zu deutlich war ihr gesagt worden, dass sie es mit den Händen tun musste. Außerdem konnte es keine Waffe sein, denn er hatte ihr ständig seine Pistole gezeigt. Und Dionysos war nicht der Typ, der sie dort unbewacht und wie eine Speise auf einem Tablett zurückließ.

Sie stand auf und näherte sich der Kommode. Ängstlich – ohne dass sie wusste, warum. Sie betrachtete das Tablett und war versucht, einen Arm nach dem Deckchen auszustrecken und nachzusehen. Mit einem Finger strich sie darüber, berührte es aber nicht. Sollte sie? Dionysos würde nichts merken. Sie würde es natürlich wieder akkurat darüber ziehen, auf den exakten Faltenwurf achten. Sollte sie?

Dionysos hatte es ihr verboten. Und sie, fühlte sie sich schon derart hörig, dass sie nicht mal eine Vorschrift, die nicht so wichtig war, übertreten würde? Wie ein kleines Mädchen? Nein, nicht wie ein Mädchen. Wie eine Sklavin! Das war sie geworden!

Noch einmal betrachtete sie die Falten, alle angedeuteten Abdrücke des kleinen Bündels darunter – ganz einfach wiederherzustellen, ohne dass er etwas merkte. Doch sie hielt inne, von einem Zweifel erschüttert. Was, wenn unter diesem Deckchen etwas verborgen war, das sie aufwühlen würde, vielleicht ein Trauma auslösen? Sicher eine Sache, die sie noch nicht wissen durfte, in diesem Moment. Immerhin hatte Dionysos gesagt *noch nicht*!

Sie hob die Hand, das hieß, da der Arm bereits über dem Deckchen ausgestreckt war, entschied sie sich, die Hand zu senken und ihn mit zwei Fingern ein Stück des Stoffes anzuheben, um endlich zu sehen, was darunter war. Doch der plötzliche Lärm des Aufzugs ließ sie zusammenfahren. Was hatte ihr Herz für einen Satz gemacht! Dionysos kam zurück!

Ein Glück, dass sie noch nichts gemacht hatte. Er hätte es todsicher bemerkt. Vielleicht nicht an den Falten, aber am Ausdruck ihrer Augen, nachdem sie das kleine, aber wichtige Geheimnis gelüftet hatte.

Nun aber änderte sich alles: Dionysos kam zurück, um sie endlich hinunter zu bringen und sie auf alle Abartigkeiten der Messe vorzubereiten. Und auf das mörderische Ritual! Man war beim Finale der Geschichte angelangt …

Nun konnte es keine Irrleitungen, keine Überraschungen oder Varianten mehr geben. Das war das letzte Stadium und sie hatte eingewilligt.

Die ganze Nacht, die ganze Nacht und dann: aus. Frei. Das frühere Leben für immer. Nur die Reue, nur die Erinnerung, die die Zeit ihr zum Glück verblassen lassen würde, nur ein welkes Schuldgefühl … und auch der nicht gewollten, aber gegen den Willen ausgekosteten Genüsse …

Wie sollte sie Dionysos empfangen? In wenigen Augenblicken würde die Tür wieder aufschnellen und er erscheinen. Sie musste sich entscheiden.

Sollte sie sich aufs Bett setzen? Nein, besser stehend empfangen, unbeweglich wie eine Statue, so, wie sie sich eben im

Badspiegel bewundert hatte. Wäre Zeit geblieben, hätte sie sich die lilafarbene Maske wieder aufgesetzt.

Er hätte ihre Pose wie eine würdevolle Fügung in ihr Schicksal gedeutet. Dieses Auftreten als vorbestimmte Priesterin, nicht freiwillig doch bewusst und ängstlich, wirkte sanft einer möglichen Verwicklung in die Schuld entgegen.

Nun musste getan werden, was getan werden musste.

So wie das, was in dieser Orgie allem zum Trotz genossen werden musste, hassenswert genossen, mit einem Schrei genossen, musste gänzlich genossen werden.

Ebenso wenig konnte sie es verhindern oder verändern.

Sie legte ihre Hände überkreuzt auf die Brüste und ließ dabei den Seidenmantel geöffnet, wie eine stumme Darbietung, so wartete sie vor der Tür. Wie war sie nur verändert, Himmel! War sie schon gänzlich Françoise? Vielleicht ja. Vielleicht tatsächlich.

Zwölfter Akt

Mit der üblichen Beschleunigung war die Tür aufgeschnellt. Dionysos war langsam herausgestiegen, ohne sie zu beachten, während er sich die Hose zurechtrückte, die in der kauernden Haltung, die er immer einnehmen musste, um den Lastenaufzug zu betreten, verrutscht war. Dazu war es gekommen, weil der Aufzug zudem noch zwei Bündel transportieren musste. Beide waren mit einer Kordel verschlossen.

Ohne ein Wort ging er an ihr vorbei, wobei er sie streifte, nachdem er die beiden in groben Stoff gewickelten Bündel auf den Boden gelegt hatte. Dann setzte er sich in den Sessel.

Auf diese Weise wandten sich beide den Rücken zu. Was sofort einen Misston auslöste. Es war wie das Vorspiel zu etwas Falschem, Unsympathischem, auf jeden Fall Unvorhergesehenem und Schlechtem.

Warum? Was konnte denn noch passieren? Himmel, jedes Mal eine veränderte Lage, ein neues Verhalten, das vorher nicht vorstellbar war!

Sie ließ einige Sekunden verstreichen, während derer sie darauf hoffte, dass er endlich beginnen würde zu reden, zu erklären.

Aber Dionysos schwieg und beschränkte sich darauf, die Position zu verändern, in dem er die Beine locker übereinanderschlug. Sie biss sich auf die Lippen. Hinter dem Sessel zu stehen, so beleidigend ignoriert zu werden. Das war alles mehr als erniedrigend.

Schließlich rang sie sich durch, ging einige Schritte nach vorn und setzte sich ihm gegenüber auf das Bett. Etwas anderes fiel ihr nicht ein, um ihn zum Reden zu bringen. „Dionysos, ich bin fertig."

„Denkst du, das hätte ich nicht gemerkt?"

Diese ruppige Antwort in allzu pampigem Tonfall entwaffnete sie. Diese Art hatte sie sich nicht erwartet. Sie legte sich die Hände auf die Augen. So nahm sie durch ein Rascheln wahr, dass er sich erhoben hatte. Schnell riss sie die Augen auf, als er sehr nah an ihr vorbei zur Kommode ging und sich davor aufbaute. Er stützte sich mit dem Ellbogen darauf, sah sie an und rückte sich die Maske unter der Nase zurück. „Hast du die Stoffserviette angehoben?"

„Nein! Nein! Du hast es mir doch verboten!"

„Ich hatte gehofft, dass du das übertreten würdest, dass du darunter sehen würdest."

„Stimmt. Ich wollte es tun. Ich hätte es fast getan."

„Du hättest dich beeilen sollen und es tun, bevor ich komme. Du hättest deine Neugierde stillen sollen."

„Warum?"

„Du hättest mir die unselige Aufgabe erspart, es dir zu zeigen. Ich habe wirklich keine Lust darauf."

„Also, jetzt willst du, dass ich das Deckchen lüfte? Und nachsehe, was darunter ist? Ist es tatsächlich so schrecklich?"

Er schien zu überlegen – unsicher! Er kratzte sich sogar mit zwei Fingern am Hals, als wäre er verlegen. Er glich überhaupt nicht mehr dem würdevollen und dominanten Mann vom ersten Tag. Er hatte sich leicht verändert. Erstmals schienen unter seiner Maske unbeschreibliche Emotionen aufzutreten.

„Nun? Dionysos?"

Stumm zeigte er auf die beiden Bündel, das kleinere. Und auch sie ging ohne ein Wort in die Knie, nahm es und reichte es ihm. „Doch nicht mehr das Tablett? Ich meine, das was unter dem Stoff ist. Jetzt willst du also, dass ich das hier öffne? Willst du das? Du könntest auch einfach klar und deutlich mit mir reden."

„Ja, tu es. Tu es für mich."

„Für dich? Ich verstehe nicht ... Du bist ... Du bist seltsam, Dionysos!"

„Du verstehst nicht?"

„Ja. Ich verstehe gar nichts. Aber ich gehorche natürlich dem, was du sagst. Wie du siehst: Auch das ist ein Zeichen von Unterwürfigkeit." War das Ironie? Sie bereute es sofort. Aber zugleich hatte sie das Bündel wieder genommen und löste nun den Knoten der Schnur, die die beiden Paketenden verschloss. Sie sah hinein.

„Nimm es." Ein Befehl war das nicht, die Stimme schwang in gewisser Weise liebevoll. Sie zog einen langen violetten Umhang mit Kapuze heraus. „Geh jetzt ins Bad und schmink dich, und dann komm zu mir. Mit Maske und geschminkten Lippen. Es muss ein lebendiges Rot sein. Und trag etwas von dem weißen Puder auf, für den Kontrast zum Lippenstift. Mach das und komm dann wieder. Du musst dich perfekt schminken." Sie drehte sich elektrisiert auf dem Absatz um und eilte ins Bad.

Endlich! Sie war aufgeregt. Zwei Mal fiel ihr der Lippenstift ins Waschbecken. Noch nie hatte das Schminken in ihr so überwältigende Gefühle ausgelöst. Ihr zitterten die Hände. Als sie zurück zu ihm ins Zimmer kam, eingehüllt in den Umhang, die Haut durch das Puder bis zum Halsansatz aufgehellt, die Lippen hochrot gefärbt und füllig, bewunderte Dionysos sie lange, ohne ein Wort zu sagen. Er hatte sich mit dem Ellbogen auf die Kommode gestützt, wie um eine Haltung zu finden, aus der heraus er sie besser bestaunen konnte.

Sie überkreuzte die Arme vor den Brüsten. Und in dieser ekstatischen Pose erschien ihr, wer weiß aus welchem Grund, sogar ungewollt ein sarkastisches Lächeln auf ihren Lippen, das sie noch nie vorher gezeigt hatte – schon gar nicht während dieses Aufenthalts hier in der Mansarde.

Dionysos schien nicht müde zu werden, sie zu bewundern. So war sie es, die die lange Pause unterbracht. Nervös war sie nicht sehr, nicht mehr, aber unruhig. Und auf gewisse Art war sie es trotz allem müde, zu warten. Endlich. „Sagst du gar nichts mehr?"

„Ja", murmelte er und setzte hinzu: „Etwas muss ich dir wirklich sagen. Etwas Wichtiges natürlich."

„Das da wäre?" Ihre Stimme klang in dem Moment sehr freundlich, nicht länger unsicher, ungewollt, aber auch nachdrücklich.

„Du bist wunderbar."

„Dank dir." Schon wieder diese ungewollte Ironie. Aber es gelang ihr nicht, sie zu zügeln.

„Du bist perfekt für die Rolle der Françoise. Genau so, wie ich sie mir vorgestellt hatte."

„Ich bin die, die du haben wolltest."

„Du bist diejenige, die du mit Wollust eingewilligt hast zu sein. Du bist Françoise. Und wie! Du bist es wirklich!"

„Und jetzt? Bringst du mich hinunter? Zu ihr, damit ich sie verführe? Erst das Bett, dann der Altar? Die Liebe und der Tod? Oder besser die Unzucht und der Mord? Das ist dein Drehbuch für die Tragödie und wie du siehst, habe ich das passende Kleid angelegt, das einer Priesterin, und das Rot einer heiligen Hure aufgetragen."

„Nein! Nicht vulgär werden. Das passt nicht zur Rolle der Priesterin und noch weniger zu einer Göttin der Nacht."

„Das soll ich sein? Du meinst, dass ich es sein werde!"
„Wirst du."

„Wie es aussieht, diese Nacht. Und nicht bestochen. Das weißt du genau. Du bist derjenige, der vulgär wird. Bald also. Das ist es, was du gewünscht hast und worauf du mich vorbereitet hast."

„Und es ist das, was du nun um jeden Preis willst. Oder nicht?"

Sie antwortete nicht sofort, doch dann sagte sie: „Frag mich das nicht, Dionysos. Nimm mich nur einfach hinunter, ohne mich weiter mit Fragen zu quälen, auf die du schon die Antwort kennst." Diese jähe Antwort schien auf ihn eine unvorhergesehene Wirkung zu haben. Vielleicht hatte er sich ein letztes Zögern erwartet. „Gehen wir hinunter? Du hast gesagt, dass ich erst die Verführung dieser Frau vollenden muss. Im Bett und mit einem stummen, aber aufmerksamen Beobachter wie dich. Und danach bringst du uns beide zur Messe?"

„Aber hast du bedacht, dass es danach kein Zurück mehr gibt? Keine Vergebung für diese Schuld? Hast du darüber nachgedacht?"

„Ja. Sogar zu viel."

„Wenn du die Schwelle zu dieser Mansarde überquerst und ins untere Stockwerk gehst und dann noch weiter hinunter ins Erdgeschoss, wirst du eine unbekannte Treppe hinuntersteigen, auf der es keine Umkehr zurück nach oben gibt."

„Das ist mir alles klar. Sag mir nicht, dass ausgerechnet du jetzt zögerst!"

„Nein, aber hast du dir das genug überlegt?"

„Jede Minute, seitdem du zuletzt hinuntergefahren bist. Und es ist, als hätte ich viele Jahre lang darüber nachgedacht. All die Jahre, in denen ich mich geschämt habe, daran zu denken. Bring mich hinunter, Dionysos. Die Zeit des Grübelns ist vorbei. Bring mich hinunter."

Er legte sich eine Hand über die Augen, dann sagte er leise: „Nimm das Tuch vom Tablett."

„Aber warum? Was ist darunter? Deine Pistole?" Dionysos schüttelte den Kopf. „Nein, keine Waffe. Ich bereue nur, dass ich dir das nicht vorher befohlen habe. Alles wäre einfacher gewesen. Jetzt musst du das Tuch lüften. Wie du sagtest, keine Zeit mehr, zu grübeln."

„Nein. Mach du es, Dionysos. Was auch immer darunter ist, ist mit Sicherheit dein Werk. Und du bist es, der unbedingt will, dass ich es sehe."

„Und du? Bist du nicht neugierig?"

„Meine Neugierde ist schwächer als dein Wunsch. Nimm das Stofftuch, Dionysos, und dann, was auch immer darunter ist, bring mich hinunter zu meinem Schicksal! Oder zu unserem, um genau zu sein. Unser Schicksal für diese Nacht. Du hast es ersonnen und du wirst es mit mir zusammen genießen."

„Also nehme ich das Tuch weg."

„Willst du dich jetzt noch lächerlich machen? Indem du mir ein kindisches Geburtstagsspielchen präsentierst? Tu es endlich und beginne endlich mit deinem echten Spiel, das du akribisch Akt für Akt geplant hast. Das ist der letzte. Was auch immer darunter ist, kann keine Linderung sein und wird mich nicht von dem Ereignis ablenken können, das wir beide heute Nacht wahrwerden lassen wollen."

„Ich beginne?"

„O ja. Ein Anfang, aber kein Ende. Ich werde die brennende Erinnerung daran mein ganzes Leben lang nähren."

„Und wenn sich unter dem Tuch tatsächlich das Ende befände? Denk einen Moment darüber nach." Dionysos schien überrascht, darauf von ihr überhaupt keine Antwort zu bekommen. Sie hatte nur die Schultern hochgezogen mit einem boshaften Grinsen. Ein höhnisches, herausforderndes Grinsen. So drehte er sich zum Tablett, während sie sich entfernte und ihm den Rücken zukehrte.

Das löste in Dionysos eine Geste der Enttäuschung aus. So viel Gleichgültigkeit schien ihn tief zu verwunden. Aber nun hatte er nach einem Zipfel des Tuches gegriffen und zog es nach oben. „Da, schau, Françoise." Sie drehte sich langsam um, doch sah nicht gleich hin. Sie sah ihm spöttisch in die Augen. Endlich senkte sie den Blick auf das Tablett. Und plötzlich schlossen sich die Augen hinter der violetten, zarten Maske, öffneten sich, schlossen sich wieder, noch einige Male. Es mochte Überraschung ausdrücken, doch kein Laut entfuhr ihren Lippen.

Auch Dionysos sprach nicht, doch vollführte mit der Hand eine darbietende Geste und schob den Oberkörper in eine Verbeugung aus alter Zeit. „Für sie, die die perfekte, unvergessliche Marquise de Montespan gewesen wäre", sagte er dann aus seiner ehrerbietigen Dienerpose heraus. Wortlos streckte sie die Hand aus und fuhr mit den Fingern über die Gegenstände auf dem Tablett. „Was ist das?", fragte sie leise und drehte sich so, dass er

auf ihre Schultern sah. Dionysos schien durch diese theatrali-
sche Gleichgültigkeit erschüttert. „Siehst du es nicht? Ein Flakon, der eine Substanz enthält, die dich einschlafen lässt. Und
Wattebausche, mit denen deine Nase mit der Substanz benetzt
wird. In wenigen Augenblicken wird sie wirken. Sie ist stark,
aber nicht gefährlich.“

„Und warum für mich? Warum jetzt?“

„Ich hätte es nach den drei Tagen deiner Gefangenschaft tun
müssen, nach den ersten drei Kerzen.“

„Ich verstehe nicht“, sagte, hauchte sie fast. „Ich verstehe es
nicht und ich will es sofort verstehen!“

„Dein Mann hat endlich gezahlt.“

„Mein Mann hat …“

„… hat gezahlt. Das Spiel ist vorbei. Du wirst frei sein.“

„Mein Mann hat gezahlt!“, wiederholte sie murmelnd.

„Die ganze Summe, die wir verlangt haben. Jetzt bist du
frei und kannst nach Hause zurückkehren. Dein Abenteuer
ist vorbei.“

„Aber ich …“

„Du kehrst ohne Makel, du kehrst rein zurück. Und ich werde dich nie wieder Françoise nennen können.“

„Nein, nein, nein. Das ist nicht wahr! Das ist wieder einer
deiner geschmacklosen Scherze! Das ist nicht wahr! Ich will das
nicht glauben!“

„Das ist kein Scherz mehr. Es bleibt nichts anderes übrig, als
die bittere Wahrheit zu bekräftigen. Zumindest für mich. Das
musst du mir glauben.“

„Mein Mann hat gezahlt. Mein Mann, der gleichgültige Geiz-
hals, hat gezahlt“, murmelte sie wie zu sich selbst.

„Willst du gar nicht wissen, wie viel?“

„Das werde ich sofort nach meiner Befreiung erfahren.“

„Froh? Zufrieden?“ Dionysos sah sie fest an, als er das sagte. In der Frage war etwas wie ein Hauch Unsicherheit mitge-
schwungen, die Andeutung eines Leides. Jedenfalls machte die
Art, wie sie ihm weiterhin den Rücken zuwandte, ihn sehr nervös. Es musste ihm unlogisch erscheinen. Er ging zwei Schritte

auf sie zu, um ihr wieder gegenüber zu stehen. „Ich habe dich gefragt, ob du zufrieden und glücklich über diese Nachricht bist."

„Und die Messe?"

„Das heißt, die Messe interessiert dich mehr, als die Summe, die dein Mann für dich hinlegen musste, was ihn vermutlich wirtschaftlich ruinieren wird?"

„Die Messe!", wiederholte sie mechanisch. „Die Schwarze Messe!"

„Wird nicht stattfinden."

„Warum nicht?"

„Ich wiederhole: Du wirst frei sein, du kommst nach Hause zurück, heute Nacht. Bei Sonnenaufgang wirst du in einem Park aufwachen, neben einer Telefonzelle. In den Taschen deiner Jeans wirst du das nötige Kleingeld finden, damit du deinen Mann anrufen kannst oder die Polizei – oder einfach nur ein Taxi."

„Das hast du mir alles schon erklärt, Dionysos. Ich habe diesen Flakon und die Wattebausche schon gesehen. Aber das zählt nicht, das tut nichts zur Sache, das hat für mich keine Bedeutung. Morgen vielleicht. Aber nicht jetzt, nicht jetzt! Verstehst du? Jetzt will ich wissen ... das heißt: Ich will den Albtraum beenden."

„Du meinst den Traum."

Ganz nah beieinander sahen sie sich an. Und jeder bemerkte, dass der andere zitterte. „Willst du nicht zurück nach Hause? Ich meine ... noch nicht?"

„Nicht heute Nacht."

„Der Traum ist vorbei, Françoise."

„Und wenn ich aber ...", murmelte sie, erstmals unentschlossen.

„Ja?"

„Und wenn ich aber trotzdem an dieser Messe teilnehmen wollte, das heißt, sie leiten? Vor meiner Befreiung? Wenn ich es unbedingt wollte, Dionysos?"

Bei diesen Worten zuckte ein jubelndes Leuchten über die Augen von Dionysos.

„Also? Was ist deine Antwort?"

Er betrachtete sie lange und schweigend. „Antworte mir, Dionysos. Zögere es nicht hinaus! Warum bist du nicht mehr derselbe? Warum hast du jetzt Zweifel? Oder Skrupel? Wie lächerlich. Du doch nicht!"

„Warum möchtest du das?"

„Weil ich Françoise geworden bin und noch immer Françoise bin."

„Seit wann?"

„Schon immer, wie du es erraten hast. Und völlig, seitdem du zuletzt in den Aufzug gestiegen bist. Ich habe nachgedacht. Ohne dieses unnötige Tablett zu berühren, wie du es dagegen erhofft hattest."

„Du hast also nachgedacht."

„Wie du es seit dem ersten Tag wolltest. Meine Forderung ist das Resultat. Ich bin, wie du es wolltest. Ich bin Françoise."

„Aber dein Mann hat gezahlt."

„Ja und? Der Idiot kann auch noch eine Nacht warten. Und ich habe auch keine Lust darauf, ständig vorgehalten zu bekommen, wie viel ich ihn gekostet habe."

„Du willst nicht frei sein?"

„Doch. Sicher. Aber zuerst will ich deine Messe. Jetzt will ich sie, Dionysos."

„Es ist keine Zeit mehr."

„Das ist eine dumme Ausrede und ich verstehe den Grund dafür nicht."

„Aber es ist wirklich einfach keine Zeit mehr."

„Verschiebe meine Freilassung um ein paar Stunden. Auf nach Mitternacht, auf ein trauriges Morgengrauen zwischen den Bäumen dieses Stadtparks."

„Nein."

„Was für ein grausam schönes Märchen!"

„Unmöglich."

„Es ist nicht zu glauben. Du wolltest es. Du wolltest immer nur das. Und warum jetzt nicht?"

„Weil es unmöglich ist."

„Nur ein paar Stunden. Nur bis nach Mitternacht!"

„Unmöglich."

Als sie wieder sprach, zischte ihre Stimme brüsk. Sie stampfte sogar mit dem Fuß auf, um ihren Worten Nachdruck zu verleihen. „Es geht nur um wenige Stunden!"

„Unmöglich."

„Dionysos!"

„Meine Kollegen wollen das Geld aufteilen und so schnell wie möglich von hier verschwinden. Wir dürfen keine Minute verlieren. Die Polizei hat nun das leichtere Spiel, denn nun ist sie am Zug, sich eine Initiative zu überlegen und uns zu finden und zu überraschen."

„Nur ein paar Stunden!"

„Wir müssen alle nötigen Vorsichtsmaßnahmen treffen. Die Eile ist die einzige Rettung."

„Ich habe gesagt, nur wenige Stunden, Dionysos!"

„Unmöglich."

„Du hast meine ‚Unmöglich' so sehr genossen, hast du gesagt. Ich missbillige deine ‚Dionysos'. Bring mich hinunter."

„Unmöglich. Wirklich unm..."

Sirrend schnitt ihm die Peitsche das letzte Wort ab. Der erste Hieb erstickte das Wort und schlug auf seiner linken Schulter ein. Sofort wurde die Peitsche wieder zurückgeholt und mit gleicher Wut und Schnelligkeit auf ihre rechte Schulter gerichtet, wo sie in den Hals überging. Als er erschrocken den Kopf hob, trafen seine Augen ihren flammenden Blick. Ihr Busen bebte, aber lange verhielt sie still vor ihm, die Peitsche in der Hand. Er legte seine Hand erst auf die eine, dann die andere Schulter, wo die Striemen hervortraten. Zwei leuchtend rote Linien, auf denen sich kleine, zitternde Tröpfchen abzeichneten. Ein schmaler Blutstreifen färbte sein weißes Hemd bis zur Brust rot. Dionysos nahm die Finger von seinem Hals und betrachtete sie. Sie waren voll Blut. Aber er machte keinen Mucks.

„Was enthält das andere Bündel? Das größere?" Ihre Stimme war nun ruhiger. Auch seine Antwort klang normal. In perfekter Gelassenheit ertrug er die Schmerzen. „Deine Jeans, dein Pullover und die Unterwäsche, die du vorher anhattest. Wir können dich nicht in diesem anzüglichen Seidenumhang im Park herumliegen lassen. Alle würden glauben, wir hätten dich vergewaltigt. Was, wie du gesehen hast, nie geschehen ist."

„Und nicht geschehen wird, richtig?"

„Natürlich nicht. Niemand wird dich anrühren."

„Jetzt nenn mir den Grund."

„Welchen?"

„Warum du mich nicht an der Schwarzen Messe teilnehmen lassen möchtest. Warum nicht mehr? Das Geld meines Mannes verlangt überhaupt keine Planänderung."

„Du willst es wirklich?"

„Alles, was es hätte aufhalten können, meine totale Verweigerung, existiert nicht mehr. Warum?"

Dionysos schüttelte den Kopf. Seine Augen hinter der Maske wirkten beunruhigt. In einem fort schlossen und öffneten sie sich. „Warum?"

„Es war nach dem Telefonat", sagte er schließlich und lenkte die Augen in eine andere Richtung, um sie nicht ansehen zu müssen.

„Welches Telefonat?"

„Dein Mann hatte uns wissen lassen, dass er zwei oder drei Tage mehr Zeit brauchte. Die Bank machte Schwierigkeiten. Er musste ein Gebäude verkaufen, um alles Geld bar zusammenzubekommen. Du warst dabei, als ich den Anruf erhielt. Alles wurde um zwei oder drei Tage verschoben. Es war kein Trick der Polizei."

„Und?"

„Ich war dabei, dir den Inhalt des Flakons zuzuführen, erinnerst du dich?"

„Ja."

„Du wärst wie geplant eingeschlafen und pünktlich zu Sonnenaufgang im Park wieder zu dir gekommen. In demselben, in dem du dich morgen wiederfinden wirst. Diese Verzögerung hat zu dieser Situation geführt. Du hast keine Ahnung, wie ich mich jetzt vor dir fühle."

„Ich schwöre, ich verstehe dieses Herumeiern in lächerlichen Ausflüchten, die nichts mit uns zu tun haben, kein bisschen."

„Wohl wahr, du kannst es noch nicht verstehen."

„Abgesehen von der verschobenen Lösegeldzahlung, was hätte denn einen Aufschub von zwei Tagen auslösen können? Die Schwarze Messe, die Adepten, der Polizist, der in die Messe eingebunden werden sollte, was tun die zur Sache?"

„Nichts. Leider."

„Und die Planänderung von heute!"

„Keine Planänderung. Nur ein Aufschub der Übergabe. Der Wandel ist im Moment des Anrufs in mir passiert. In mir, Françoise."

„In dir? Wirklich? Mal wieder einer deiner kleinen Tricks, Dionysos!"

„Nein, kein Trick. Nur die Wahrheit."

„Die Wahrheit? Kann man in dieser Mansarde von irgendeiner Wahrheit sprechen?"

„Die Wahrheit, Françoise, ist wie immer nicht schön, wie jede Wahrheit."

„Das heißt?"

„Mir ist da eine Sache in den Sinn gekommen."

„Schieß los, Dionysos."

„Ich dachte mir, dass ich dich nun noch zwei Tage hier haben würde."

„Wie es ja auch passiert ist. Oder in deiner Wahrheitssucht: Nichts ist passiert. Außer deinen seltsamen Gedanken."

Einen Moment lang hob Dionysos die Hände vors Gesicht. „Also, nach dem Anruf, habe ich alles geplant."

„Was: alles?"

„Alles, was ich dir dargelegt habe." Er hielt inne. Schien unfähig, fortzufahren, während sie merklich nervöser wurde.

„Und? Du wolltest mir den Weg ebnen und mich dazu bringen, einen rituellen Mord in einer Orgie zu genießen. Diese Frau im unteren Stockwerk, wird die nun eine andere umbringen? Heute Nacht, wie geplant?"

„Nein."

„Wirst du sie erwürgen?"

„Nein."

„Wer dann? Du hast doch gesagt, dass ihr Schicksal besiegelt ist. Wer wird die Freude haben, sie zu töten?“

„Niemand.“

„Niemand? Ihr begnadigt sie also? Ihr lasst sie frei, wie mich? Hat auch ihr Mann eine exorbitante Summe bezahlt?“

„Auch nicht.“

„Dann sag's mir, Dionysos!“

„Niemand wird sie umbringen – weil sie nie geboren wurde. Sie existiert nicht. Ich habe sie für dich erfunden. Das habe ich getan, Françoise.“

„Du hast sie erfunden! Dionysos, wie soll ich das denn verstehen?“

„So, wie ich es gesagt habe.“

„Das heißt, es wird eine Schwarze Messe ohne rituelles Opfer geben?“

„Kein Opfer. Keine Schwarze Messe.“

„Und das hohe Tier von der Polizei.“

„Kein Polizist. Er existiert nicht. Ich habe ihn erfunden.“

„Aber wieso? Wieso? Wieso?“

„Es war eine bezaubernde Lüge, das finstere Luftschloss, das ich dir gebaut habe. Es war perfekt für dich, maßgeschneidert. Es hat mich nur einen kurzen Moment gekostet, mir all das auszudenken und ich habe es mit dir gemeinsam genossen. Und eines Tages wirst du auch denken, dass es absolut wunderbar war – oder hätte sein können.“

„Du hast …“

„Es war mein Vergnügen, meine zutiefst sinnliche Erfindung. Eines Tages wirst du dir eingestehen, dass es mein Meisterwerk war.“

„Und ich …“

„Du wärest die unvergessliche Marquise de Montespan gewesen.“

„Aber warum?“ Die letzten Silben schrie sie.

„Weil ich vom ersten Moment deine Hände beobachtet habe, deinen Mund. Dein Mund, Françoise. Ich habe mich beim ersten Löffel voll in deinem Mund verraten. So wie du dich verraten hast. Das heißt: Wie du gezeigt hast, was du, befreit aus deiner langweiligen Umgebung, werden könntest."

„Und dann?"

„Und dann? Dann hätte ich dich vergessen. Oder hätte es versucht. Vielleicht hätte keiner von uns beiden diese zufällige Begegnung ganz vergessen können. Aber mit der Zeit wäre die Erinnerung verschwommen."

„Und dann?"

„Dann kam der Anruf. Noch zwei oder drei Tage, die mit dir zu verbringen waren, die ich dich zu überwachen hatte. Die morbide Neugierde, vor allem aber die Langeweile, die Aussicht auf erzwungene und quälend lange Mußestunden hat mich dazu inspiriert, dir ganz auf den Grund zu gehen."

„Das hast du getan!"

„Nicht nur das. Ich bin selbst davon infiziert worden."

„Du?"

„Ich habe mich verliebt."

„In mich?"

„Nicht in deine körperliche Erscheinung, auch wenn du eine schöne Frau bist. Ich habe mich verliebt in deine immer neuen Tonfälle und ins stets wechselnde Licht deiner Augen. Ich habe mich unsterblich in deine Seele verliebt, die so fein und so geheimnisvoll pervers ist. Das wird meine Tragödie sein, wenn du die Mansarde verlassen hast." Er schwieg. Sie auch. Die Stille formte sich greifbar und drückend schwer zwischen den beiden. Dionysos zog ein Taschentuch aus der Hosentasche und tupfte sich damit die Striemen ab. Sie ließ sich auf das Bett sinken. „Ich kann es nicht ganz glauben. Es könnte eine neue Finte sein."

„Du wirst dich selbst davon überzeugen, dass es so ist."

„Es stimmt schon. Meine Seele ist unvorhersehbar für mich."

„Ich weiß."

„Nicht ganz."

„Wirklich?"

„Auch ich habe mich fast verliebt. Nicht in dein Gesicht, das ich nie sehen werde. Aber in deine Worte, Dionysos."

„Hast du *fast* gesagt?"

„Es stimmt, ich habe Angst *unsterblich* zu sagen, so wie du. Aber vielleicht war das auch die letzte Lüge in diesem Zimmer."

„Von dir oder von mir?"

„Oder von beiden?"

„Von meiner Seite aus ist es keine Lüge. Es ist die Wahrheit. Ich werde dich niemals vergessen. Du wirst mein Untergang sein. Glaubst du mir?"

„Wer weiß."

„Wer weiß? Willst du dir sicher sein? Willst du einen unwiderlegbaren Beweis für das, was ich dir beteuere?"

„Gut. Warum nicht? Du willst mir einen Beweis erbringen? Also lass mich das erleben, was du mir versprochen hast."

„Unmöglich. Es gibt nichts davon. Nicht von dem, was ich mit dir zusammen in diesen Tagen phantasiert habe, existiert. Meine Kollegen und ich sind ein kleiner Trupp Gesetzesbrecher, spezialisiert auf Geiselnahmen und Erpressung. Keiner von uns betreibt ein Luxusbordell. Nur das ist die Wahrheit."

„Was für eine Enttäuschung. Bitter."

„Und jetzt, wo wir das Geld haben, müssen wir dich frei lassen und verschwinden. Diese Mansarde und das ganze Gebäude werden abgebrannt, um unsere DNA-Spuren zu vernichten."

„Du hast von einem Beweis gesprochen."

„So ist es. Wenn du es willst, setze ich für dich mein Leben aufs Spiel. Damit du mir glaubst."

„Wie?"

Dionysos hob sich beide Hände zum Gesicht und griff die Ränder seiner Ledermaske. „Ich könnte meine Maske absetzen und dir mein Gesicht zeigen. Du würdest sehen, wie ich wirklich bin, mit allen gefährlichen Konsequenzen, die es für mich und meine Kollegen hätte. Ich würde mich wiedererkennbar machen, um dir zu beweisen, dass das, was ich dir eben gesagt habe, wahr ist: dass ich mich in dich verliebt habe." Er hielt inne, vielleicht um eine Reaktion in ihr auszulösen. Aber sie blieb stumm. „Eines Tages könntest du auf ein Foto deuten, unter den vielen, die die Polizei dir von gesuchten Verbrechern vorlegt. Und die Polizei wird nicht müde werden, deine Entführer zu suchen. Willst du das? Hier und jetzt bin ich bereit, es zu tun. Gib mir nur ein kleines Zeichen und schon nehme ich die Maske ab." Dionysos zog bei diesen Worten leicht mit seinen blutüberströmten Fingern an den Rändern der Maske. „Willst du das, Françoise?", rief er erregt.

Sie erhob sich und ging auf und ab. Dann blieb sie stehen, ihm abgewandt. „Willst du es?", wiederholte Dionysos. Ihre Stimme ertönte wie ein Peitschenhieb, klar, wenn auch nervös. „Nein, ich will es nicht. Das Gesicht, das du mir zeigen willst, könnte sich als das eines Idioten herausstellen. Das könnte ich nicht ertragen. Die Liebe, die Faszination, die unaufhaltsame Anziehung, die ich empfunden habe, könnte verfliegen. Behalte deine Maske, behalt sie nur straff auf der Nase. Du wärest nicht länger Dionysos und das wäre für mich die wahre Tragödie."

„Also bleibt uns nichts weiter als dieser Flakon."

„Ja, das denke ich auch. Noch weiter darüber zu reden wäre überflüssig. Es ist doch wahr, dass wir in diesem Moment beide das Gleiche denken?"

„Hier, benetze diesen Wattebausch mit der Flüssigkeit und drücke ihn dir auf die Nase. Ich habe vergessen, dass die Zeit drängt. Meine Kollegen warten unten im Auto und haben es eilig. Die Benzintanks sind schon offen und der nervöseste unter ihnen hat schon sein Feuerzeug in der Hand. Sie werden nicht heraufkommen, um nachzusehen, denn sie tragen keine Maske. Und es wäre ein grober Fehler, sich dir ausgerechnet im letzten Moment zu zeigen. Die Polizei wird keine Ruhe geben, von dir auch nur das kleinste Detail über uns zu erfahren."

Sie setzte sich wieder auf das Bett. Langsam griff sie nach dem Wattebausch, den er ihr reichte. Und er nahm den dunklen, nicht etikettierten Flakon vom Tablett. Doch trotz allem schien er keine Eile mehr zu haben. „Morgen wirst du wieder zu Hause sein. Dein normales Leben, wieder. Einfach, mit deinen Aufgaben als Hausfrau und der einen Partie Bridge pro Woche. Und andere gewohnte Dinge dieser Art. Zum Beispiel Tennis. Du wirst nicht mehr Françoise sein, du wirst nicht mehr bei mir sein."

„Und du?"

„Ich werde weit fort sein. Eine Erinnerung."

„Wohl war. Eine Erinnerung", sagte sie und rupfte den Watte-bausch mit ihren Fingernägeln. Er zog den Deckel vom Flakon. „Ich könnte dir diesen Wattebausch selbst auf die Nase pressen, um ganz sicher zu gehen, dass du einschläfst. Aber ich möchte, dass du das tust, bewusst und ohne zu tricksen."

„Ich werde nicht tricksen. Ich möchte wirklich einschlafen. Ich werde den Bausch fester auf die Nase pressen als du."

„Niemand, nicht mal ich, wird deinen Körper mehr als für das Nötigste anfassen, um dich anzuziehen, dir die Unterwä-sche überzustreifen ..."

„Ich weiß." Sie streckte ihm die andere Hand entgegen, um ihm den Flakon abzunehmen, um zwischen Watte und Flakon beim Beträufeln eine bessere Verbindung herzustellen. Doch er zog seine Hand zurück. Selbst mit Maske wirkte er aufgewühlt. Der Klang seiner Stimme konnte es nicht verheimlichen. „Ich werde für immer weit fort von dir sein."

„Mir das noch mal zu wiederholen ist überflüssig. Ich weiß, dass ich dich nie wiedersehen werde. Mir ist das alles schon be-wusst!"

Er schien zu zögern, das auszusprechen, was er dachte. Oder er suchte nach den richtigen Worten. „Aber wenn alles wahr ge-wesen wäre, ich meine mein Lügengespinst, ich meine die ok-kulte Welt, in der ich deine Seele habe baden lassen. Dann ... ich meine, dann ..." Zum ersten Mal schien er sehr unsicher. In einer anderen Umgebung und in anderen Umständen hätte er sogar schüchtern gewirkt. „Ja?"

„Ich meine ..."

„Genau: Was meinst du?" Ihre Stimme platzte nahezu ag-gressiv heraus. Er senkte den Kopf und murmelte: „Wenn alles wahr gewesen wäre, zu hundert Prozent, dann hättest du dei-nen Part ausgeführt, so wie es beschlossen war?"

„Sicher. Aber beim Finale hätte ich dich überlistet. Und mei-ne List wäre auch ein Zeichen der Überlegenheit gewesen, in-dem ich deinen Plan verändert hätte."

„Wie?"

„Ich hätte nur vorgetäuscht, diese Frau zu würgen: Und sie, von mir eingeweiht, hätte vorgetäuscht, in Ohnmacht zu fallen. Dieser Trick dir gegenüber hätte mir gefallen. Eine Genugtuung dir gegenüber, Dionysos, und der Genuss, von der Menge der schwarzen Kapuzen wie eine Göttin angebetet zu werden, als Herrin über Leben und Tod. Meine Verzückung wäre mit jeder Faser sichtbar und primitiv gewesen. Die Atmosphäre einer prähistorischen Orgie wäre faszinierend und unglaublich überwältigend gewesen."

Dionysos schüttelte den Kopf und tupfte das Taschentuch auf dem Blut herum, das auf dem Kragen des Hemdes verkrustet war. „Ich möchte dir ein Beispiel sagen, das heißt, ich hätte gern eine Bestätigung von dir, auch wenn mir bewusst ist, dass es absurd ist, dich das zu fragen."

„Was?"

„Wenn, sagen wir in einem Jahr, wenn sich nach deiner Entführung alles etwas beruhigt hat und die Polizei meine Spur verloren hat, nun, wenn ich dich dann anrufen und mich zu erkennen geben würde …"

„Ja und …?"

„Ich sag es konkret: Wenn ein Jahr nach der Schwarzen Messe, die so stattgefunden hätte wie in unserer Fantasie, kurz, wenn du sie so erlebt hättest … auch ohne die letzte Phase, die Tötung …"

„Ja?"

„Wärest du zu einem Treffen gekommen? Hättest du die verfluchte Eingebung genossen, einzuwilligen? Zu einer weiteren Schwarzen Messe wie dieser?"

Sie ließ einen langen Moment verstreichen, bevor sie antwortete.

„Françoise!"

„Ja, vielleicht. Vielleicht wäre ich gekommen."

„Für eine Nacht? Für eine Messe? Oder für immer?"

„Ich möchte darauf nicht antworten. Bitte mich nicht mehr darum. Das alles ist nun ohnehin unlogisch. Es ist nicht mehr wunderbar, satanisch irreal. Morgen werde ich laut vor mir selbst allem abschwören. Einem Traum abschwören."

„Da bist du dir sicher?"

Sie antwortete nicht gleich. „Gib mir den Flakon", sagte sie die Augen schließend. Auch er schloss sie für einen Augenblick. Und ihre Hände suchten sich für einen kurzen Moment, bis sich ihre Fingerspitzen berührten. Und zugleich, tief innen, berührten sich ihre Seelen.

„Adieu, madame la marquise."

„Auf Wiedersehen, Dionysos."

Klaus ist um die 40, gut proportioniert, sportlich. Einer von jenen Menschen, die ihre Existenz auf rationale Weise planen. Was er von mir kommentiert haben wollte, war seine abnorme Wahrnehmung, die er an einem Wochenende im Bayerischen Wald gemacht hatte. Ob diese wohl als Halluzination zu betrachten sei, entstanden aufgrund seiner nervösen, durch ungenügend Schlaf verursachten Müdigkeit, oder ob sie sich plötzlich in einem schrecklichen, irrealen Moment in sein Unterbewusstsein eingeschlichen hatte. Unter uns gesagt, glaube ich, er hat sehr gut verstanden, dass er nicht noch mal mit mir darüber zu sprechen braucht. Doch er kam trotzdem ins Dantebad, um mir die gleiche Geschichte wieder zu erzählen. Dies erscheint mir eigenartig angesichts einer modernen Person, wie er es ist.

KLAUS

Es ist bekannt, wie sehr Schlaflosigkeit oder gezwungener Schlafentzug den menschlichen Organismus aufzehren, viel stärker als das Vergnügen, der Alkoholkonsum oder andere Ausschweifungen.

Ich konnte seit einigen Nächten nicht schlafen, seit drei Nächten genau, ohne dass ich einen logischen Grund finden konnte, der diesen nervösen, aber auch körperlich schlaffen Zustand rechtfertigen würde. Ein Zustand, der mich ohne begreifbaren Auslöser befallen hatte, obwohl ich nicht krank war.

Ich befand mich mit drei Jägerfreunden aus München in einem Jagdhaus im Bayerischen Wald, einem weitläufigen, größtenteils bewaldeten Gebiet im Osten Bayerns, das sich über die Grenze bis nach Böhmen ausdehnt. Wir hatten uns wie jedes Jahr in dem großen Landhaus getroffen, das einem der Freunde gehört, um ein langes Wochenende dort zu verbringen und zusammen zu jagen. Es war die Zeit für Jagdaktivitäten, in der es erlaubt ist, Tiere wie zum Beispiel Rehe und Wildschweine zu schießen.

Wir konnten nicht gerade behaupten, dass wir uns in den Tagen davor, also Donnerstagnachmittag, Freitag, Samstag und Sonntagvormittag, zu sehr beim Jagen angestrengt hätten, angesichts der äußerst mageren Ergebnisse (wir hatten nichts geschossen, was für uns unverständlich war, handelte es sich doch um eine wildreiche Region). Auch konnten wir nicht behaupten, übermäßig viel getrunken oder gegessen zu haben. Meine Freunde, die mich gut kennen, wussten, dass ich nie zu viel Kaffee oder ähnlich anregende Getränke konsumiere.

Es war Sonntagnachmittag, also der Moment der Rückkehr nach München, damit am darauffolgenden Montag jeder wieder seiner Beschäftigung nachgehen konnte. Ich fühlte mich jedoch nicht in der Lage, mich ans Steuer zu setzen. Das Angebot, das

Auto beim Bungalow stehenzulassen und im Wagen von einem der Freunde mitzufahren, schlug ich aus. Stattdessen machte ich etwas, das alle verwunderte, wenn es auch in gewissem Sinn verständlich war. Ich bat den Besitzer, meinen guten Freund, mir zu erlauben, dass ich allein im Haus bleibe und noch eine letzte Nacht dort schlafe. Ich würde dann am darauffolgenden Morgen nach einem hoffentlich erholsamen Schlaf in die Stadt zurückfahren und ihm die Schlüssel bringen.

Er willigte gern ein und versorgte mich großzügig mit Schlaftabletten sowie anderen Kleinigkeiten wie einigen Packungen Kamillentee.

„Ich lasse euch allein, dich und Iris", hatte er mir im Scherz gesagt. Es war jedoch ein unpassender Scherz, denn sobald ihr Besitzer nicht zu Hause war, machte sich diese Streunerkatze ganz ruhig aus dem Staub und lief bis zu einem entfernten Bauernhaus, war also die Tage davor bis zu unserer Abfahrt verschwunden gewesen. So hatten wir sie nur am ersten Tag gesehen. Sie war eine magere, nicht wirklich schöne Kätzin, mit zwei grünlichen Augen, größer als normale Katzenaugen, die immer nur mich fixierten. Hier muss ich etwas Unangenehmes anmerken: Am Abend nach unserer Ankunft, als wir beisammensaßen bei einem Gläschen Cognac, war diese Katze mit einem Sprung auf der Armlehne des Sessels gelandet, in dem ich saß, und hatte es sich dann auf meinem Schoß bequem gemacht. Dabei fixierte sie mich intensiv mit ihren grünen Augen. Das hatte die Freunde um mich herum erstaunt, und Hans scherzte, Iris hätte sich in mich verliebt. Sie habe sich vorher nie auf einen Arm gesetzt. Ironisch fügte er hinzu, die Katzen seien wie die Frauen oft untreu, im Gegensatz zu den Hunden. Dieses *Happening* war mir unangenehm gewesen, da ich noch nie große Sympathie für Katzen verspürt hatte. Die Katze plötzlich auf meinem Bauch zu haben, war mir lästig; so packte ich sie am Genickfell und warf sie zu Boden.

Wir vereinbarten, dass es nur für die eine Nacht sein sollte.

Die anderen zwei Freunde wunderten sich ein wenig über meinen Entschluss, waren aber einverstanden, dass ich mich in meinem Zustand nicht ans Steuer setzte. Ich würde sonst möglicherweise einen Unfall verursachen. Sie verstanden auch, dass es keine gute Idee wäre, mit einem von ihnen zurückzufahren, da ich dann später wiederkommen müsste, um mein beim Landhaus geparktes Auto zu holen.

An jenem Sonntagabend war ich also allein in dem großen, bequemen Landhaus. Das Haus befand sich am Rand eines ausgedehnten Waldstücks, ziemlich weit von einer Landstraße entfernt. Mein Freund hatte es übrigens sehr gut ausgestattet. Es musste angenehm sein, auch allein einen Abend und eine Nacht dort zu verbringen.

Es war Abend, ein paar Stunden nach der Abreise der Freunde, als ich bei aufkommender Dunkelheit ein dumpfes Gefühl der Vernebelung, eines schwerer werdenden Kopfes spürte. Und dies lähmte praktisch die Urteilsfähigkeit meines durch die Schlaflosigkeit verwirrten Geistes, schärfte jedoch meine Sinne in besonderer Weise, machte sie klar und aufmerksam.

Dies hatte relativ bald begonnen, bereits am Sonntagmorgen. Ich wiederhole, meine Freunde waren am frühen Sonntagnachmittag weggefahren. Sie hatten nicht viel gesagt, bedauerten mich wegen meiner anormalen Müdigkeit; auch waren sie unglücklich über das ungewöhnliche und enttäuschende Ausbleiben des Wildes in jenem Jahr in diesem Gebiet. Zu viert waren wir nicht fähig gewesen, ein Wiesel, oder vielleicht war es ein kleiner Luchs, wiederzufinden, als es nach einem möglichen Streifschuss entkommen war und nicht einmal die Hunde hatten es aufstöbern können. Ich war es, der geschossen hatte. Diesbezüglich musste man sich fragen, weshalb ich auf ein so kleines Ziel geschossen hatte, nachdem der Zweck unseres Ausflugs in den Wald das Erlegen eines Hirsches oder Wildschweines gewesen war und auch um einige Tage dort zu sein, um mit dem Vorwand der Sportlichkeit ein Tier zu schießen, natürlich mit Erlaubnis der Regierung (für die aktuelle Jagdsaison). Wenn auch die Größe dieses Tieres nicht mit der eines Wildschweines oder

Hirsches übereinstimmte, hatte der im Augenblick des Wartens noch stärker gewordene Jagdinstinkt den Finger gezwungen, den Gewehrabzug in Sekundenschnelle zu ziehen. Also war es wohl ein Wiesel, wie es mir schien. Welche Enttäuschung! Natürlich hatte ich meinen Freunden gesagt, ich würde bleiben, da es mir nicht gut ging. In Wirklichkeit wollte ich im Haus bleiben, weil ich eine instinktive und *absolute Unmöglichkeit* spürte, den Ort zu verlassen. Ich hatte auch erwähnt, ich würde vor meinem anspruchslosen Abendessen im Wald spazieren gehen, sodass ich angesichts meiner körperlichen Müdigkeit auch einen erholsamen Schlaf finden würde. Das hatte ich gesagt in dem Bewusstsein zu lügen, denn ich war mir sicher, dass ich auch in dieser Nacht kein Auge schließen würde. Auch hatte ich keinerlei Lust – oder Möglichkeit – einen Spaziergang zu machen.

„Gut, und versuche bei deinem Spaziergang deine Beute wiederzufinden!", hatten sie beim Abschied im Spaß gesagt.

Meine Trophäe wäre das Wiesel gewesen (doch war es denn ein Wiesel?), auf das ich geschossen hatte und das sicher verletzt irgendwo lag. Ich hatte es am Samstag bei Dämmerung getroffen. Wir fanden es alle eigenartig, dass die Hunde es nicht mehr aufstöbern konnten.

In dem Zusammenhang fiel mir ein, dass zwei Vagabunden, ein Alter mit Bart und wirren Haaren sowie ein kleiner Junge mit schmutziger Nase, die sich an der Hand hielten, erschrocken zu dem Punkt in der Nähe unseres Bungalows geschaut hatten, an dem das Tier im Fliehen von meiner Gewehrladung getroffen oder nur gestreift worden war. Ich erinnerte mich auch, dass mein Freund, der Besitzer des Landhauses, sich riesig über die beiden aufgeregt und ihnen gedroht hatte, wenn sie nicht verschwänden, würde er den bereits leise knurrenden Rottweiler von der Leine lassen. Er war ein fanatischer Hundefan und hatte sich außer den Jagdhunden auch noch den Rottweiler zugelegt.

Dann versuchte ich vergeblich zu schlafen. Ich lag ausgestreckt auf dem Bett, hatte wenig Energie oder Lust nachzudenken oder meine letzten immer gleichen Ideen zu koordinieren. Das Licht ließ ich eingeschaltet, da mich die Dunkelheit auf ungewohnte, unerträgliche Weise belastete. Wer weiß weshalb, doch bei gelöschtem Licht hatte ich ständig den Eindruck, zwei Tieraugen würden mich fixieren, um mich wach zu halten.

Deshalb ließ ich es angeschaltet mit dem Vorsatz, es sofort wieder zu löschen, sobald ich endlich schläfrig würde. Auch spürte ich bei Helligkeit das eigenartige und schleichende Unbehagen weniger stark. Ich befühlte mit der Hand meine Stirn, um zu prüfen, ob ich nicht etwas Fieber hatte. Nein, Fieber hatte ich nicht.

Kurz darauf wurde mir meine ausgestreckte Position unbequem und langsam auch unerträglich.

Ich richtete mich auf zum Sitzen, wobei mein Kopf noch immer umnebelt war, streckte den Arm aus und griff auf gut Glück nach irgendeinem Buch im Regal über dem Bett. Ich weiß nicht, wie ich mir einbilden konnte, dass ich in der Lage wäre, etwas zu lesen und schließlich das Gelesene auch zu verstehen. Außerdem muss ich zugeben, dass es absolut unpräzise ist zu sagen, ich hätte den Arm ausgestreckt, um ein Buch zu holen. Die Bewegung war rein zufällig, denn der zugrunde liegende Anlass, das heißt ein wenn auch unvollendeter schwacher Gedankenblitz, hatte für sich nicht die mindeste Form des fertigen Bildes eines Buches, sondern den unklaren Zweck, einen Arm zu bewegen, um die mir verbliebenen Körperkräfte oder meine Reaktionsfähigkeit zu testen.

Das Buch, das ich nun in der Hand hielt, war der letzte Band einer alten Enzyklopädie, der die Buchstaben *V bis Z* behandelte.

Nachdem ich eine der vielen Schlaftabletten geschluckt und etwas Wasser aus einem Krug getrunken hatte (den Krug zu nehmen, war mühsam und schmerzvoll gewesen), begann ich mit dem Finger, ziel- und grundlos in dem staubigen, auf meinen Knien liegenden Buch zu blättern. Nachdem ich zufällig beim Buchstaben *W* gelandet war, fuhr ich mit dem Zeigefinger weiter bis zu dem Wort *Wiesel*. Kaum hatte ich angefangen, die diesbezüglichen Erläuterungen zu lesen (ohne dass ich mich später auch nur an einen einzigen Satz erinnern konnte), befiel mich ein unangenehmes Gefühl von Übelkeit, was mich am Weiterlesen hinderte.

Ich versuche erst gar nicht zu beschreiben, was in mir vorging. Die Kunst, noch weniger die Literatur, hatten nie die feine, präzise Ausdrucksfähigkeit besessen, die ich für eine derartige Darstellung benötigen würde.

Da ich nun die Erläuterungen nicht weiterlesen konnte, fixierte ich intensiv das Wort *Wiesel*. Hier erinnere ich mich gut, dass sich zu einer in mir spürbaren gewissen Abneigung noch etwas anderes hinzu gesellte, ausgelöst durch jenes Wort aus dem Buch.

Dieses *Etwas* war ein – glaubt ihr mir ? – ironisches Strömen, das mich mit seinen wesentlichen höhnischen Eigenschaften durchdrang, als wollte es mir spöttisch eine Bedeutung zurufen, etwas, das ich nicht verstand, das mich irritierte.

Die Irritation in mir wuchs so sehr, dass ich brüsk das Buch zuklappte und mit der mir verbleibenden Kraft gegen das Regal schleuderte, wobei mir meine Dummheit wohl bewusst war. Da ich jedoch in jenem Moment ziemlich schwach war, landete das Buch nicht auf dem Regal, sondern schlug gegen das nahe Fenster, landete dann auf dem breiten Fensterbrett zusammen mit einer Menge Glasscherben. Ich will nicht verschweigen, dass es mir schrecklich leidtat, dem Hausherrn einen solchen Schaden verursacht zu haben. Für einen langen Augenblick blieb mein Blick auf dem Fenster haften, oder auf dem, was man dahinter sehen konnte.

Das helle Licht im Zimmer schwächte meine Fähigkeit, draußen in der Dunkelheit etwas zu erkennen, so löschte ich es fast automatisch.

Mit dieser Geste hatte sich mit einem Schlag meine Optik umgekehrt, das heißt, ich konnte nun nichts mehr im Inneren des Zimmers unterscheiden, während ich die Dinge im Freien ziemlich gut erkannte.

Natürlich rückte ich näher zum Fenster, um hinauszuschauen.

Ich sage *natürlich*, doch in Wirklichkeit machte ich es, weil ich mich von der nächtlichen Umgebung ganz besonders angezogen fühlte.

Kein Mond leuchtete am Abendhimmel (die Dämmerung verwandelte sich langsam in Dunkelheit). Eine statische Atmosphäre schien das Universum festzuhalten. Kein Blatt bewegte sich, kein Surren der im Wald so zahlreich herumschwirrenden Insekten war zu hören, auch nicht das geringste Geräusch. Auf der Erde, genau genommen im Wald sowie auf dem für mich erkennbaren Wegabschnitt, lastete eine ungewöhnliche momentane Anomalie. Die verschwindende Dämmerung schickte noch einen letzten geheimnisvollen, betrügerischen Lichtstrahl nach unten. Die Bäume, eine kleine Lichtung, der hart gestampfte Wegboden waren noch ein wenig beleuchtet von dem sterbenden Dämmerschein. Ein paar violette Farbtöne erschienen an den Rändern einiger Pflanzenbilder. Ein ähnliches Helldunkel verwischte die Grenzen zu den braunschwarzen Zonen des Waldes.

Ich hob den Blick nach oben. Obwohl die Wolken unbeweglich am Himmel standen, verwandelten sie sich durch die feinen, leicht phosphorisierenden stillen Blitze in bizarre, fremdartige Visionen, so als würde ein weit entfernter Sturm seinen Widerschein vorausschicken, ohne loszubrechen.

Es war sicherlich eine Veränderung des vor meinen Augen erscheinenden Bildes. Doch was war verändert?

Ich konnte nicht darüber nachdenken, war absolut nicht in der Lage dazu. Noch mal: Ich nahm es mit meinen Sinnen wahr, die klare Empfindungen in mir widerspiegelten. Dazu muss ich noch sagen, dass ich mich falsch ausgedrückt habe: Die Blitze waren *ganz und gar nicht still.*

Still waren ihr plötzliches Aufleuchten und ihr Lauf, doch nicht ihr Epilog, den eine Art diabolisches leises Klagen begleitete und auch noch folgte, nachdem sie verschwunden waren.

Sollte dies mein Verstand als Häresie wahrnehmen, hatte ich das Gefühl, dass alles, wirklich alles, also die ganze von meinem Fenster aus sichtbare Erscheinung des Universums unter dem feinen außergewöhnlichen Einfluss von etwas im Vergleich zu ihm sehr Winzigem stand. Etwas, das an einem Punkt der Erde existierte, das heißt in dem Teil eines Bildes, das ich beobachtete.

So beschloss ich nun, mich zu bewegen und näherte mich dem Fensterbrett, um besser und genauer die Umgebung dahinter erforschen zu können.

Mein Blick wurde zur linken Seite des Panoramas gelenkt, wo ich zu meinem größten Schrecken sofort den Alten mit den wirren Haaren und dem dreijährigen Kind an der Hand erkannte, jene Personen, die uns nach meinem Gewehrschuss aufgefallen waren.

Ich hatte sie sofort wiedererkannt, da sie auch in der gleichen identischen Position von zuvor dastanden, als hätten sie sich nie entfernt. Ich war mir sicher, der lange, abgenutzte Mantel des bärtigen Alten hatte dieselben Falten, das Kind noch immer den mitleidigen Ausdruck um den Mund, so wie es sich in meinem Geist eingeprägt hatte. Beide fixierten mit idiotischem Blick den bestimmten Punkt im Wald, wie sie es an jenem Abend getan hatten.

Nun verstärkte sich meine Verwunderung noch schmerzhafter, meine Sinne warnten mich, dass auch diese zwei Figuren nur Fixpunkte in dem Bild waren und gehorchten – versteht ihr? – gehorchten einer feinen, doch erschreckenden Macht, die sie festhielt.

Ich schaute zum Himmel, blickte dann blitzartig auf die Erde und zu den zwei Vagabunden, als ich dann sofort verstand, wohin ich sehen sollte.

Wie ein Schlafwandler ging ich hinaus zu jenem bestimmten Punkt. Iris saß da, unter einer Eiche mitten in einem Gebüsch, dessen Blätter sie halb verdeckten, in ihrem schwarzen, mit kleinen violetten Tupfern versetzten Fell, mit gesenktem Kopf und höllischem Blick.

Meine Augen sahen sie nun, die Kätzin, oje! – und wie sie das Tier sahen. Sie entdeckten erschrocken alle noch so unscheinbaren Besonderheiten, das borstige Fell, die im offenen Maul gefletschten weißen Zähne. Mit nicht mehr grünlichen, sondern lebendigen roten Augen, die wie ein Schalter das Licht am Himmel anknipsten.

Man sah die blutige Streifschussverletzung, die das Tier mir zuwandte, mir, der ich ihr Mörder war.

Es war ihr unmenschliches Miauen, welches das Universum vergiftete. Es war diese langsame, diabolische, verzweifelte Agonie, die zu einem langsamen, diabolischen, verzweifelten Hilferuf ohne Ende wurde, der mich nie mehr würde schlafen lassen, so lange, bis er *vollkommen* im Tod verstummte.

Abgesehen von den zehn bis zwölf Sekunden, nachdem das Tier mit Nahrung und Wasser versorgt worden ist existiert keine echte Kommunikation zwischen ihm und dem Menschen, wenn es sich um ein domestiziertes Tier handelt. Ausgenommen in einem Moment des Todes, doch das sind seltene Fälle.

VERENA

Sollte Verena sich selbst für ein leichtes Mädchen halten? Vulgär ausgedrückt eine Hure? (Das ist hier nicht gemeint in Bezug auf Geld oder andere Vorteile.) Verena gibt auf natürliche Art einem erotischen Wunsch nach, vorausgesetzt, dass dieser sich als außergewöhnlich darstellt, anders als üblich. Sie hasst die sexuelle Monotonie. Was ist ihr Problem? Es ist eines, das sie sich in dem Ausmaß nicht vorstellte.

Verena war nervös an diesem ruhigen regnerischen Wochenendnachmittag. Das war nicht der Nachmittag, den sie erwartet hatte.

Karl war unten im Erdgeschoss, im Wohnzimmer, wo er am Computer arbeitete, nebenbei eine Zigarette rauchte und ab und zu einen Schluck Cognac trank.

Seitdem er sich hatte überreden lassen, sich auf die Liste zur Bürgermeisterwahl ihrer Stadt setzen zu lassen, war er jedes Wochenende entweder am Computer oder auf irgendeiner Parteiversammlung.

Natürlich war allein die Tatsache, dass er am Computer arbeitete und sie ihn nicht auf eines der langweiligen politischen Treffen begleiten musste, schon etwas, das man akzeptieren konnte, wenn auch diese Situation sie langweilte.

Später würden sie zum Chinesen zum Abendessen gehen müssen. Das ist alles.

Seit einiger Zeit hatte sie angefangen, etwas Seltsames zu tun, das sie vorher als Mädchen nie gemacht hatte; sie hielt manch erotische Gedanken und neue Fantasien in ihrem Tagebuch fest. Verena hatte keine besondere Neigung etwas Literarisches zu schreiben. Dazu wäre sie nicht fähig gewesen. Doch sie hatte damit angefangen, nur um ihre Worte später wieder zu lesen und darüber zu meditieren. Es war nicht wirklich ein

Tagebuch, vielmehr ein langes Blatt Papier, auf dem sich oft unterbrochene Satzskizzen mit unvollständig formulierten erotischen Wünschen mischten, die unbewusst und offen gesagt unvorstellbar, also eigenartig waren, ohne jede Logik und zufällig aufgetaucht. Jener regnerische Nachmittag war ideal, ihre Notizen wieder zu lesen. Doch das Heft hatte sie nicht sofort gefunden. Wer weiß, wohin sie es gelegt hatte, denn oft ließ sie es gedankenlos irgendwo liegen, nachdem sie das Lesen unterbrochen hatte. Es gab aber etwas anderes, womit sie sich ihre Zeit an diesem öden Nachmittag vertreiben konnte.

Sie könnte das zuvor gekaufte Objekt aus der Schublade ihres schönen Sekretärs holen. Herausnehmen nur um es zu betrachten; es war ja nicht der passende Moment, es zu benutzen. Dazu fehlte ihr die Inspiration – nur um den passenden Begriff zu verwenden.

Hier nun ihr Problem. Und hier seine Lösung: War es ein Problem? Und ob! Und Karl in seiner gebildeten, liebevollen Offenheit hatte es abgemildert in einer angemessen neutralen, freundschaftlichen ehelichen Beziehung, um dem entgegenzuwirken, was sich seit einigen Jahren in seinem Kopf als ihre *ganz normale, akzeptable und teilweise eheliche Abstinenz* festgesetzt hatte.

Hatte sie es akzeptiert? Das war eben das Problem.

Nicht ganz genau, nicht in dem von Karl verstandenen Sinn. Es war etwas schwer Definierbares, nichts Einfaches; Karls Problem war das Gegenteil, denn er war *zu* unkompliziert.

Das bedeutete aufrichtig, doch auch monoton, gewohnheitsmäßig, fantasielos, kurz ein durchschnittlicher, äußerst durchschnittlicher Ehemann wie so viele. Es war diese Monotonie, die Verena nicht ertrug.

Resignation? Sie wusste nicht genau, ob Karl sich abgefunden hatte nach fast elf Jahren Ehe, was auch Nächte bedeutete seit elf Jahren. Wahrscheinlich ja; denn Karl schien nicht der Typ zu sein, eine außereheliche Beziehung zu pflegen. Er würde sich, mit bürgerlicher Optik betrachtet, als normaler und idealer Ehemann bezeichnen. Karl interessierte sich nur für seinen juristischen Beruf und die Politik.

Und sie? Zum einen kannte sie niemand wirklich Interessanten, dann ahnte sie, dass eine Alternative zum Ehepartner (wie bei einigen ihrer Freundinnen, ausgenommen natürlich ihre Kindheitsfreundin Johanna, eine mustergültige und etwas frömmelnde Puritanerin) sie nicht übermäßig verlockt hätte. Dabei ist die Gefahr eines Skandals nicht zu vernachlässigen, den man mit einer solchen Beziehung riskiert in der kleinen Provinzstadt, in der sie lebte. Ihr fiel dabei das Bekenntnis einer ebenfalls verheirateten Freundin ein, die seit langem eine sentimentale Beziehung mit einem verheirateten Arbeitskollegen pflegte. Für die Freundin bestand das Problem in der Zeit und der Struktur der kleinen bayerischen Stadt, ihrem Wohnort. Zu gefährlich, jede Woche ein Hotelzimmer zu mieten, zu wenig Zeit, woanders in ein Hotel zu gehen, ohne sich verdächtig zu machen wegen der unerlässlichen Stunden der Abwesenheit. So erfolgte die Beziehung im Auto. Äußerst unbequem und ungenügend.

Das ist das wahre, uneingestandene Problem beziehungsweise der Kern desselben.

Verena reizte keine eventuelle außereheliche Beziehung, die einmal wöchentlich so regelmäßig stattfand, dass sie einer Ersatzehe glich. Sie fühlte sich dominiert von etwas anderem, etwas Ungenauen, Tiefen und ein wenig Obskuren. Ihr hätte es gefallen, spontan verblüfft zu werden vom unerwarteten, vielleicht auch (und vor allem) erotisch schockierenden Element.

Genau wusste sie es auch nicht, doch sie ahnte, dass nur eine solche Möglichkeit sie faszinieren könnte: das *Anders*, das plötzliche und unerwartete Anders, fern von der Monotonie des Provinzlebens.

Dies war der Grund, weshalb sie sich vergangenen Montag plötzlich entschieden hatte, auf irgendeine Art zu handeln. Schluss mit den sterilen Gedanken. Handeln in einer bestimmten schockierenden, wenn auch unschädlichen Weise.

Sie war noch immer berauscht von dem Gedanken daran. War nicht die Berauschtheit allein schon etwas erotisch Interessantes? Wenn auch, wie gesagt, unschädlich, nicht existent.

Als einzige Vorsichtsmaßnahme hatte sie sich eine große Sonnenbrille mit dunklen Gläsern und einen ziemlich großen Sonnenhut aufgesetzt. Dann war sie in großer Emotion aber mit Entschlossenheit mit dem Auto nach München gefahren. Dort hatte sie ein Geschäft mit Erotikobjekten betreten. Ein Geschäft wohlverstanden fast ausschließlich für männliche Kunden beziehungsweise auch weibliche, diese jedoch immer in Begleitung.

Von einigen unter ihnen fühlte sie sich beobachtet, während sie mit dem Finger einen Vibrator nach dem anderen berührte, um dessen Härte zu befühlen, wobei sie mit dem Fingernagel darauf klopfte und seine Oberfläche streichelte, welche in jeder Bewegung ein männliches Glied in Erektion simulierte. Welche Erregung – nicht wegen des Kontaktes mit dem Kunststoff – sondern wegen der auf sie gerichteten Blicke.

Und dann an der Kasse, als der Verkäufer den Vibrator umdrehte, um den Preis zu entfernen und sie mit einem leicht unterwürfig simulierten Lächeln fragte, ob sie ihn für geeignet hielt oder ein besseres, technisch anspruchsvoller ausgestattetes Gerät möchte. Und bei all dem fühlte sie die Blicke eines Kunden ganz in ihrer Nähe auf sich gerichtet. Dann ein Knistern am Körper, worauf sich der Mann sofort entschuldigte, dass er sie *ungewollt* berührt hatte. Was für ein unverschämter, scheinheiliger Spießer!

Aber diese Erregung, diese Hand! Es hatte nur eine Sekunde gedauert, doch diese Emotion! Sie war sich bewusst, dass sie die einzige Frau in der Stadt war, die sich auf die vage Suche nach einem unüblichen, unschuldigen und flüchtigen, doch ungefährlichen Abenteuer gemacht hatte, das sie nicht zuletzt auch aus diesem Grund genoss.

Vier Tage später war sie wieder dorthin gegangen, mit einem anderen Hut, um einige Pornozeitschriften zu kaufen.

Nochmals eine tiefe Gefühlswallung. Es waren nicht die Fotos in diesen Zeitschriften, die sie erregten – zu vulgär, Zeitschriften für Männer – doch die Tatsache, sie in jenem Geschäft gekauft zu haben, wo drei Männer sie sehnsüchtig betrachtet und einer von ihnen vergeblich versucht hatte, mit ihr ins Gespräch zu kommen. Ein neues, aufregendes Gefühl, sich begehrt zu fühlen, diese Männer jedoch keines Blickes zu würdigen und wie eine Königin das Geschäft zu verlassen, selbstbewusst und gelangweilt.

Kurz gesagt, etwas anderes, extravagant Erotisches; dies verlockte sie.

Wenn Karl es erfahren hätte, wäre er entsetzt gewesen (ungeachtet des Schadens für seinen Wahlkampf in einer solchen Provinzstadt).

Dann hatte Erika, eine weitere intime Freundin, ihr gestanden, dass sie abends mit ihrem Mann oft Pornofilme anschaute, nachdem die kleine Tochter im Bett war; sie wollte ihr sogar einen davon schenken, den sie sich allein ansehen sollte. Verena hatte spöttisch abgelehnt, sie ausgelacht. Solche Filme waren monoton, alle gleich, mit jener sexuellen Gymnastik, in der die Frau einer Puppe glich. Schließlich hatte auch Erika zugegeben, dass sie sich diese Filme nur anschaute, um ihrem Mann einen Gefallen zu tun. Filme entworfen von Männern; Männer, welche absichtlich die intime Psyche der Frauen ignorieren und sich davor hüteten, in deren empfindliche, aber leidenschaftliche Seele einzudringen. Dagegen das Unvorhergesehene, die Seltsamkeit einer bestimmten Situation, die Fantasie, das Augenschließen vor Erregung, wenn sie die Hand eines Mannes leicht an der Hüfte berührt vor der noch nicht geöffneten U-Bahntür, mit vielen Leuten hinter sich und ihrem Geschiebe, um an der Haltestelle Marienplatz auszusteigen.

Hätte sie all dies Karl beichten sollen, auch weil er behauptete, dass sie sich immer alles sagen müssen? Er war verständnisvoll, intelligent, doch er hätte sie nicht verstanden, wer weiß, was er über sie gedacht hätte.

Nicht einmal ihre enge Kindheitsfreundin Johanna hatte Verena verstanden. Sie hatte Verenas Unruhe bemerkt, ihr Geständnis angehört, das beim Wiedererzählen ohne Einzelheiten ziemlich unwirklich erschien, und ratlos den Kopf geschüttelt. Johanna war vor allem sehr religiös, sie war mit ihrem Mann im Wohnwagen bis Lourdes gereist; einer solchen Seele macht man keine derartigen Geständnisse. Wenn man zu offen mit ihr über Sex sprach, wechselte sie sofort das Thema. Doch wie alle Frauen hatte auch Johanna ihre schwache Seite – merkwürdig. Sie fühle sich angezogen von der sogenannten *Macht des Bösen*, sagt Johanna. Etwas, das man sicherlich bekämpfen müsse, doch bevor man es bekämpfe und besiege, müsse man es kennenlernen. Schließlich habe auch der Hl. Antonius, der Einsiedler, die Versuchung des Dämons gekannt, bevor er sie bekämpfte und bezwang.

So hatte sie Verena angeboten, sie zu einer ihr bekannten Wahrsagerin zu bringen. Vielleicht würde es ihr helfen, ihre Zukunft zu regulieren, um keine Dummheiten zu machen. Johanna hatte viel Vertrauen in jene Handlinienleserin, die außerhalb Münchens in einer Ansammlung von Einwanderer-Containern wohnte. Diese ältere Rumänin war Johanna eine große Hilfe gewesen, obwohl sie vor ihrem Besuch starke Zweifel unterdrücken musste, wegen ihres christlichen Glaubens und dessen Verhältnis zu solchen Dingen.

Johanna hatte sich also angeboten und sogar darauf bestanden, sie zu begleiten. Während der Fahrt durch München hatte sie ihr die bewundernswerte abstrakte Macht der Zigeunerin beschrieben, in Bezug auf deren unzweifelhafter Gabe zur Voraussicht. Zweifellos besser als jene antiken Prophetinnen in Delphi. Diese gaben konfuse Orakelsprüche bezüglich Krieg und Frieden von sich, während die Zigeunerin andere äußerte, die für die weibliche Psyche verblüffend erschütternd waren; auch in einer offen gesagt grotesken Ausdrucksweise mit rumänischem Akzent.

Natürlich war sie hingefahren, skeptisch, aber neugierig, zusammen mit dieser verrückten Johanna.

Die alte Rumänin mit ihrem bunten, doch nicht unbedingt sauberen Kopftuch hatte sie lange betrachtet, sie und ihre linke Hand. Ohne zu lächeln hatte sie am Schluss gesagt:

„Sonntag."

„Sonntag?"

„Nicht der Nächste, der andere", hatte die Alte gesagt in ihrem starken Akzent.

„Und was müsste mir nach zwei Sonntagen passieren? Ich verstehe nicht."

„Die Lösung Ihres Problems."

„Verzeihung, Sie müssten es mir besser erklären: welches Problem?", hatte sie ein wenig alarmiert, aber vor allem neugierig gefragt. Warum war die Alte so lakonisch, während Johanna gesagt hatte, sie habe mit ihr über zehn Minuten lang und auf sehr sorgfältige Art geredet.

„Sollte ich ein Problem haben?", hatte sie in vorgetäuschter Naivität gefragt.

„Das wissen wir alle beide, meine Dame. Sie haben ein Problem. Wenn Sie wollen, verrate ich es Ihnen auf der Stelle, doch ich glaube, es ist nicht nötig." Und hatte mit verschlagenem Blick hinzugefügt: „Ein sexuelles mit sich selbst und mit Ihrem Mann, der Sie jedoch gern hat. Ja, es besteht kein Zweifel, dass Ihr Mann Sie liebt und schätzt. Das sehe ich klar. Ihr Mann liebt Sie, doch Sie haben ein kleines Problem."

„Um das Gernhaben geht es nicht", hatte sie achselzuckend geantwortet.

„Das wissen wir, gnädige Frau. Die Sexualität ist etwas ganz anderes, ebenso das Gernhaben. Aber Sie sind nicht hier, ein Urteil über diese Dinge zu hören; Sie sind hier, um eine richtige Vorhersage über Ihre Zukunft zu hören, eine Zukunft, die ich empfindsam, intim bezeichnen würde. Sie sind nicht hier, um mit mir über allgemeine Eheangelegenheiten zu diskutieren."

„Gut, und jetzt?", hatte Verena etwas betroffen gefragt, doch war sie natürlich auch neugierig geworden.

„Sonntag, habe ich gesagt. Nicht dieser, sondern der nächste."

„Und was wird mir passieren?"

„Da wird Ihr Problem gelöst sein. Sie sind bei der Erwähnung des Problems zurückhaltend, ich bin es in Bezug auf die Lösung, weil es nicht nötig ist, jetzt darüber zu sprechen. Ich sehe nur, dass Sie am Sonntag etwas erleben werden, das Ihr Problem lösen wird. Sonntag." Und sie hatte hinzugefügt, während sie das Kopftuch zurechtrückte:

„Es macht 85 Euro, und wie Ihre Frau Freundin gesagt haben dürfte, beabsichtige ich nicht, Ihnen eine Quittung zu geben. Danke. Und alles Gute für jenen Sonntag, den nächsten."

Die Alte kratzte sich nochmals am Kopf über dem fleckigen Tuch und fügte mit schlauem, wenig sympathischen Lächeln hinzu: „Sollte an dem Sonntag nichts, wirklich nichts passieren, erlaube ich Ihnen, hierher zu kommen und sich die 85 Euro wieder zu holen. Sind Sie zufrieden, gnädige Frau? Wollen Sie auch ein Gläschen unseres starken rumänische Elixiers?"

Verena hatte den Kopf geschüttelt und einen 100-Euro-Schein auf den Tisch gelegt. Die Zigeunerin hatte ihn feierlich genommen, wobei sie deutlich zeigte, dass sie der Meinung war, für ihre wichtige Antwort den Rest von 15 Euro nicht zurückgeben zu müssen. 100 Euro für dieses kurze Gespräch – darüber war Verena schon etwas betroffen. Im Grunde würde sie nicht lange zu warten haben, nur circa eineinhalb Wochen! Außerdem hatte ihre vor der Baracke wartende Freundin Johanna die Prophezeiung sehr positiv beurteilt, sie würde 100-prozentig den Kern treffen, weil in nur wenigen Worten ausgedrückt und so lapidar wie die Orakelsprüche der griechischen Antike. Es sei nur schade, dass sie nicht mit dem christlichen Glauben harmoniere.

Und dieser Sonntag war genauso wie vorhergesagt!

Es regnete, Karl war unten im Wohnzimmer am Computer, sie war allein, traurig und passiert war ihr nichts. Welcher Dummkopf glaubt denn an Wahrsager? Trotzdem war sie mit dieser idiotischen Johanna in der S-Bahn und im Taxi hingefahren, um sich solchen Blödsinn anzuhören. Sie war völlig deprimiert!

Deshalb war sie zum Sekretär gegangen. Sie hatte ganz und gar nicht die Absicht, den erstandenen Plastikpenis zu benutzen, sie wollte nur die Schublade öffnen, um ihn wiederzufinden und die Emotion nochmals zu erleben, die sie verspürte, als sie das Objekt unter den Blicken der Männer ausgesucht hatte. Eigentlich besaß sie schon zwei weitere elektrische Plastikglieder, die ihr eine Frauenzeitschrift auf Bestellung zugeschickt hatte, die sie jedoch fast nie benutzte. Es war einzig allein wegen der *Emotion beim Kaufen*, dass sie jenes Geschäft betreten hatte.

Möge die Prophezeiung jener Betrügerin auch eine kommerzielle Farce gewesen sein, so konnte sie wenigstens durch das Öffnen der Schublade dieses schöne, geheimnisvolle und bewegende Gefühl noch mal verspüren. Sie zog sie auf, hob die zwei Zeitschriften hoch, um den Gegenstand unter den Seiten zu finden.

Nichts. Nichts? Wieso nichts? Unmöglich. Wo war er? Sie versuchte, einen Moment ruhig zu bleiben, um einen vernünftigen Gedanken zu fassen. Wieso war das Objekt weg? Karl? Hatte ihr Mann in ihren intimen Sachen gestöbert? Nein, nicht möglich. Sie kannte ihren Mann; er wäre zu einer solch vulgären Handlung nicht fähig gewesen und auf alle Fälle hätte er mit ihr darüber gesprochen. Beide schliefen jeweils bereits seit Jahren in separaten Schlafzimmern und jeder respektierte die *Privacy* des anderen. Und dann war allein schon der offene und ehrliche Charakter Karls ein sicheres Alibi. Aber was jetzt ...? Der Plastikpenis befand sich nicht in der Schublade. Wo konnte er sein? Beziehungsweise wer hatte ihn genommen?

Sie betrachtete nochmals die erste der Zeitschriften, unter welchen der Gegenstand hätte liegen müssen.

Nun ließ sie ihre Verwunderung – auch eine gewisse Beklemmung – nicht mehr rationell nachdenken. Sie blätterte schnell alle Seiten durch, packte dann nervös die andere Zeitschrift, um sie ebenfalls Seite für Seite durchzusehen.

Es waren nicht dieselben, dessen war sie sich sicher, es waren nicht die zwei Zeitschriften mit so vielen pornographischen Fotos, die sie in jenem Geschäft zwei Tage vorher zusammen mit dem Vibrator gekauft hatte!

Erstaunen und Angst vermischten sich. Was war passiert? Die zwei Zeitschriften waren zwar pornografisch, doch es waren andere; darüber gab es keinen Zweifel. Dann noch ein unbegreifliches neues Element: eine weitere Überraschung! Beim nochmaligen Durchblättern des zweiten Heftes war ihr etwas nach unten gerutscht, das zwischen den Seiten gelegen hatte: zwei großformatige Fotos im Ausmaß der Zeitungsseiten.

Sie hob sie auf und betrachtete sie aufmerksam.

Das Erste war in einem gewissen Sinn erotisch unschuldig. Eine junge, sehr schöne Frau mit langen blonden Haaren bis auf die Schultern kniete nackt auf dem Fußboden. Sie war traurig; über ihr schönes Gesicht lief eine Träne. Was die Situation so überraschend und auch ungesund erscheinen ließ, war die Tatsache, dass die Beleuchtung nur von einem Lampenschirm kam, wobei das Licht noch zusätzlich durch einen Schal gedämpft wurde. Es war ein Lampenschirm ähnlich wie ihrer, sogar der Schal war fast wie eines ihrer Tücher. Natürlich nur ähnlich, es konnte nicht das Ihrige sein.

Doch das zweite Foto rief eine stärkere Emotion hervor.

Eine feine, aber tief bewegende Erotik, die sich bereits der süßlichen, zweifelhaften Grenze zur ungestümen Pornographie näherte. Die junge Frau aus dem ersten Foto kniete noch immer nackt in derselben Position. Ihre Augen waren halb geöffnet, ihre schönen sinnlichen Lippen geschlossen. Dies, weil rechts von ihr, genau auf Höhe ihres Mundes, die Hand eines Mannes dabei war, die Hose aufzuknöpfen. Er hatte sie schon zur Hälfte geöffnet, sodass man die längliche Aufblähung dessen erkennen konnte, was gleich von der zu eng gewordenen Stoffhülle befreit werden sollte.

In wenigen Augenblicken hätte die junge Frau das Ding nur wenige Zentimeter entfernt vor ihrem Gesicht gehabt. Links von ihr war jedoch ein weiblicher Körper, halbnackt und seltsam schlaff. Die Frau, der dieser Körper gehörte und deren Gesicht ebenso wie das des Mannes auf der rechten Seite sich außerhalb der Gesamtansicht befand, auch sie ganz nahe, reichte ihr liebevoll eine Rose.

Nach dem Gesichtsausdruck der knienden Frau, deren Mund fest geschlossen blieb, zu urteilen, schien sie hin- und hergerissen zu sein zwischen dem Impuls, das Gesicht zur Blume zu drehen, um den Duft einzuatmen, oder den Blick auf das zu richten, was sich nun aus der Umhüllung von Fingern und Hosenstoff herausschieben würde. Ihre halb geschlossenen Augen drückten zugleich etwa ein sinnliches Verlangen sowie auch eine leichte, tiefe Melancholie aus. Jetzt lief ihr wieder eine Träne über das Gesicht.

Ein fantastisches Foto, war Verenas überraschender Gedanke. Aber dann warf sie es ärgerlich zur Seite. Doch wer hatte es dort hineingelegt? Jetzt war klar, warum sie auch ihr Heft mit den Aufzeichnungen nicht gefunden hatte. Auch dieses war verschwunden!

Sie musste erkennen, dass es unnütz war, sich Fragen zu stellen. Wer weiß, die Lösung – so bestürzend sie auch sein mag – würde nicht lange auf sich warten lassen.

Hatte ihr jemand einen Streich gespielt, auf raffinierte, verwirrende Weise? Wer? Karl? Nein. Die neue Haushaltshilfe, das Mädchen, das die ältere kranke Bertha ersetzte? Auch nicht. Dieses circa 22-jährige Mädchen von der Arbeitsvermittlung, das nun das Erdgeschoss putzte, war zu normal und außerdem zu unerfahren, beinahe schüchtern. Sie kommt nicht in Frage; keine Putzhilfe bringt pornografische Fotos und Zeitschriften mit zur Arbeit. Nun, wer dann? Wer wollte sie auf solche Art provozieren? Sie war erschüttert, aber auch schrecklich neugierig. Vor allem erregt.

In diesem Moment hörte sie Karls Stimme von unten. Er bat Verena, ihm einen Espresso zu machen.

Verena schob vorsichtshalber die Schublade zu (war es überhaupt noch notwendig, sie zu schließen?) und ging hinunter.

Karl saß noch vor dem Computer, auf dem Bildschirm waren Wahllisten und Statistiken zu sehen. Er sprach sie zuerst an, ohne den Blick vom Monitor zu wenden:

„Liebling, es muss nicht sein, dass das neue Mädchen den Espresso zubereitet in dem teuren Luxusobjekt, das wir auf der Messe gekauft haben. Sie erscheint mir ziemlich unerfahren. Lieber solltest du ihn zubereiten, du machst ihn immer so gut wie die Italiener."

Verena nickte, nachdem sie ihn prüfend gemustert hatte. Nein, Karl, der sich bei jeder Gelegenheit außerhalb des gerichtlichen Umfeldes ihr gegenüber als höchst ehrlicher, solider Charakter zeigte, folglich ein schlechter Schauspieler war, zeigte keinerlei Veränderung des Gesichtsausdrucks. Es war für ihn ein normaler Nachmittag; er war es nicht, der *diese Sache* organisiert hatte.

Verena ging in die Küche, wo sie sich daran machte, zwei Espressos in der neuen Maschine zuzubereiten. Sie warf einen Blick auf das Mädchen, das dabei war, das Spülbecken zu scheuern. Auch dies war total normal. Warum sollte sie es verdächtigen? Sie hatte die Kleine vorher nie gesehen, sie war vom Arbeitsamt geschickt worden aufgrund Karls telefonischer Anforderung. Bertha, ihre übliche Stundenhilfe, hatte Karl drei Tage vorher mitgeteilt, sie habe die Grippe bekommen.

Verena schenkte die zwei Tassen Espresso ein, ohne Zucker, seitdem Karl sich in den Kopf gesetzt hatte, abzunehmen, und trug sie ins Wohnzimmer. Auf seinem Drehstuhl zu ihr gewandt, nahm er lächelnd seine Tasse.

Sie sprachen über den bevorstehenden Wahlkampf. Ein Anwalt wie Karl Kneipp war von der Partei angehalten worden, ein Bild von Kompetenz und Autorität darzustellen, doch auch die soziale Seite und ein Hauch von Kameradschaftsgeist seien nicht zu vernachlässigen, das würde die Massen beeindrucken. Auch war Karl nicht reich. Deshalb hatte man ihm geraten, seine Ästhetik durch Schönheitspflege zu verbessern. Dies war die einzige Schwierigkeit in seinem Wahlkampf, denn er war zu sehr Anwalt und weniger Volkstribun. Verena verstand dies, doch sie konnte ihm hier nicht helfen; sie hasste die Politik sowie all jene Personen, hauptsächlich die Männer, die mit Karls Partei zu tun hatten.

„Ich denke, du strengst dich zu sehr an. Wenn du vielleicht diese ständige Computerarbeit beiseite legen und anfangen würdest, öffentlich zu reden, wie du es so gut im Gericht machst, könntest du eine größere Wirkung erzeugen, glaubst du nicht auch?"

Sie wollte ihn zum Sprechen bringen, um am Ton seiner Stimme zu erkennen, ob es in ihm eine innere Unruhe gab, die mit dem Verschwinden ihres Heftes und dem Austauschen der Pornozeitschriften zu zusammenhängen könnte.

„In der Tat", antwortete er. –„Im Gericht bin ich Anwalt. Anwälte tragen Fakten vor, Beweise oder benennen Zeugen, während die Politik Visionen oder sogar Lügen verlangt."

Verena zuckte lächelnd die Schultern. Kein merkwürdiges Indiz in Karls Stimme. Sie war überrascht bei dem Gedanken, dass sie es trotz ihres Kummers schaffte zu lächeln. Jedenfalls hatte ihr nicht Karl den Streich gespielt. Sie vermutete es nicht nur, sie war sicher. Man musste ihm nur direkt ins Gesicht schauen.

„Ich gehe ins Bad; bis zum Abendessen beim Chinesen ist ja noch viel Zeit."

Hier schüttelte Karl den Kopf.

„Nein, meine Liebe, wir essen heute Abend nicht allein. Wir sind zu fünft."

„Zu fünft? Parteileute, langweilig wie immer? Und wohin gehen wir zum Essen mit diesen Typen?"

„Leute aus der Partei", antwortete er nun heiter, „aber nicht langweilig, sondern brillant, zumindest einer von ihnen. Und dann noch eine schöne Frau. Ich hoffe, du bist nicht eifersüchtig, weil sie elegant ist, was übrigens auch du immer bist."

„Ich verstehe nicht", sagte Verena beunruhigt. –„Weshalb hast du das Programm geändert, ohne mir etwas zu sagen? Und seit wann gibt es in deiner Partei auch interessante Leute? Auch noch elegante Frauen! Sie gleichen doch alle den Frauen der Grünen."

„Ich musste es ändern, meine Liebe. Ich erkläre es dir jetzt."

„Das hoffe ich", sagte sie sichtbar genervt.

„Da ist Roger, mein enger Freund aus der Studienzeit, deutsch mit französischer Mutter, erinnerst du dich an ihn?"

„Ja, ich glaube ja. Jener aus München?"

„Ja, er."

Verena erinnerte sich genau an Roger, obwohl sie ihn nur ein einziges Mal getroffen hatte und zwar in München, am Sitz der Partei; und das war schon über ein Jahr her. Ein entschieden wenig sympathischer Typ, sicherlich brillant und liebenswürdig, doch vermutlich auch zynisch, so wie er sie angeschaut hatte, als sie die Beine übereinander schlug, geradezu unverschämt. Er war jedoch ein intimer Freund Karls aus der Zeit der Universität. Einmal pro Woche fuhr Karl nach München in die Anwaltskanzlei, mit der er zusammenarbeitete. Abends spielten sie dann alle miteinander Poker im Club, in dem auch Karl Mitglied war. Sie waren die Ersten, Roger und der andere Intimfreund Emil, die Karl dazu gebracht hatten, sich auf die Liste für die Kommunalwahlen ihrer kleinen bayerischen Stadt setzten zu lassen.

„Und wer wären dann die anderen?“

„Emil mit seiner Frau Sabine.“

„Nie gesehen. Doch warum so überraschend?“

„Die drei fuhren von Prag nach München, wobei sie hier vorbei kamen. Dann hatte Emils Auto eine Panne, die Batterie funktionierte nicht mehr. Sie müssen sie reparieren lassen oder besser austauschen. Es ist Sonntag, alle Werkstätten sind geschlossen. Sie flüchteten zu uns und nun versucht Roger herauszufinden, was genau nicht funktioniert; er hat soeben hier im Garten die Motorhaube hochgehoben. Auf den Abschleppdienst braucht man nicht zu hoffen, er wurde bereits angerufen, doch wegen all der Unfälle heute Nachmittag könne man nicht sofort einen Wagen schicken; das heißt, wer weiß wann überhaupt. So hat sich Roger an die Arbeit gemacht. Ich musste ihm eine Kapuzen-Wetterjacke geben, die ihn vor dem Regen schützt.“

„Aber wieso, dann wäre er schon hier? Und ich wusste nichts?“

„Ja, doch ich wollte dich nicht stören und dann ...“

„O Karl, was hast du dir dabei gedacht, drei Gäste bei uns aufzunehmen, ohne mir etwas zu sagen? Ich war im Zimmer oben und habe nichts gewusst!“

Verena begann, sich wirklich aufzuregen.

„Aber Verena, es ist nur eine Kleinigkeit; da ihr Auto stehenblieb, war es meine Pflicht, dass ich ihnen zu helfen versuchte.“

„Und sie, sagst du, Emils Frau, sei elegant, während ich im Hauskleid bin. Karl!“

Karl streckte die Arme vor, um sie zu beruhigen.

„Sabine ist nicht hier. Sie ist mit unserem Auto ins Zentrum gefahren, sie kommt in ein paar Stunden zurück. Du hast alle Zeit der Welt, dich herzurichten."

„Und die anderen zwei?"

„Roger hat die Motorhaube geöffnet. Er sagt, er könne alles sehr gut in Ordnung bringen. Falscher Alarm, doch es wäre besser, eine neue Batterie einzubauen. Und so haben wir entschieden, heute Abend alle gemeinsam zu essen."

„War das wirklich nötig?", antwortete sie ein wenig besänftigt.

„Aber sicher! So können wir nach dem Abendessen zusammen das Fußballspiel anschauen. Wir gehen nicht zum Chinesen, wir hätten sonst nicht genug Zeit."

„Was genau willst du damit sagen?"

„Dass wir hier essen. Keine Angst", Karl hob die Hand, um der Reaktion seiner Frau zuvorzukommen, „Ich habe bereits ein kleines Abendessen bestellt, komplett mit Vorspeisen *all'italiana*. Du liebst die italienische Küche. Alles wird rechtzeitig ordnungsgemäß hier abgeliefert. Außerdem habe ich mit der neuen Putzhilfe gesprochen; für eine Zuzahlung bleibt sie hier zum Servieren sowie Abräumen und Saubermachen, nachdem wir fertig sind. Ein sympathisches kleines Abendessen unter Freunden, du wirst sehen."

„Also ein Abendessen, gebracht in der Schachtel, dann Fernsehen. Wie langweilig!", wandte Verena schlecht gelaunt ein. Sie dachte dabei an die drei unerwünschten Gäste.

„Liebling", begann Karl schmeichelnd, „ich würde dich bitten zu verstehen, dass wir, ich meine unsere Gäste von heute Abend, darauf warten zu erfahren, wie es mit dem FC Bayern ausgehen wird. Ein außergewöhnliches Fußballspiel heute Abend, das wir nicht versäumen wollen. Ich verspreche dir, am Wochenende nach den Wahlen werden zwei Tage wegfahren zu irgendeinem Ort in Südtirol. Einverstanden? Im Grunde dürfte es heute kein großes Opfer sein."

„Emils Frau wird sich langweilen, so wie ich."

„Im Gegenteil. Sabine ist zwar eine feine und gebildete Frau, sie ist Gymnasiallehrerin, doch leidenschaftlicher Fußballfan wie ihr Mann. Dann ist sie auch sehr sympathisch, ich bin sicher, es ist interessant für dich, sie kennenzulernen. Liebling, tust du uns diesen riesigen Gefallen und bist eine liebenswürdige Gastgeberin, so wie immer?"

Verena nickte. Am Ende wäre ein Abendessen mit Karl allein auch nicht interessanter. Außerdem wollte sie Sabine kennenlernen. Ihr Mann Emil war eine wirklich exquisite Person. Sicherlich war dieser Roger nicht sympathisch, obwohl zugegeben ein bemerkenswerter Mann. Schließlich war alles gar nicht so schlecht.

„Du kannst zu dir hinaufgehen, während ich am Computer fertig mache", fuhr Karl fort, sichtbar erleichtert, sie nicht noch mehr verärgert zu sehen. Auf seine galante Art fügte er hinzu:

„Weißt Du, es gefällt mir, wenn Du dich elegant zeigst vor unseren Freunden; das schaffst du ganz wunderbar."

Verena lächelte.

„Wir müssen den Tisch mit dem Service meiner Mutter decken", antwortete sie, in Gedanken bereits beim Abendessen, „Natürlich auch den Tisch ausziehen, damit alle Platz haben. Das Mädchen ist unverzichtbar für mich. Und du Karl, du wirst die Gäste nicht in Pantoffeln empfangen wollen!"

„Ganz sicher nicht!", rief Karl glücklich. „Das neue Mädchen kann sehr wohl den Tisch decken und servieren. Alles perfekt!"

Verena stieg die Treppe hoch, die vom Wohnzimmer zu den Schlafzimmern sowie dem großen Bad führte.

Sie machte sich daran, die Badewanne mit warmem Wasser einlaufen zu lassen und Badesalz zuzugeben.

In der Zwischenzeit ging sie nochmals zum Sekretär. Es gab keinen Zweifel. Der elektrische Vibrator war weg, die Zeitschriften ausgetauscht. Dazu noch die beiden Fotos! Unnötig, sich weiter Gedanken zu machen, sie unterlag einem äußerst raffinierten, diabolischen Schwindel. Aber in welcher Art! Und mit welchem Zweck? Es war nicht einmal Zeit, eine Verteidigung zu erdenken!

Sie sah sich noch einmal die zwei Fotos an, insbesondere das mit der knienden jungen Frau zwischen den zwei anderen Personen. *Sehr schön ist sie*, dachte sie unwillkürlich. Es ist natürlich ein aufregendes, aber feines Foto, kühn, aber nicht zu sehr, ganz und gar nicht ohne Finale, mit einem gedachten, doch nicht dargestellten Finale; ein Foto, das Gedanken ungewohnter Sexualität hervorrief an jenem grauen, regnerischen Nachmittag. Sie legte sie zurück und stieg in die Badewanne.

Lang blieb sie nicht. Zu nervös. Eiligst wusch sie sich, schminkte sich sorgfältig, dann wählte sie etwas Passendes aus dem Kleiderschrank. Eine Hose? Für diesen Abend zog sie einen Rock vor. Sie musste eine Menge Dinge besprechen mit dem Mädchen, das übrigens wirklich unfähig erschien. Sie vollendete die Schminke, ging hinaus und versperrte die Zimmertür; das war notwendig nach einem derartigen mysteriösen Scherz.

„Guten Nachmittag! Sperren Sie immer Ihre Zimmertür ab?"

Sie drehte sich ruckartig auf dem engen Treppenabsatz um. Roger sowie Emil waren dort! Verdammt! Wieso?

Rogers Stimme klang freundlich. Der Ton bei seinem Gruß war ziemlich ironisch.

„Wir entschuldigen uns für unser Eindringen, wir wollten die Hände waschen nach der Arbeit am Auto, doch unten im kleinen Bad ist ein Zimmermädchen beim Saubermachen, so hat uns Karl aufgefordert, einen Moment nach oben in das große Bad zu gehen. Ich hoffe, Sie verzeihen uns."

Roger sagte es mit perfekter Lässigkeit, als wäre es etwas absolut Normales. Emil hatte jedoch etwas verlegen gelächelt. Verena ließ sich ihre Aufregung über diese plötzliche, überraschende neue Situation nicht anmerken. Sie nickte nur, ohne etwas zu sagen und schickte sich an, die Treppe hinunterzugehen.

Die zwei Männer folgten ihr, nachdem Roger sich mit einer galanten Handgeste vor ihr verbeugt hatte.

Was für eine Situation. Es war eine überstürzte Hypothese, aber auch die einzige. War es Roger, der sich den Scherz mit dem Vibrator und den Fotos erlaubt hatte? Es war keine Zeit, die Dinge mit Vernunft zu analysieren, während sie die Treppe hinunterstieg, noch weniger hatte sie Lust dazu. Zu viel Angst, mein Gott! Sie war an der letzten Stufe, hatte das Knie gehoben, um den Fuß auf den Boden zu setzen, als sie eine Hand fühlte, die flüchtig ihren Schenkel berührte, um dann entschlossen, wenn auch nur kurz, die Pobacke zu betasten. Ah! Sie drehte sich um, doch nicht ruckartig, wie sie es hätte tun müssen. Die Zeitspanne, sich zu vergewissern, war bereits verstrichen, denn alle drei waren schon unten angekommen. Diese Hand, die sie so schamlos gestreichelt hatte, musste logischerweise Emil gehören, der beim Hinuntergehen am nächsten hinter ihr war. Stattdessen glaubte sie sicher, dass es Rogers Hand war, die sie in einer derart provokanten Weise betastet hatte. Wie konnte er sich nur erlauben! Im Haus seines Freundes Karl! Doch hatte sie nicht selbst Schuld? Hätte sie sich einen Augenblick eher umgedreht, hätte sie gesehen, wer hinter ihr war; stattdessen hatte sie nicht nur gezögert, es hatte sie vor Schreck auch noch ein mit Lust gemischter Schauder befallen. Eine plötzliche, unbewusste, aber starke Lust wegen dieser Hand, die sie betastete, wenn auch nur für zwei bis drei Sekunden. Es war jedoch eine tiefe Empfindung, weshalb sie sich nicht sofort umgedreht, sondern für den kurzen Moment des Schauderns die Augen geschlossen hatte, als ihr Fuß bereits den Fußboden nach der letzten Stufe berührte. War das möglich?

Bevor sie entscheiden konnte, wie sie sich verhalten sollte, waren die zwei Männer ihr schon zur Mitte des großen Wohnzimmers vorangegangen. Karl war aufgestanden, noch immer in Pantoffeln, um die Freunde aufzufordern, Platz zu nehmen.

Verena musste sich auf der großen Couch neben Roger setzen, gegenüber von Emil. Auch Karl hatte sich nun neben Emil gesetzt. Natürlich drehte sich die Unterhaltung von Anfang an um die Sache mit dem Auto im Garten, einschließlich der entsprechenden technischen Einzelheiten, die Verena immer langweilten. In jenem Augenblick war sie jedoch alles andere als gelangweilt.

Emil sowie dann Karl mussten ihr eine Frage wiederholen, da sie so irritiert und durcheinander war, dass sie deren Unterhaltung nicht hatte folgen können. Roger musste ins Schwarze getroffen haben mit einem seiner berühmten Gesellschaftswitze, da alle lachten. Sie dachte an seine Hand, die sie so schamlos gestreichelt hatte und auch an das Verschwinden ihres Vibrators, was noch schlimmer war. Und die Fotos!

Sie würde ihn zur Rede stellen, das musste sie, ihn beleidigen, wie er es verdiente, und ihn vielleicht ohrfeigen. Aber wann? Die passende Gelegenheit dazu wäre beim Hinuntergehen gewesen, doch diese spontane Chance war ungenutzt geblieben. Sie musste auf jeden Fall unter vier Augen mit ihm sprechen, vor oder nach dem Essen. Besser vorher, um zu vermeiden, dass er sich eine weitere solche Frechheit erlaubte, wenn Karl anwesend war. Was für eine Situation. Bestimmt war es Roger, der sich in ihrem Zimmer den Scherz erlaubt hatte. Wann könnte er es betreten haben? Sinnlos, über das Wann und Wie nachzudenken, ganz sicher war er es!

„Emils Auto ist in Ordnung, beinahe", fuhr Karl fort. –„Doch die Batterie ist nicht mehr zuverlässig. Es ist Sonntag; alles ist geschlossen, deshalb müssen wir aus der Stadt hinausfahren, um bei meinem Mechaniker eine Batterie zu kaufen. Ich habe schon angerufen. Er kann nicht weg, wird uns aber gern eine geben, wenn wir sie abholen. Dann können unsere Gäste problemlos nach dem Essen und dem Fußballspiel im Fernsehen nach München zurückfahren. Verena, meine Liebe, bietest du unseren Gästen etwas an?"

Sie setzte sich in Bewegung, froh, dass sie nicht Emil ins Gesicht schauen musste, um herauszufinden, ob er bemerkt hatte, was sein Freund sich mit ihr erlaubt hatte. Doch Emil hatte ihr andauernd freundlich zugelächelt und sprach jetzt lebhaft über Wahlpolitik.

Sie servierte schweigend den Martini. Ihr war nicht zum Lächeln oder Scherzen zumute, wie sie es normalerweise tat.

Sie fühlte Karls Blick auf sich, der sicher ihr ungewöhnliches Verhalten bedauerte und sich natürlich fragte, was der Grund sei. Dann setzte sie sich wieder auf ihren Platz. Emil und Karl diskutierten zunehmend über Details der Propagandatechnik, während Roger ab und zu eine geistreiche Bemerkung einwarf, die immer den Kern traf. Er war ganz und gar kein Provinzler, wie viele ihrer Bekannten. Sein Scharfsinn war erstrangig, dafür war er bekannt. Manchmal fixierte er lächelnd Verena; es war aber nicht möglich zu verstehen, ob dieses Lächeln sich an der Unterhaltung inspirierte oder ob er sie auf besondere Art anlächelte. Dann brach plötzlich ein großes allgemeines Gelächter aus, so musste auch sie notgedrungen mitlachen, doch ohne ihn anzusehen.

Das neue Mädchen ging an ihnen vorbei in die Küche. Roger sagte, fast halblaut:

„Schönes Mädchen. Kann sie auch gut putzen?"

„Sie ist neu, etwas unerfahren", erklärte Karl. – „Wahrscheinlich macht sie diese Arbeit zum ersten Mal. Sie wurde uns vom Arbeitsamt geschickt.

„Sie hat schöne Beine", urteilte Roger wieder halblaut, wobei er auf die Küche zeigte. „Es ist interessant, eine junge Frau beim Hausputz in hohen Absätzen zu sehen, sie betonen die Beine; die ihrigen sind perfekt."

„Mir reicht es, wenn sie putzt, wie es sich gehört", sagte Karl in versöhnlichem, aber bestimmenden Ton. Er wollte offensichtlich verhindern, dass Roger die Unterhaltung in eine Richtung lenkte, die Verena glauben ließ, er habe einen etwas zügellosen Freund. Karl war ein so ernsthafter Anwalt, weshalb er auch von der Partei für diese Wahl ausgesucht worden war. Alle hatten nun in Richtung Küche geschaut.

Doch kaum hatten sich ihre Köpfe wieder zurückgedreht, fühlte Verena plötzlich etwas wie einen Stich ins Herz: Es war nicht möglich! Mein Gott! Auf dem niedrigen kleinen Tisch, genau hinter einer großen Zierfigur, einem chinesischen Löwen aus Jade, sah sie ihren Plastikpenis, gerade stehend und gut sichtbar. Mein Gott! Wie war das möglich? Er war da; er hob sich ab in seiner Fleischfarbe, aufrecht und in allem ähnlich einem männlichen Glied. Dieses Ekel von Roger hatte den Moment genutzt, als alle ihre Aufmerksamkeit zur Küche lenkten, um ihn auf den kleinen Tisch zu stellen, ihr gegenüber.

Welch infames Spiel. Gefährlich! Wäre Karl weggerückt oder hätte er den Kopf ein wenig mehr gedreht, vielleicht nur um ein Glas zu nehmen, hätte er das Ding gesehen. Und Emil? Er war noch gefährlicher, weil näher dran. Der große Jadelöwe versteckte es nur notdürftig vor Karls Blicken. Emils Blicke verdeckte nur eine kleine Vase mit vier bis fünf noch nicht ganz aufgeblühten Blumen. Sie musste schnell etwas tun. Aber was? Das Ding wegnehmen, natürlich ohne dass es jemand bemerkte, es verstecken, wegbringen – doch wie? Schnell! Schnell! Aber wie?

„Ich muss tatsächlich sagen, dass eure neue Stundenhilfe, außer dass sie wunderbare Beine hat", fuhr Roger fort mit seinem sympathischen Salongeschwätz, „auch gut putzen kann. Schaut euch den Kupferkrug auf der Anrichte an, wunderbar wie er glänzt, auch wenn er logischerweise, ich meine nach ästhetischer Logik, eine gewisse für Kupfer typische Mattheit zeigen sollte, sodass er antik wirkt. Findet ihr nicht?"

Karl und Emil wandten sich nach rechts zur Anrichte, dabei mussten sie den Hals so drehen, dass der Kupferkrug fast hinter ihnen war. Verena zögerte nicht mehr, streckte den Arm aus, um das verfluchte Ding zu packen, aber ... zu spät!

Roger neben ihr war schneller. Ihre Finger trafen sich auf dem Plastikpenis, den er mit einem Ruck wegnahm.

Dann plötzlich hob er ihren Rock hoch in äußerst schneller unerhörter Skrupellosigkeit, spreizte ihr Knie weg und steckte ihn zwischen ihre Schenkel.

„Ja, der Krug glänzt bemerkenswert", bestätigte Emil im Umdrehen, „solche Kupferkrüge machen sich schön auf einer Anrichte wie der euren."

„So sehr auch die Kupferkrüge ihren antiken Wert bewahren, wenn sie vollkommen trüb bleiben", sagte Roger. Lächelnd fuhr er fort: „Meinen Sie nicht auch, Verena? Sie haben einen besonderen, sagen wir unvermuteten Geschmack für gewisse Dinge. Ich denke in diesem Moment an den Kupferkrug."

Verena war zu bewegt, um zu antworten; ihr fehlten die Worte. Ihr gelang ein erbärmliches Lächeln, weiß Gott wie, während Karl sich sichtbar zu fragen schien, was mit ihr los sei an diesem

Nachmittag mit den Gästen. Emil stimmte Rogers Behauptung zu, wobei er den Kupferkrug mit dem größeren und anders gearbeiteten bei sich zu Hause verglich, den sie zwei Jahre vorher in Indien gekauft hatten. Doch der Krug auf der Anrichte würde auch Sabine gefallen, wenn sie dann später eintrifft. Sie würde ihn sofort bemerken.

Verena presste die Beine zusammen, um das Ding nicht hinunterfallen zu lassen. Das wäre schrecklich gewesen, unmöglich und unbeschreiblich.

„Ich habe merkwürdige Blumen im Garten gesehen, als wir mit Emils Auto beschäftigt waren", fuhr Roger fort. „Mir erschienen sie wie Rosen, doch in blauer Farbe, besser noch blau mit ockerfarbenen Punkten; offensichtlich das Ergebnis einer speziellen Kreuzung. Blühen bei euch die Rosen auch in dieser Jahreszeit? Blaue Rosen? Blau und gekreuzt?"

Karl schüttelte vergnügt den Kopf.

„Roger, ich verstehe nichts vom Gärtnern; das ist eine von Verenas Leidenschaften. Jedoch sind mir nie blaue Rosen im Garten aufgefallen, ich glaube auch nicht, dass sie existieren. Nicht wahr, Verena? Möglicherweise wird Roger langsam farbenblind."

Emil kicherte.

„Was sagen Sie dazu, Verena?", fragte er mit freundlichem Lächeln. „Vielleicht sollte man das Geheimnis der blauen Rosen lüften, indem man Roger die Blumen zeigt, die er gesehen zu haben glaubt."

„Sicherlich, Verena müsste mir dieses Mysterium verraten", stimmte Roger zu.

„Also, mir scheint, meine Liebe", unterbrach Karl, „du müsstest wirklich aufstehen..." Was er mit einem Handzeichen unterstrich. „... und unseren Gästen deine wunderbaren, übrigens nicht blauen Blumen zeigen, nicht wahr?"

Sie, die einen Moment vorher mit gespielter Unbekümmertheit die Hand auf die Ausbeulung des „Dings" gesenkt hatte, um es weiter nach oben zu schieben, sodass die Gäste nicht die sich entwickelnde Aufwölbung in der Mitte ihres Rocks bemerkten, drückte die Knie noch weiter zusammen, wobei sie die auf sich gerichteten Blicke der drei Männer spürte. All dies bei dem Versuch zu verhindern, dass ihr das lange, glatte Objekt zwischen ihren Schenkeln nach unten vor das Sofa rutschte. Sie musste es viel weiter nach oben schieben, um eine glatte Oberfläche am Rock zu erzeugen. Mit Schrecken fiel ihr ein, dass sie versehentlich den kleinen elektrischen Motor einschalten könnte, wenn sie zu stark drückte. Das wäre eine Tragödie, denn das Brummen zwischen ihren Beinen hätte die Existenz des Gerätes verraten. Vielleicht hätte es durch die Bewegung ein eigenartiges rhythmisches Aufblähen des Rockes verursacht. Was für ein abscheulicher Mechanismus; sie musste ihn um jeden Preis stoppen, konnte jedoch nichts machen! Absolut nichts! Welch verwerfliche Falle.

„Nein, Blaue haben wir nicht, Blaue gibt es nicht, nirgends in Bayern", gelang es ihr zu erwidern mit zusammengebissenen Zähnen und einer Stimme, die ihr selbst ziemlich anormal erschien. – „Ich muss jetzt nicht aufstehen, um etwas herzuzeigen, das in unserem Garten nicht existiert."

Emil lachte hämisch über Rogers verrückten Einfall, ebenso Karl, der jedoch Verena verstohlen anschaute, um zu sehen, ob sie verärgert oder nur schlecht gelaunt war. Er hatte sicherlich bemerkt, dass etwas mit ihr nicht stimmte an diesem Nachmittag. Offensichtlich wusste er nicht mehr, was er denken sollte. Vor allem dürfte er beunruhigt sein wegen des baldigen Abendessens. Normalerweise zeigte sich Verena in Gesellschaft liebenswürdig, doch ihre Sitzposition mit den zusammengepressten Beinen war merkwürdig; sie schlug sie sonst immer elegant übereinander. Es könnte vielleicht das Zeichen eines innerlichen Ärgers sein, etwas, das er jetzt nicht begriff, aber später schleunigst herausfinden musste. Er hoffte nur, dass sie sich bis zum Ende des Abends um Gottes Willen nichts anmerken ließ.

„Trotzdem bestehe ich darauf", fing Roger wieder an, „liebste Verena. Entschuldigen Sie mein Interesse für Blumen, ich möchte Ihnen zeigen, wovon ich spreche: Rosen oder was immer es sind. Von meiner Mutter in der Provence habe auch ich die Leidenschaft für das Gärtnern geerbt, deshalb würde ich mir wirklich gern von Ihnen erklären lassen, wie es Ihnen gelang, so außerordentlich schöne Blumen zu züchten. Würde es Ihnen etwas ausmachen aufzustehen und mitzukommen, um sie mit mir anzuschauen? Ich bin unnachgiebig geworden, das gebe ich zu, doch die Sache würde mich stark interessieren."

Er sagte dies auf wirklich freundliche Art, worauf er sich erhob und zur großen in den Garten zeigende Glastür ging. „Wenn Sie so freundlich wären aufzustehen, könnte ich Ihnen die Rosen von hier zeigen, da es ja regnet."

Verena explodierte fast vor zurückgehaltener Wut. Auch Emil beobachtete sie ein wenig merkwürdig. Karl sagte so vorsichtig wie möglich:

„Meine Liebe, weshalb stehst du nicht auf und gibst Roger zu verstehen, dass er wahrscheinlich farbenblind geworden ist."

„Hoffentlich irrt er sich nicht auch bei der politischen Farbe, wenn er zur Wahl geht", fügte Emil hinzu, was bei Karl ein Gelächter hervorrief, in das auch Verena gezwungenermaßen kläglich einstimmte.

„Nein, ich habe starke Kopfschmerzen; meine übliche Migräne. Ihr müsst mich entschuldigen", sagte sie, die Beine noch stärker zusammenpressend. Sie hätte alles gegeben, um, ohne dass *es* hinunterfällt, aufstehen und in ihr Schlafzimmer gehen zu können und alle zum Teufel zu schicken. Doch wie war es möglich, die Treppe hochzusteigen mit dem Ding zwischen den Schenkeln?

Karl ahnte, dass es unnütz war zu beharren. Er würde von ihr eine erschöpfende Erklärung verlangen, sobald alles vorbei war, was ganz sicher einen Streit hervorrufen würde. Er stand selbst auf, um nachzusehen, was Roger durch die große Glasscheibe zeigen wollte. Auch Emil erhob sich, dann lachten alle drei über Rogers botanischen Irrtum.

Sie kehrten auf ihre Plätze zurück, die Unterhaltung drehte sich dann wieder um dringende Wahlthemen. Roger machte zwischendurch einige witzige, gelungene Scherze und profitierte von den Augenblicken allgemeiner Heiterkeit, um ab und zu Verena zu fixieren. Dann senkte er lächelnd den Blick zu dem Spalt, der sich an ihren aneinander gepressten Knien abzeichnete.

Verena spürte plötzlich ein eigenartiges, ungewolltes Wohlgefühl – einen starken Genuss zu allem Übel. Sie saßen zu viert in diesem Wohnzimmer, doch zwei von ihnen, sie und Roger, spielten ein sinnliches und geheimes Spiel (Verena zwar nur gezwungenermaßen), von dem die anderen zwei nicht die geringste Ahnung hatten.

Es war ein komisches Spiel, zynisch, niederträchtig, doch stark sexuell, denn erst in diesem Moment erzeugte die Form des Objektes zwischen ihren Beinen eine unerwünschte erotische Erregung.

Sie fühlte Rogers Blick auf sich, den sie diesmal aushielt, lächelte ihn dann ungewollt an mit einem leichten, undefinierbaren, aber schrecklich ansteckenden Lächeln. Sie drückte die Beine noch mehr zusammen (auch wenn sie in dem Augenblick den Impuls hatte, sie zu auszubreiten) und schloss kurz die Augen.

Dann änderte sich die Situation, da Emil aufgestanden war.

„Karl, es ist besser, wenn wir jetzt die Batterie abholen mit Frau Verenas Auto, wenn sie so nett ist und einwilligt. Bei unserer Rückkehr wird auch Sabine angekommen sein. Heute müssen wir der Familie Kneipp dankbar sein, nachdem wir schamlos von ihrem Fahrzeugpark Gebrauch machen."

„Und du, Roger?", fragte Karl im Aufstehen.

„Ich habe nicht viel Lust, dazu nach dem Regen, dem ich ausgesetzt war im Garten."

„Gut, dann leiste Verena Gesellschaft", sagte Karl mit einem verstohlenen Blick zu Verena, um zu erkennen, ob ihr dieser Vorschlag gefiel.

Sie schüttelte den Kopf.

„Es tut mir leid, ich glaube ich gehe in mein Schlafzimmer hinauf, bis die Kopfschmerzen vergehen. Das wird bis zum Abendessen dauern. Dann muss ich auch dem Mädchen noch Anweisungen für den Abend erteilen."

„In dem Fall bleibe ich allein und sehe fern. Kann ich mich am Cognac bedienen?", sagte Roger, während er zur Hausbar zeigte mit einer theatralischen Geste, die Resignation darstellen sollte, dann stand auch er auf.

Emil und Karl machten sich auf zum Ausgang. Dabei warf Karl Verena einen wütenden Blick zu, weil sie sich nicht einmal erhoben hatte, um sie zur Tür zu begleiten.

Doch kaum hatten sie das Wohnzimmer verlassen, stand sie ruckartig auf, um das Ding zwischen den Schenkeln zu entfernen, dann lief sie hinauf, um sich in ihrem Schlafzimmer einzusperren.

Und jetzt? Karl und Emil würden nicht vor einer Stunde zurück sein oder vielleicht sogar später. Roger war unten. Also waren sie allein. Sie war sicher, mehr als sicher, dass er zu ihr heraufkommen würde, wahrscheinlich in ein paar Minuten.

Er war unsympathisch, eine widerliche Person; er hatte mit ihr ein schändliches Spiel getrieben ... jedoch musste sie sich eingestehen, dass diese unvorhergesehene Situation dermaßen erotisch war ... und sie fasziniert hatte. Jawohl, denn sie war so unerwartet gewesen, in sich gewalttätig, im Geheimen passiert, kurz, sie war überwältigt. Das musste sie zugeben. Das Ganze hatte sie nicht nur verwirrt, entrüstet, sie empfand es auch positiv, es hatte sie ungewollt stimuliert.

Wie sollte sie ihn konfrontieren? Gleichgültigkeit simulieren? Zu ihm sagen: „Aber machen Sie das mit allen Frauen?" Oder ihn einfach leise auffordern: „Schließen Sie bitte die Tür!" und sich ohne ein weiteres Wort ausziehen?

Sie war sich klar, ihn entrüstet zurückweisen war nicht zu realisieren; auch sie wollte ihn nun im Zimmer haben. Das war eine logische Folge. Schließlich fand sie eine optimale Lösung. Sobald er hereinkäme, würde sie ihn ohrfeigen, sofort danach würde sie sich ausziehen. Oder sie würde ihn ohrfeigen, sich umdrehen und seine Reaktion abwarten, wenn er beispielsweise seine Hände auf ihren Körper legte. All das würde sich ohne Worte abspielen.

Sie ging schnell ins Bad, um sich die Haare zurecht zu machen und Lippenstift aufzutragen. Sie wollte nicht daran denken, dass Karl nicht später als nur nach einer Stunde zurückkommen könnte. Es sollte etwas Schnelles, doch potenziell Erotisches sein.

Zurück im Schlafzimmer schaute sie auf die Uhr. Fast fünf Minuten waren vergangen.

Weshalb kam er nicht hoch? Schüchternheit? Ein skrupelloser Typ wie er? Warum also? Gewissensbisse gegenüber Karl, mit dem er schon immer befreundet war? Schon gar nicht, nach diesen erotischen Scherzen. Warum hatte er sie sich erlaubt, diese so gewagten Scherze, wenn er dann die Situation nicht ausnutzen wollte, um mit ihr das zu machen, was sie erwartete? Sie fühlte sich verloren, sogar deprimiert, setzte sich aufs Bett und wartete. Weitere zehn Minuten vergingen.

Roger kam nicht. Er kam einfach nicht, verdammt.

In ihrer Beklemmung stand sie plötzlich vom Bett auf, richtete sich noch mal schnell die Haare, öffnete die Tür und ging hinaus.

Sie stieg die Treppe hinunter, wobei sie sich wieder an die Hand erinnerte, die sie ohne Hemmung gestreichelt hatte. Bei der letzten Stufe kühlte sich ihre Erregung etwas ab, als sie Roger im Wohnzimmer sah. Sie war ja eine Dame, folglich musste sie sich wie eine solche verhalten und auf alle Fälle seine *Avancen* abwarten.

Er hatte es sich bequem gemacht und schaute das Sportprogramm im Fernseher an. Verena ging an ihm vorbei, ohne ihn eines Blickes zu würdigen.

Sie sprach erst mit dem Mädchen, das dabei war, den Herd zu scheuern, zeigte ihr auch den Schrank mit dem besseren Geschirr. Dann ging sie zurück ins Wohnzimmer, wobei sie versuchte, sich gleichgültig zu geben, während sie die Vorhänge auf beiden Seiten der großen Glastür in Ordnung brachte.

Roger schaltete den Fernseher aus und machte ihr ein Handzeichen. Er wollte sie damit auffordern, Platz zu nehmen. Sie ließ von den Vorhängen ab, war es doch eine unnötige Verzögerung, setzte sich wortlos ihm gegenüber mit einem Gefühl von innerer Bewegung.

„Wir könnten über das Wetter sprechen", fing er an, ohne zu lächeln. –„Vor kurzem waren die Vorhersagen, ein Pessimist hatte vorhergesagt, dass es auch morgen regnen wird. Das begünstigt zweifellos den Verkauf von Regenschirmen. Ein Gespräch über die Kommunalwahlen will ich Ihnen ersparen."

Sie antwortete nicht. Sie überraschte sich dabei, wie sie mit dem Finger auf den Rand des Sofas trommelte, womit sie dann sogleich aufhörte. Sie fragte sich, ob sie ihn nicht beleidigen sollte, und sah ihm in die Augen. Roger lächelte, nicht gerade freundlich, doch er lächelte.

„Wollen Sie mir etwas Cognac anbieten? In München trinken wir immer Cognac mit Karl, wenn wir mittwochs mit Freunden Poker spielen."

„Ich weiß. Der Cognac eignet sich für alle Spiele, nicht wahr?", sagte sie lächelnd. „Oder ein Kaffee. Ich kann das Mädchen bitten, uns zwei Espressos zu machen."

Sie biss sich auf die Lippen. Sie hatte entschieden die Gelegenheit versäumt, ihn mit einer damenhaften Entrüstung zu konfrontieren. Wortlos stand sie auf, ging in die Küche, um bei dem Mädchen einen deutschen Kaffee zu bestellen; sie hatte keinerlei Lust, selbst einen Espresso in der neuen Maschine zu machen. Dann setzte sie sich wieder, wobei sie vermied, ihn anzusehen.

Sie fühlte seinen Blick auf sich, doch auch er sagte nichts, lächelte nicht mehr. Plötzlich stand er auf, holte sich eine Zeitung, eine der großen Tageszeitung vom Ständer neben der Anrichte und setzte sich neben sie. Vorher hatte er ihr gegenüber gesessen.

Verena drehte den Kopf auf die andere Seite, inzwischen war das Mädchen aus der Küche gekommen.

„Wünschen die Herrschaften den Kaffee mit Milch?"

„Mit Milch", antwortete Roger.

„Warm oder kalt?"

„Natürlich warm."

Verena bemerkte, wie Roger, während er sich in aller Ruhe an das Mädchen wandte, die Sonntagsausgabe der *Frankfurter Allgemeine* aufschlug, die viel umfangreicher als gewöhnlich war, sie zwischen sie beide legte, sodass die riesigen Seiten jeweils ein Bein je Person zudeckten. Dann nahm er sich die Titelseite, indem er so tat, als wollte er nur diese durchlesen, während er die zahlreichen anderen Seiten auf ihren Beinen liegen ließ.

„Ah, ich habe etwas Wichtiges vergessen", sagte er zum Mädchen gewandt, die sich umgedreht hatte, um wieder in die Küche zu gehen.

„Ja?", fragte sie mit schönem Lächeln.

„Ich kenne Ihren Namen nicht; mir scheint das wichtig zu sein, nicht wahr?"

Verena nahm unter der Zeitung seine Hand wahr, die unter dem leichten Rockstoff ihr Knie berührte, dann hinauffuhr bis zum Schenkel. Sie war erregt, bremste einen Schluckauf.

„Ich heiße Irene", sagte das Mädchen mit einer graziösen Verbeugung, noch immer lächelnd.

„Das ist ein schöner Name", sagte Roger, während er die Hand wegnahm, als sie wieder in der Küche war.

Verena schloss die Augen. Sie bebte, war schrecklich erregt, erotisch erregt. Außerdem hatte sie das Gefühl, in keiner Weise reagieren zu können. Sie konnte auch nicht einen Skandal heraufbeschwören; das Mädchen war zu nahe.

„Es war schön", murmelte Roger. –„Sobald das Mädchen wieder aus der Küche kommt, mache ich es nochmal. Das ist es, was ich aufregend finde. Habe ich recht?"

Verena drehte ihm das Gesicht mit funkelnden Augen zu. Sie fühlte, wie ihre Brust bebte.

„Gleich wird es noch schöner sein, denn nun erwarten Sie es und werden es noch mehr genießen. Wir werden es beide noch mehr genießen, Verena", fuhr er mit leiser Stimme fort. „Weiterzumachen, wenn Irene mit dem Kaffee hier ist, das ist etwas, das ich nicht lassen kann."

Ihr fiel spontan nichts anderes ein, als den Kopf zu schütteln, sich mit der Hand in die Haare zu fahren, wobei sie vermied, ihn anzuschauen. Warum war sie nicht von diesem Sofa aufgestanden, um den zynischen Scherz zu beenden? Nun kam das Mädchen mit dem Kaffeegeschirr zurück.

Während es die Tassen und das andere Porzellan abstellte, fühlte Verena Rogers Hand unter der Zeitung. Diesmal traf sie auf kein Hindernis, denn in der Zwischenzeit war der Rock etwas zerknittert bis zum Schenkel oben geblieben. Erst jetzt war sie sich bewusst, dass sie nicht versucht hatte, ihn wieder hinunterzuziehen. Hatte sie es vielleicht vergessen? Sie wollte sich die Frage nicht beantworten. Rogers Hand rutschte ganz leicht hinauf, hielt an und wurde gefährlich.

Damit das Mädchen nicht über den Rand des Tischchens schauen würde, fuhr sich Verena mit den Händen in die Haare, als wollte sie die Frisur in Ordnung bringen. Auf diese Weise hätte das Mädchen seinen Blick nach oben gerichtet, so hoffte sie.

Roger ließ seine Hand gefährlich weiter auf und ab gleiten, ganz langsam, sodass sich die Seiten der Frankfurter nicht bewegten, stoppte dann, scherzte mit Irene und machte ein Kompliment zum Design des Porzellans.

Verena hielt terrorisiert den Atem an, in der Hoffnung, die Seiten würden durch Rogers Hantieren nicht hinunterrutschen, bevor das Mädchen alles einschließlich zweier reizender bestickter Stoffservietten auf den Tisch gestellt hatte und endlich in die Küche zurückkehren würde.

Roger zog die Hand zurück, ebenso die Zeitung, stand auf und legte sie zusammengelegt wieder dorthin, wo er sie genommen hatte. Sie saß da mit voll entblößten Beinen und hochgerutschtem Rock, den sie schleunigst nach unten schob.

Was war los mit ihr? Sie konnte nicht vernünftig denken. Die durch dieses abstruse *Happening* verursachte Erregung hatte sie unfähig gemacht, zu analysieren und mit der gebührlichen Entschlossenheit zu reagieren, die man von einer anständigen Frau erwarten würde. Wollte sie ihn nicht ohrfeigen? Vielleicht war noch Zeit dazu, denn schließlich war alles ohne ihre Zustimmung geschehen. Sie hatte dem Spiel nicht zugestimmt, sie war unfreiwillig darin verwickelt worden. Wenn sie nicht reagiert hatte, dann nur, um einen Skandal in ihrem Haus zu vermeiden. Nein, auch dies war nur eine armselige Ausrede. Die Wahrheit war, dass sie gleich vom Sofa hätte aufstehen müssen und so den Trick mit der Berührung unter der Zeitung verhindert hätte; doch sie war sitzen geblieben. Sie hätte sich ärgern, ihm eine Ohrfeige verpassen können oder drohen, alles Karl zu erzählen.

„Irene wird gleich fertig sein mit dem Putzen in der Küche. Sie ist nicht sehr tüchtig, aber schnell", fing Roger an, während er sich wieder Verena gegenüber setzte.

„Es ist rührend, wie sehr Ihnen die Hygienemaßnahmen in unserem Haus am Herzen liegen", antwortete Verena in einem Erguss stechender Ironie. Sie schob den Rock noch weiter über die Knie.

„Sie haben wundervolle erotische Beine. Diesmal meine ich Sie, nicht das Mädchen."Als bloße Antwort ließ Verena einen lauten Seufzer los, der eine Art Abscheu bedeuten sollte, nun da Irene wieder hereingekommen war, doch sie war sich nicht sicher, ob er ihn so interpretierte und begnügte sich, das Gesicht auf die andere Seite zu drehen.

„Ja, es sind sehr schöne Beine, ich möchte sie ganz sehen, nur einen Moment, nur für einen Moment", fing er wieder an und schlürfte den Kaffee. –„Irene, könnten Sie mir noch etwas warme Milch bringen?", fragte er ganz laut.

„Oh sicher, mein Herr, sofort!", rief Irene aus der Küche.

Man hörte ein Geräusch von der Tür des Schränkchens, gefolgt von einem dumpfen Knall von Porzellan.

„Vielleicht ist sie ein wenig unvorsichtig", sagte Roger leise zu Verena. –„Doch sie ist dienstfertig. Außerdem unerlässlich für unser Spiel."

„Roger, wollen wir damit aufhören?"

„Mit Irene? Möchten Sie sie vielleicht wegschicken? Ich bitte Sie, es nicht zu tun; sie ist sympathisch ... und in Kürze unentbehrlich."

„Roger, hören Sie auf mit diesem Spiel, das Sie mir aufgezwungen haben. Hören Sie auf damit, jetzt! Haben Sie verstanden? Wenn ich nicht eher reagiert habe, dann nur, um einen schändlichen Skandal zu vermeiden, hier, vor dem Hausmädchen, das die Sache in der ganzen Stadt ausplaudern würde."

„Damit aufhören? Obwohl es bis jetzt uns beiden gefallen hat!"

„Roger, ich bitte Sie! Sie haben nicht verstanden, haben mich missverstanden. Sie haben mich in einem Moment überrascht ... kurz, ohne dass es mir bewusst war, doch nun reicht es!"

„Verena, Sie können sich nicht vorstellen, welchen Spaß es mir gemacht hat, das Ding zwischen Ihre Beine zu stecken, vorhin im Wohnzimmer, als es niemand bemerkte. Das war ein wunderbarer Moment."

„Roger, ich hoffe, Sie glauben selbst nicht, was Sie behaupten."

„Ich finde es entzückend, dass Sie einen so wohlgestalteten Körper haben. Ich möchte unbedingt Ihre Beine sehen. Dabei spreche ich als Gentleman und Kenner, ich finde sie sehr erotisch. Nur einen Augenblick will ich sie sehen, nur einen wunderbaren, verführerischen Augenblick. Dann unterwerfe ich mich vollständig Ihrem Willen und höre auf mit dem Spiel, denn die schönen Spiele dürfen immer nur kurze Zeit dauern. Ich wiederhole, nur einen Augenblick. Ehrenwort. Das Wort eines echten Gentleman und Freundes der Familie."

Er hatte diese Sätze mit eleganter Betonung verkündet, als handelte es sich darum, ein Gemälde oder die Rosen im Garten zu beschreiben. Ohne zu lächeln fuhr er fort:„Verena, das müssen auch Sie zugeben; wir haben ein spontanes *Happening* begonnen, sozusagen etwas Unwahrscheinliches, doch Begeisterndes und natürlich ohne Präzedenzen; das macht es noch fesselnder. Wenn auch leider kurz, wir werden es definitiv schnell beenden ... wenn Sie beim Finale mitmachen."

Irene, die nicht weit weg war, dürfte nichts gehört haben. Außerdem hatte er seine Erklärung in perfekter, untadeliger Weise vorgebracht.

„Aber es ist irrsinnig, verstehen Sie das?", brachte Verena wieder mit leiser Stimme hervor.

Roger legte den Finger auf die Lippen, um ihr zu bedeuten, dass Irene sie nicht hören durfte. Sie schloss einen Augenblick die Augen und dachte nach, was sie machen sollte. War denn das, was passierte nicht schrecklich verführerisch? Gab es nicht ihre in ihr Heft geschriebenen Fantastereien wieder?

„Was Sie sagen, ist einfach unanständig", erwiderte sie leise. Und ihr wurde bewusst, dass sie auf diese Weise und durch ihr leises Sprechen statt eines entrüsteten Aufschreis dieses hinterhältige Spiel noch förderte.

„Ihr Körper fasziniert mich. Irene ist fertig in der Küche. Damit sie nicht hier in der Nähe bleibt, wäre es zweckmäßig, sie zum Putzen weiter weg zu schicken, dort in Karls Studio", sagte Roger leise.

„Ach ja? Und warum bitteschön?", fragte sie äußerst erregt, doch leider wieder mit leiser Stimme, so wie er es wollte.

„Weil ich Ihnen einen wundervollen Pakt vorschlage: meinen endgültigen Rückzug von dem Spiel und ein tadelloses zukünftiges Benehmen als treuer Freund Karls und der Familie sowie ehrfürchtiger, puritanischer Gentleman gegenüber der Frau des Hauses. All dies gegen einige Sekunden erotischen Anblicks durch Ihren hochgehobenen Rock. Ein perfektes *Fair Play* und besonders aufregend. Ich kann nicht mehr darauf verzichten, Sie sind zu attraktiv für mich, Verena. Ich will Ihre Beine bewundern, wenn Sie Ihren Rock hochheben."

„Ich verstehe nicht ... Sie geben vor, dass ... Ich verstehe wirklich nicht, sagen Sie das im Ernst? Sind Sie sich bewusst ..."

Verena hatte jedoch alles verstanden. Sie war davon traumatisiert, erregt, wenn auch gegen ihren Willen, doch wahnsinnig erregt. In der Sauna oder auf der Nudisteninsel in Istrien schaute ihr niemand nach. Und wenn sie im Salon oder woanders die Beine leicht provozierend übereinanderschlug, schauten die Männer im Allgemeinen in eine andere Richtung; manche aus guter Erziehung, andere aus Mangel an Interesse. Und dieser Typ, der Intimfreund ihres Mannes, bat sie schamlos, sie ihn um jeden Preis anschauen zu lassen. Sie wusste, dass sie schöne Beine hatte. Oft bewunderte sie diese selbst im Schlafzimmerspiegel, jedes Mal mit anderen Strümpfen und Schuhen. Sie hatte sich sogar zwei Paar Schuhe mit sehr hohen Absätzen gekauft. Auch bewunderte sie ihre nackten Beine, nachdem sie verführerische *Dessous* angezogen hatte; natürlich ohne Wissen von Karl.

„Sie wollen mich wirklich um etwas Derartiges bitten? Sind Sie sich klar?", brachte sie heraus, ohne Wut, doch mit Herzklopfen bis zum Hals.Welch eine Situation! War es nicht doch etwas, wovon sie immer geträumt, was sogar die Wahrsagerin vorhergesagt hatte … ? Diese hatte leider richtig gesehen, zu richtig. Sie war wirklich tief bewegt. Sie schaute auf die Uhr. Karl würde wohl in Kürze zurückkommen. Das Mädchen lugte herein und begann, die Anrichte abzuwischen. Sie hatte sie doch schon vorher gereinigt, verdammt! Welch dumme Frau hat man ihnen geschickt! Oder wollte sie zeigen, dass sie wirklich fleißig putzte, damit sie dann regelmäßig wieder gerufen würde?

Sie war aufgestanden, ohne wirklich zu wissen warum, machte nervös zwei bis drei Schritte, bevor sie sich wieder umdrehte. Sollte sie sich setzen? Wohin, neben ihn? Vermutete sie doch, dass er wahrscheinlich noch mal ihre Beine oder den Busen berühren würde. Also nein, der vergnügliche Teil war mit dem Zurücklegen der Zeitung vorbei. Nun wollte er, dass sie agierte, dass sie für ihn etwas vollführte – vielleicht etwas in sich Harmloses, wenn auch Unverständliches, Unerträgliches. Die Seltsamkeit, die erotische Verrücktheit dieses Spielchens reizte sie gegen ihren Willen, es war höchst aufregend, verdammt! Genauso wie sie es sich in ihren einsamen erotischen Träumen vorgestellt hatte. Schon weil Roger nicht von einem echten sexuellen Finale gesprochen hatte, sondern nur ihre Beine bewundern wollte. Ein Augenblick Gänsehaut, dann würde alles wieder normal sein, so sehr normal wie immer, hatte er gesagt. Wahrscheinlich musste man einem derart unüblichen Typen wie Roger glauben, dass er sein Wort halten würde. Er dürfte ein verfluchter sexueller Ästhet sein, der fasziniert war von dem Gedanken, einen Moment ihre Beine zu bewundern. All dies ging ihr durch den Kopf, obwohl sie eigentlich nur ihren gesunden Menschenverstand gebraucht hätte.

„Bleiben Sie stehen. Ich verspreche Ihnen, dass ich die Grenzen des Anstandes nicht überschreiten werde, auch nicht die verbliebene Zeit, wenn man es so sagen will."

„Schluss, Roger!"

„Haben Sie Angst, dass Irene etwas bemerkt? Nein, wenn Sie nur still das tun, worum ich Sie bitte."

„Und um was würden Sie mich bitten? Haben Sie noch nicht genug? Ich schon. Hören Sie bitte auf!"

„Es reicht, wenn Sie stehenbleiben, hinter dem Sofa, und den Rock gut hochheben."

„Es reicht jetzt!", rief sie höchst beunruhigt, besorgt, dass das Mädchen horchen könnte.

„Haben Sie Angst, dass Irene uns hört? Keine Angst, Sie müssen nur einen Augenblick schweigen und das tun, worum ich Sie bitte. Ich wiederhole: nur einen Moment, einen wunderbaren Moment."

„Reicht Ihnen nicht das, was vor kurzem und gegen meinen Willen auf dem Sofa passiert ist? Ich sage es nochmal: Wenn ich nicht protestiert habe, dann nur, um einen Skandal zu vermeiden."

„Sie müssen einfach nur hinter dem Sofa stehenbleiben. Dieses Möbelstück ist riesig mit seiner ungewöhnlich hohen Lehne. Wenn Irene aus der Küche herausschaut, wird sie nichts anderes als Ihre Schultern sehen. Die Rückenlehne ist hoch, noch dazu mit diesen großen Kissen. Ich habe es schon vorher mit einem Blick getestet. Von der Küche aus sieht man höchstens den Kopf und die Schultern. Irene wird nie auf die Idee kommen, dass Sie den Gast mit einem hochgehobenen Rock unterhalten."

„Schluss jetzt, Roger, Sie meinen es doch nicht im Ernst!"

„Sollte sie auf uns zukommen, also ich behalte sie im Auge, gebe Ihnen ein kurzes Zeichen, damit Sie den Rock wieder fallen lassen. Nur eine Bewegung mit den Fingern, die den Rock bis zum Gürtel hochhalten sollen. Nur die Beine, Ihre wunderbaren Beine; ich bitte Sie ja nicht einmal, die Unterwäsche auszuziehen. Ich bin ein echter Gentleman. Sie bleiben in einer total natürlichen Position stehen, ohne zu lächeln, da es eine ernste Sache ist."

Roger sagte dies, als würde er sich vorbereiten, eine Theatervorstellung anzusehen.

„Ist Ihnen bewusst, was Sie mir vorschlagen?" Verena merkte, dass ihr Ton wieder natürlich geworden war. Sie war nicht ärgerlich, wie sie es hätte sein sollen. Oder konnte sie sich einfach nicht mehr aufregen? Sie schaffte es nur, die Nervosität zu unterdrücken wegen des intensiven Wunsches, endlich dieses sinnliche, nicht normale, unerwartete Spiel zu beginnen. War es doch schrecklich faszinierend, aufregender als ihre Eskapaden zum Erotikgeschäft in der Fußgängerzone.

Dieselbe Erregung dürfte auch denjenigen befallen haben, der diesen Vorschlag gemacht hatte. Roger gelang es jedoch, sich zu kontrollieren und wenig sympathisch zu lächeln. Und das neue Hausmädchen, das in der Küche putzte? Es könnte jederzeit ins Wohnzimmer kommen. Die Vernunft warnte Verena, nicht zuzulassen, dass irgendwelche Leute über sie redeten. Es war dies auch eine Gefahr, wenn auch eine gefährlich verlockende.

„Roger, ich machte den Fehler, dass ich Sie ermutigte, sich Freiheiten herauszunehmen. Es ist jedoch Ihrerseits nicht schön, dass Sie mich erpressen", gelang es ihr in verändertem Ton einzuwenden, ohne sich zu setzen oder wegzugehen. Sie blieb stehen, wie er es wollte, merkte plötzlich, dass sie zwei Schritte hinter das Sofa gemacht hatte. Sollte sie es wirklich tun? War es nicht unanständig? Sie vermied es, nachzudenken.

„Einer sinnlichen Frau wie Sie, Verena, gefällt dieses Spiel, wie es auch mir unendlich gut gefällt. Schließlich ist es ein Spiel der Bewunderung Ihrer Person. Unschuldig, aber sehr schön."

Er hatte es gesagt, indem er sie ohne zu lächeln fixierte.

Doch weshalb hatte er es ohne Lächeln gesagt und nicht in einem freundlicheren Ton? Dann wäre es akzeptabler, diplomatischer gewesen. Sollte sie sich widersetzen? Müsste sie nicht das Wohnzimmer sofort verlassen, in ihr Schlafzimmer gehen und die Tür versperren? Sie schaute ein letztes Mal auf die Uhr und sagte leise äußerst bewegt: „Sie verstehen, wenn ich für einige Sekunden das mache, worum Sie mich bitten", sie schaute zur Küche, „dann nur um endgültig Schluss damit zu machen. Und das gilt für immer. Nie wieder, haben Sie verstanden?"

Die Einleitung zu einer bedingungslosen Kapitulation; sie vermied es wieder nachzudenken. Wollte sie nicht selbst etwas Derartiges? Hatte sie nicht immer davon geträumt? Stimmte es nicht mit der Weissagung der Wahrsagerin überein? Er hatte schließlich recht: Niemand würde es in den Sinn kommen zu glauben, sie unterhalte jemanden mit dem hochgehobenen Rock. Roger zeigte wieder sein Lächeln.

„Schluss, Roger, Sie meinen das nicht im Ernst!"

„Sie, Verena, haben verstanden, dass dieses heimliche Spiel auch ein Geheimnis bleiben wird sowie eine reizende Erinnerung an heute Nachmittag; für uns beide. Karl wird nichts davon erfahren."

„Ich würde Sie bitten, nicht zu reden? Mir würde es dann leichter fallen, dieses Kinderspielchen zu ertragen."

„Ich behalte das Mädchen im Auge. Heben Sie den Rock hoch, doch rücken Sie vorher ein wenig nach links. Gut, so ist Ihre untere Körperhälfte von der Küche und dem Wohnzimmereingang aus nicht sichtbar, sollte Irene die Türschwelle überschreiten. Okay, so ist es perfekt!"

Verena seufzte, anstatt zu antworten. Dieser neue Vorschlag war dermaßen erotisch, dass er sie am Denken hinderte. Inzwischen war sie bereits zur Seite gerückt. Sie warf einen letzten Blick auf die große, offene Wohnzimmertür. In dem Moment sah man das Mädchen nicht, wenn man aber die Ohren spitzte, hörte man sie ein Lied summen, wohl noch aus der Küche. Sie vergewisserte sich, dass das riesige Sofa sie zu deckte, wenigstens teilweise. Diese sinnliche Verrücktheit war gleichzeitig überaus aufregend und harmlos. Sofort fiel ihr ein, dass die neu gekauften lila Strümpfe, hätte sie sie angezogen, den Beinen zweifellos ein Aussehen verliehen, das einen Mann wie ihn noch stärker erregen würde (im Gegensatz zu Karl). Sie bedauerte, nicht die Strumpfhalter angelegt zu haben. Diese würden dem Bein etwas Erotisches verleihen … ach, wenn sie doch nur an diesem Nachmittag daran gedacht hätte, sie anzuziehen! Mein Gott, solche Überlegungen machten sie bereits hörig … sollte sie es tun? Roger hatte sich inzwischen in aller Ruhe eine Zigarette angezündet.

Äußerst erregt, mit dem vergeblichen Versuch herausfordernd zu lächelnd, hob sie entschlossen den Rock hoch, zuerst über die Knie, dann weiter nach oben, wobei sie ein in ihrem Leben nie gekanntes Gefühl verspürte. Rogers Lächeln verschwand. Ihr Gesicht fühlte sich vor Aufregung an wie von Flammen erhitzt, was in dem Augenblick beinahe eine angenehme Folter war. Roger näherte sich, streckte leicht die Hand aus, ohne Verena zu berühren.

„Nein", sagte sie energisch, obwohl sie erwartete hatte, dass er noch näher kam.

„Still", sagte er und blinzelte zur Tür. – „Das Mädchen ist da. Sie ist nur eben dabei, die Sitzbank im Vorraum zu putzen. Ab und zu wirft sie einen Blick hierher."

Verfluchte Scheinheilige, dachte Verena. Alle vom Arbeitsamt geschickten Haushaltshilfen zeigten am ersten Tag einen übermäßigen Eifer, der schnell nachließ.

„Verena, jetzt bitte ich Sie, die Augen zu schließen."

„Haben Sie genug geschaut?", fragte sie, noch immer den Rocksaum in der Hand haltend. – „Ich glaube, es ist Zeit, die Vorführung zu beenden."

Sie dachte, es sei jetzt angebracht, den Rock herunterzulassen, doch sie musste sich eingestehen, dass das Spiel sie fesselte. Unwillkürlich fragte sie sich, ob es wohl eine Fortsetzung geben würde, und wenn ja, was für eine? Sicher würde ein Typ wie Roger mit dem Spiel weitermachen.

„Überhaupt nicht", antwortete er in verändertem Ton. – „Bevor Irene mit dem Putzen des Möbelstücks fertig ist, haben wir noch einige Minuten für das Spiel. Ich bitte Sie, die Augen zu schließen. Können Sie das für mich machen?"

„Lieber nicht, ich würde mich wie eine Sklavin fühlen."

„Es ist mein inständiges, leidenschaftliches Flehen. Ich bitte Sie, machen sie die Augen zu."

Und sie machte sie zu. Mit geschlossenen Augen verstand sie sofort die feine, tiefe Sinnlichkeit dieses so zynischen, aber tiefgehenden Spiels. Sie vernahm das Geräusch seiner Bewegung, sein schrittweises Näherkommen, ohne dass er sie berührte. Dann, nach einem endlosen Moment des Wartens, fühlte sie Rogers Hand. Jedoch nicht auf dem Oberschenkel, wie sie sich erhofft hatte. Rogers Finger berührte leicht ihre Lippen und striche langsam darüber. Verena begann, die erotische, ihr bislang unbekannt gebliebene Verlockung dieses Fingers auf ihren Lippen zu spüren, wobei sie kraftvoll am Rock zerrte, der noch immer oben war. Welches Gefühl, mit geschlossenen Augen und dem hochgehobenen Rock dazustehen, halbnackt vor dem launenhaften, merkwürdigen Liebhaber, der keinerlei Verlangen zeigte, sie zu küssen, ebenso wenig noch weiter zu gehen, nicht mehr kräftig sondern zärtlich über ihre Lippen zu streichen.

„Es ist der sensible Mund einer entzückenden Dirne der gehobenen Mittelschicht. Er ist der Spiegel ihrer Schamlippen", murmelte er schließlich eigenartig zärtlich. „Irene kommt jetzt vielleicht herein. Ich sehe sie nicht, doch ich höre sie summen."

Sie stieß einen gepressten Ton aus wegen des Fingers auf den Lippen, die Augen noch immer geschlossen, den Rock weiterhin hochgezogen.

„Wir müssen leider aufhören, Verena."

Sie spürte ein Beben in ihrem Körper, wie sie es nie erlebt hatte. Dann nahm er ruckartig seinen Finger von ihren Lippen und steckte ihr seine Zigarette in den Mund.

„Glauben Sie nicht, dass das Fußballspiel heute Abend spannend wird? Die Bayern machen ein Heimspiel, trotzdem habe ich eine gewisse Befürchtung. Es sind beides starke Mannschaften", sagte er in großer Natürlichkeit, nachdem er sich gesetzt hatte.

Das Hausmädchen war auf der Türschwelle. Verena, die noch mit geschlossenen Augen und hochgezogenem Rock dastand, ließ diesen unvermittelt hinunterfallen. Sie war ärgerlich und beschämt. Sie fühlte sich einsam und verloren. Das Beben ihres Körpers konnte sie nicht zum Stoppen bringen.

Zitternd zündete sie sich die Zigarette an und steckte sie wieder in den Mund. Doch der erste Zug gelang nicht, da sich die Zigarette zwischen ihren Fingern verbogen hatte.

„Ich kann dennoch verstehen, dass Darbietungen wie z. B. eine Modenschau für eine Dame viel interessanter sein können", fuhr Roger gelassen fort.

„Das ist wirklich so", sagte Verena mit einer Stimme, die ihr selbst wie eine schrille Fistelstimme erschien. „Das wäre viel interessanter."

Sie drehte den Kopf. Das Mädchen war hinter dem Sofa mit einem Lappen und der Möbelpolitur. An ihrem Gesichtsausdruck konnte man sehen, dass sie nichts wusste. Roger hatte wieder die Zeitung genommen und blätterte zerstreut die Seiten durch. Verena wandte sich ruckartig um, drückte die Zigarette auf dem Aschenbecher aus, der auf dem Tischchen stand, dann verließ sie eiligst das Wohnzimmer.

Sie stieg hinauf, besser, rannte nach oben in ihr Zimmer, ließ aber die Tür halb offen. Jedenfalls war es eine Flucht, die sie vor einer vollständigen Hingabe in eine bedingungslose Kapitulation bewahrt hatte.

Sie schaute in den Spiegel. O Gott, wie aufgeregt sie war, höchst nervös, die Haare durcheinander wegen des überstürzten Losrennens. Verzweifelt schüttelte sie den Kopf. Dieser teilweise geglückte Orgasmus, erzeugt mit so einfachen und plötzlichen Elementen, ein Orgasmus, der keinem Mann, am wenigsten Karl, bei ihr gelungen war, hatte sie äußerst angenehm erregt und wie ein Blitz getroffen. Sie streckte sich auf dem Bett aus, schaute auf die Uhr. Würde er endlich heraufkommen? Kein Wort würde fallen, sie hätte ihn wortlos auf dem Bett liegend empfangen; Worte waren nicht mehr nötig nach einer Einleitung, wie Verena sie eben erlebt hatte. Beim Orgasmus hätte sie ihm die Fingernägel in die Schultern gedrückt, ihn wild gekratzt.

Viel fehlte nicht mehr bis zu Karls und Emils Rückkehr. Bald würden sie hier sein, doch Roger ließ sich Zeit, verdammt.

Nichts! Kein Geräusch. Nur das des eingeschalteten Fernsehers. Roger schaute Fernsehen, anstatt zu ihr herauf zu kommen! Unverständlich, deprimierend nach dem, was im Wohnzimmer passiert war.

Sie hörte einen Knall von unten. Es war das laute Geräusch eines zu Boden gefallenen Porzellangeschirrs. Irene hatte wieder etwas kaputt gemacht, als sie das Kaffeeservice abwusch. Nach dem Abendessen musste sie diese dumme Gans bezahlen und ihr sagen, dass sie nicht mehr wiederkommen brauchte.

Schließlich ein Durcheinander und laute Stimmen. Karl und Emil waren zurück.

Das Abenteuer war zu Ende, Schluss mit allem. Welche Enttäuschung. Sie fühlte sich frustriert wie nie.

Nein. NEIN! Sie hörte Getrampel auf der Treppe. O Gott! Will Roger jetzt zu ihr ins Zimmer kommen, wenn Karl und Emil unten sind? Unmöglich, nicht auszudenken. Nun, da Karl im Wohnzimmer ist, kann Roger doch nicht dasselbe machen wie vorhin, als Irene den Kaffee brachte, schon gar nicht in ihrem Schlafzimmer! Mein Gott, was für eine Situation. Sie schloss die Augen, um nichts zu sehen und nichts zu denken. Sie musste ihn unbedingt von diesem verrückten Vorhaben abbringen, falls er über die Schwelle trat.

Als sie die Augen wieder öffnete, sah sie, dass niemand eingetreten war. Die Tür stand ein wenig weiter offen als vorher, als sie hereingegangen war und sie dann absichtlich nur halb zugemacht hatte. Roger? Entschlossen ging sie zur Tür und öffnete sie weit. Niemand. Wirklich niemand; Roger war nicht gekommen. Von wem waren dann die Schritte auf der Treppe gewesen?

Sie war bereits dabei, zum Treppenabsatz zu gehen, um ins Wohnzimmer hineinsehen zu können, als sie auf einen Gegenstand am Teppich aufmerksam wurde. Sie beugte sich hinunter. Es war ein winziges, hübsches Päckchen aus blauem Karton. Sie hob es verblüfft auf, ging dann zurück ins Zimmer, um besser zu sehen, da die Wandlampe auf der Treppe soeben erloschen war. Sie öffnete die blaue Hülle, indem sie die Bindeschnur löste. Darin war ein kleiner Flakon, darunter ein gefalteter Zettel.

Verena betrachtete zuerst den Flacon im Gegenlicht. War es ein Parfüm? Der Flakon, winzig und graziös wie eine gebogene Ampulle, könnte sehr gut eines enthalten, obwohl er kein Etikett hatte; normalerweise haben Parfümfläschchen Etikett und Markenzeichen.

Vorsichtig zog sie den Stöpsel heraus, um am Inhalt zu riechen. Es war kein Parfüm, es setzte einen leicht beißenden Geruch frei, die Farbe war weißlich. Nun nahm sie äußerst neugierig den zusammengefalteten Zettel aus der Schachtel. Sie las mit Erstaunen, schließlich mit einem unverständlichen Gefühl tiefer und ungewollter gedanklicher Wollust, wie sie dies vorher nie verspürt hatte:

*Verena, ich gebe Ihnen mein Sperma. Es war gestern,
als ich intensiv an Sie gedacht habe. Ich wäre Ihnen
äußerst dankbar, wenn Sie es auf Ihre Brust streichen
würden, bevor Sie zum Abendessen herunterkommen.
Nur wir beide wissen davon, es würde uns in wunder-
schöner Leichtigkeit zu Komplizen machen. Ein angenehmes, harmloses; doch sehr intensives Gefühl zwischen uns beiden. Ich bitte Sie auf Knien, es zu machen.
In tiefem Respekt und mit Ergebenheit. Roger.*

Verena stieß zu ihrer eigenen Überraschung einen langen, un-
gewollten Seufzer aus. Dann rollte sie das kleine Papier nervös
zusammen und warf es mit wilder Geste zu Boden. War es denn
möglich, dass er ihr eine derartige Nachricht schickte?

Doch kurz darauf konnte sie sich nicht mehr zurückhalten,
es wieder aufzuheben, um es noch zweimal zu lesen.

Die Zigeunerin hatte richtig vorhergesehen. Welch ein Sonntag.
Mein Gott, was für ein Sonntagnachmittag! Es war sinnlos, ihr
Heft mit den geheimem Notizen zu suchen; es wäre überflüssig.

Als sie unten an der Treppe war, bemerkte sie, dass die Stimmung im Wohnzimmer angenehm normal war, wie bei einem
ganz gewöhnlichen wöchentlichen Treffen von Freunden. Man
fragte sie freundlich nach ihrer Migräne und Karl schien erleichtert zu sein, dass sie nicht mehr so nervös war. In einem
Moment allgemeiner Unaufmerksamkeit bat er sie, bis zum
Schluss durchzuhalten. Es war wegen der Freunde. Er machte
ihr ein Kompliment zur Wahl ihrer Kleidung, um sie zu moti-
vieren, sich ungezwungen, beherrscht zu verhalten.

Emils Frau Sabine war wirklich eine elegante, feine Frau, auf
die sie bei anderer Gelegenheit hätte eifersüchtig werden können – so wie sie im Moment mit Karl scherzte. Doch Verena war
nie wirklich eifersüchtig, kannte sie doch den beständigen, tief
konservativen Charakter ihres Mannes in Bezug auf Ehe und Familie. Sabine konnte man nicht unbedingt als große schöne Frau

bezeichnen, doch sie war wohlproportioniert, sehr geschmackvoll gekleidet. Sie hatte zweifellos einen gewissen Charme, kurz, sie war *ein Typ*. Sie hatte eine sympathische Stimme, nie sprach sie in lautem Ton, was den Männern immer gut gefällt.

Dann war plötzlich ein Durcheinander, als ein Kellner von der Pizzeria kam und aus seinem Lieferwagen im Garten mit Irenes Hilfe die Vorspeisen und Pizzas auslud. Alle wollten helfen, was eine lustige Verwirrung verursachte. Irene war ein Glas aus der Hand gerutscht, das auf den Fliesen in der Küche zersplitterte und Emil verletzte sich am Finger bei dem Versuch, ihr beim Aufsammeln der Scherben zu helfen. Verena musste ins Bad laufen, um ein Pflaster zu holen. In dem Moment interessierte sie die Unbeholfenheit des Mädchens nicht; alles wurde nun in gewisser Weise spannend.

Der Stoff der Bluse kratzte auf ihrer Brust und verschaffte ihr ein wonniges Gefühl. Die Flüssigkeit war inzwischen auf der Haut getrocknet, der Kontakt mit dem Stoff war aber deshalb nicht weniger herausfordernd, ließ sie zittern, als sie sich in Rogers Richtung drehte. Sie wollte ihm mit ihrem Blick zeigen, dass sie seinen Bitte erfüllt hatte.

Sie setzten sich an den verlängerten Tisch, Verena musste jedoch ab und zu aufstehen, um Irene in der Küche die verschiedenen Geschirrteile zu zeigen, vor allem die Topfdeckel, die sie nicht gefunden hatte. Irene war wirklich eine Tragödie. Sie hatte Karls Glas bis zum Rand gefüllt, sodass er sich zum Trinken eiligst hinunterbeugen und einen Schluck herausschlürfen musste, damit nicht noch mehr Rotwein als der bereits verschüttete auf die Tischdecke tropfte. Anstatt sich zu entschuldigen, brachte sie nichts Besseres heraus als ein: „Oh, mein Gott! Ist aber nicht schlimm, es ist nur ein wenig Rotwein, ein Glücksbringer. Stimmt es nicht, dass er Glück bringt?"

Sie hatte das in einem sympathischen und geistreichen jugendlichen Ton gerufen.

Nachdem die Vorspeisen so gut es ging auf dem Tisch verteilt worden waren, hob Karl das Glas zu einem Trinkspruch, forderte dabei die Anwesenden auf, sich endlich zu duzen, was allein nur Verena betraf. Sie war die Einzige, die bis dahin alle gesiezt hatte.

Roger war wie immer ein brillanter Unterhalter, oft mit beißenden Bemerkungen, während Emil mit kurzen, amüsanten, aber treffenden Scherzen zurückschlug. Sabine war reizend mit ihren immer leicht zweideutigen, aber amüsanten Kommentaren. Sie hatte außerdem ein faszinierendes Lachen, um das Verena sie beneidete. Karl brachte niemanden zum Lachen, lachte aber über die Scherze der anderen. Karl Kneipp war ein bekannter und in gewissen Kreisen sogar gefürchteter Rechtsanwalt, doch der Gesellschaftsgeist war nicht seine Stärke. Kurz vorher hatte er Sabine, die er offensichtlich bewunderte, ein Kompliment gemacht, doch Emil musste es korrigieren und ausschmücken, damit es wirksam war.

Dann war klar, dass die Unterhaltung zur Kommunalpolitik wechselte.

Emil hatte klare Ideen zur Wahltaktik, die Karl anwenden sollte. Er war sehr kompetent, kannte im Schlaf alle bürokratischen Verwirrungen der Gemeinde. Die Grünen hatten den Vorschlag zu einem Windpark in Bayern in ihrer Nähe gemacht. Karl blieb also nichts anderes übrig, als gegenzusteuern mit dem auch bei Traditionalisten beliebten Argument, dass die schöne Landschaft zerstört, dass es ein Misserfolg werden würde, da hier lange nicht so viel Wind wehe wie an der Nordsee. Außerdem sei der entscheidende Faktor, dass das Projekt sehr teuer werde sowie dass einige Bauern gegen die Eingriffe in ihr Territorium protestiert hatten. Alle fingen dann an, ihre persönliche Meinung vorzubringen über den verdammten Abstand, der von einem zum anderen Windrad einzuhalten sei.

Verena sagte wenig, sie begnügte sich mit Zuhören. Sie schien nur aufzupassen, wie Irene mit den Tellern umging. Bereits als sie die Treppe hinunterging, fühlte sie beim Bewegen die schwingenden Brustwarzen (den Büstenhalter hatte sie ausgezogen) gegen den Stoff der Bluse reiben. Diese waren von der darauf verteilten Substanz steif geworden. Freiwillig hatte sie sich zum Opfer dieses perversen Spiels gemacht, das sie beenden wollte.

Auf alle Fälle wollte sie irgendwie zum Schluss kommen, da sie sich bewusst geworden war, in eine seelische, wenn auch verführerische Verwirrung geraten zu sein. Sie war sich sicher, Roger würde auch hier inmitten der anderen Anwesenden einen passenden Trick finden, sie zwanglos am Busen zu streicheln. Von Zeit zu Zeit schaute sie ihn an. Doch Roger schien ein anderer zu sein, abwesend, das heißt geistreich gegenüber der Gruppe, doch überhaupt nicht interessiert, sie anzusprechen oder einen besonderen Blick auf sie zu werfen. Warum eigentlich?

Sie hatte auch, als sie noch zum Aperitif im Wohnzimmer saßen, die Anwesenden aufgefordert, zu dem Möbelstück mit dem Kupferkrug zu schauen (den Roger für das *Happening* mit dem Vibrator benutzt hatte), und darauf verwiesen, dass der Krug in einem anderen Ton leuchtete, nachdem Irene ihn mit einem ganz speziellen Produkt namens *Sidol* poliert hatte. Sie wollte damit Rogers Spielchen in umgekehrter Weise wieder aufnehmen. Sie hatte gedacht, er würde den Wink verstehen und sich als Einziger nicht umdrehen. Dann hätte sie zwei Finger auf den Knopf der Bluse gelegt, ohne sie zu öffnen, doch dies in herausfordernder Weise, um ihm zu verstehen zu geben, dass sie sich die Substanz, die er ihr heimtückisch untergeschoben hatte, auf der ganzen Brust verteilt hatte.

Jedoch nichts. Nichts. Roger hatte sich mit den anderen umgedreht, dann den Kopf wieder zurückgedreht, ohne sie anzusehen, um dann über andere Dinge zu reden. Verena fühlte sich deprimiert; sie wollte es nicht zugeben, doch sie war schrecklich deprimiert. Dann war sie in die Küche gegangen, ohne auf eine Frage Karls zu antworten.

Das Abendessen kam langsam zum Ende, das Fußballspiel im Fernsehen würde bald beginnen. Verena war der Fußball gleichgültig, doch an dem Abend war es etwas anderes. Es dürfte sich um ein für die Klassifizierung wichtiges Spiel handeln, das Karl keinesfalls versäumen würde.

Sie war angewidert, verärgert, natürlich auch nervös. Sie trug eine leichte Bluse (nicht durchsichtig, was Karl nicht erlaubt hätte), ohne Büstenhalter, entgegen ihrer Gewohnheit.

Als sie ab und zu Rogers Blick kreuzte, hätte sie ihm gern mit den Augen angedeutet, dass sie seiner Bitte nachgekommen war. Er wandte jedoch den Blick von ihr ab, schien sogar leicht überdrüssig zu sein oder nur ungeduldig auf den Beginn des Fußballspiels zu warten. Sie steckte noch bis zum Hals in diesem erotischen Spiel, fühlte sich nun abgewiesen, beiseite gedrängt mangels weiteren Interesses. Dies genau in dem Moment, als sie sich selbst eingestanden hatte, dass jene erotischen Spielereien wirklich etwas waren, das sie mehr und mehr anzog. Sie waren etwas, von dem sie immer geträumt hatte, obwohl sie sich bewusst war, den Traum im realen Leben nie verwirklichen zu können. Träume bleiben Träume, besonders jene erotischen. An diesem Nachmittag hatte sie das Gefühl gehabt, dass einer davon wahr werden könnte. Aber Roger schaute sie nicht mehr an.

Es gab ein Hin- und Hergeschiebe als Karl beschloss, die zwei Sessel und einen Stuhl anders zu stellen, damit alle bequemer zum Fernsehschirm schauen konnten; obwohl Verena gesagt hatte, sie würde gleich hinaufgehen wegen ihrer anhaltenden Migräne. Für Sabine wurde auch das Licht gedämpft, damit sie das Fernsehbild besser genießen konnte.

Verena musste selbst zum Ständer mit den Spirituosen gehen, um sie zu servieren, denn mit Irene könnte es wieder katastrophal werden. Daneben wollte sie auch nicht die Gelegenheit versäumen, sich Roger zum letzten Mal zu nähern.

Dabei hatte sie unter dem Rock sogar die Strumpfhalter angezogen!

Als sie ihm ein Glas Grappa ausschenkte, wobei sie ihn intensiv ansah, was das Halbdunkel des Wohnzimmers und die Entfernung zu Karls Stuhl nun erlaubte, bedankte er sich, fixierte jedoch weiterhin den Bildschirm. Sie ging in die Küche zum Mädchen, um ihm die letzten Anweisungen zu geben. Irene hatte Teller und Besteck übereinander gestapelt, sodass sie überall im Weg standen und alles mit Tomaten beziehungsweise mit Ketchup bekleckert wurde, das sich Karl gewohnheitsmäßig auf die Pizza schüttete. Verena hatte jedoch keine Lust zu streiten. Sie war so niedergeschlagen, dass sie es für besser hielt, alles liegen und stehen zu lassen und in ihr Zimmer zu gehen, ohne sich zu verabschieden. Amen!

Karl bat sie vom Wohnzimmer aus, für alle einen Espresso in der neuen Maschine zu machen. Das fehlte jetzt noch! Die für 1 200 Euro gekaufte Espressomaschine hatte in der Folge bei Karl die Manie hervorgerufen, dieses Wunderding allen feierlich vorzuführen, die das Haus betraten. Gemäß Verena war dieser Espresso absolut gleich wie jener aus der alten, kleinen neapolitanischen Kaffeemaschine zu zehn Euro, doch Karl liebte es, von den Gästen zu hören, dass der angebotene Espresso wirklich außergewöhnlich sei, genauso wie jener in den Kaffeebars in Italien. Karl war großartig in seinem Beruf, doch von Frauen und Kaffee verstand er gleich null.

Sie musste sich an jenem Abend zum letzten Mal unterwerfen. Sie setzte die Maschine in Gang und bereitete den Espresso. Als Irene das Tablett mit den Tassen aus der Küche trug (dann wieder umkehrte, da sie die kleinen Löffel vergessen hatte), spitzte Sabine zur Tür herein.

Sie lächelte Verena mitleidig zu, als sie ihr mürrisches Gesicht sah.

„Du hast eine echt gelungene Bluse, die bestens zu diesem Rock passt", sagte sie, als sie hereintrat und mit dem Finger über Verenas Seidenkragen strich.

„Ach, nichts Besonderes", antwortete sie, wobei sie so tat, als würde sie sich die Hände mit einem sauberen Lappen abtrocknen.

Doch Sabines Finger fuhren von Verenas Kragen zu ihrer Brust.

„Du hast einen sehr schönen Busen, schöner als meiner. Würdevoll wie bei einer Königin, wirklich attraktiv, so ganz ohne Büstenhalter. Meine Finger bekommen Lust, ihn zu berühren."

Verena wollte etwas erwidern als Dank für das Kompliment, konnte sich aber nicht entschließen, etwas zu sagen oder die zu unverschämt gewordene Hand wegzustoßen. Bestimmt war Sabine bisexuell, sogar ganz deutlich. Außerdem presste sie ihr auch noch die ganze Hand auf die Brust, wobei sie mit dem Daumen auf und ab strich; dann sagte sie plötzlich noch leiser: „Hast du es aufgetragen?"

„Aufgetragen? Was?", antwortete Verena nun doppelt verwirrt, in der Hoffnung, nicht richtig verstanden zu haben.

„Rogers Sperma, auf diesem wunderschönen kleinen Busen."
Sabine musste jetzt die Hand wegnehmen, da Irene zurückgekommen war.

Verena war wegen der plötzlichen, verwirrenden Frage feuerrot geworden, konnte sich aber kontrollieren, wobei sie endgültig und unnötigerweise noch mal die Hände mit einem anderen, weniger sauberen Lappen abtrocknete.

Etwas Derartiges hatte sie nicht vermutet! Also gehörte auch Sabine dazu ...

Sie brachte heraus, halb ärgerlich, halb aufgeregt: „Oh, aber dann ..."

„Es handelt sich um ein faszinierendes und geheimes Gesellschaftsspiel."

„Oh, aber dann ...", konnte Verena wiederholen – und: „Nicht mit einer sondern mit zwei weiteren Personen!"

„Ein kleiner Irrtum. Ein Gesellschaftsspiel verläuft nie mit nur zwei Personen, Verena."

„Mit wie vielen dann? Zu dritt, zu viert? Wer weiß, wie viele Bescheid wissen!"

Sabine zwinkerte ihr zu und legte graziös den Finger auf die Lippen, um ihr zu bedeuten, dass sie leise sprechen sollte. Irene stand daneben, da die Küche nicht sehr groß war. Verena konnte sich zurückhalten. Sie musste warten, bis das Mädchen das benutzte Geschirr in die Spülmaschine geräumt hatte. Sabine ging mit zwei Schritten zum Ausgang. Dort drehte sie sich um und sagte mit normaler Stimme: „Welches der zwei Fotos hat dir besser gefallen?"

Ohne die Antwort abzuwarten, gesellte sie sich wieder zu den Männern im Wohnzimmer.

Auch Verena kam dazu, nahm Platz auf dem leeren Sessel, den man für sie vorgesehen hatte, damit sie das Fußballspiel würde besser sehen können.

Also hatten Emils Frau und Roger diese Tricks ausgetüftelt, um Verena allmählich auf ein Niveau erotischen Schuldgefühls zu bringen; anfangs ihrerseits unfreiwillig, doch schließlich sollte es zu ihrer Teilnahme führen. Ein Gesellschaftsspiel ohne Wissen der Ehemänner, bei ihr zu Hause, perfekt getarnt. Dann war also Sabine Rogers Geliebte!

Sie konnte sich nicht entscheiden, ob sie sich ärgern sollte oder dem Faden bis zum Ende folgen. Das Fußballspiel erreichte die entscheidende Phase. Der FC Bayern hatte ein Tor geschossen, doch die Gegner holten nun mit einer Intensität auf, die zu oft die bayerische Abwehr in Gefahr brachte. Karl fuchtelte mit den Armen, Emil machte ständig sarkastische Bemerkungen. Roger schwieg, war aber äußerst aufmerksam.

Verena stand auf. Ihr Platz war etwas entfernt von Sabines Sitz. Sie schenkte Getränke nach, um Haltung zu zeigen, wobei sie sich schließlich Sabines Sessel näherte.

Sabine streckte eine Hand aus und berührte im Halbdunkel jene von Verena.

„Welches?", murmelte sie, während sie weiter zum Bildschirm schaute. „Welches Foto? Das Foto, auf dem die Frau alleine auf Knien ist oder das mit der Blume?" Verena tat ebenfalls so, als blickte sie zum Fernsehschirm, wobei sie ihre Hand sanft von der Sabines Hand befreite.

Diese wiederholte: „Welches? Los! Sind wir nicht Freundinnen, oder? Mir gefiel besser das mit der Blume."

Verena verstand, dass ihr positiver Kommentar zu den Fotos bedeuten würde, damit einen Pakt vollkommener Akzeptanz zu besiegeln. Doch es bestand kein Zweifel, dass sie die Fortsetzung des Spiels reizte, zu sehr reizte.

„Das mit der Blume", murmelte sie, während die Männer laut über das zweite Tor der Gegner fluchten. Karl schlug sogar mit der Faust auf das runde Beistelltischchen, was die Gläser zum Schwanken brachte.

„Da war ich mir sicher", sagte Sabine lächelnd, mit dem Gesicht zu ihr gedreht.

„Wer ist die kniende Frau auf dem Bild?", fragte Verena, ohne das Lächeln zu erwidern.

„Das kann ich dir heute nicht sagen."

„Ihr macht ohne mein Wissen solche Scherze mit mir und erwartet, dass ich keine Fragen stelle?"

„Nur heute. Doch ich kann dir jetzt verraten, wer die Personen am Rand sind, der Mann sowie die Frau, welche die Rose reicht."

„Das wären?"

„Ich die Frau", antwortete Sabine.

„Der Mann?"

„Emil, mein Ehemann."

Verena erinnerte sich plötzlich, dass der Mann, der sich die Hose aufknüpfte, am kleinen Finger denselben Ring trug, den sie beim Essen an Emils Finger bemerkt hatte. Warum hatte sie nicht früher daran gedacht? Die beiden also, und Roger als Fotograf! Somit alle drei! Roger, Emil, der nichts zu wissen schien, und Sabine waren Komplizen. Sie hatten sich diese erotische Falle ausgedacht! Und wer war nun die junge, wunderschöne Frau, deren Identität Sabine nicht verraten wollte? Eine Bekannte Verenas? Nein, so schöne junge Frauen kannte sie nicht. Somit war die logische Schlussfolgerung: Es könnte gut Emils Hand gewesen sein, die sie betastet hatte, da er auf der Treppe direkt hinter ihr war!

Sie zog die Hand zurück, die Sabine inzwischen wieder umklammert hatte. Sie schaute nun in Emils Richtung, der jedoch unerschüttert weiter den Bildschirm fixierte, während er mit Karl sprach. Emil! ... Emil, der sie nie wie Roger mit sexueller Gier angesehen hatte; er, der ein echter Gentleman und Freund Karls war. Welch perfekter Schauspieler! Und wie er in höchster Perfektion die Komödie mitspielte! Folglich begehrte auch Emil sie, wobei er dieses unanständige Begehren mit einer wunderbaren Mimik zu verschleiern wusste, mit der Perfektion eines puritanischen Gentleman.

Sie machte erneut einen Schritt in Sabines Richtung, berührte ihren Arm; wenigstens sie könnte Verena aufklären.

„Sabine, du musst mir alles sagen", flüsterte sie.

Sabine schaute sie an, diesmal ohne zu lächeln. „Nein, Verena, das Fußballspiel ist jetzt an seinem Höhepunkt, ich will mich nicht ablenken lassen. Gefällt dir der Fußball nicht?"

Danach drehte sie den Kopf zum Bildschirm und beteiligte sich mit einem schüchternen Schrei an dem Gebrüll der anderen. Auch drehte sie den Sessel ein wenig, um besser zu sehen, wobei sie nun weiter von Verena weg war. Diese konnte es nicht glauben. Was für ein Spiel trieb man mit ihr? Nach alledem jetzt diese Gleichgültigkeit! Sollte man die Sache nun als beendet betrachten? War das alles? Wie Karl oft bei anderer Gelegenheit sagte, eine *Flucht nach Berührung*, dann Schluss für immer? Ein Gesellschaftsspielchen, um ihre intime Reaktion zu sehen und um sich dann gelangweilt wegzudrehen? Sie kehrte zu ihrem Sessel zurück, ohne dass jemand sie ansprach, da nun die Spannung auf dem Höhepunkt war, wobei Karl unentwegt fluchte. Man war beim Eins zu eins, alle waren konsterniert. Sabine hatte ihr sogar den Rücken zugedreht. Verena befiel ein Gefühl von Wut und Hass, zusammen mit dem Bewusstsein, nicht reagieren zu können. Sie war zu unruhig, um sitzenzubleiben und vorzutäuschen, sie würde dem Fußballspiel zusehen; es war sogar demütigend.

Sie stand auf, unbemerkt von den anderen, ging die Treppe hoch ins Zimmer, in der Gewissheit, dass niemand aufgepasst hatte. Ende.

Ja, Ende, doch auch moralische Niederlage. Man hatte sie verlockt, dann verspottet. Zu sagen war nur, dass die Wahrsagerin richtig vorhergesehen hatte bezüglich des Ergebnisses am Sonntag, doch sie hatte die desaströse Wirkung auf ihre Nerven und ihren Ruf als Ehefrau verschwiegen.

Sie schloss die Tür in ihrem Zimmer; es war sinnlos, sie angelehnt zu lassen, da niemand zu ihr heraufkommen würde, da gab es keine Zweifel. Wenn einer gekommen wäre, hätte er es in aller Sicherheit tun können, da die anderen zwei mit ihm unter einer Decke steckten, sie hätten ihren Mann abgelenkt. Jedoch ahnte sie, dass das Spiel definitiv als beendet zu betrachten war. *Welch ein Nachmittag*, dachte sie wieder, die verfluchte Wahrsagerin hatte recht gehabt. Sie hatte es Verena vorausgesagt, ohne jedoch zu erwähnen, dass es so enden würde. Aber weshalb eigentlich? Die Realität erschien vor ihren Augen. Emil war ein schöner Mann, verdammt, doch er war Notar. Mit einem solchen Beruf und einem Parteiauftrag konnte er nicht einen Skandal in Karls Haus riskieren. Roger war ein steinreicher älterer Junggeselle, ein eleganter Lebemann, wobei er die von der gehobenen Gesellschaftsschicht gesetzten Grenzen der Anständigkeit respektierte, in der er verkehrte. Darüber hinaus war er Karls Kunde, er war mit einem wichtigen Finanzprozess Rogers befasst. Ein falscher Schritt in Karls Haus wäre peinlich, wenn nicht unverzeihlich gewesen. Nicht einmal er hätte, abgesehen von einem Scherz, eine jugendliche *Eskapade* gewagt. Darüber hinaus hatte sie eine Vorahnung: Auch wenn tatsächlich einerseits alles zu Ende war, traf dies andererseits nicht zu. Würden jene Personen doch in Zukunft darüber reden, untereinander klatschen, über sie lachen. Man hatte sie missbraucht, ihre Spontanität ausgenutzt, sich ihrer geheimen Wünsche bedient für ein infames Spielchen. In der Zukunft würde sie sich wahrscheinlich schämen bei dem Gedanken an diesen lasterhaften, aber sterilen Trick, wann immer sie einen der drei in Gesellschaft treffen würde. Es stimmte jedoch auch, dass alles zu Ende war. Niemand wollte mehr etwas von ihr. Sie fühlte sich beleidigt, gedemütigt. Sie war die Marionette gewesen in einem getarnten und hinter ihrem Rücken für sie ausgedachten Spiel. Sie fühlte sich wirklich verletzt, vor allem erniedrigt, ohne dass sie wenigstens Karl gegenüber ihrem Frust hätte Luft machen können. Sie ließ die Badewanne einlaufen, stieg hinein, reinigte sich sorgfältig die Brust von Rogers Sperma und verweilte längere Zeit im Wasser mit geschlossenen Augen, ohne Rücksicht darauf, dass ihre langen Haare nass wurden und die Frisur beim Teufel war. Dabei versuchte sie, an nichts zu denken und vergaß den unmöglichen Wunsch, nach einer Rachemöglichkeit zu suchen. Herausgestiegen aus der Wanne versuchte sie, ihren Körper in eine Yogaposition zu zwingen. Sie sagte sich immer wieder, dass es ein Aufflammen gewesen war. Ein Strohfeuer, fertig! Alle Teilnehmer würden ihre ursprüngliche tadellose Haltung von zuvor einnehmen; nichts würde mehr an die simulierte Demaskierung eines theoretischen oder kaum angedeuteten unvollständigen Sexualaktes erinnern, der in ihrem Wohnzimmer an einem Sonntagnachmittag stattgefunden hatte. Keine Spur, auch keine Andeutung. Jeder der Protagonisten würde sich am darauffolgenden Tag (oder vielleicht nie, denn diese Leute sah sie höchst selten) freundlich, aber kühl verhalten. Keiner würde es in Zukunft wagen, sie auf eine bestimmte Art anzusehen und dabei jenen Nachmittag andeutungsweise erwähnen. Sie würde ihn dann verächtlich mit verwirrender Ungläubigkeit demontieren. Auf alle Fälle würden alle drei nach den Wahlen aus ihrem Gesichtsfeld verschwinden. Es war auch zu hoffen, dass man Karl nicht wählte, so konnte alles in Vergessenheit geraten.

Verena blieb fast eine Stunde ausgestreckt liegen, nicht auf dem Bett, sondern auf dem weichen Bettvorleger. Das Bett erinnerte sie zu sehr an das vergebliche Warten auf Roger vor dem Abendessen. Sie wollte alles vergessen. Dann löste sie sich von ihren Gedanken, stand auf und zog einen Bademantel an. Sie musste hinuntergehen, sich kühl entschuldigen, sich von den Gästen verabschieden, bevor diese aufbrachen. Dies in eingeübter Manier und schönem, unpersönlichen Gehabe. Mit gleichgültigem Gesichtsausdruck, doch mit einem letzten Lächeln beim Händedrücken, kalt, zynisch, äußerst kurz.

Die Komödie wäre dann perfekt für alle Schauspieler. Sämtlichen späteren Vorwürfen Karls würde sie mit Hinweis auf ihre stärker gewordene Migräne begegnen, dann würde sie in ihr Zimmer zurückgehen. Amen

Im Hinuntergehen bemerkte sie jedoch, dass schon alle weg waren, es herrschte Stille, abgesehen vom Rauschen des Fernsehers. Auch war das Licht in der Küche ausgeschaltet, was bedeutete, dass Irene fertig war. Karl saß vor dem Apparat und schaltete einen Kanal nach dem anderen durch, bei gedämpfter Lautstärke.

„Wir haben verloren", sagte er, ohne sie anzuschauen. „Wir haben verloren. Ich hatte schon zu Beginn des Spiels geahnt, dass wir verlieren würden."

„Die Gäste?"

„Aber sie sind gegangen, meine Liebe."

„Einfach so, ohne sich von mir zu verabschieden?"

„Du hattest starke Migräne, scheint mir."

„Das stimmt, ich hatte eine anhaltende starke Migräne. Manchmal bekomme ich sie ganz plötzlich, dann dauert sie den ganzen Abend."

„Das haben wir schon gesehen. Es waren ja Freunde, nicht irgendwelche Leute; die Freunde verstehen sehr gut, dass eine Dame ab und zu Migräne hat."

„Und die Bedienung?"

„Irene? Sie ist auch gegangen."

„Hast du sie bezahlt?"

„Nein."

„Du hättest sie bezahlen sollen. Ich will sie nicht mehr haben. Sie ist zu unerfahren und zeigt keinerlei Lust, dazuzulernen. Sie ist freundlich, aber eine solch ungeschickte Haushaltshilfe hatte ich noch nie. Sie hat zwei Teller vom Service meiner Mutter zerbrochen und ein oder mehrere Gläser. Am Tisch bedient sie so, wie sie gerade steht, von links und rechts, wobei sie an die Köpfe der Gäste stößt. Meiner Meinung nach hat sie nie als Bedienung gearbeitet."

„Oh, das vermute ich auch."

„Dann hättest du bei der Arbeitsvermittlung eine Kraft mit mehr Erfahrung verlangen sollen. Wir haben Millionen Arbeitsloser. Weshalb hast alles *du* organisiert, ohne mir etwas zu sagen?"

Verena hatte große Lust, ihrem Ärger Luft zu machen, den Ton zu verschärfen. Das würde ihr Kraft geben. Karl schien sich jedoch über ihre saure Stimmung zu amüsieren. Lächelnd drehte er sich zu ihr um.

„Ich habe Irene genommen, weil Roger es mir geraten hatte."

„Was sagst du da? Wie konnte er das tun, wenn sie sich nicht kennen? Ich glaube, du vergisst das Büro der Arbeitsvermittlung, du hast doch dort angerufen. Ich erinnere mich, dass du sogar glücklich warst, jemand gefunden zu haben. Aus deiner Kanzlei hast du telefoniert, nicht wahr?"

„Irene ist die aktuelle Freundin Rogers, doch sie leben nicht zusammen. Roger legt Wert darauf, die äußere Form zu wahren."

„Ach, das auch noch!", rief Verena erschrocken, besann sich aber sofort. „Wieder wusste ich nichts!", rief sie giftig. „Was erzählst du mir da, Karl? Die beiden haben den ganzen Nachmittag lang kein Wort miteinander gesprochen ... Doch jetzt fällt mir ein, dass er sie sogar nach ihrem Namen gefragt hat." „Ja", gab Karl lächelnd zu. „Irene hat, abgesehen von den zerbrochen Tellern, wunderbar Theater gespielt. Das sagte auch Emil."

Verena stand da mit vor Staunen weit aufgerissenem Mund, den sie gleich wieder schloss. Sie schaute ihn etwas entfremdet an. Er hatte zwei Gesichter, was sie in all den Jahren erkannt hatte: eines in der Familie sowie bei den Freunden, ein anderes in seiner Anwaltskanzlei. Nun schien es jedoch, dass er ein Drittes hatte. Jetzt war alles anders. Sie versuchte, die passenden Worte zu finden, um sich nicht vom Zorn mitreißen zu lassen.

„Was heißt *Theater gespielt*? Was ist das für eine Geschichte?"

Karl verzichtete auf den Cognac und stellte das Glas wieder ab.

„Irene spielte die Rolle, die wir ihr in unserem Drehbuch zugedacht haben. Sie kann schauspielern, doch bei Tisch bedienen kann sie nicht, was wir wussten."

„Sie hatte eine Rolle? Sehr interessant. Wirklich sehr interessant. Also, sie hatte eine Rolle!"

-„So wie jeder von uns."

„Ich muss sagen, ich habe ernste Schwierigkeiten durchzublicken."

„Alles ging genau nach unserem Plan. Hm – abgesehen von Sabine, die untalentiert ist. Sie belästigte Irene in der Küche, nachdem sie sich deinetwegen erregt hatte, wegen deines Busens. Sabine ist absolut bisexuell."

Verena stellte das Glas, in das sie sich einen Cognac einschenken wollte, so kraftvoll auf den Tisch, dass der Stiel abbrach. Karl musste schleunigst aufstehen und in die Küche gehen, kehrte dann leise fluchend zurück, um die Scherben vom Boden aufzusammeln, da sie ja barfuß heruntergekommen war. Zum Glück hatte sie sich nicht verletzt. Mit gespielter Gelassenheit fing er wieder an, nachdem er sich gesetzt hatte: „Hör mir zu."

„Was soll das, ich höre doch schon zu! Du hast keine Ahnung, wie sehr ich dir zuhöre. Ich will heute Abend alles genau hören."

„Irene ist keine Bedienung. Sie ist Fotomodell. Du selbst konntest eines ihrer Fotos bewundern. Das Bild mit der Blume."

Also stimmt es! Irene war die junge Dame zwischen Emil und seiner Frau! Sieh mal an! Nicht mit der Pferdeschwanzfrisur, mit der sie bei ihr als Bedienung erschienen war. Dann die Schminke; die Kosmetik und ein Ästhetiker können Wunder vollbringen. Und die große Brille! Auf dem Foto war sie ohne Augengläser. So war Irene die Haushaltshilfe!

Als Karl sah, wie Verena die Augen schloss und die Fäuste ballte, kam er ihr zuvor.

„Rege dich nicht auf und mache nichts kaputt, nicht wie es schon mal passiert ist, als wir uns über läppische Dinge stritten, zum Beispiel als der Fernseher kaputtging, nachdem du zweimal ein Glas auf ihn geschleudert hattest. Das macht jetzt keinen Sinn."

„Also dann?"

Karl schien erleichtert von dieser Antwort. Er nahm das Glas in die Hand, stellte es aber nochmals zurück, stand auf, um ein anderes, sauberes zu holen und schenkte auch Verena einen Cognac ein. Sie hütete sich, es anzufassen.

„Welche Fotografie?" (War die gespielte Naivität noch glaubwürdig?) Sie gab sich die größte Mühe, all das zu begreifen.

„Jenes mit der Blume in der Hand des Mädchens zwischen Emil und seiner Frau ... Hm, alles Mitglieder unseres Clubs."

„Existiert auch noch ein Club? Karl!"

„Ich würde das bejahen. Ein ganz besonderer Club."

„Nicht für wahltaktische Wohltätigkeiten, wie ich daraus schließe."

„Für den Tausch von Ehefrauen und Ehemännern."Karl hatte das hinaus geschmettert, so wie er in seiner Kanzlei einen Schlichtungsvorschlag der generischen Partei mit der bekannten, geübten Brutalität eines Anwalts abschmetterte.

265

„Ich muss sagen, du überraschst mich, Karl."

„Das war mir klar. Im Grunde gefällt es mir, dich noch zu überraschen."

„Wenn du das wolltest, ist es dir gelungen. Und ich wusste nichts! Du hast mich ganz zweifellos überrascht. Ich finde es sogar ...'"

„Warte! Ich bin dabei, dir soeben alles zu erklären, doch nicht, weil ich dich verletzen will." Das hatte Karl mit einer Art plötzlicher Zärtlichkeit gesagt. Sie schien unentschlossen, welche Haltung sie einnehmen sollte.

„Wenn ich dir vielleicht kurz die Geschichte im Zusammenhang erzähle, wirst du mich besser verstehen. Kann ich mit dem Anfang beginnen?"

„Ich vermute, dass die Episode von heute Abend Teil des Endes ist. Oder eines neuen Anfangs ohne meine Zustimmung?"

Karl fixierte sie, wie sie sich anschickte zu trinken, doch als sie das Glas mit dem Cognac in die Hand nahm, ließ sie es hin und her schaukeln, als wollte sie sein Leuchten prüfen. Er schien eigentlich erleichtert, da ihre Geste vermuten ließ, dass ihr Zorn beherrschbar wurde, gedämpft durch die Neugier.

„Du dürftest etwas gehört haben über die nicht nur in Deutschland praktizierte Mode des Partnertausches."

„Vage"

„Nur vage?"

„Man hält mich für eine anständige Dame, die ihrem Mann und eventuell zukünftigem Bürgermeister treu ist."

„So muss es auch bleiben."

„Ach ja? Du, Roger, Emil, seine Frau sowie eine falsche Bedienung habt gemeinsame Sache gemacht gegen mich ... Entschuldigung, ihr seid Mitglieder eines – sagen wir – etwas zweideutigen Clubs, den du mir wohl als *Sozialclub* servieren könntest, um ein modernes Adjektiv aus deiner Kommunalpolitik zu verwenden."

„Dein Sarkasmus ist, mit Verlaub, fehl am Platz. Und doch hast du nicht ganz unrecht, ein derartiger Club, wie so viele in Europa, geöffnet sozusagen für Hund und Katz, oft auch für vulgäre Leute, erscheint schließlich auf den ersten Blick nicht sehr geschmackvoll. Er läuft mit der Zeit Gefahr, zur normalen Gewohnheit wie eine eheliche Beziehung zu werden. Darüber hinaus ist es notwendig, auch andere Personen dazuzumischen, die vielleicht attraktiv sind, aber aus niedrigerem Milieu kommen. So ist in München eine Vereinigung, ein Club mit elitären Personen entstanden, deren Ziel es ist, nicht nur die eheliche Routine zu bekämpfen, sondern vor allem die Langeweile und, wohlgemerkt, die sexuelle Fantasie anzuregen. Fängst du an zu begreifen?"

„In der Tat. Ich bin nur neugierig, dein Finale zu hören, bevor ich meine naive Meinung dazu sage."

„Ich bin gerade dabei", antwortete Karl lächelnd und dankbar für die nicht mehr ganz so bissige Antwort.

„Meine Liebe, in allen anderen ähnlichen, oft über das Internet entstandenen Clubs beantragen die Paare die Aufnahme, um andere Paare kennenzulernen und das sexuelle Feuer wieder anzufachen; gemeinsam, der Ehemann mit seiner Frau, um das Schuldgefühl zu eliminieren."

„Und eures, nicht wahr?"

„Auch. Doch um den Eintritt in die Gesellschaft für die neuen Teilnehmer verlockend, pikant zu gestalten, greift man bei uns zu einer einfallsreichen Methode, das heißt, man bemüht eine von jeder Routine befreite erotische Fantasie. Was die Damen betrifft, werden diese oft ohne ihr Wissen ausgesucht, meist unter den Ahnungslosesten oder besser, den Untadeligsten." Nachdem er sie aus den Augenwinkeln beobachtet hatte, fügte er hinzu: „Oder die Faszinierendsten."

„Ich soll ausgewählt worden sein nach diesem würdevollen Kriterium, ich meine das erste oder das zweite?"

Karl hustete, ganz bestimmt ohne einen Hustenreiz zu haben.

„Du bist eine faszinierende Frau. Emil, Roger, auch Sabine haben so sehr darauf bestanden, bei dir damit anzufangen und das Spiel aufzuführen. Du bist jedoch ein anormaler Fall."

„Sieh mal an, ich soll ein anormaler Fall sein?"

Karl suchte einen gefälligeren Ton.

„Als ich deine Neigungen entdeckt habe, in deinem Zimmer, habe ich mit einigen Mitgliedern gesprochen."

„Ein echter Strategieplan. Sollte ich mich geehrt fühlen?"

„Folglich haben wir beschlossen, das Stück von heute Nachmittag zu inszenieren. Das Ergebnis ist positiv; du wärest eine nächste Eingeweihte in unserer Bruderschaft. Alle werden dich kennenlernen wollen. Alle erfahrenen, intelligenten, raffinierten Paare mit dem Wunsch nach fantasievollem Sex. Natürlich auch Einzelpersonen, wenn sie intelligent sind und unkonventionell."

Karl machte eine Pause, um ihre Laune zu ergründen, da sie nicht reagiert hatte.

„Bist du sehr verärgert wegen unserer unseligen Inszenierung? Die vorgegebene Batteriepanne in Emils Auto ist eines der Elemente der ausgetüftelten Aktion. Im Fall einer echten Panne wäre der Abschleppdienst in circa 20 Minuten an Ort und Stelle gewesen. Anstatt zum Mechaniker am Stadtrand zu fahren, setzten wir uns in die Bar an der Ecke, um das Ende des Aktes zwischen dir und Roger abzuwarten, wobei Irene so tun sollte, als würde sie nichts sehen."

„Alles nur Theater! Ein teuflisches Theater! Warum hast du nie mit mir darüber gesprochen? Ich meine über diesen Club."

„Ich kannte dich nicht ganz so gründlich."

„Wir reden doch immer über alles, scheint mir."

„Nicht über diese Dinge."

„Weshalb hast du dann deine Meinung geändert?"

„Ich bin eines Tages in dein Zimmer gegangen, um ein Heftpflaster zu suchen. Alles war offen, ich meine den Sekretär. Du lagst in der Badewanne. Ich habe den Vibrator bemerkt und die Zeitschriften, die du gekauft hattest."

„Und dann?"

„Man musste einen Vorwand kreieren, etwas zum Verkürzen der Zeit. Hier half mir eines der wenigen Mitglieder in unserer Kleinstadt, da alle anderen in München sind. Sie brachte dich zu einer Wahrsagerin, die dir in den Kopf setzte, dass heute etwas Sexuelles passieren würde."

„Die Wahrsagerin, aber dann ... ? Johanna hat mich zu ihr gebracht! Sie? Johanna Engelbert? Sie, die Sonntagmorgen zur Messe geht? Unmöglich, so eine Betschwester! Sie sieht aus, als hätte sie über ihrer Frisur einen langweiligen Heiligenschein, so langweilig wie auch ihre Argumente sowie die blöde Leidenschaft für Ökologie. In der Messe geht sie auch zur Beichte. Ist sie eine von euch?"

„Ohne Ehemann, sicher. Eben eine Einzelperson. Ihr Mann ist ein Idiot. Absolut ohne Interesse und auch ein Moralist antiken Musters!"

„Aber wenn sie doch jeden Sonntag in die Kirche geht, um zu beichten!"

„Das tut sie weiterhin, ohne dem Priester alles zu erzählen; was macht es denn? Sex ist keine Sünde, das Mittelalter ist vorbei. Meine Liebe, auf die Idee sind wir gekommen, weil sie sich immer wie eine untadelige Frau gibt. Eine Johanna, die wie eine Schlampe wirkt, hätten wir nicht in Betracht gezogen. Sie zu diesen Ausschweifungen in Gesellschaft zu bringen, sie zur Frau für alle machen, zu einer Stufe leichter sexueller Perversion zu bringen, war ein angenehmes Meisterwerk ... hm wie mit dir, bei deinem Anfang von heute Nachmittag."

„Wie seid ihr bei Johanna vorgegangen?"

„Oh, das war Sabines brillantes Werk. Sie war Hauptakteurin in Johannas Fall. Sabine hat sie kontaktiert. Sie gab sich als Mitglied der christlichen Vereinigung *Kommunion und Befreiung* aus. Nach dem zweiten Treffen ging sie bereits mit ihr ins Bett. Johanna war die Schachfigur, um das Spiel mit dir zu beginnen."

„Johanna!", rief Verena, ungläubig den Kopf schüttelnd, während sie mit ihren Gedanken woanders zu sein schien. Leise murmelte sie: „Und die Wahrsagerin, die mir vorhergesagt hatte ..."

„Der alten Böhmin oder Rumänin musste Johanna 300 Euro zustecken, damit sie die Prophezeiung aussprach. Sie hatte 250 gewollt, doch Johanna ist schüchtern und verlangte den Rest nicht zurück, nachdem sie drei 100-Euroscheine auf den Tisch gelegt hatte. Ein wenig teuer, die Zigeunerin. Wie du aber siehst, beweisen wir erotische Fantasie, findest du nicht?"Verena antwortete nicht, sie hielt sich die Hände vors Gesicht. Karl sagte leise, freundlich: „Wollen wir etwas trinken, das besser zu diesem Augenblick passt? Mit weniger Alkohol, damit wir klare Ideen behalten. Einen Prosecco, dann machen wir weiter?"

„Mich zu betrinken ist das Letzte, was ich heute Abend machen will. In gewissem Sinn bin ich bereits betrunken."

„Auch ich."

„Du hast doch nicht zu viel getrunken."

„Ich spreche nicht vom Alkohol. Ich fühlte mich wie betrunken, als nachmittags und abends Roger und Irene mir ab und zu von deinen … sagen wir … kleinen wunderbaren Fortschritten berichteten."

„Tat es dir weh zu hören, dass ich mich hatte gehen lassen?"

Er ließ einige Sekunden vergehen, bevor er antwortete. Er tat dies auf eigenartige, unvorstellbare Weise; sie glaubte, in seinem Blick etwas zu erkennen, das er sofort wieder unterdrückte. Dann sagte er:„Du kannst nicht begreifen, noch nicht. Du kannst nicht verstehen, wie glücklich du mich gemacht hast."

„Wirklich? Das sollte dich glücklich gemacht haben! Es könnte mich tödlich erschrecken, Karl."

Karl stand auf, ging in die Küche, kam dann wieder mit zwei Gläsern und einer Flasche Prosecco. Er schenkte ein und reichte eines Verena. Sie tranken nun schweigend.

„Du kannst mich alles fragen. Ich hätte sämtliche Antworten, die du wünschst."

„Ich wüsste nicht einmal, wo anfangen. Das heißt, vielleicht doch; vor allem eine Frage: Hast du mit meiner Freundin Johanna geschlafen?"

Kopfschüttelnd lächelte er schwach.

„Nein, sie ist nicht wirklich anziehend. Doch sie hat sich reichlich mit anderen von uns vergnügt, in München, insbesondere mit den Ehefrauen; Sabine hat sie perfekt bisexuell gemacht. Übrigens müsste sie dir ein Geheimnis verraten, doch sie erwartet deinen Eintritt in den Club, um es dir zu sagen, da sie schüchtern ist: Sie war immer schon verliebt in dich."

„Du verstehst nicht, wie sehr mir der Scherz mit der Wahrsagerin auf dem Magen liegt!"

„Du darfst es ihr nicht übelnehmen. Im Club ist die Fantasie obligatorisch." Nach einer Pause und einem weiteren Schluck fragte sie: „Und Irene? Wer weiß, wie oft du mit ihr im Bett warst, ohne dass ich Verdacht schöpfte."

„Auch nicht."

„Irene ist ein schönes Mädchen, jünger als ich, mindestens zehn bis zwölf Jahre; sie dürfte maximal 25 sein. Auf dem Foto ist sie hinreißend." Karl zuckte nur die Schultern.

„Muss ich vermuten, dass dir nicht einmal sie gefällt? Oder gibt es eine Bessere in eurem Club?"

„Nein."

„Nein? Dann verstehe ich nicht. Oder ... was die Fantasie betrifft ... solltest du jetzt schwule Fantasien haben? Das wäre die zweite Überraschung des Abends, zugegeben die unangenehmste."

„Auch das nicht."

Sie stellte keine weitere Frage und Karl schwieg. Es schien, als würde jeder der beiden warten, dass der andere weitermachte. So klapperte Verena mit einem Fingernagel auf dem Glas herum; ihre Mine war weniger sarkastisch als vorher.

„Nun, was dann?", fragte sie leise in einem gewissen, ungewohnt zärtlichen Ton.

Karl antwortete ihr mit einem Lächeln, doch ohne fortzufahren. Verena schüttelte leicht den Kopf, als wollte sie das Gefühl loswerden, Karl hätte eine plötzliche Schüchternheit befallen. Nein, Karls angedeutetes Lächeln verriet nicht Schüchternheit, er entschloss sich jedoch nicht, noch etwas zu sagen.

Sie stellte das Glas wieder ab und wollte selbst etwas sagen, da ihr die stockende Unterhaltung unnatürlich erschien.

„Karl, der heutige Abend ist verflucht anders als sonst. Das behaupte ich jetzt erst einmal, obwohl ich das Objekt eines Spiels war. Dir wurde bewusst, dass ich dich betrügen wollte. Nun wirst du denken, dass ich es nicht allzu sehr bedaure und dass ich scheinheilig sei, wenn ich das Gegenteil behaupte. Du hast mich verstanden, Roger hat mich verstanden, noch dazu hat er mich als Gesellschaftsdirne hingestellt, während ich nicht so viel Herz hatte, ihn zurückzustoßen. Es ist meine Schuld, auch wenn nicht ich mir das Spiel ausgedacht hatte. Aber du? Mir scheint, ich kenne dich heute Abend nicht mehr. Weshalb bist du in einen galanten und problemlosen Paartauschclub, wenn du mit niemandem ins Bett gehen willst?"

„Weil ich dich liebe", sagte er ernst.

Verena schüttelte den Kopf, dann murmelte sie: „Ich glaube, es ist nicht angebracht, über dieses Thema zu sprechen, Karl. Wir reden beide über etwas anderes. Dein Club ist sogar noch etwas ganz anderes; es geht um Sex, nicht um Liebe. Den Sinn für Romantik gibt es nicht in einem solchen Club. Du versuchst, mich dort hineinzubringen, indem du solch verstiegene Argumente vorbringst."

„Für mich ist es dasselbe", behauptete er ohne Lächeln.

„Karl! Karl, ich verstehe dich wirklich nicht. Lügen passen nicht mehr zum heutigen Abend, ebenso wenig wie sonderbare Ausreden, die Konzept und Finale verschleiern sollen."

„Verena, hör mir zu! Ich sage es mal so: Im Lauf der Zeit habe ich mich entwickelt; meine Psyche hat sich entwickelt ... hm, vor allem dir gegenüber. Ich sehe und bewundere dich jetzt anders, mit mehr Intensität als vorher ... ...es ist kurz und gut etwas anderes, doch nicht das, was du denkst."

„Nein? Gehen wir noch zusammen ins Bett so oft wie früher oder, wie in letzter Zeit, überhaupt nicht mehr. Getrennte Schlafzimmer in jeder Beziehung. Eine negative Evolution, würde ich sagen, doch wie du siehst, muss ich es akzeptieren. Das passiert auch vielen anderen Paaren. Alle wissen das."

„Wenn du mich einen Moment lang nicht unterbrechen würdest, wäre es leichter für mich, es dir zu erklären."

Sie erwiderte nichts. Sie setzte sich in ihrem Sessel etwas bequemer hin und wartete, wobei sie sich anstrengte, ihre Nervosität nicht zu zeigen.

„Die große Anziehungskraft, die der Sex auf dich ausübt, verzehrt auch mich, glaube mir."

Sie war dabei zu antworten, doch er bedeutete ihr mit der Hand zu schweigen.

„Dein Verlangen ist das einer Frau, eine körperliche Sinnlichkeit, was es auch sein soll. Meines ist eher ästhetisch, Verena. Ich bin sozusagen ein *Voyeur*." „Wolltest du mir sagen, du würdest mich zum Club bringen, um mich den anderen zu überlassen, um dann den fremden Frauen zuzuschauen, vielleicht einen Cognac dabei zu trinken? Ich wäre der Preis, den du zahlen müsstest, nur um zu *schauen*? Macht es dir so viel Spaß, die anderen anzuschauen?"

„Nein. Ich würde dich in den Club bringen, um nur dich anzuschauen, nur dich. All die anderen Frauen interessieren mich nicht. Nur du, Verena. Fängst du an, mich jetzt zu verstehen?"

Er hatte es verkündet, fast mit einem Hauch von Demut, damit sich ihr noch immer vorhandener Sarkasmus abschwächte. Sie schien bestürzt zu sein.

„Seit wann ... seit wann hast du dieses Verlangen?"

„Seit jeher, auch als wir verlobt waren. Ganz zuerst unterdrückte ich es, dann wurde es stärker als alle anderen sexuellen Vorlieben. Es ist eine Form wahrer Liebe, viel stärker als die normale, wenn es auch schwierig ist zu glauben, dass sie existiert. Noch dazu so hinreißend, dass es unmöglich wäre, sie zu bremsen, geschweige denn zu ignorieren. Sicher bin ich nicht der einzige Mann auf der Welt, der dieses Gefühl verspürt. Viele Männer sind Voyeure wie ich, und sie schämen sich. Ich nicht. Ich bin mir bewusst, dass es überaus schwierig ist, dir genau zu erklären, was ich fühle, doch heute Abend muss ich es tun. Wenn ein Mann oder eine Frau dich bewundert, dann den Blick voll vorsichtigem, diskreten Verlangen auf deine Beine richtet, falls der Rock einen Moment lang etwas mehr sehen lässt, dann bedeutet es für mich, dass ich eine anmutige Frau habe. Eine Frau, die sinnliche Wünsche bei den Personen in ihrer Nähe hervorruft, eine Ehefrau, die einen Liebhaber verrückt machen könnte, wenn sie wollte und meine Erlaubnis hätte, es zu tun ... Ich weiß, du hast verschiedene sehr verführerische Dessous versteckt. Ich gebe zu, dass ich jeden Tag heimlich, wenn du in der Stadt bist, dein Heft mit den Notizen über deine Gefühle und Träume lese. Ja, Verena, ich bin ein

Voyeur, doch nur in Bezug auf dich; ich bin an keiner anderen Frau interessiert. Nur an dir. Sobald du dich in den Armen immer neuer Liebhaber frei fühlst, dich ohne Scham hinzugeben, hätte ich einen noch größeren Genuss als du, auch wenn ich bei dieser Gelegenheit dir nicht nah sein könnte. Dieser Moment wäre wunderbar, denn der eheliche Gedanke würde uns mit einer uns bis jetzt unbekannten, fremdartigen spirituellen Kraft vereinen. In einem solchen Augenblick würdest du an mich denken, wenn du vor Vergnügen laut stöhnst und meine Gedanken wären in tiefer Liebe bei dir ... Auch später, wenn wir beide allein zu Hause sind, im Wohnzimmer sitzen bei einem Glas Cognac, würden wir uns in die Augen sehen, mit dem stummen Ausdruck dankbarer, unendlich spiritueller Liebe. Oh, was für Momente! Erhabene, unerklärbare Augenblicke! Glaubst du, mich verstehen zu können? Ich muss auch noch eine andere Facette des Diamanten hervorheben, ein Detail, damit du noch besser verstehst. Die Freunde von heute Abend sowie andere aus München, die du nur vom Sehen kennst, die dich bewundern ... hm, wir sind insgesamt circa zwanzig, Männer ... mit den eigenen Damen natürlich, dazu ein paar Einzelpersonen, also sie waren es nicht, die sich das Spiel ausgedacht haben. Sie waren begeistert, das ja, und Roger hat es in den Einzelheiten perfektioniert. Er ist Franzose, deshalb darin talentiert; doch die Idee, der Vorschlag waren von mir gekommen. Von mir. Ich hatte den Einfall eines Abends nach dem wöchentlichen Poker, als einer der Mitspieler, ein Clubmitglied, mich gebeten hatte, ihm ein Foto von dir zu geben zu, da er von dir verzaubert sei. Ich war so glücklich darüber! Dann hat mir auch noch Emil verraten, wenn auch mit der gebotenen Umsicht, dass du ihm zum Sterben gut gefällst und dass er dich nach Beginn der Sache mit meiner Erlaubnis an einem Wochenende in sein Haus am Tegernsee mitnehmen möchte ... in Begleitung von Sabine natürlich, sobald die Sache begonnen habe. Ich könnte die Aufnahmen nur für mich allein machen, doch auch – warum nicht – die Bilder einigen befreundeten Mitgliedern zeigen, sie diskret zirkulieren lassen, nachdem ich sie mit meiner großen

Sony-Filmkamera in aller Stille und ohne zu stören aufgenommen habe ... ich wiederhole, mit Diskretion, geräuschlos ... Verstehst du? Diese Idee hat mich in Wallung gebracht, ich fühlte eine unglaubliche Lust bei dem Gedanken daran. Seit Wochen kann ich an nichts anderes mehr denken; ich kann mich nicht mehr auf den Wahlkampf konzentrieren. Es ist auch eine Folter, eine sinnliche Folter, die mir Vergnügen bereitet. Verena, antworte mir: Könntest du mich verstehen?"

Anstatt zu antworten, stand sie auf, ohne ihn anzusehen und ging langsam zur großen Glastür, die zum Garten führte. Sie stand mit dem Rücken zu ihm, es schien, als wollte sie nach seiner für sie erschütternden Beichte kurz in Ruhe nachdenken.

Karl stand ebenfalls auf, um zu ihr zu gehen, schien sich jedoch zu besinnen und setzte sich wortlos wieder. Offensichtlich hielt er es für taktlos, ihr sofort weitere Fragen zu stellen. Er fürchtete, dass sie nicht nur erschüttert, sondern entsetzt war und nun etwas Gravierendes im Sinn hatte. Scheidung? Abgesehen von finanziellen Kosten, Gerichtsproblemen und der Resonanz bei Freunden und Verwandten hätte dies auch einen negativen Einfluss auf die kommende Wahl! Auch wenn sie jetzt schwieg, könnte sie kurzfristig in der Öffentlichkeit eine hysterische Szene aufführen – und das während der Wahlperiode. Nach ein paar Minuten konnte er nicht mehr widerstehen, stand auf, um zu ihr an die Glastür zu gehen, wo er sich stumm neben sie stellte. Sie schaute weiterhin die Blumen an, ab und zu schloss sie die Augen, als würde sie intensiv nachdenken.

„Den Garten hast du herrlich angelegt. Das hättest du bestimmt auch ohne die Hilfe des Gärtners geschafft", brachte er leise heraus, nur um etwas zu sagen, wobei er sich über sich selbst wunderte angesichts des normalen Tons, in dem er diese Banalität ausgedrückt hatte.

„Blaue Rosen habe ich aber nicht gepflanzt", antwortete sie; das sagte sie mit fast unhörbarer Stimme.

„Du hast recht. Solche Art Rosen gibt es nicht. Roger hat schlecht gesehen, ich meine, er hat sich geirrt."

„Bei den Rosen?"

„Bei dir; er ist zu weit gegangen; nun fühle ich mich schuldig, Verena, furchtbar schuldig. Denn hauptsächlich mit meiner letzten Enthüllung habe ich die Grenzen überschritten, was unverzeihlich ist. Du kannst dir sicher nicht vorstellen, wie sehr es mir leidtut. Ich fühle mich wirklich ... ehrlich ... Verstehst du meine Qual? Mein Schuldgefühl? Meinen Wunsch, es wieder gutzumachen. Es gibt immer ein Mittel für alles. Einen neuen Anfang ... ohne merkwürdige Dinge."Sie antwortete nicht, schaute weiter hinaus.

„Morgen bin ich bis spät abends abwesend; ich habe wichtige Verpflichtungen in München. Vielleicht ist es besser für dich, wenn ich nicht hier bin. Eine Pause zum Nachdenken ... hm, ohne mich im Haus, damit wir danach wieder zu unserer schönen Normalität zurückkehren können. Ich könnte auch in München übernachten, dann hättest du die ganze Nacht zum Nachdenken, damit du dann wieder unbeschwert wirst."

„Nein, am Dienstagmorgen müssen wir Hans-Jörgs Gemäldeausstellung eröffnen. Hast du das vergessen?"

Sie hatte das in fast normalem Ton gesagt. Sollte nun zu hoffen sein, dass sich die Tragödie langsam abschwächt? Oder dass sie eine ganz und gar zivile, würdevolle Scheidung im Kopf hat, frei von Indiskretionen?

„Na ja, du hast recht wie immer. Wir müssen repräsentieren, da wirst du die eleganteste Frau der Ausstellung sein."

„Aber nicht zu sehr", antwortete sie mit leichtem Kopfschütteln. „Eine volkstümlichere Haltung, weniger exzentrisch, ist angebrachter, schon wegen der kommenden Wahl."

„Wie üblich siehst du die Dinge im richtigen Licht ... hm, in jeder Beziehung."

Diese Unterhaltung hatte einen offenkundig irrealen Geschmack, als würde jeder befürchten oder erwarten, dass sie unweigerlich zur unvermeidlichen Wahrheit führte. Verena drehte sich um, beinahe ruckartig, dann setzte sie sich wieder in den Sessel. Sie schenkte langsam ihr Glas ein, trank aber nicht, schaltete den Fernseher aus, dessen Lautstärke zwar schon reduziert war. Karl blieb nichts übrig, als ihr zu folgen. Er setzte sich ebenfalls, ohne den Mut zum Sprechen zu haben. Verena schwieg; schließlich konnte sich Karl nicht zurückhalten.

„Soeben, genau jetzt vor der Glastür, als ich neben dir stand, hatte ich den Gedanken, dass es besser wäre, dir eine längere und ergiebigere Nachdenkpause zu gönnen, länger als nur eine Nacht, wie ich vorher gemeint hatte, und mit mir zusammen. Hör zu: Was sagst du zu einem kurzen Urlaub, ohne dass gewisse Argumente sowie meine letzte Enthüllung zur Sprache kommen, die dich so erschüttert haben? Du musst mir wirklich glauben ... ich wollte nicht ... Kurz, wenn du meine Reue, meine Ergebenheit dir gegenüber annimmst, wenn du diese befreiende Pause echter Liebe akzeptierst ...“

„Akzeptiert!“, unterbrach sie ihn, während sie ihm langsam Prosecco nachschenkte.

„Ein kurzer Urlaub. Vielleicht in Südtirol? In Meran, wo es dir immer so gut gefallen hat? Oder auch woanders; wollen wir zusammen den Norden besuchen, Lübeck ... hm, gleich nach den Wahlen. Doch wenn ich es mir überlege, könnte ich auch mit dir für ein paar Tage dorthin verschwinden, wo niemand uns findet ... Also nimmst du an? Es würde mich sehr freuen ...“

„Den Eintritt in eure Bruderschaft? Ich bin bereit, in den Club einzutreten.“

Karls Mund öffnete sich vor Staunen, er brachte kein Wort heraus. Schließlich brachte er mit leiser Stimme hervor: „Willst du sagen, du akzeptierst ... also wirklich?“, fragte er, mit einem kaum unterdrückten Zucken in seinem Gesicht, wobei er das *wirklich* mit einer Prise Demut würzte, was ihm exakt gelang.

Sie erwiderte nichts, hatte den Kopf gesenkt, um sich die Haare zu richten. Als sie ihn wieder hob, schauten sie sich schweigend an, ein Schweigen, das mehr sagte als Worte, dann murmelte sie fast flüsternd einen Satz, der den Ehemann erzittern ließ, dessen Lippen durch die Emotion nun fest zusammengedrückt waren. Sie wiederholte diesen Satz mit noch leiserer Stimme, fast unhörbar flüsternd:

„Ich habe große Angst, dass es mir mehr gefallen wird als dir, Karl.“

Nun sprach sie mit anderer, normaler Stimme: „Und, sobald es losgeht, will ich vorher tanzen, tanzen bis zur Bewusstlosigkeit." *Ich will tanzen wie Salome, nackt aber mit durchsichtigen Schleiern, meine zahlreichen Herodes aufreizen. Tanzen, mit orgastischen Bewegungen tanzen und mich anbieten. Wunderbar. Auch du, Karl, wirst es wunderbar finden.*

Nun stand Verena auf, zog die Hand ohne Hast zurück, die Karl soeben leidenschaftlich küsste, und ging zur Treppe, die in das obere Stockwerk führt. Am Treppenabsatz blieb sie stehen.

„Mit einer einzigen Bedingung", sagte sie im Umdrehen in einem nun plötzlichharten Ton.

„Alles wird von uns gebilligt, Verena. Was meinst du für eine? Was für eine? Du müsstest sie mir jetzt auch nicht nennen, denn sie wird auf jeden Fall von uns allen ohne Zögern erfüllt. Ich will sie nicht unbedingt hören. Oder wärest du so nett, sie mir doch sofort zu nennen, was immer es für eine Bedingung ist?"

„Verbietet meiner Freundin Johanna jede weitere Verbindung mit dem Club."

MARKUS

Ihr, meine Damen und Herren, werdet natürlich die erotischen Geschichten interessant finden, zum Beispiel die über Verena. Doch ich habe genug von diesen vaginalen Ausarbeitungen. Es sind Frivolitäten, die mich langweilen. Was mich fasziniert, ist Markus' Fall. Er ist es, den ich im Dantebad als Ersten interviewen möchte. Oder als Letzten nach den Plaudereien mit den anderen. Markus ist tief gründlich in seinen unüblichen, grausamen, aber spannenden Gedankengängen. Ihr werdet mir recht geben, wenn ihr es schafft, für einen Moment eure bürgerliche Erziehung beiseitezulegen.

Er war mit einer dünnen, aber starken Schnur gefesselt, wahrscheinlich ein mit Plastik umhüllter Metalldraht, der am Handgelenk so stramm war, dass ihm die geringste Bewegung Schmerzen verursachte und eine im Fleisch immer tiefer werdende Furche hinterließ.

Doch dieser relativ schwache Schmerz war nichts gegenüber dem, was er an den Rippen und unter dem Ohr verspürte. Der Schmerz unter dem Ohr verstärkte sich bei jedem Versuch, den Kopf zu drehen.

Er lag so da im Dunkeln, auf einem Tisch gefesselt. Seit ungefähr 30 Minuten? Vielleicht. Die plötzlichen Schläge an die Rippen und hinter das Ohr hatte man ihm in der Tiefgarage der Klinik verpasst, um ihn zu betäuben, zu fesseln und dann in diesen Keller zu transportieren. Er glaubte wenigstens, dass es ein Keller war. Bei dem schwachen Mondlicht konnte er an der Wand gegenüber ein Gestell voller Flaschen erkennen.

Der Angreifer – dessen eilige Schritte er hinter sich vernommen hatte, kurz nachdem das Metalltor der Garage zugefallen war – hatte gezielt zugeschlagen, mit der Präzision und Schnelligkeit eines Karatekämpfers. Dann hatte er ihm mit schnellen

Bewegungen, ohne sich mit Kleinigkeiten aufzuhalten und ohne ein Wort zu verlieren, ein breites Klebeband über den Mund geklebt. Schließlich wurde er wie ein Sack in den geöffneten Kofferraum des Autos geworfen. Tränen in seinen Augen wegen der Schmerzen hatten seine Sicht getrübt. Mindestens eine Rippe dürfte gebrochen sein; das Blut von hinter dem Ohrläppchen lief ihm langsam den Hals hinunter.

Die Autofahrt war kurz gewesen. Dann wurde die Kofferraumklappe geöffnet.

Jemand hob ihn hoch und trug ihn über den Schultern eine Treppe hinunter zu dem dunklen Ort, der wohl der Keller eines Einfamilienhauses war. Schließlich wurde er mit weiteren Schnüren auf den rechteckigen Tisch gefesselt, auf dem er nun lag.

Dies war alles, woran er sich erinnern konnte, nachdem er gedanklich versucht hatte, die Dinge so gut und genau wie möglich zu rekonstruieren. Auch bemühte er sich, nicht unablässig intensiv an seine Rippenschmerzen zu denken, sodass der Geist frei blieb, die Geschehnisse zu analysieren und darin ein Mindestmaß an Logik zu erkennen.

Beginnen wir damit: Wollte man von ihm Geld verlangen oder war er vermutlich mit einer anderen Person verwechselt worden? Und warum lag er derart gefesselt auf einem Tisch?

Wegen der schmerzenden Rippen sowie der Fesseln konnte er sich nur minimal drehen. Dies war ein Dilemma beziehungsweise eine plötzliche düstere Zwangslage.

In der Tat hätte er sich zwar unter starken Schmerzen und minutenlanger Anstrengung ganz nach rechts drehen können. Doch er schaffte es nicht, weil er nicht den Mut dazu hatte. Jawohl. Irgendetwas war jedoch rechts von ihm. Etwas Undefinierbares. Er fühlte in der Dunkelheit, dass sich dort etwas Merkwürdiges, Unbekanntes oder Anormales befand, ohne dass er es erkennen konnte.

Bei der totalen Stille des Kellers unter der Erde, mit seinen Schmerzen, einem Knebel im Mund, ahnte er, ohne zu verstehen, weshalb, dass rechts von ihm eine schleichende Bedrohung lauerte. Still, aber schleichend, im Wartestand.

Er konnte noch nicht wissen, warum er geschlagen und dort hineingetragen worden war, hatte aber eine klare, eindeutige Vorahnung, dass sich die größte Gefahr nun auf seiner rechten Seite befand.

Seine linke Seite war sicherer, auch wenn in seinen derzeitigen Lebensumständen nichts auf Sicherheit schließen ließ, während er rechts einer unhörbaren und vor allem unbeschreiblichen Bedrohung ausgesetzt war, gegen die es keinerlei Möglichkeit der Verteidigung gab.

All dies hatte den Effekt, dass seine rechte Körperhälfte sich instinktiv der Gefahr entziehen wollte in dem vergeblichen Versuch, sich mit dem Becken um einen, maximal zwei Zentimeter der Wand zu nähern, also nach links zu rutschen. Was war es nur rechts, das er nicht verstehen konnte und ihm eine enorme unkontrollierbare Angst einjagte?

Vor dem kleinen, vergitterten Fenster drang ein blasser Mondschein auf das Straßenpflaster, wohl auch in den Garten, ließ ihn selbst aber vollkommen im Dunkeln, sodass er nur das Gefühl hatte, rechts von ihm sei etwas Ungewöhnliches, von dem eine reale Bedrohung ausging.

Seine Augen konnten voll konzentriert nur die Decke fixieren, während er mit dem rechten Augenwinkel im trüben Halbschatten herauszufinden versuchte, was sich dort befand.

Schließlich beschloss er, das Problem ein für alle Mal zu lösen und sich auf die Seite der gebrochenen Rippe zu drehen, was ihn enorme Anstrengung kostete und neue Schmerzen verursachte.

Die Fesseln erlaubten ihm eine teilweise, nur halbe Drehung. Diese Lage konnte er wegen der lädierten Rippe nicht lange aushalten, da das gesamte Körpergewicht auf diese Seite drückte. Trotzdem wollte er es aushalten.

Durch die neue Neigung liefen einige Blutstropfen von dem verletzten Ohr in sein Auge, was seine Sicht trübte, sodass er es schließen und mit dem linken schauen musste. So war natürlich seine visuelle Kapazität unglücklicherweise eingeschränkt.

Überall war nichts als Dunkelheit. Oder genau genommen, alles war wegen des matten Mondlichts in einen dichten Halbschatten gehüllt. Er musste nun in einer letzten Anstrengung versuchen, seinen Blick mittels des nicht durch Blut getrübten Auges zu schärfen, sodass er die rechte Seite möglichst komplett erfasste.

Er betrachtete nun intensiv alles, was er erkennen konnte. Zuerst konnte er jedoch nichts unterscheiden. Erst nach vielen Sekunden verbesserte sich die Sicht, auch weil es ihm möglich war, sich den kleinen Vorteil des Mondscheins zunutze zu machen, und auch wegen der Tatsache, dass sich das Auge langsam an diese Art vagen Schein gewöhnte.

Er erinnerte sich, dass er am vorhergehenden Abend einen perfekten Vollmond bemerkt hatte. Wenn also Vollmond war, müsste der ausgestrahlte Lichtschein fast senkrecht durch das kleine Fenster bis auf den Boden des Kellers dringen. Als das Auge nach weiteren Sekunden Pause noch besser in der Lage war, die Umrisse im Halbschatten auszumachen, zeigte sich vor ihm ein Raum voll mit Regalen sowie undefinierbarem Hausrat und Flaschen. Sein Blick wanderte systematisch von einer Ecke zur anderen, in dem Versuch, all jene Objekte zu erkennen. Dann blieb sein Blick an einer Gestalt hängen, circa einen Meter von seiner rechten Seite entfernt. Genau diese musste er unbedingt deutlich erkennen, nur diese!

Er schlug beide Augen auf und zu, wobei er das ins Auge gelaufene Blut vergessen hatte, das sich nun unter dem Augenlid ausbreitete. Er musste es schließen, doch mit dem anderen Auge konnte er jetzt einigermaßen sehen. Endlich!

Eine Gestalt war rechts von ihm. Gut genug zu erkennen. Das heißt, jemand, eine Person saß auf einem Stuhl im Dunkeln und fixierte ihn. Wer weiß, wie lange schon.

War dies denn wirklich möglich? Er schaute noch genauer und mit doppelter Intensität in ihre Richtung. Es gab keinen Zweifel. Eine menschliche Form saß ein paar Schritte von dem Tisch entfernt, auf dem er gefesselt lag.

Und das Gefühl, dass dieser Jemand ihn aus dem Halbschatten beobachtete, wurde ihm nun noch unerträglicher als die körperlichen Schmerzen.

Wieder spürte er das Klebeband über seinem Mund. Deshalb konnte er nicht sprechen und schon gar nicht schreien. Er verstand jedoch, dass die Hauptursache, der Schlussstein seiner Situation, eine vollkommen andere war.

Was ihn nun am meisten beschäftigte in diesem schrecklichen Mondscheindunkel, war eine sehr präzise Frage, die er dem Unbekannten gestellt hätte, wäre sein Mund nicht zugeklebt gewesen. Und zwar die Frage, warum er ihn beobachtete. Warum fixierte er ihn im Halbschatten, einen Meter von ihm entfernt, mit dieser ihm geduldig, aber besessen erscheinenden Zähigkeit? Um besser nach rechts schauen zu können und dazu nicht das Gewicht des Körpers noch weiter auf die gebrochene Rippe verlagern zu müssen, verdrehte er seinen Hals so weit es ging. Nun glaubte er, im Mondlicht den vagen Glanz zweier Brillengläser auf dem Gesicht seines zukünftigen Gesprächspartners zu erkennen.

Gesprächspartner? Es war einer, der seinen Mund nicht aufmachte, obwohl er es als Einziger hätte tun können. Weshalb betrachtete er ihn im Dunkeln? Diese sitzende Gestalt schien etwas Unheilvolles, fast Tödliches auszuströmen.

Markus war sich bewusst, dass das Schweigen der Person etwas viel Bedrohlicheres bedeutete, als er sich vorstellen konnte, sodass ihn eine plötzliche Todesangst befiel. Etwas Unerklärliches, nicht leicht Identifizierbares, aber Unangenehmes, in höchstem Maße abscheulich.

Seit wann beobachtete er ihn? Seitdem er hier war, vielleicht seit einer Stunde? Er erkannte, dass er diese menschliche Gestalt nur sehen konnte wegen eines hellen Farbtons um seinen Körper herum: Der sitzende Mann hatte einen weißen Kittel an, der wirklich wie ein Doktorkittel aussah, so wie sein eigener, den er im Krankenhaus trug.

Dann bemerkte er, wie sich die rechte Seite der Gestalt bewegte, gefolgt vom Rascheln eines Materials. Gleich danach loderte die kleine Flamme eines Feuerzeugs auf, sodass er für einen Augenblick ein knochiges Gesicht und das Glänzen von Brillengläsern wahrnehmen konnte.

Das Feuerzeug ging aus, wodurch für einen Moment alles viel dunkler als vorher erschien.

Doch dann zeichnete sich aus diesem Dunkel wie die Flugbahn eines Sterns in einem nächtlichen Miniaturfirmament der rote Punkt der Zigarette ab, ähnlich eines winzigen Meteors, der sich senkte und aufstieg in einer unregelmäßigen Ellipse.

Er rauchte und beobachtete Markus. Oder wartete er? Worauf konnte er warten? Schließlich verließ der rote Punkt in viel höherer Geschwindigkeit seine Umlaufbahn und verschwand.

Er hatte die Zigarettenkippe nach den ersten Zügen auf den Boden geworfen. Einige angsterfüllte Minuten vergingen. Die Gestalt des Mannes im weißen Kittel stand plötzlich von seinem Stuhl auf und kam ihm näher.

„Nun beginnt zwischen uns beiden ein kurzer Dialog", fing er an – dann fügte er nach einer kurzen Pause hinzu: „Doch nicht so kurz, wie du dir wünschst. Heute Nacht bin ich dein Gesprächspartner. Als solchen musst du mich auch betrachten." Die Stimme hatte etwas Irreales, klang ein wenig schrill. „Es wird ein ganz spezieller Dialog sein beziehungsweise ein Monolog. Denn nur ich allein werde sprechen, da ich die von deiner gegenwärtigen Unsicherheit diktierten Antworten und Fragen schon im Voraus kenne."

Er beugte sich auf die Seite und schaltete eine Lampe über Markus ein. Das aggressive Licht blendete ihn, wodurch er die Augenlider schließen musste. Als er sie wieder öffnete, hatte der Mann zum Glück das Licht von seinem Gesicht weggenommen. So konnte er jetzt alles besser sehen.

Er sah einen Mann von magerer Statur, mit dunklen, zu einem Pferdeschwanz gebundenen Haaren und einer Brille mit bläulichen Gläsern auf den Augen. „Der Grund, weshalb ich dir nicht das Klebeband vom Mund entferne, ist nicht, weil ich etwa befürchte, du könntest um Hilfe rufen. Hier würde dich niemand hören. Hast du das Isoliermaterial an den Wänden bemerkt? Es ist dir sicher nicht aufgefallen", fuhr der Gesprächspartner mit einer merkwürdig ruhigen Stimme fort, „denn der Schein dieser Lampe ist auf deinen ausgestreckten Körper konzentriert; du kannst mir aber aufs Wort glauben. Außerdem liegt das Haus isoliert, auch ist es von einem Garten umgeben."

Er unterbrach, holte etwas aus einer Schublade, etwas Ähnliches wie ein größeres Etui, legte es ihm auf die Knöchel.

„Nein, der Grund ist ein anderer. Es ist, weil ich befürchte, deine naiven, neugierigen Fragen betreffend meine, sagen wir Personalien, wie zum Beispiel wer ich bin usw., würden mich irritieren. Deshalb lasse ich dir den Knebel im Mund, denn nur ich allein werde sprechen. Auf diese Weise wird unsere Konversation selektiver, wesentlicher sein, absolut frei von kleinen verwunderten Ausrufen; so kommt man sofort zum gewünschten Punkt."

Er kam noch näher, legte ihm eine Hand auf die Schläfe, drehte ihn dann mit beiden Händen auf eine Seite, um seine Rippen abzutasten, sodass der Gequälte vor unerträglichem Schmerz die Augen verdrehte.

„Von dem Schmerz darfst du dich nicht ablenken lassen. Die Rippe ist nicht gebrochen, nur ein wenig geprellt; was das in dein Auge laufende Blut betrifft, das ist nur ein winziges Rinnsal."

Nun drehte er ihn wieder um, wobei er eine starke Muskelkraft zeigte, während Markus sich auf die Zunge biss wegen des durch die Drehung verursachten Schmerzes.

„Deine schmerzvolle Grimasse ruiniert alles. In diesem Augenblick bist du kein Arzt mehr, ganz und gar nicht der berühmte Chirurg, den alle bewundern, der voller Euphorie Abhandlungen schreibt, teure Abhandlungen, die in Fachzeitschriften veröffentlicht werden. Deine gegenwärtigen Schmerzen nehmen dir die geistige Fähigkeit, realistisch zu analysieren. Der Schmerz zwingt dich, die Diagnose zu übertreiben. Außerdem, das muss ich zugeben, die momentane Unsicherheit ... schrecklich – kann ich nachvollziehen. Missverstehe mich aber nicht; mit schrecklich meine ich vor allem einen derartigen Mangel an kalter Analyse. Er ist fatal, wie ein einfacher Karatefußtritt gegen die Rippen oder ein gezielt schneidender Schlag mit der Hand gegen das Ohr die Genauigkeit einer korrekten Analyse verschwimmen lassen können. Sie lassen deine in der Universität erlangten Kenntnisse sowie die am Operationstisch in vielen Jahren erworbene Fertigkeit im Umgang mit Blut verblassen und in den Hintergrund rücken. Ist es nicht so? Ohne Weiteres hast du geglaubt, eine Rippe sei gebrochen, so wie dir die Schwere dieser oberflächlichen Wunde, ein einfacher Spalt des Ohrläppchens, zu denken gibt. Untersuchtest du solche Schlagverletzungen bei einem Patienten in deiner Klinik, würdest du höchstens einen Verband anbringen sowie eine Salbe und eine Behandlung am Ohr durch eine Krankenschwester in der Erste-Hilfe-Ambulanz verordnen. Hier im Dunkeln ist es etwas ganz anderes, das habe ich geahnt, als ich dich beobachtete."

Es verging eine Pause, während sein unbekannter Gesprächspartner den Schein der Lampe wieder auf sein Gesicht lenkte, was ihn stark blendete. Er war erleichtert, als das Licht dann auf seinen Oberkörper gerichtet wurde.

„Es gibt kein Entrinnen, das ahnst du doch, nicht wahr? Nicht diese leichten Schmerzen machen dir Angst, sondern das Gefühl, dass die Sache mit mir etwas Ernstes ist. Wenn ich sage ‚die Sache', weißt du nicht genau, wovon ich spreche, doch du vermutest, du bist verloren, was auch immer meine Andeutung bedeuten mag. Du denkst doch nicht, ich habe dich hierher gebracht, um dich dann freizulassen, ohne dass ... sagen wir ... etwas passiert. Nein, etwas, wer weiß was, muss passieren, das hast du schon verstanden, als ich dich im Dunkeln beobachtete. Betrachten wir die Dinge mit Vernunft und beginnen wir zu eliminieren, wie man so sagt. Du hast sofort und ganz richtig begriffen, dass ich kein Geld von dir verlangen will, auch keinen politischen Zweck verfolge, indem ich einen Chirurgen kidnappe. Stimmt es? Also nichts von alldem, wie du ja folgerichtig dir selbst zugestimmt hast.Weshalb dir selbst?", fuhr der Sprecher mit leichtem Grinsen fort. „Du hast bereits mit dir selbst eine halbe Konferenz abgehalten, zwar etwas konfus und vernebelt durch die körperlichen Schmerzen. Schließlich bist du mit dir überein gekommen, dass vor allem die Angst, die du vor mir im Dunkeln hattest, eine größere Wirkung auf dich hat, als der relative Schmerz durch die zwei dir verpassten Karateschläge. Findest du nicht auch? Ich brauche keine Antwort, ich weiß, du verstehst einzig nur, dass es etwas Furchtbares sein muss, was ich von dir will, das du dir aber noch nicht vorstellen kannst."

Er machte eine Pause, schaute Markus dabei mit zwei merkwürdig forschenden Augen an. „Eine ungewöhnliche und schreckliche Sache. Sind wir uns einig über diesen Ausgangspunkt?"

Er näherte sich dem Tisch, indem er sich ein wenig zu ihm beugte. Für einen Augenblick konnte Markus in dem auf ihn gerichteten Lichtschein der Lampe seine Augen hinter den glänzenden Brillengläsern sehen.

„Wir müssen gegenseitig mit dem ersten Punkt unserer nächtlichen Kooperation einverstanden sein. Also?"

Es war eine präzise Frage, formuliert mit besonderem Nachdruck, der im Kontrast zu seiner vorherigen relativ gelassenen Sprechweise stand. Nun schien er eine prompte, zustimmende Antwort zu erwarten. Er machte den Eindruck, ein wenig ungeduldig geworden zu sein. Markus fühlte, er würde nicht genug Widerstandskraft haben zu verneinen, sodass es besser sei zuzustimmen. Schließlich konnte er nichts anderes tun, war es doch in gewissem Sinn die Realität des Moments.

„Ja?"

Er zwang sich, die Augenlider zu senken, um möglichst klar seine Zustimmung zu zeigen.

„Ich war mir sicher", fuhr der Gesprächspartner mit kaum verdeckter Zufriedenheit in der Stimme fort. „Ich war mir sicher. Du hast alles verstanden. Ich wollte bestimmt keinen Idioten oder eine hysterische Ärztin heruntertragen. Also ist dies das ,Salzkorn'; du stimmst völlig mit mir überein bei etwas, das du noch nicht vollständig oder überhaupt nicht kennst. Und doch gibst du mir deine ausdrückliche Zustimmung. Ist es nicht so? Aber sicher, genauso ist es, mein lieber emeritierter Chirurg. Ab diesem Punkt beginnen wir, uns zu verstehen. Das heißt, du beginnst, mich zu verstehen.Was mich betrifft, habe ich dich schon seit langem verstanden, oder seitdem ich angefangen habe, dich zu beobachten: Ja, als du dir dessen nicht bewusst warst."

Es verging eine weitere Pause, während dieser merkwürdige Gesprächspartner das auf seinen Knöcheln liegende Etui öffnete. Dann strich er mit den Fingern darüber, als wollte er ein darin enthaltenes Objekt aussuchen.

„Ich bezog mich nicht auf die Zeit, als ich dich im Dunkeln beobachtete. Ich hatte dich schon vorher wochenlang ständig observiert. Hast du das nicht bemerkt? Vermutlich nicht. Meine Beobachtung war derart neutral und harmlos, sodass du keinerlei Verdacht schöpftest. Oh, oh, jetzt strengst du dich an zu rekapitulieren, ob du mich vorher zufällig einmal bemerkt hast. Schau mich an!"

Er musste nun die Augen nach rechts drehen. Der merkwürdige Mann hatte sich in einer plötzlichen Bewegung die Perücke mit der Pferdeschwanzfrisur abgenommen.

„Wie du siehst, bin ich einer deiner Kollegen, obwohl zwischen einem Psychiater und einem Chirurgen ein Unterschied ist wie Tag und Nacht. Der Chirurg ist ein Facharbeiter, ein vornehmer, ganz besonderer Metzgergeselle, der andere ist ein wirrer Intellektueller, dem eine Aufgabe aufgezwungen wurde, die er hasst. Doch kehren wir zu uns zurück: Erinnerst du dich nicht, mich mal gesehen zu haben in dem riesigen Klinikum Großhadern?"

Markus strengte sich an nachzudenken, wo er dieses bartlose Gesicht und den kahlen Schädel gesehen haben könnte.

Ja, wahrscheinlich hatte er ihn öfter als einmal gesehen. Sicherlich! Er hatte ihn gesehen ohne die Brille, vermutlich mit Kontaktlinsen, inmitten anderer Ärzte. Persönlich kannte er ihn nicht, bei so vielen Ärzten in der großen Klinik, doch bestimmt war er ihm flüchtig begegnet.

„Nun versuchst du verzweifelt dich zu erinnern, wo du mein Gesicht kurz gesehen haben könntest, doch ich muss dir jetzt wirklich weiterhelfen. In der Mensa! Im Operationssaal konnte ich dich nicht observieren, wie ich es gewünscht hätte; es war nur in der Mensa möglich. Außerdem während einer Konferenz, als du zu einer großen Anzahl Kollegen aus ganz Deutschland gesprochen hast. Hauptsächlich jedoch in der Mensa hatte ich die Möglichkeit, mit gewissem Neid das Beste an dir zu beobachten: deine Hände. Deine Hände mit den langen, schlanken Fingern – flink vor allem und nervös –, die aber in gewissen Momenten die Starrheit des Marmors annehmen können. Das heißt, wenn eine von ihnen ein Operationsmesser hält. In solchen Augenblicken stelle ich mir vor, wie diese Hand sich bewegt, geführt vom Willen, vom vernünftigen Denken, nicht abgelenkt vom Blut, wie sie niemals zittert. Hier in unserem Gespräch interessiert mich die moderne, nützliche und neutrale Laserpraxis nicht. Heute Nacht sprechen wir nicht über die mit Lasertechnik durchgeführten Operationen, sondern nur über solche, in welchen das Skalpell benutzt wird. Das Skalpell ist es, was mich interessiert, und deine professionelle Fähigkeit, es zu gebrauchen. Du bist sehr gewandt, deshalb auch sehr gefragt; außerdem operierst du nicht nur am Herzen. Deine Hände! Sie schneiden mit unglaublicher Präzision, doch vorher berühren sie, dringen ein zwischen die freigelegten, erbarmungslos von der Haut befreiten Muskeln, die nun hochrot sind vom hervorschießenden Blut. Weil sie in jenem Moment nichts fühlen, so wie auch der narkotisierte Körper, den sie berühren. Ich glaube, der einzige menschliche Körperteil, der in der Lage ist, zeitweilig androgyne, das heißt zweigeschlechtliche Fähigkeiten anzunehmen, sind die Hände. Nur die Hände eines großen Chirurgen wie du es bist können sich zugleich mit der Leichtigkeit und Sensibilität einer Frau und der kontrollierten Steifheit eines Mannes zwischen dem Nerven- und Muskelgewirr des durch die Narkose gefühllosen Körpers bewegen, um dann ohne auch nur einen Hauch von Unsicherheit in wenigen Sekunden an der richtigen Stelle zu schneiden."Jetzt schwieg er, erlaubte sich eine Verschnaufpause. Er hatte fast alles in einem Atemzug gesagt. Nun schien er zu prüfen, ob seine Worte irgendeine Reaktion beim Gefesselten hervorgerufen hatten.

In diesem Moment hatte Markus ungeachtet der widrigen Umstände den Schmerz an den Rippen fast vergessen. Was für eine unbekannte Logik und welchen Sinn hatten jene Sätze, die dem Mann aus dem Mund sprudelten, als wären sie lange zuvor in seinem Kopf vorbereitet worden? Der Rippenschmerz war nichts im Vergleich zu dem, was ihn möglicherweise in dieser Nacht erwarten würde bei seiner auf den Tisch gefesselten Position. Befand er sich in der Macht eines Verrückten? In dem Fall war seine Lage verzweifelt.

Sein Gesprächspartner erkannte anscheinend genau, womit sich seine Gedanken beschäftigten.

„Nun fragst du dich, ob ich verrückt sei. Ist das denn wichtig? Ob ich verrückt bin oder nicht, es hat nichts mit dem Skalpell in meiner Hand zu tun. Was passieren muss, wird passieren, und Schluss."

Markus bemerkte jetzt, dass auf seinen Knöcheln etwas lag, das er als Etui mit chirurgischem Besteck erkannte, aus dem dieser Mann ein Skalpell genommen hatte.

„Sehen wir mal: Würde ich dir die Pulsadern aufschneiden, schenkte ich dir einen schmerzlosen, langsamen, sozusagen verschwommenen Tod. Der Schmerz wäre relativ erträglich, nicht übermäßig stark. Das Blut würde aus den Handgelenken langsam hinunterrinnen in den Eimer."

Hier brachte er diesen mit einem Fußtritt ein wenig zum Wackeln, um ihm zu verstehen zu geben, dass unter dem Tisch ein Plastikkübel stand.

„Leider muss ich aber zugeben, dass der Rahmen, *das Ensemble*, nicht so feierlich und luxuriös ist, wie bei dem vornehmen Petronius, der sich die Venen im Bad aufschnitt. Doch lassen wir die Choreographie, untersuchen wir das nackte Problem. Nein, mein Lieber! Bei einem solchen Tod kämen dir trübe, mehr oder weniger dumme Gedanken, wie sie dich jeden Abend vor dem Einschlafen befallen. Befreien wir den Körper von diesen Stoffresten. Er wird nackt geboren, ihn nun mit Stoff sterben zu lassen, zeugte von äußerst schlechtem Geschmack. Er müsste immer nackt sterben, dann hätte alles seine Logik."

Er führte das Operationsmesser unter die Hose, wobei er mit zwei Fingern die Bügelfalte anhob, und fing an, systematisch das Material der Länge nach aufzuschneiden. Markus spürte, wie das kalte Metall seinen Schenkel entlang streifte.

„Die Logik fehlt, da sie von der Gewohnheit ersetzt wurde, und von der spekulativen Fantasie, von der scheinheiligen, überkommenen christlichen Moral. Wo sind wir stehen geblieben? Ach ja, zuerst muss ich dir die Wäsche herunterschneiden. Bei einem nackten Körper denkt man anders, vernünftiger. Man steht wieder im Kontakt mit der Natur."

Während er mit der linken Hand den Stoff wegzog, schnitt er mit der rechten das Hosenbein von unten bis oben auf, dann bei beim Sakkoärmel angekommen, musste er den Stoffknäuel von gefütterter Jacke und Hemd mit einem Ruck durchtrennen. Als das Gewebe nachgegeben und die äußerst scharfe Klinge den Körper ohne weiteren Widerstand freilegt hatte, rutschte sie schnell nach oben und streifte die Schulter. Nach dem Schmerz zu urteilen, glaubte Markus, die Haut habe sich längs des Schnittes weit geöffnet.

„Oh, wie ungeschickt! Ich hätte langsamer schneiden müssen, mit mehr Sorgfalt, doch ich bin etwas in Eile ... warum, erkläre ich dir später. Außerdem bin ich kein Chirurg und das Messer schneidet verflucht gut. Es ist ein nur oberflächlicher Schnitt, eher ein Kratzer. Dieses Skalpell ist ein wirklich präzises, zuverlässiges Instrument. Natürlich therapiere ich dich nicht, das wäre heute Nacht widersinnig, auch habe ich hier keine Wundpflaster."

Er fuhr fort, den Stoff weiter kreuz und quer zu durchschneiden, bis er zu Fetzen wurde, die er ihm dann endgültig vom Körper zog, sodass er fast vollständig nackt war. Nur Ärmel und Socken ohne die Schuhe bedeckten noch seinen schutzlosen Körper.

In seinem nackten Zustand fühlte sich Markus nun noch viel verletzlicher als vorher. Unter den Blicken des Gesprächspartners verstand er, dass es keine andere beziehungsweise überhaupt keine Möglichkeit gab, die Durchführung seines voraussichtlichen Vorhabens aufzuhalten. So auf dem Tisch liegend konnte er den Schnitt an der Schulter nicht sehen, fühlte aber, dass er blutete; auch wenn er nicht tief war, blutete er doch, denn ein lauwarmes dünnes Rinnsal lief auf den Tisch hinunter.

Mit dem Fuß rückte der Mann nun den Eimer darunter, sodass man hören konnte, wie die Bluttropfen auf den Kübelboden fielen. Er war verloren; dies war nur der Anfang des Finales.

„Du ahnst schon, dass du heute Nacht der Macht meiner Entschlossenheit nichts entgegensetzen kannst. Du bist dir sicher, ohne dir etwas vorzumachen; alles nur wegen eines versehentlichen leichten Schnittkratzers."

Der Gesprächspartner schwieg nach diesem letzten Satz, wobei er langsam das Skalpell zwischen den Fingern balancierte.

„Sind wir uns einig über diesen Punkt? Dann machen wir weiter."

Er senkte das Messer und strich ihm die Klinge mit der flachen Seite über seine Haut vom Brustkorb bis zu den Leisten.

„Das ist der erste große Unterschied zwischen dir und mir. Wir beide kennen die Anatomie gleich gut, nur fehlt mir die Übung, ehrlich gesagt vielleicht auch die Festigkeit beim Schneiden. Die Kaltblütigkeit! Denn trotz meiner Entschlossenheit ist meine rechte Hand, zugegeben, nicht so sicher wie deine. Nur der Gedanke ist beharrlich – wie einbetoniert, er ist wie Marmor. Aber heute Nacht ist sie eigenartigerweise unsicher, die Hand, das Organ, in dessen Innerem die Nerven schmerzlich vom Blutfluss durchtränkt sind und das Gewicht des Gefühls sie beeinflussen. Ich will dich jedoch nicht ablenken mit solchen nebensächlichen Argumenten, die unseren Plan nur unerheblich berühren. Dann muss ich dich auch an etwas erinnern: Ich darf nicht vergessen, dass wir heute Nacht mit einer gewissen Eile vorgehen müssen. Den Grund erkläre ich dir in ein paar Minuten." Er berührte seinen Brustkörper mit der scharfen Skalpellspitze.

„Hier ist die Region des Herzens, dein Fachgebiet bei den Operationen im Klinikum Großhadern, sobald aus irgendeinem Grund der Laser nicht in Frage kommt. Darüber hinaus operierst du nicht nur am Herzen; ich meine jetzt mit dem Skalpell, nicht mit dem Laser. Du bist einer der größten Chirurgen Deutschlands, die noch Herzen mit Skalpell, nicht mit Laser operieren. Sehen wir aber mal weiter: Wenn wir an der anderen Seite schneiden, an der weichen Leber, sind wir an einem Organ, das nicht nur unoperierbar ist, sondern im ethnischen Sinn im Vergleich zum Herzen auch absolut niedrig, gewöhnlich. Eine solche Betrachtungsweise kannst du jetzt nicht voll einschätzen, wahrscheinlich denkst du nie in diese Richtung. Und zwar weil du nur vom rein technischen Gesichtspunkt ausgehst. Dir wird es nie in den Sinn kommen, dir das Herz als sentimental vorzustellen und literarisch der Leber an Größe und Schönheit überlegen. Ebenso ist der Penis in der Bildhauerkunst wert- und ausdrucksvoller als das schlaffe weibliche Geschlechtsteil."

Mit der anderen Hand schien er den Einstichspunkt für das Operationsmesser zu prüfen. Sein Daumen drückte die Brust an mehreren Stellen und zwickte in deren Fleisch. Dann lachte er.

„Wie du bemerkt haben wirst, sind wir an dem Punkt angekommen, wo ein wesentlicher Faktor fehlt, der Prolog für unsere Komödie: die Narkose. Der Grund ist nicht nur ein technisches Problem, da dies ja ein Keller ist, wo ich keine Assistenten habe, sondern vor allem wegen des moralischen Zwecks. Ich erkläre es dir: Bei Narkose spürst du nichts beziehungsweise partizipierst nicht. Versuche bitte bei dieser Tatsache nicht zu erschrecken, auch nicht für einen bloßen Augenblick, gib lieber zu, dass ich schließlich recht habe."

Nun berührte er ihn noch mal an der Brust, dann am Magen, wobei er die Messerklinge mit der anderen Hand direkt über seine Augen hielt.

„Also, ich sagte, die Narkose eliminiert das Bewusstsein. Dies ist ein unbezwingbarer Defekt, ein wahres Verbrechen gegen die Seele. Denn ein eingeschlafener Körper wird neutralisiert. Man könnte argumentieren, dass dies ein ungewolltes, aber wirksames Mittel ist, die Seele nicht gleichzeitig mit dem Körper, sondern vor diesem auszuschalten. Meinst du nicht?

Denn – und es ist gut für dich zu wissen – dies ist der grundlegende Punkt in unserer Situation."

Er machte nun eine Pause, richtete den Blick direkt auf Markus' Augen, wobei er sich hinunterbeugte, bis er ihn beinahe mit dem Brillengestell berührte. Flüsternd wiederholte er: „Ist es denn nicht so?"

Markus fühlte sich verpflichtet, widerwillig seine Augenlider in Zustimmung zu senken. Bei dieser fast unmerklichen Bewegung kamen ihm Tränen. Der Gesprächspartner lächelte.

Dieses Lächeln beunruhigte ihn auf eine neue Art, denn es war ein Ausdruck von – wie soll man es nennen? – furchterregender Traurigkeit.

„Sicher ist es so. Die Angst lenkt dich ab, dir kommen die Tränen. Nun stimmst du mir bei diesem wichtigen Punkt aber zu."

Schweigend entfernte er sich einige Schritte von ihm. Diese kurze Pause wurde Markus unerträglich.

„Oft habe ich mich gefragt, als ich die Geschichte der Serenissima las, mit welcher Technik die Türken in der Renaissance und auch nach Eroberung der Festung von Famagusta auf der Insel Zypern die gefangenen Venezianer pfählten. Ein dünner, widerstandsfähiger Pfahl, wohl aus dem Stamm eines jungen Baumes, etwa einer Zeder, geschnitzt, wurde mit tödlicher Sorgfalt in die Analöffnung eingeführt, ohne die lebenswichtigen Organe zu beschädigen. Sie gingen mit äußerster Genauigkeit und unvergleichlicher Perfektion vor, schoben den Pfahl die ganze Körperlänge hinauf, bis er wieder aus dem Mund herauskam. Damals, mein Lieber, waren die ursprünglich aus der asiatischen Steppe kommenden osmanischen Türken viel vertrauter mit der Anatomie als wir. So wurden die unglücklichen Verteidiger Zyperns gepfählt, bei Sonnenaufgang nach dem Gebet des Muezzins und den Ulemagesängen und starben erst bei Sonnenuntergang. Phänomenal! Ich könnte dir auch Quellen zitieren, die vom Guillotinetod eines Marquis während der Französischen Revolution berichten, als dessen Kopf abgehackt war und der zur Grimasse verzogene Mund minutenlang Töne ausstieß, als wollte er offenbaren, dass die Seele den zweigeteilten

Körper noch nicht verlassen hatte. Und wie der restliche Körper auf der anderen Seite sich aus dem Korb heraus ohne Kopf krümmte und zuckte ... Nun? Was meinst du? Nein, ich frage dich nicht; kein Senken der Lider. Du bist zu erschrocken, um mir mit der gebührlichen reinen Logik zu antworten. Du fragst dich vielleicht, ob meine Art der Problemlösung nichts anderes ist als eine Form von Vorliebe für die Praktiken des göttlichen Marquis ... hm, ich meine de Sade. Nein, nein, ich versichere dir, ich bin kein Sadist. Das sage ich, auch wenn heute Nacht leider viel Blut fließen muss."

Anschließend setzte sich der Gesprächspartner, das Skalpell auf den Knien abgelegt. Nun zündete er sich eine Zigarette an.

„Ich genehmige mir jetzt eine Rast, bevor ich zur Endphase unseres ganz besonderen Spiels übergehe. Übrigens muss ich dir die letzten Details beschreiben."

Er rauchte in aller Ruhe, doch die Finger zitterten. Markus bemerkte es, als er im Schatten der Mauer jenseits des Lichtstrahls der Lampe die Instabilität des roten Leuchtpunktes der Zigarette sah, sobald sie nicht mehr in seinem Mund steckte.

„Ich fange nun an, dir einen wichtigen Sachverhalt zu erläutern, der unsere letzten Gedanken auf bedrückende Weise bestimmen wird. Es scheint eine Lappalie zu sein, ein Nichts ohne echtes Interesse, was es aber nicht ist: Ich sage dir nicht, wie spät es ist." Nach einigen Augenblicken schmerzlichen Schweigens fuhr er fort: „Ich sage dir jedoch, dass um Punkt vier Uhr heute Nacht hier eine Bombe explodieren wird, die ich selbst gebaut habe. Sie wird losgehen und alles in die Luft jagen. Ende des Spiels." Er drückte die Zigarette aus, hob das heruntergefallene Skalpell auf und erhob sich. War wohl auch er stark erregt?

„Überrascht über das, was ich gesagt habe? Du dürftest es nicht mehr sein, wenn du inzwischen verstanden hast, dass dies ein ernstes Spiel ist. Ernst, präzise, tödlich. Ja, alles wird dann in die Luft fliegen. Wir natürlich eingeschlossen. Mit einem Unterschied: Einer von uns wird schon vorher tot sein. Jawohl, genau so, der andere wird zerrissen werden zusammen mit dem blutüberströmten Leichnam. Die Menge an Nitroglyzerin ist so groß, dass das ganze Haus über uns einstürzen wird. Kannst du dir eine Explosion vorstellen in einem nur 52 Quadratmeter großen geschlossenen Keller wie diesen? Wichtig dabei ist, dass niemand jemals erfahren wird, was hier unten passiert ist, vor allem, was wir uns vor der Explosion gesagt haben. All unsere Gedanken ... hm, hm ... nichts wird zum Vorschein kommen, alles wird für ewige Urzeiten verschwunden sein, so wie zahllose unwägbare oder sonderbare Ermordungen, wie sie zum Beispiel während der Ära Atlantis geschahen, wer weiß von wem begangen. Heute Nacht haben wir weder Richter noch Zeugen. Man wird ausgeströmtes Gas vermuten. Und voilà – das war's." Nun näherte er sich, um ihm ins Ohr zu flüstern:„Uns bleibt also, sagen wir, ungefähr eine knappe halbe Stunde zum Leben oder vielleicht ein ganz klein wenig mehr. Wie lange genau kann ich dir nicht sagen. Jedenfalls musst du daraus folgern, dass die Minuten schnell vergehen, während ich dir meinen Plan darlege."

Er ging einige Schritt von Markus weg, dann kehrte er wieder an seine Seite zurück.

„Sei beruhigt. Die von mir erwähnten Minuten sind berechnet ... wenn auch kaum ausreichend. Ich muss mich deshalb unbedingt beeilen, was mir nicht gefällt, das versichere ich dir. Eine solche Sache bräuchte höchste Ruhe. Versuchen wir jedoch trotzdem, mit Sorgfalt fortzufahren, mit eiliger, doch berechneter Sorgfalt. Auch du bist oft in Hast vor einer Operation. Wo sind wir stehen geblieben? Ach ja, beim ersten Akt der Komödie; ich sage,Komödie', denn der Tod ist ein Lustspiel. Nur das Leben ist eine langsame langweilige Tragödie. Ich weiß, dass du mir zustimmst; ich brauche dich nicht zu fragen. Auch wenn es, wie du vorhin erfahren hast, ein für uns beide programmierter Tod ist, erschreckt dich in diesem Moment nur dein eigener. Die moralische Kraft, das eiserne Temperament, um die Gründe für den einzelnen Tod eines jeden von uns zu bewerten, würden dir fehlen. Weil dein Geist getrübt ist durch dein eigenes erbärmliches Ende. Mein Tod, vor allem meine ganze Identität sowie mein Motiv finden in deinen Gedanken keinen Platz mehr. Deine spekulative Neugier ist verschwunden. Nicht wahr? Das ist der natürliche Verlauf der Dinge, beunruhige dich nicht zu sehr. Ich tue dir kein Unrecht an."

Er setzte sich wieder, zündete sich noch eine Zigarette an, die er fast sofort wieder ausdrückte, stand aufs Neue auf und kam näher, bis sein Gesicht fast über dem von Markus war. Sein Ausdruck schien verändert, nicht mehr der von vorher.

„Doch dein Tod, den du jetzt für geplant hältst, sodass er dir großen Schmerz bereitet, ist nichts als eine Vortäuschung."

Er stockte und schaute ihn an, um die Wirkung seiner Worte zu prüfen. Als er weiterredete, sprach er die Silben absichtlich nacheinander einzeln aus, als wollte er ihm die Bedeutung seiner folgenden Sätze besser nahebringen.

„Heute Nacht, mein Lieber, gebe ich dir die Möglichkeit, um dein Leben zu spielen."

Wieder schwieg er, während Markus vor Erregung fast nicht mehr atmen konnte.

„Versuchen wir, in einer gewissen Reihenfolge fortzufahren, auch wenn wir nicht mehr allzu lange Zeit haben, wie ich schon sagte. Wir können den Lehrsatz wie folgt formulieren: Ich werde dich in eine taktische Lage bringen, welche der Preuße von Clausewitz in seiner Abhandlung über Militärtechnik als *Schlacht mit umgekehrten Fronten* bezeichnete. Das heißt, einer der beiden Gegner erhält einen enormen unverhofften Vorteil, indem er sich mit einem Zug schnell an die Stelle des anderen begibt, der zuvor einen sichtbaren territorialen Vorteil hatte. Als Folge ist nun der andere im klaren Nachteil, also den Handlungen seines Feindes ausgeliefert. Heute Nacht werden wir die Positionen tauschen."

Er schwieg nun und betrachtete Markus intensiv; diesen befiel eine Emotion, die nicht anders als undefinierbar zu bezeichnen war. Er glaubte, ohne Fesseln zu sein, sich aber trotzdem nicht bewegen zu können, da kein Muskel den Befehlen gehorchte. Er fühlte sich unerbittlich fixiert von jenen unmenschlichen Augen.

„Ich kann mir deine Überraschung, vielleicht auch deine Erleichterung vorstellen,nach dieser unerwarteten Offenbarung meinerseits. Sie bedeutet etwas ganz Spezielles für dich, doch auch für mich; vergiss sie nicht. Jetzt mache ich weiter mit der Darstellung des Spiels. Wenn ich dir die Fesseln abnehme, dir das Skalpell überlasse und mich an deine Stelle begebe, ist deine erste Reaktion zu fliehen. Es würde dir nicht gelingen. Die Tür ist versperrt durch ein winziges Vorhängeschloss. Winzig, jedoch widerstandsfähig gegen jeden Ruck von dir; schwedischer Hartstahl. Das Skalpell würde nichts nützen, die Tür ist aus Metall. Ganz zu schweigen, dass du in der Zwischenzeit bei einem überstürzten, unmethodischen Fluchtversuch wertvolle Minuten verlieren würdest. Du darfst nicht vergessen, dass um 4 Uhr die Bombe losgeht. Folglich ist die Schlussfolgerung wesentlich: Willst du wissen, wo der Schlüssel für das Vorhängeschloss ist?"

Er unterbrach und schaute auf die Uhr.

„Es ist spät; ich muss zugeben, dass ich mehr Zeit als erlaubt verbraucht habe. Hm ... wolltest du wissen, wo der Schlüssel ist? Ich habe ihn geschluckt. An die Tür habe ich ein kleines Vorhängeschloss aus Spezialstahl gehängt, um dafür einen winzigen Schlüssel zu bekommen. Ich musste in Eisenwarenhandlungen suchen, wo ich schließlich fündig wurde. Ein äußerst robustes Objekt wie vom Juwelier, mit dem kleinstmöglichen Schlüssel, den man nach schmerzhaften Anstrengungen würde verschlucken können. Ich habe den Griff abgefeilt, um ihn zu verschmälern, und nach einigem Erbrechen gelang es mir, ihn mit drei Schluck Campari hinunterzuspülen. Verstanden? Um ihn wiederzubekommen, musst du mir den Bauch öffnen. Nur so kommst du aus diesem Keller vor vier Uhr hinaus. Kannst du mir folgen? Ich weiß, welche blitzschnelle Antwort ich bekommen würde, wenn ich ein Zeichen mit den Augenlidern verlangte. Nun kennt deine Erleichterung über das gerettete Leben keine Grenzen. Beim Bauchaufschlitzen vollbringst du Wunder dank deiner professionellen Flinkheit. Doch sofort danach, das heißt, nachdem du den Schlüssel aus meinen Eingeweiden geholt hast, könnte dich möglicherweise ein Hauch von Gewissensbissen oder Zweifel überkommen. Vielleicht, wer weiß. Und dann die Versuchung, sofort wegzurennen, ohne meinen

Wunsch, den Gefallen, um den ich dich bitte, zu erfüllen. Eine Kleinigkeit, ein Nichts."

Markus versuchte, im Halbdunkel hinter der Lampe die Umrisse dieses Gesichts zu erkennen. Er versuchte, seine Augenlider nicht versehentlich zu bewegen, damit der andere nicht noch mehr wertvolle Zeit verliert.

„Es ist absolut nichts, eine Sache von 30, höchstens 45 Sekunden. Du solltest dich moralisch verpflichtet fühlen, anstatt sofort den vom Blut schlüpfrigen Schlüssel in das Schloss zu stecken und wegzurennen, einen Teil der restlichen wertvollen Sekunden zu verwenden, um das auszuführen, worum ich dich bitte."

In dem Moment erschrak Markus, als der Gesprächspartner die Hand unter den Schein der Lampe führte, um nach der Uhrzeit zu sehen. Wieder verstrichen wertvolle Sekunden.

„Verstehst du? Du hättest Zeit dafür, zwar begrenzt, doch ausreichend, wenn du es schaffst, die Angst zu bändigen und dich für Augenblicke zu konzentrieren, so wie bei deinen Operationen in Großhadern. Nur für zehn Sekunden oder so, vielleicht auch ein paar Minuten, bevor du mich wie ein Metzger zerlegst, um frenetisch den Schlüssel aus meinem weichen und verworrenen Inneren zu holen. Ich sage, *bevor* alles andere passiert, müsstest du in olympischer Ruhe, zu der nur ein höheres Wesen fähig ist – was den Menschen vom Tier unterscheidet –, den Schrecken des Todes bezwingen, wie übrigens auch ich, was nicht leicht ist, denn ich muss noch dazu die Angst vor dem mir von dir zugefügten grausamen physischen Schmerz überwinden. Dann solltest du dieses Skalpell benutzen zu einem Akt äußerster intellektueller Reinheit und schließlich Freundschaft. Ja, wirklich eine höllische Freundschaft, wie unsere katholischen Moralisten sagen würden, eine Freundschaft nicht ohne eine gewisse Größe, das musst du zugeben. Schau mich an!"

Er beugte sich zu Markus hinunter, um ihm in die Augen zu schauen. Dieser glaubte zu bemerken, dass sich seine Gesichtszüge irgendwie verändert hatten, wenn auch nur ein wenig. Er blickte in ein durch die Erregung verzerrtes Gesicht, mit leicht zitternden Lippen, während der starre Blick die Anstrengung verriet, die es ihn kostete, um die ihn überwältigende innere Leidenschaft zu beherrschen.

„In letzter Zeit beschreibt man es vorsichtig als eine mitleidsvolle Hilfe zum Sterben. Wenn ein Arzt im Einvernehmen mit dem Kranken ihm mit Gift hilft zu sterben, um sein Leiden zu verkürzen. Unheilbar ist in meinem Fall nicht der Körper, sondern die Seele. Vergiss für einen Moment deine Überzeugung, dass ich verrückt sei und wage zu glauben, dass ich es nicht bin! Wir alle spüren einen inneren Drang, vor uns das eigene Herz zu *sehen* und, wenn es aufhört zu schlagen, vielleicht auch die Seele, bevor sie ins Unbekannte verschwindet. Ich habe in Großhadern nicht nur deine Hände beobachtet. Ich habe dich auch beim Lesen gesehen während der kurzen Pausen und vor allem, *was* du liest. Dabei bemerkte ich mit Freude, dass du sogar eine Passage unterstrichen hast, einen Gedanken. Es war der Gedanke eines Philosophen wie Marc Aurel. Genau genommen, als er vor zweitausend Jahren sagte: ‚Seele, meine leichte und flüchtige Seele, wohin wirst du fliegen, wohin wirst du gehen, wenn du meinen Körper im Moment meines Todes verlässt?‘ Du kannst nicht leugnen, dass dich dieser Satz beeindruckt hat, denn ich habe gesehen, wie du ihn unterstrichen hast. Bestimmt ist er dir gestern in den Sinn gekommen, als dir ein Patient während einer Herzoperation unter den Händen verstarb, im Operationssaal des Klinikums. Ich weiß alles von dir; nun kann ich es behaupten. Wir kennen uns gründlich.“

Er verstummte, machte eine Bewegung, als wollte er das Päckchen Zigaretten nehmen, änderte dann aber sein Vorhaben.

„Ich habe keine Zeit mehr. Wie gesagt, will ich dir nicht verraten, wie spät es ist. Es bleibt jedoch noch eine kurze Weile auszuführen, was ich mir ausgedacht habe, bevor ich diese monotone Existenz aufgebe.“

Wieder schwieg er und fixierte ihn kopfschüttelnd. Als er wieder zu reden anfing, erschien seine Stimme in einem anderen Ton.

„Mein Plan hat eine Schwäche, wie du inzwischen erkannt haben dürftest, ein unbekanntes Element und das du bist. Wenn du nicht der bist, für den ich dich halte, wenn du nichts anderes bist als ein gewöhnlicher berühmter und gut bezahlter Chirurg, wirst du mich in meiner Agonie in der Explosion sterben lassen, nachdem du den Schlüssel aus dem Magen geholt hast. Wenn du stattdessen von ungewöhnlichen Gedanken gequält wirst, fern von den physikalischen Gesetzen sowie jenen der naiven und scheinheiligen christlichen Moral, wenn du dich schon gefragt hast und dich so wie ich jede Nacht fragst, weil du diese Notwendigkeit spürst, warum in uns beiden der intellektuelle, nicht eingestandene Drang existiert, fern jeglicher Grundlagen des Katechismus, auf Du und Du mit der eigenen Seele zu sprechen, bevor sie den Körper verlässt nach dem letzten Herzschlag. Ein uneingestandenes, doch dringendes Verlangen, das allein der Schauer vor dem Nichts, der Geruch des Todes vor der Wirklichkeit zu tarnen vermag. Dann bringst du es fertig, für ein paar Minuten aus den eisernen Maschen deiner Angst zu schlüpfen. Bevor du mir dann den Schlüssel wegnimmst, wirst du mit Leidenschaft und Präzision meine Brust längs und quer aufschneiden, wobei du versuchst, taub zu sein gegenüber meinen schmerzvollen Qualen, dann die Arterie durchtrennen, um mein Herz herauszureißen." Hier wurde die Stimme aufgeregt. „Du wirst es mir nur für einen ganz kurzen Moment vor die Augen halten, bevor sie aufhören zu sehen. Mit dem Herz vor meinen Augen wird auch die Seele vor mir erscheinen. Nur für einen Moment ... du musst, wenn du dazu fähig bist, der Todesangst die Angst vor dem Nichts voranstellen."

Er verstummte kurz, drehte sich dann ruckartig um und ergriff im Regal einen Hammer. Er zog die Uhr vom Handgelenk, legte sie auf das Tischchen neben den Aschenbecher, dann zertrümmerte er mit zwei Schlägen das Glas sowie das Zifferblatt.

„Nun nehme ich dir die Fesseln ab", verkündete er leicht erregt. „Ich befreie dich auch vom Knebel, doch ich beschwöre dich, ich beschwöre mit gefalteten Händen, nicht zu sprechen. Es wird das Sigel unseres Paktes sein; ein Pakt, von dem niemand jemals erfahren wird. Du wirst meinen Kittel anziehen, wenn du draußen bist. Mein Auto steht offen im Garten mit den Schlüsseln an ihrem Platz. Du musst es in aller Eile hinausfahren; das Tor ist offen geblieben, damit du schneller wegkommst. Lebe wohl, mein Freund, ade, mein einziger Freund."

Nach diesen Worten begann er, ihm die Knoten an den Beinen, dann an den Händen zu lösen. Zuletzt zog er das Klebeband von seinem Mund, drehte sich um und knipste eine hellere Lampe an.

Nun war Markus die Fesseln los!

Er rückte die Lampe etwas beiseite, da sie ihn blendete, befreite sich von den zerrissenen Ärmeln; so gelang es ihm, auf den Ellenbogen gestützt, mit erstaunlicher Leichtigkeit vom Tisch heruntersteigen. Den Schmerz spürte er nicht, vor allem da er nicht mehr so akut und stechend war wie zuvor.

Sein Gesprächspartner zog sich aus, ohne sich weiter um ihn zu kümmern. Als er total nackt war, drehte er sich um und sah ihn intensiv an. Beide fixierten sich wortlos für einen Moment.

Dann streckte sich der Kollege auf dem Tisch aus, von wo er ihm schließlich die Schnur reichte, mit der er ihn zuvor gefesselt hatte.

Markus war wirklich nicht in der Lage zu analysieren, was ihm geschah, auch hatte er weder die Zeit dazu noch wollte oder konnte nicht darüber nachdenken. Er nahm unverzeihlich langsam die ihm hingehaltene Schnur, dabei betrachtete er stumm seinen unbeweglich auf dem Tisch liegenden Gesprächspartner.

Aufgrund des gewaltigen unmenschlichen Antriebs zur Eile pochten seine Schläfen, und obwohl sein schnelles, fieberhaftes Keuchen die Finger spürbar zittern ließen, schien er sein Beben beherrschen zu können.

Er begann nun, den Mann sorgfältig an Beinen, dann an Armen zu fesseln, wobei er die lange, dünne Schnur unter den Tisch zog und sie um dessen stabile hölzerne Beine wickelte, wo er sie schließlich mit zwei Seemannsknoten befestigte, so wie er am Ammersee sein Vergnügungsboot festzurrte. Obwohl ihm dann in seiner unsäglichen Erregung die Sekunden seine Schläfen zu martern schienen, gelang es ihm, den wilden Drang zur

Eile zu beherrschen. In ungewöhnlicher Ruhe nahm er nun das Operationsmesser in die Hand.

Es ist das Problem nicht weniger Frauen und normalerweise nicht im Theater zu lösen, wie bei Jutta. Es ist ein wenig wie in der militärischen Strategie, in der die unvermittelte und gewaltsame Überraschung alle vorher gefassten Verteidigungspläne durcheinander bringt.

JUTTA

Das Konzert war noch lange nicht zu Ende, als sie aufstand und einige Personen in der Reihe stören musste, um den kleinen Saal zu verlassen.

In Wirklichkeit waren die Stühle für das Konzert in nicht zu engen Reihen aufgestellt, doch beim Hinausgehen fielen einige neugierige Blicke auf sie, denn wer ein Konzert verlässt – wenn auch nur vorübergehend – lenkt kurzzeitig die Aufmerksamkeit auf sich.

Sie war jetzt im größeren Saal, der normalerweise für volkstümlichere Aufführungen oder offizielle Veranstaltungen bestimmt war. Dieser war leer und schwach beleuchtet, da für das Concertino des Quartetts nur wenige Zuschauer erwartet worden waren (und so war es auch: Im kleinen Saal, in dem aktuell gespielt wurde, waren insgesamt circa 70 Leute). Folglich war der große Saal zu einem Durchgangsort zwischen dem Eingang der Stadthalle und dem kleinen Aufführungssaal geworden.

Sie wollte eine Zigarette herausholen und sich auf einen der zahlreichen leeren Sitze niederlassen, um sich zu entspannen. Vor allem verabscheute sie Griegs Musik, die im Konzertprogramm direkt auf ein sehr schönes Stück von Brahms gefolgt war und die eine diffuse Monotonie in ihr erzeugt hatte. Bis zum Ende von Griegs Musik und dem Beginn des Stücks eines französischen Komponisten dürften wohl 20 Minuten vergehen. Außerdem war sie an jenem Abend nicht in Stimmung, sich klassische Musik anzuhören oder diese voll zu genießen. Sie war nervös, ohne genau zu wissen warum.

Sie wollte sich also eine Zigarette anzünden, verwarf jedoch die Idee. Sie hatte sich feierlich versprochen aufzuhören; dann hatte sie nicht den Mut gehabt, das Päckchen Camel zu Hause zu lassen. Sie hatte es in die kleine Tasche gesteckt und dies als harmlose Geste betrachtet. Sie machte einige Schritte, wobei ihre hohen Absätze ein deutliches Geräusch auf dem Pflaster des großen leeren Saales verursachten, das die Harmonie der aus dem kleinen Konzertsaal herüberdringenden Musik unterbrach und überlagerte. Sie war zweifellos nervös, doch ohne erkennbaren Grund. Das ging so weit, dass sie ihr Ohrläppchen zu kräftig berührte und das Haar nach hinten warf, wodurch sie den Ohrclip löste, den sie nun vom Fußboden aufheben musste. Normalerweise kaufte sie nie Ohrclips, sondern solche zum Einhängen in das Ohrläppchen; doch die schöne Form dieser Clips hatte sie zum Kaufen verlockt. Dann drehte sie sich unversehens um – wegen eines plötzlichen und unvermittelten Warnzeichens, das sie unbewusst fühlte. Sofort ahnte sie und bemerkte, dass sie nicht allein war. Es war eine Person da, ein Mann. Neugierig drehte sie sich um. Der Mann machte ihr ein kleines Zeichen mit der Hand. Es war ein vornehmer Herr, gekleidet in Abendanzug und rot- und blaugestreifter Schleife, die unter dem schneeweißen steifen Hemdkragen hervortrat.

In dem schwachen Licht erkannte sie ihn kaum: Es war der Arzt, der Spezialist, den sie einige Tage vorher nach langem Zögern konsultiert hatte. Er schien nicht aufstehen zu wollen, um sie auf normale Weise zu grüßen; so machte sie spontan ein paar Schritte auf die Sitzreihe zu, in der er saß.

„Guten Abend, Herr Professor."

Eigenartigerweise erwiderte er den Gruß nicht, sondern lächelte, und dies auf eine etwas seltsame Art.

„Die Musik Griegs ist wirklich nicht meine Passion", sagte sie, nur um etwas zu sagen. Nun ärgerte es sie, dass sie die wenigen Schritte gemacht hatte, um sich ihm zu nähern, mit dem Ergebnis, dass er sich nicht herabließ, mit einem ganz normalen „Guten Abend" zu antworten.

„Ich weiß."

„Wie? Ich verstehe nicht", wandte sie ein, wobei sie sich fragte, ob es jetzt nicht die außergewöhnliche Gelegenheit wäre, eine Zigarette hervorzuholen. Eine Camel hätte sich sicher wohltuend auf ihre Nerven ausgewirkt. Da fiel ihr ein, dass sie die Tasche auf dem Sitz im kleinen Konzertsaal gelassen hatte. Doch es war schließlich besser so.

„Sie selbst haben es mir vor drei Tagen gesagt, als Sie zur Untersuchung kamen, erinnern Sie sich nicht mehr? Ich erinnere mich noch."

Sie dachte zurück an das, was ihre Antworten waren, als er sie befragt hatte. Ja, sie hatten auch über das Konzert am Wochenende gesprochen, wobei sie ihm mitgeteilt hatte, dass sie hingehen würde, obwohl sie sich nur für das einzige Stück von Debussy interessierte, das am Ende des Konzertprogramms stand, nach Grieg. Doch dies symbolisierte nur eine *Nuance* ohne Bedeutung, so wie jene, die dann zu spezifischeren und direkteren Fragen führen. Und er erinnerte sich nun sogar daran. Und wenn er diese Belanglosigkeit noch wusste, würde er sich auch an den kompletten Rest erinnern. Es war ärgerlich, sich vor jemandem wieder zu finden (und dies stehend), der ganz bequem und gelassen dasaß und sich tatsächlich an die ganze unsympathische Konversation erinnerte.

Das heißt, um es zu erklären, sie fand es irritierend, im normalen Leben eine Person wieder zu treffen, die bestimmte Dinge ihrer Persönlichkeit kannte. Denn wenn solche Dinge auf neutrale Art einem Arzt erzählt werden, verschwindet dieser Arzt, man trifft ihn nicht mehr, und alles wird gelöscht.

„Überrascht, mich hier zu finden?"

„Aber nein, weshalb? In einem Konzert befinden sich alle Leute, die sich selbst als intellektuell betrachten, in einer kleinen bayerischen Stadt wie dieser."

Es war eine Ironie, die ihr spontan einfiel. Doch sie hatte sie ausgedrückt, weil sie es für angemessen hielt, eine Grenze zu ziehen, das heißt etwas, das bedeutete, dass dies nun nicht mehr als Arzt-Patienten-Treffen zu betrachten sei, sondern als eines mit einer eleganten, unabhängigen und selbstbewussten Frau, die zufällig einen flüchtigen Bekannten wiedersieht, der auch nicht unbedingt sympathisch ist, vielleicht sogar auch ein wenig irritierend. Vor ihm zu stehen, während er saß, wurde plötzlich unbequem, doch es gefiel ihr auch nicht, sich sofort neben diesen Mann zu setzen. Er war nicht der Typ, den sie gern im Konzert hätte treffen wollen, oder am Buffet in der Pause, ebenso wenig im Stehen zwischen zwei Sitzen.

„Wir haben noch zehn Minuten Grieg, den Sie nicht hören wollen, dann kommt Debussy dran. Wollen wir über etwas sprechen?"

Sie lächelte, noch immer ironisch. „Und worüber denn? Über irgendetwas wie zum Beispiel über das Wetter?"

„Über irgendetwas, das wäre dumm. Ich meine ein spezielles Thema."

„Oh! Und wie speziell?"

Zum ersten Mal schaute sie ihn genau an. Er lächelte nicht mehr. Er hatte die Beine übereinander geschlagen und schaute sie ebenfalls intensiv an, auf eine forschende Art, die man sehr gut auch als unsympathisch bezeichnen konnte. Eine Unverschämtheit, wenn auch nur eine leichte, aber trotzdem fühlbar.

Nun wandte sie ihren Blick von seinem Gesicht, wobei sie eine Haltung annahm, die Langeweile ausdrückte, und hob ein wenig die Schultern. Dann hielt sie inne und betrachtete lässig seinen Abendanzug. Er trug einen, der wahrscheinlich maßgeschneidert war, besser als jene, die man bei gewissen abendlichen Anlässen an den Männern dieser Gegend sah. Man musste zugeben, dass wirklich alles an ihm ein wenig merkwürdig war, seine Schleife, die aus den Sakkoärmeln hervortretenden Manschettenknöpfe und natürlich war sein Blick an jenem Abend anders als damals, als er den weißen Kittel trug. Als er sie zum Beispiel, anschließend an die notwendigen Fragen wie nach der AOK-Krankenversicherung, aufgefordert hatte, sich auf das kleine Sofa in seiner psychoanalytischen Praxis zu legen, war ihr sein Blick ganz und gar neutral erschienen, sein Lächeln abwesend und pragmatisch. Nun musste sie irgendwie reagieren; die Ironie von kurz vorher reichte offensichtlich nicht mehr.

„Aber … mir scheint, wir haben vor drei Tagen genug geredet."

Er antwortete nicht und schaute sie weiter an. Sie ärgerte sich, dass sie das Päckchen Zigaretten in der kleinen Tasche auf dem Sitz im Konzertsaal gelassen hatte, und dann wollte sie schließlich herausfinden, worüber er mit ihr zu sprechen beabsichtigte.

„Ich erinnere mich aber, dass nur ich geredet habe, während Sie sich vor drei Tagen darauf beschränkten, mir Fragen zu stellen. Ich hoffe, das Thema, das Sie in diesen zehn Minuten anschneiden möchten, ist ein anderes als all der – Verzeihung – Blödsinn, den Sie mich zu sagen gezwungen hatten. Doch mir scheint, es ist jetzt nicht angebracht, ein anderes Thema zu suchen. Wie Sie bemerkten, beginnt das Stück von Debussy; und ich bin hier, um Debussy zu hören.“

„Ich nicht.“

„In diesem Fall sollten Sie besser in den kleinen Saal zurückkehren und der Musik von Grieg lauschen. Mich langweilt Grieg. Und wahrscheinlich würde es mich auch langweilen hierzubleiben und über irgendein unwichtiges Thema zu reden.“

Sie hatte dies gesagt, um ihn zu provozieren, und erwartete nun irgendeine Reaktion, um ihm mit der gehörigen Gereiztheit zu antworten.

„Auch ich bin nicht wegen Grieg hierher gekommen.“

„Ah, nicht? Sagen Sie mir nicht, Sie seien hierher gekommen, um Debussy zu hören.“

„Auch nicht. *Der Nachmittag eines Fauns*, wenn dies der Titel von Debussys Stück ist, das nach Grieg im Programm steht. Ich finde ihn monoton, sowie Sie Grieg.“

„Nun wäre nur noch herauszufinden, weshalb Sie hergekommen sind. Und auch noch mit diesem kleinen Ding“,, fügte sie spöttisch hinzu. In jenem Augenblick hatte sie einen winzigen auf dem Sitz neben ihm abgelegten Rucksack bemerkt. Ein Element, das nicht zu der feinen Eleganz dieses Mannes passte.

„Da sind ein paar Sachen, die – wer weiß – für diesen Abend dienlich sein könnten. Um sie zu verstauen, brauchte ich eine kleine Tüte oder Ähnliches, und das erste nützliche Ding, das mir in die Hände fiel, war dieser Rucksack.“

„Ein reizendes Symphoniekonzertobjekt, wie ich sehe“, sagte sie, noch immer im gleichen spöttischen Ton, und fügte hinzu:„Ich glaube, ich gehe und halte noch die letzten Töne Griegs aus. Bis zu Debussy fehlt nicht mehr viel."

„Hilft Ihnen Debussys Stück, sich zu entspannen?"

„Vielleicht", sagte sie, während sie sich umdrehte; denn sie wollte sich von diesem unangenehmen Mann befreien und zum Konzert gehen. „Oder auch nein. Mich freut es, klassische Musik zu hören, das ist alles. Ich sehe nicht ein, weshalb ich mich entspannen sollte. Sie überraschen mich heute Abend, Herr Professor. Ich würde mir von Ihnen glaubwürdigere Analysen beziehungsweise Schlussfolgerungen erwarten. Doch wie es scheint, ist die Darstellung der Psyche auf einem Sofa nur handgemachte Plauderei, verglichen mit jener lebendigen des Alltags; und das führt zum Wort Banalität. Ist es nicht so?" Sie wollte ihm zu verstehen geben, dass er vergessen sollte, sie als Patientin gehabt zu haben – ihm fast eine Stunde lang auf einem Sofa ausgeliefert – dass sie nun diese kleine Sache für total unbedeutend, unnötig hielt, als wäre es ein Fehler gewesen. Sie wollte ihn verletzen, um ihm zu zeigen, dass sie eine ganz andere Persönlichkeit hatte als die Frau, die sich drei Tage vorher auf jenes dumme Sofa dieser Luxuspraxis gelegt und wie ein Roboter auf seine blöden Ritualfragen geantwortet hatte. Auf wie viele Unwichtigkeiten sie doch in der verlangten Unterwerfung „Doktor-Patient" antworten musste! Und schließlich verstand sie noch immer nicht genau, warum sie hingegangen war. Aus Neugier? Um den berühmten Professor kennenzulernen und sich von ihm untersuchen zu lassen, nachdem er eine Psychoanalyse-Praxis in einer kleinen Provinzstadt wie Deggendorf eröffnet hatte? Von dem alle sagten, er sei dort angekommen aus München, um eine gewisse unsympathische Geschichte hinter sich zu lassen und wieder von vorn anzufangen. Das hatte sie von ihren zwei Freundinnen im Tennisclub gehört. Sie hätte wirklich eine Zigarette rauchen wollen, anstatt ihren Ohrclip unter der Haarmähne zu bearbeiten. Zum Glück würde Debussy bald beginnen.

„Wollen Sie langsam hingehen zu Debussy oder dort ankommen, als wären Sie auf der Flucht?"

„Ich verstehe nicht. Ich verstehe nicht, was Sie sagen", antwortete sie, während sie sich ganz umdrehte.

„Weshalb sollte ich fliehen? Und vor was?"

„Vor einer meiner Fragen, die ich hier stelle, ohne meinen weißen Kittel."

Sie brachte ihre Haare in Ordnung und ließ ihren Ohrclip in Ruhe, während sie ihn anschaute.

„Glauben Sie nicht, Sie haben genug Fragen gestellt vor drei Tagen, solche ohne Bedeutung?"

„Ja, zu viele und keine, die auf irgendeine Art einschneidend war; Sie haben recht."

„Jetzt möchten Sie mir eine Frage mit Bedeutung stellen? Und was für eine Bedeutung an einem musikalischen Abend? Eine Frage über Debussy?"

Sie schaute ihn wieder an. Die Eigenartigkeit dieser Unterhaltung war auf ihre Art aufreizend, wenn auch ein wenig arrogant, aber jedenfalls unerwartet. Er hatte in jenem Augenblick ein süßliches Lächeln auf den Lippen, oder wohl doch nicht, vielleicht ein wenig rätselhaft, als hätte er eben eine ganz normale Bitte ausgedrückt.

„Sollte dies ein Nachwort zur ärztlichen Untersuchung sein? Ich warne Sie – ich brauche es nicht; und Sie scheinen zu vergessen, dass ich heute Abend nicht Ihre Patientin bin."

Er schüttelte fast vergnügt den Kopf.

„Nein, Schluss mit diesem Unsinn. Außerdem waren Sie nicht in meine Praxis gekommen, um sich untersuchen zu lassen."

„Nein?"

„Nein. Und dies ist uns beiden bewusst."

Sie wollte nicht sofort antworten; und er schien zufrieden zu sein mit diesem Schweigen. Mit einer Hand trommelte er von Zeit zu Zeit auf den Verschluss des Rucksacks. Wer weiß, vielleicht befiel ihn selbst eine leichte Erregung, trotz seiner Haltung eines gelangweilten Pokerspielers.

„Wollen Sie wirklich sofort in den Konzertsaal zurückkehren?"

„Hätten Sie eine gültige Alternative, um mich dazu zu bringen, in diesem großen leeren und so trist beleuchteten Saal zu bleiben? Es ist auch ein bisschen kalt."

„Sicher. Und zu diesem Zweck habe ich den Inhalt dieses Rucksacks mitgebracht. Und zu kalt ist es nicht. Wenn Sie frieren, dann weil Sie ein wunderbares Kleid tragen mit einem leicht provokanten Ausschnitt – so denkt man wenigstens in einer Kleinstadt wie dieser."

„Oh, und abgesehen von dem kastrierten Kompliment für mein Kleid, was haben Sie denn in dem mysteriösen Rucksack? Zwei Brötchen mit Emmentaler? Sollte es so sein, hätten Sie sich geirrt, denn ich bevorzuge solche mit Schinken. Doch jetzt hätte ich Lust auf ein Glas Sekt. Sie nicht?"

„Nein, nicht jetzt. Nachher ja."

„Nach dem Konzert?", fragte sie mit einem Schulterzucken.

Verflixt, er hätte sie einladen können, hinunterzugehen. Neben dem Eingang war sogar eine Bar, doch die Organisatoren des Konzerts hatten ein Buffet vorbereitet.

„Nein."

„Nein? Und … ?"

„Aber nach dem, was geschehen dürfte, meine liebe Frau Altmaier. Ein Glas Sekt danach, das wäre der Situation angemessen; eine wirklich exquisite Sache."

„Hm! Und was dürfte Ihrer Meinung nach geschehen?"

Er schaute sie an. In den vergangenen Augenblicken hatte er fast ständig umhergeblickt oder zu dem hässlichen kleinen Rucksack. Er betrachtete sie, ohne zu antworten, und dies auch noch ohne zu lächeln. Sie unterdrückte den Impuls zu sprechen, um nicht nochmals dasselbe zu fragen; so verharrten sie beide einen Moment lang schweigend. Es war irritierend. Schließlich fügte er hinzu, wobei er die Worte abgehakt aussprach:„Sie sind zu mir gekommen, damit ich Sie untersuche und Sie sich öffneten, um es mir zu sagen, und Sie haben es nicht erwähnt. Nicht wahr? Ich meine etwas Bestimmtes."

„Ich verstehe nicht. Ich habe Ihnen eine Menge Dinge gesagt, als ich auf jenem Sofa lag, ohne meine Schuhe; alles was Sie wissen wollten", antwortete sie ein wenig ärgerlich. „Welche weitere Belanglosigkeit hätte ich Ihnen noch sagen sollen? Und am Ende hatte ich genug von jener ,Lehrbuchbefragung'. Ich fand sie langweilig und bürokratisch, unnötig in meinem Fall, wirklich unnötig. Und noch schlimmer: nur geeignet, das Wesen einer Hausfrau aus der Provinz zu erkunden."

„Sie haben Recht; es waren Lehrbuchfragen wie sie jeder Psychoanalytiker den Frauen stellt, die keine oder keine verständlichen Beschwerden haben."

Er machte eine kurze Pause und fügte dann hinzu: „Ja, in Ihrem Fall waren meine Fragen überflüssig, wie übrigens auch Ihre Antworten. Alle außer einer, wahrscheinlich."

Nun konnte sie sich nicht mehr zurückhalten, machte grundlos einen Schritt nach vorne und rief: „Aber ich habe Ihnen alles gesagt, verflixt! Und sollten Sie weitere Fragen gehabt haben, warum stellten Sie mir diese nicht? Nur damit nicht zu viel Zeit vergehen würde zwischen einer Untersuchung und der nächsten und Sie ein unangemessenes Honorar von mir kassieren konnten? Die Krankenkasse zahlt nicht in allen Fällen für diese Sitzungen, und Sie wissen das gut. Erscheine ich Ihnen jetzt zu kritisch?"

Er antwortete nicht, lächelte aber und begann wieder, mit den Fingern auf den Verschluss des kleinen Rucksacks zu trommeln. Sie fuhr fort, noch immer ironisch.

„Was ist, wollen Sie nicht die Brötchen herausholen?"

„Oder auch das in unserer Sitzung von vor drei Tagen nicht behandelte Thema? Ich muss zugeben, dass ich mich scheute. Oder, wer weiß, vielleicht habe ich es mir für heute Abend aufgehoben."

„Hm! Gäbe es da ein solches Thema. Außerhalb der Praxis? Ich glaube nicht, und dann wäre es etwas Unsympathisches und Unnötiges hier im Theater." Sie stoppte und lächelte dann. „Oder, vielleicht, warum nicht? Es könnten auch eines oder zwei sein, doch beide unwichtig, so wie jene, über die wir vor drei Tagen gesprochen hatten. In diesem Fall möchte ich lieber gehen und die Bar aufsuchen, bevor das Stück von Grieg endet. Sie müssen deshalb nicht betrübt sein; Sie interessieren mich nicht mehr, Herr Professor. Entschuldigen Sie meine Offenheit."

Sie war dabei wegzugehen, doch er hob den Finger um anzuzeigen, dass er noch etwas hinzufügen wollte.

„Ja? Ist Ihre Scheu verschwunden?"

„So ist es. Ich muss mich heute Abend unbedingt davon befreien."

„Wissen Sie was? Ich könnte Sie mit meiner persönlichen Psychoanalyse einer Frau beurteilen. Sie selbst sind ein Objekt des Sofas. Eine reizende Sache, die sich umgekehrt hat. Nur dass meine Fragen penetrant sein würden, unsympathischer, respektloser, und wahrscheinlich würden Ihre Antworten lächerlich klingen. Ich beginne langsam, mir meiner sicher zu sein."

„Penetrant? Könnte sein, und deswegen unsympathisch, doch nicht schockierend. Und der Unterschied erscheint mir offensichtlich. Wenn man eine Person mit einer Frage schockiert, erreicht man einen stärkeren Effekt als mit einer nur unsympathischen Frage."

Sie zuckte wieder die Schultern. „Argumentationen dieser Art ermüden mich, Herr Professor. Ich muss zugeben, ich hatte gehofft, Sie würden sich ohne den weißen Kittel wenigstens ein bisschen romantisch oder etwas geistreicher zeigen. Wie ich sagte, ich muss mich jetzt für die Bar und den Sekt entscheiden; und das ist etwas, das mich nicht schockiert, sondern entzückt."

„Und sind Sie nicht neugierig zu erfahren, was für eine schockierende Frage ich mir für Sie vorgenommen haben könnte?"

„Warum stellen Sie diese nicht irgendeiner anderen Frau nach dem Konzert, die noch nicht die Monotonie Ihres Sofas gespürt hat?"

Sie ärgerte sich darüber, dass er auch nicht in geringster Weise eine Einladung ausgesprochen hatte, zusammen mit ihm an die Bar zu gehen. Und dann – was wollte dieser Mann eigentlich?

„Warum ist es für Sie eine exklusive Frage, exklusiv und schockierend? Allein für Sie?"

„Der Letzte, der mir eine solche gestellt hatte, war mein erster zukünftiger Ehemann an der Universität. Und das Resultat war so enttäuschend, dass mir die Neugier vergangen ist, mir weitere solche Fragen anzuhören. Die schockierenden Fragen, die ein Mann einer Frau stellt, verraten fast immer einen Epilog geistiger Armut. Finden Sie nicht? Denken Sie darüber nach, Herr Professor."

„Und doch habe ich den Eindruck, dass meine ganz besondere Frage – ich habe recht, es zu sagen – Sie unwiderstehlich interessieren könnte in diesem Moment Ihres Lebens."

„Oder mich zum Lachen bringt."

„Das ist ein Risiko, das ich eingehe. Doch ich bin sicher, dass Sie es nicht als etwas Lächerliches empfinden."

„Also möchten Sie mir noch eine weitere Frage stellen."

„Die einzige vernünftige nach jenen Routinefragen, die ich Ihnen vor drei Tagen stellte." „Und wenn ich sie Ihnen stellen würde, eine heikle Frage, wären Sie dann – um Ihren Ausdruck zu verwenden – schockiert?" Jetzt machte es ihr Spaß, ihn zu reizen, und mit einem kleinen boshaften Lächeln fuhr sie fort: „Ich warne Sie, ich könnte mich als indiskret erweisen, mein lieber Professor."

Sie lachte kurz, den Kopf schüttelnd.

„Meine liebe Frau Altmaier, die indiskreten Fragen einer Frau erweisen sich höchstens als gewagt, wenn nicht als Vulgarität ohne jeden Zweck. Ein Mann ist darüber gereizt, aber nie schockiert. Nicht tief in der Seele getroffen, meine ich. Schockiert ist nur das Publikum, wenn es hier ist und Sie reden hört."

„Überrascht Sie nicht die Tatsache, dass ich Ihnen nicht länger den gebührlichen Respekt zeige, wie bei einem Gespräch zwischen Doktor und Patient?"

„Durchaus. Und es ist entschieden das, was ich wollte. Eine Dame wie jene, die jetzt in dem kleinen Konzertsaal sitzen, würde mir noch diesen lächerlichen Respekt entgegenbringen."

„Ja, es sind alles Provinzlerinnen", gab sie lächelnd zu. „Wir sind eben in der Provinz, und Deggendorf ist nicht Paris."

„Nicht nur. Die anderen Damen sind wahrscheinlich nicht wie Sie."

„Oh! Und ich wäre besonders?"

„In unserem Fall ja."

„Aber sehen Sie mal", sagte sie und kam wieder näher, „Sie schmeicheln mir, um mich dazu zu bringen, mich auf ein Wortspiel einzulassen, das ich noch nicht begreife, das sich jedoch schließlich leider als enttäuschend erweisen könnte. Na ja, schön langsam hätte ich Lust, Ihnen meinerseits ein paar unerwartete kleine Fragen zu stellen. Und diese wären nicht nett."

„Nur vorwärts, mit Vergnügen", antwortete er, wobei jetzt er lächelte. „Mit dem Unterschied, dass Sie den Inhalt meiner Frage nicht ahnen, während ich mir sehr gut den Inhalt der Ihrigen vorstellen kann."

„Ah! Wirklich?"

„Zu 99 Prozent."

„Zum Beispiel?"

„Sie könnten versuchen, mich zu ärgern, indem Sie sich ungehörig auf meine beginnende Glatze beziehen, auf mein nicht mehr junges Alter und ähnliche Kleinigkeiten, bis Sie sich einer gewissen vulgären Sprache nähern oder sie vielleicht auch benutzen. Und das ist nur ein Beispiel – genau gesagt."

Sie schaute ihn an, lächelte aber dann schließlich und sagte nun in herausforderndem Ton: „Wollen sie mich dazu bringen, dass ich zugebe, neugierig zu sein auf das, was Sie mich fragen wollen? Wer weiß, am Ende könnte ich wirklich neugierig werden. Doch ich warne Sie: keine Einladungen zum Abendessen oder zu einem Gläschen bei Ihnen zu Hause; in dem Fall stünde Ihre Frage in einem besonderen Zusammenhang. -„Ist sie nicht", antwortete er gleichmütig. „Wenn ja, wäre sie nicht unähnlich jener Frage, die Ihnen irgendein Mann an der Bar stellen könnte, an der Sie ein Glas Sekt trinken wollen. Das heißt, eine ganz normale Sache eben. Und wir beide, hm … ja meine Dame, ich und Sie, wir verachten die banalen Vorschläge."

„Sie riechen nach langweiliger Monotonie. Und übrigens, heute Abend mit einem Mann wegzugehen, würde meinen Ruf gefährden; vergessen wir nicht, dass ich angemessen verheiratet bin. Außerdem könnte ich mich auch angemessen beleidigt fühlen. Nichts darf Sie glauben lassen, ich sei treulos wie eben einige der da drinnen sitzenden Damen, die ich sehr gut kenne."

„Und insbesondere würden Sie das Ziel nicht erreichen, das Angebot von jemandem nach dem Konzert."

„Und welches?"

Er antwortete nicht, aber schaute sie noch intensiver an. Sie schüttelte ungeduldig den Kopf. Und als sie dann ihre prompte Reaktion sofort bereute, fragte sie:„Es gäbe da also heute Abend ein Ziel?"

„Warum nicht?"

Sie empfand ihre Position plötzlich als unerträglich – vor ihm stehend, während er saß – und setzte sich daneben, wobei sie einen Stuhl der vorderen Reihe verrückte.

„Und wenn es mich an diesem Punkt interessieren würde, endlich Ihre ganz bestimmt bizarre Frage zu hören?"

Er lächelt nicht mehr und betrachtete die Fingernägel seiner Hand.

„Nun sind Sie interessiert; das sehe ich. So wie ich es bin, sie Ihnen zu stellen."

„Herr Professor", sagte sie und schlug die Beine übereinander, „sind Sie wirklich sicher, dass Sie mich schockieren? Ich bin überzeugt, eine moderne Frau zu sein und vor allem intelligent."

„Eben deshalb, meine liebe Frau Altmaier."

„Oh, in diesem Fall muss ich zugeben, dass ich leider neugierig bin, wie ich auch bereit bin, mit Genuss zu spotten über das, was sie mir mitteilen, falls dies etwas Dummes ist. Nun muss ich Sie erinnern, dass Grieg in nur wenigen Minuten zum Ende kommt. Und anschließend ist das Stück von Debussy dran, das ich anhören möchte."

„Wann haben Sie beim Sex einen Orgasmus gehabt?"

Diese Frage wurde mit leiser Stimme gestellt. Sie blieb einen Augenblick still, dann brach sie in Lachen aus. Schließlich trocknete sie sich sogar die Augen, als hätte sie Tränen gehabt.

„Nie. Sie hatten nie einen; das scheint eine klare Sache zu sein. Nie. Und sie widerspiegelt die monotone Tragödie Ihres Lebens."

Sie blieb still, doch schließlich antwortete sie, nachdem sie vorher herumgeschaut hatte, als wollte sie sich vergewissern, ob nicht zufällig jemand aufgetaucht war.

„War das alles, das Sie mich zu fragen hatten?"

„Nein, es war nur ein Vorwort."

„Und nun würde etwas wirklich Schockierendes folgen?"

Sie wunderte sich selbst, dass ihr Gesichtsausdruck nur wenig mürrisch oder spöttisch war; und dann hatte sie nicht mal widersprochen, auch nicht einfach nur seine ... nun – es war keine Frage, es war eine Behauptung – verneint. Verflixt! Sollte sie sich beleidigt fühlen? Wahrscheinlich ja.

„Es ist klar, dass etwas auf dieses Vorwort folgen würde", sagte er ganz ruhig.

„Müsste ich vielleicht behaupten, Sie hätten sich geirrt in Ihrer Beurteilung über mich?"

„Ganz und gar nicht. Es ist etwas, das feststeht, worüber wir beide sicher sind", und er fügte hinzu, boshaft und mit leiser Stimme: „Habe ich nicht recht?"

Es war ein Höhepunkt zu seinen Gunsten, zugunsten dieses Mannes, der so eigenartig geworden war; es war ein Scheideweg, an dem sie unbedingt reagieren musste, etwas Ironisches sagen musste, um ihn zu demontieren, wie es ihr normalerweise gelang.

„Sie, meine Dame, haben nie einen Orgasmus mit einem Mann im Bett kennengelernt; Sie sind ganz und gar heterosexuell und verachten es, einen solchen mit einer Frau zu versuchen. Dies sind die Elemente des Problems."

„Ich bitte Sie, Herr Professor! Jetzt übertreiben Sie, weil Sie mich provozieren wollen."

Verflucht, warum hatte sie die Zigaretten vergessen? Es gibt Augenblicke, in denen nur die Geste des Zigarettenanzündens hilft, einen *Engpass* zu umgehen, also einen Moment nachdenken zu können, bevor man gebührlich antwortet.

„Durchaus. Vor drei Tagen bemerkte ich sofort Ihre unabhängige, nervöse und verborgen sinnliche Persönlichkeit, eigenartig sinnlich. Das ist es, was sich seit Jahren in Ihre Brust eingeschlichen hat: das Verlangen, etwas kennenzulernen, was Ihnen nie zu fühlen gelang: ein echter, tiefer, befreiender, unerreichbarer, ursprünglicher und Ihnen bis jetzt unbekannt gebliebener Orgasmus."

Sie spürte den plötzlichen Impuls aufzustehen. Doch anstatt ohne Kommentar wegzugehen, wie sie es vorhatte, stellte sie sich wieder vor ihn.

Er lächelte schwach, als er sie anschaute. Man hörte einen aufkommenden Applaus aus dem benachbarten kleinen Konzertsaal.

„Grieg ist zu Ende. Wollen Sie nicht weggehen, um Debussy zu hören?"

Diese unvorhergesehene Frage schien sie zu verwirren; es war nicht das, was sie sich in dem Moment von ihm zu sagen erwartet hatte. Doch sie erlangte ihren Esprit wieder, und es gelang ihr sogar zu lächeln. Nun fasste sie sich wieder ans Ohrläppchen.

„Ich bin mir bewusst, dass die berufliche Praxis dazu führt, dass Sie sich für die intimen Besonderheiten der Leute interessieren. Das halte ich für ein erbärmliches kleines Laster, vor allem wenn es sich als übertrieben oder verfehlt erweist, wie heute Abend."

Er schien nicht im Mindesten berührt zu sein von diesem „Erbärmlich", lächelte noch immer und fuhr fort: „Doch nun wollen Sie hören, was ich Ihnen noch zu sagen hätte."

„Damit ich lache?", erwiderte sie spöttisch.

„Man lacht nie über ernste Dinge wie diese, Frau Altmaier."

„Dann ist es heute eben das erste Mal. Etwas, das Sie erwähnen werden in Ihren unausbleiblichen *Memoiren*. Ich bin sicher, Sie haben seit langem im Sinn, ein idiotisches Buch über Ihre gewissen wissenschaftlichen Vermutungen zu schreiben."

„Nun, wir werden sehen", begann er, machte dann aber eine Pause, denn in der Zwischenzeit hatte er versucht, mit einer Hand den Verschluss des Rucksacks zu öffnen, ohne dass es ihm gelungen war. Dazu musste er beide Hände benutzen, weshalb er unterbrach, was er sagen wollte. Der Reißverschluss glitt dann auf, doch er öffnete die Tasche nicht ganz, sie blieb halb zu, sodass man den Inhalt nicht sah.

„Möchten Sie meine vermutete Frigidität mit einem belegten Brötchen heilen?", sagte sie mit eingeübter falscher Liebenswürdigkeit.

„Nein, dafür braucht es natürlich einen Liebhaber."

Sie lachte verächtlich. Er fuhr fort: „Sie haben sicher einen ausprobiert, wahrscheinlich im Urlaub, wo man die bösen Zungen dieser Stadt umgehen kann. Aber Sie wurden enttäuscht. Das Ziel, ein echter wunderbarer sexueller Orgasmus, wurde nie erreicht mit keinem jener Gelegenheitsliebhaber. Das weiß ich."

Er wollte weiterreden, musste aber unterbrechen wegen ihres nervösen Lachens, das die ersten Musikklänge des *Nachmittag eines Fauns* von Debussy dämpfte.

„Und so würden Sie mein Gefühlsleben zusammenfassen" sagte sie,noch lachend.

„Soll heißen: sexuelles Leben, meine Liebe."

„Der Verdacht auf meine morganatische Frigidität, die mir während eines in der kommunalen Stadthalle von Deggendorf schlecht und recht improvisierten Konzerts erklärt wurde? Was lässt Sie das glauben, Herr Professor, zuerst, dass das Thema mich interessieren würde, und dann, dass Sie in der Lage seien, meine intime Persönlichkeit präzise zu ergründen?"

„Soll heißen: Ihre Sensibilität."

„Eben, die auch. Ist Ihnen nie die Idee gekommen, einem Trugschluss erlegen zu sein? Sich zu irren? Nein? Wirklich nicht?"

„Manchmal vielleicht, doch nicht bei Ihnen, Frau Altmaier. Nicht bei Ihnen. Und Sie sind sich dessen bewusst, doch es ärgert Sie, es zuzugeben."

Sie schüttelte ihre sehr schöne, volle Mähne, fuhr mit der Hand hindurch, um sie wieder zu entwirren, wobei sie einen Ohrclip berührte. Dann stand sie auf.

„Unglaublich. Unglaublich."

„Für alle in Deggendorf. Doch nicht für uns zwei."

Dann stellte sie sich vor ihn, die Beine leicht gespreizt, die Händen an den Hüften, und sagte ironisch: „Und Sie möchten mich vielleicht glauben lassen, dass Sie in der Lage sind, auf zufriedenstellende Art meiner vermuteten ... nennen wir sie sexuelle Missbildung ... ein Ende zu bereiten?"

Er ließ den kleinen Rucksack in Ruhe, betrachtete sie in seiner unsympathischen Art ohne ein Lächeln und brachte seine Fliege in Ordnung.

„Ja."

„Ah! Und wer weiß, vielleicht sogar heute Abend, also jetzt! Alles sehr einfach und normal? Sagen Sie ja!"

Sie hatte das verächtlich gesagt, und um ihren Worten größeres Gewicht zu verleihen, hatte sie sich zur Seite gedreht, doch ohne sich zu entfernen, wie ihr Zustand einer gekränkten Dame es verlangt hätte.

„In der Tat, heute Abend könnte es geschehen", antwortete er ruhig. Und diese ruhige, irreale Behauptung war höchst ärgerlich. Ärgerlich und dennoch seltsam.

Sie drehte sich wieder um, mit leuchtenden Augen, und sagte spöttisch: „Und wer wäre in der Lage, diese morganatische und außerordentliche Kühnheit zu vollbringen, angenommen ich halte sie für notwendig? Sie? Oder sollten Sie zufällig einen etwas anziehenderen Liebhaber gemietet haben? Das wäre ein halb psychoanalytischer, halb kupplerischer Service. Interessant!"

Diesmal kam ihm ein kurzes Lachen aus.

„Sehen Sie, meine Dame, ich muss Ihnen etwas erklären, das Ihnen anscheinend unbekannt ist."

„Und das wäre?", sagte sie in aggressivem Ton.

-„Ein anziehenderer Liebhaber, und jünger als ich, würde nichts Neues mitbringen beziehungsweise keine Abwechslung."

„Und Sie hingegen schon? Da müsste ich wieder lachen, doch ich möchte Sie nicht über Gebühr kränken."

„Das ist ja der Punkt. Für die Mehrheit der im kleinen Nebensaal sitzenden Frauen, die nun das Stück von Debussy anhören – nur um uns zu verstehen – wäre ein anziehender Liebhaber, kurz ein schöner Mann, ein Grund für eine kleine Romanze, ähnlich jener monotonen im Fernsehen gezeigten Episoden. Und dies einschließlich des Finales, von dem man spricht, das heißt eines voll und ganz genossenen Orgasmus im Bett, ohne Zeugen und ohne Nachwirkung für die Zukunft, ich meine Skandale. All dies müsste nach einer in der Bar dieses Theaters diskret geflüsterten Verabredung geschehen, nach etwas Sekt mit Orangensaft sowie ein paar geistreichen Scherzen zweifelhafter Originalität."

„Das ist eine Sache, die seit der Zeit von Adam und Eva passiert ... hm, und bei diesen beiden ohne Sekt, falls Sie mir zufällig etwas Neues eröffnen wollten, das ich noch nicht kenne.'Er bemerkte die Ironie nicht und fuhr fort: „Um ein solches Ziel zu erreichen, bräuchten die Damen dort drüben eine ganze romantische Sequenz von Komplimenten und für einen folgenden Orgasmus in Intimität die vorbereitenden Zärtlichkeiten wie Küsse und erotische Liebkosungen, mehr oder weniger wie in einem langweiligen, leicht anstößigen Telefilm. Sie jedoch nicht, Sie nicht. Sie sind anders als jene Damen. Sie halten sich selbst für ungerechterweise frigid.'

„Ah! Immer interessanter. Und wie anders?"

„Ich meine *irgendwie anders*."

Sie erwiderte nichts. Sie spürte ein irrationales Verlangen, sich zu setzen, was sie auch tat, ganz langsam. Er schwieg und sie schauten sich ein paar Momente lang an. Sie berührte wieder einen Ohrclip, als könnte sie sich nicht entscheiden, ob sie weiter zuhören oder etwas antworten sollte, irgendetwas, um ihn zu entmutigen und endlich zum Schweigen zu bringen.

„Wollen Sie nicht weggehen, um Debussy zu hören? Es hat angefangen."

„Nicht bevor ich noch mehr von dem Quatsch gehört habe, den Sie mir gerade sagen wollen."

„Ein sexueller Orgasmus, der aus dem Bauch heraus unter die Haut geht, mit einem affektierten, leidenschaftlichen ... hm, verständnisvollen Liebhaber. Das passiert 99 Prozent aller Frauen."

„Und das eine Prozent?"

Sie bedauerte schon, das gesagt zu haben. Sie wollte ihm nicht zeigen, dass sie jetzt wirklich neugierig war.

„Das eine Prozent ist Ihr Fall."

„Das wäre? Etwas wahrhaft Besonderes? Etwas, das Sie sich in Ihrer verschlungenen medizinischen Mentalität ausgedacht hätten?"

„In meiner sonnigen Logik, ja."

„Und die wäre so gestaltet, dass sie mich ein paar Minuten auf Debussy verzichten lässt?" Was ist denn so wichtig, dass Sie mich jetzt Fragen wollen?

Unvermittelt beugte er sich zu ihr und flüsterte: „Es gibt etwas viel Aufregenderes als eine Verabredung an der Bar für den folgenden Tag, an dem ein höflicher Liebhaber an der Tür klingelt, sogar mit einem Blumenstrauß in der Hand."

„Hm! Also wirklich interessant. Leider muss ich mir selbst eingestehen, dass ich dazu neige, auf den ersten Teil von Debussy zu verzichten. Doch ich warne Sie, meine Reaktion wird nicht höflich sein, falls das, was Sie mir sagen wollen, nicht frei von naiver Idiotie ist."

Beide lächelten und wurden dann ernst. Sie manipulierte erst den einen Ohrclip, dann den anderen.

„Das einzige wirklich Aufregende und Stimulierende vor einem Sexakt ist eine unerwartete Situation."

„Unerwartet?"

„Unvermutet, unorthodox, auch gefährlich und fast gewalttätig. Eine Unterwerfung, halb erlitten, halb gewollt, mitreißend!"

Sie unterbrach ihn, doch ohne die gewohnte Hochmütigkeit. „Wenn ich richtig verstehe, das … sagen wir Opfer, also …"

„Sagen wir das Weib."

„Sagen wir die Frau. Die bräuchte einen gewissen Mut, nicht wahr? Auch wenn ich nicht begreife, worauf Sie hinaus wollen."

„Mut? Das würde nicht ausreichen. Angst. Halb Angst und halb unglaublichen Mut. Einen solchen Cocktail produziert ein plötzlicher und unkontrollierter Orgasmus. Man weiß sehr gut, dass 5 Prozent der vergewaltigten Frauen einen solchen unfreiwilligen Orgasmus haben. Doch heute Abend wird nicht von Gewalttätigkeit gesprochen."

„Wäre dies der Cocktail, den Sie andeuten? Statt des Sekts an der Bar. Hübsch!"

„In Ihrem Fall ist es das Elixier; und zwar weil ich Sie eingeschätzt habe – intensiver als Sie glauben."

„Nun fangen Sie an zu übertreiben, Herr Professor."

„Würde ich übertreiben, säßen Sie jetzt im anderen Saal und hörten Debussy."

„Sie haben mich neugierig gemacht; deshalb habe ich mich hier hingesetzt."

„Um mir jetzt bis zum Schluss zuzuhören?"

„Warum nicht? Als moderne Frau will ich hören, was einem Mann wie Ihnen durch den Kopf geht. Es kann amüsant sein. Von Debussy habe ich ja die CD zu Hause."

Er schaute sie lange an, ohne zu reden. Und da er nicht fortzufahren schien, konnte sie sich nicht zurückhalten, boshaft zu sagen: „Gibt es keine Folge auf die famose Einleitung? Mich würde interessieren, wie Sie die Fortsetzung des Lehrsatzes geplant haben."

„Mit einer Schnur."

„Einer ... was?"

„Eine Schnur würde Ihrem Orgasmus Stimulation und Hilfe bieten."

„Ich muss zugeben, dass ich nicht verstehe. Oder wollen Sie mich vielleicht festbinden? Würde ich Ihre Gefangene werden in der Praxis? Zu Ihrem Bedauern habe ich einen persönlichen Verteidigungskurs absolviert."

Er schwieg.

„Emeritierter Herr Professor! Ist das was Sie sagen wollen so problematisch? Oder könnte es vielleicht ein klein wenig lächerlich sein?"

Er beugte sich leicht zu ihr, wobei er seinen Ton noch etwas mäßigte.

„Wir sind aus dem selben Holz geschnitzt."

„Oh, wirklich. Doch nicht in Bezug auf das Haar, scheint mir", antwortete sie spöttisch, wobei sie mit der Hand durch ihre lange, dichte Mähne fuhr. Einer ihrer für einen Augenblick voll sichtbaren Ohrclips reflektierte einen plötzlichen Schimmer.

„Ihre Ironie ist jetzt beim Epilog angekommen. Ich schätze, dass Sie bald nicht auch nur eine Spur davon benötigen."

„Glauben Sie?"

„Die Ironie ist Ihre Maske und Ihre wahre persönliche Verteidigung."

Sein Ton wurde noch leiser und sein Blick richtete sich zum ersten Mal schamlos zu dem kleinen, schlecht verdeckten Raum zwischen ihren Knien.

„Ich bezog mich nicht auf meine Praxis bei geschlossenen Türen."

„Und worauf dann? Vielleicht auf mein Zimmer?"

„Hier, jetzt."

Sie öffnete den Mund zum Sprechen, schien sich jedoch zurückhalten zu wollen. Und er redete weiter, schneller und in leisem Ton:„Hier, jetzt und bevor all die Leute kommen, nachdem das Stück von Debussy zu Ende gespielt ist. Ein ‚Sexakt' von außergewöhnlicher Kürze und Intensität."

Sie erschien verblüfft, wenn auch für einen Augenblick nachdenklich, bevor sie unbewusst wiederholte: „Angebunden? Angebunden ... soll bedeuten wirklich angebunden!"

„Ich meinte angebunden, alle beide aneinander. Hier an meinen Sitz gebunden, mit einem Bein, nur einem, an den Stuhlbein. Für kurze Zeit, doch zusammengebunden, auch wenn wir uns anschließend vielleicht nicht wiedersehen."

„Was Sie sagen, ist ... verwerflich, nicht nur obszön sondern abstoßend, wissen Sie das?"

Sie hatte es gesagt mit einer Stimme, die ihr selbst irreal erschien. Als bloße Antwort zog er den Reißverschluss des Rucksacks ganz auf und holte eine lange dünne Schnur heraus. An den Enden sah man die metallische Vorrichtung eines Schlosses, ähnlich wie jene, die man für parkende Fahrräder verwendet.

„Wir binden uns an meinen Sitz und legen den Schlüssel oben drauf."

„Sollte ich so verrückt und degeneriert sein, Ihnen bei dieser seltsamen Idee entgegenzukommen, möchte wenigstens ich den Schlüssel behalten", rief sie und grinste nervös.

„Aber das wäre nicht möglich. Sie werden halbnackt sein, also ohne Taschen. Beachten Sie, dass ich gesagt habe halbnackt, nicht nackt. Ich will Sie nicht nackt, sondern halbnackt; nur im Unterkleid und mit sonst nichts darunter. So erscheint eine Frau sinnlicher, anziehender, meiner Meinung nach. Nackt hätten Sie nichts Weiteres herzuzeigen und für den Effekt dieses *Ereignisses* ist halbnackt im Theater schon erotisch genug."

„Aber ... ist Ihnen klar! Also ist Ihnen klar ..."

„Wenn jemand kommt? Niemand wird vor dem Ende des Konzerts kommen. Und jedenfalls ist das Risiko, dass es *pas-*

sieren könnte, die zweite Voraussetzung für das Erreichen eines schnellen, unvorstellbaren und mächtigen Orgasmus, ohne Vorspiel und mit dem wunderbaren Hauch der drohenden Gefahr."

„Ist verrückt! Einfach verrückt. Und denken Sie nicht an die Konsequenzen?"

„Zweifellos! Sie würden den guten Ruf in Deggendorf verlieren und ich die Karriere. Dies muss Teil der Erregung sein."

In ihrer Nervosität riss sie sich kurz einen Ohrclip herunter, beeilte sich aber, ihn wieder ans Ohrläppchen zu stecken und murmelte dann, fast flüsternd: „Sie sind entschieden verrückt. Ich gehe, um Debussy anzuhören, oder wenigstens den Rest. Unglaublich!"

Sie drehte sich buchstäblich auf dem Absatz um und entfernte sich in Richtung Konzertsaal. Er wandte sich um ohne noch etwas zu sagen, trommelte mit dem Finger kurz auf die Armlehnen des Sitzes, dann machte er sich daran, kleine Schlingen mit dem aus der Tasche gerutschten Seil zu legen, die immer größer wurden und nicht mehr durch die Rucksacköffnung passten, sodass er diesen weiter aufmachte, um die Schlingen wieder hineinzustecken.

Doch als er gerade den Reißverschluss zuziehen wollte, legte sich eine Hand auf seine, um die Bewegung zu stoppen.

Er schaute um. Es war sie. Sie war zurückgekehrt, ihre Augen glänzten in einem schönen und doch fast finsteren Schimmer.

„Es ist ein verrückter Vorschlag; sind Sie sich dessen wenigstens bewusst?"

Er antwortete nicht. Er saß da, vollkommen unbeweglich. Sie stand vor ihm. Wegen der Musik hörte man seinen Atem nicht; doch durch das leichte, zum Teil sichtbare Pulsieren der Brust konnte man wahrnehmen, dass er in eine ungewollte und anormale Aufregung geraten war.

„Und Sie würden also beabsichtigen, so ... ohne Vorspiel, zwischen zwei Unbekannten, ohne die üblichen ... Sie sagten affektierten ..."

Ohne zu antworten streckte er aus seiner zur Faust geschlossenen Hand den Zeigefinger weit heraus und griff ihr damit unter den Rock, den er bis auf die Höhe der Oberschenkel hochschob. Dabei wurden ihre Beine voll sichtbar, weit bis über die Oberschenkel hinauf, und er beugte sich leicht mit dem Kopf nach unten, bis er fast ihren Bauch berührte.

„Vorspiele? Wer von uns beiden braucht Vorspiele? Kein Kuss. Es wird der *Clou* des Geschehens sein."

„Allerdings … so wie bei einer Hündin."

Er stand plötzlich auf und fing an, die Jacke auszuziehen. Sie schloss die Augen. Als sie sie wieder öffnete, hatte er sich auch die Schleife abgenommen und war dabei, sein Hemd aufzuknöpfen. Sie brachte ihre Haare wieder in Ordnung, mit dem gegenteiligen Effekt, dass sie sich wieder zerzausten, quälte flüchtig einen Ohrclip, wobei sie sich auf die Lippen biss.

„Es ist nicht mehr lange hin bis zum Ende des Debussy-Konzerts."

„Nein, ist es nicht, ist es nicht."

Als er vollkommen nackt war, setzte er sich wieder hin. Sie, noch halb angezogen, warf einen Blick auf seinen sonnengebräunten Körper, als sich die Augen dann sofort nach unten senkten.

„Ich sehe, dass Sie Viagra genommen haben."

„Lassen Sie den Rock nach unten rutschen!"

„Ich bin … so weiß."

„Mir gefällt weiße Hautfarbe bei den Frauen. Ziehen Sie schnell alles aus, was Sie anhaben, außer dem Unterkleid. Nein, jetzt bin ich anderer Meinung, ziehen Sie alles aus; jetzt will ich Sie nackt sehen."

Ganz schnell zog sie den Rest aus bis auf den kurzen Unterrock, dann ließ sie auch noch diesen in einer schlangenhaft gewundenen Körperbewegung zu Boden gleiten; und ihre Brust bebte, weil ihr Atem in Aufruhr geraten war.

Er packte schnell die Schnur, machte Schlingen und band eine ihrer Fesseln mehrmals an seinem Sitzfuß fest. Er zog so fest an, dass es ihr ein wenig wehtat. Er machte weiter in der Geschwindigkeit und Geschicklichkeit eines Jongleurs. Dann verlängerte er die Schnur und umwickelte auch eine der eigenen Fesseln, ebenfalls mit mehreren engen Schlingen. Schließlich war der *Klick* eines Schlosses an beiden Schnurenden zu hören. Den Schlüssel legte er auf den Sitz, auf dem sie vorher gesessen war. Bei dem Klickgeräusch hatte sie wieder die Augen geschlossen, schwer atmend. Er bat sie, das Becken vorzustrecken, was sie auch tat, wobei sie alles ungehemmt zeigte und deshalb den Körper zu ihm hinbog.

„Ich sehe, Sie haben Viagra genommen", sagte sie nochmals mit nach unten gesenktem Blick, doch sie erwartete keine Antwort und bekam sie auch keine. Er nahm im Sitzen ihre Hand, zog sie ganz zu sich herüber und dies mit Mühe wegen der engen Fesseln.

Sie saß jetzt rittlings auf ihm, wobei sie durch die Bewegung und wegen des angebundenen Beins fast einen Sitz daneben zum Umfallen brachte.

Als sich dann ihre Gesichter berührten, murmelte er ihr einen obszönen Satz ins Ohr. Sie nickte lächelnd, die Augen halb geschlossenen. Er murmelte kurz noch etwas anderes, dann begann sie zu lachen während der nun stürmischen, aber rhythmischen Zuckungen. Es war ein schrilles Lachen, das dann verstummte und zu einem ununterbrochenen Jammern wurde, um dann in einen äußerst heftigen lang andauernden Schrei zu münden, der einem anhaltenden, untröstlichen Klagen ähnelte und dann ganz plötzlich verstummte.

Diesen Schrei hörte ganz sicher niemand, denn gleichzeitig war ein stürmischer Beifall aus dem Konzertsaal zu vernehmen.

Das Stück von Debussy war zu Ende.

Mit einer noch atemlosen Stimme murmelte er:„Jetzt müssen wir stoppen. Es ist aus, lass uns aufhören, Debussy ist zu Ende. Hören wir auf; es ist aus."

Doch sie saß noch immer rittlings auf ihm, leicht zuckend, die Haarmähne, die fast ihre beiden Gesichter bedeckte, in Unordnung.

„Drücken Sie mich nicht so, nehmen Sie die Hände weg von mir. Ich habe einen Ihrer Ohrclips herunterfallen gehört … Vergessen Sie ihn, für diese Kleinigkeiten ist keine Zeit mehr.

Schnell! Oder rennen Sie aus diesem Saal zur Toilette, um sich anzuziehen, aber schnell! Los, nehmen Sie den Schlüssel vom anderen Sitz und binden Sie uns los! Bei Gott, bewegen Sie sich und nehmen Sie die Hände von meinem Hals, Sie ersticken mich!"

Ohne den Kopf von seiner Backe wegzunehmen, streckte sie die Hand zum Nachbarsitz aus, um den kleinen Schlüssel zu packen. Sie ergriff das Ding, hob es hoch, um es ihm zu zeigen, damit er es nahm, da er ja viel geschickter war als sie und sich schon wieder unter Kontrolle hatte.

Doch er ließ einen erstickten Fluch los.

„Verdammt, es ist ein Ohrclip! Den Schlüssel, ich will den Schlüssel! Wo ist der Schlüssel?"

Nun schien sie aufzuwachen, drehte das Gesicht weg, über das noch immer die Tränen rollten.

„Ich weiß es nicht; das was auf den Sitz gefallen ist ... der Ohrclip ist auf den Sitz gefallen, doch der Schlüssel ist vielleicht vom Sitz heruntergefallen ..."

„Wohin? Wohin?"

„Aber ich sehe ihn nicht, ich weiß es nicht. Er muss irgendwo zwischen meinen Oberschenkeln zu Boden gerutscht sein."

Er streckte den Arm nach unten und ergriff den Schlüpfer, der am nächsten war, warf ihn weg, erreichte einen Zipfel des Unterrockes und zog ihn zu sich her. Doch darunter war nichts. Oder war der Schlüssel vielleicht sogar unter dem Rock, denn ein kleines, stumpfes Geräusch, das leichte Kratzen eines auf dem Pflaster streifenden Metallteils, war zu hören, das von darunter kam, aber zu weit weg war, um es aufheben zu können.

Nun kippte er ihre zwei verschlungenen Körper auf eine Seite, sodass sie auf den Rock fallen sollten, was ihm aber nicht gelang; die Stühle waren zu nahe beieinander, was verhinderte, dass sie ausgestreckt hinfielen. Sie blieben in Schrägstellung hängen, da ihr Stuhl an den Sitz daneben gefallen war. Die Applausintervalle wurden immer kürzer. Maximal blieben zwischen dem Verbeugen der Musiker und dem letzten Klatschen nicht mehr als vielleicht ein bis zwei Minuten.

„Strecken *Sie* sich und machen Sie den Arm lang, Sie sind näher dran."

Jetzt streckte sie den Arm aus, doch der Abstand war zu groß. Sie machte ein Bein lang, jenes, das nicht an den Stuhl gebunden war. Mit der großen Zehe versuchte sie, den Stoff an der Stelle zu erreichen, wo eine kleine Erhöhung sichtbar war, und es gelang ihr, den Rock herzuziehen. Sie packte den am nächsten zur Hand gelegenen Zipfel und zog mit verzweifelter Kraft an. Doch dabei rutschte das daruntergelegene und nun freiliegende Objekt schnell weit aus ihrer Reichweite hinaus und blieb unglücklicherweise unter den unerreichbaren Stühlen liegen.

Mithilfe des freien Fußes richtete er sich senkrecht auf, wodurch er gezwungenermaßen auch sie in einen aufrechten Stand hochzog, indem er sich an den Stuhl daneben lehnte; gemeinsam schleppten sie sich etwas vor zwischen das Durcheinander von Sitzen, um das bei dem Halbdunkel schlecht sichtbare kleine Ding zu erwischen.

Ihn einer fieberhaften Bewegung beugte sie sich bis zu ihm vor, wobei sie einen Stuhl in Schieflage brachte, ohne sich um den Unterrock zu kümmern, der sich an einem Knauf der Stuhllehne verhängt hatte und beim Ausziehen gerissen war.

„Der Schlüssel! Verdammt, geben Sie ihn her! Geben Sie ihn mir!"

„Aber es ist der andere Ohrclip!"

„Und der Schlüssel? Der verfluchte Schlüssel?"

„Der ist nicht da, nicht da. Er muss woandershin gefallen sein!"

In der totalen und nur wenige Augenblicke andauernde Stille nach dem letzten Klatschen hörte man einen Chor von undeutlichem Geflüster, ein konfuses Wispern.

Plötzlich öffnete sich die Konzertsaaltür, sodass ein scharfes Licht den gesamten großen Saal überflutete und beleuchtete. Auch die Saallichter schalteten sich automatisch ein. Nun begannen die Leute herauszukommen, elegant, aber geräuschvoll.

Als Erste ließ eine ältere Dame einen Schrei los.

„Mein Gott, schaut mal … schaut mal! Schaut!"

DIE UNBEKANNTE

Rätsel. Professor Wieler, die Hauptfigur, konnte es nicht lesen, obwohl es mit seinem Beruf zusammenhängt. Es ist viel schwieriger als die kinderleichte Aufgabe des Ödipus mit seiner Sphinx. Es handelt sich um den Namen der ins Dantebad gekommene Unbekannte. Doch ich habe keinerlei Lust, ihn euch zu verraten. Faszinierend, glaubt mir.

Versucht selbst, die Lösung zu erraten.

Der Zwergpudel, vielleicht war es auch ein Malteser, doch jedenfalls ein kleiner weißer, sehr graziöser Hund, der jedoch die schreckliche Gewohnheit hatte, permanent zu bellen, unterbrach die Unterhaltung, indem er sich vor Willy stellte.

Wahrscheinlich weil Willy ein Fremder war in diesem Wohnzimmer, das Hündchen aber keine Eindringlinge tolerierte oder weil es vielleicht eine Belohnung erwartete.

Dies gab Herbert die Gelegenheit, mit Willy in einer normalen Lautstärke zu sprechen, trotz der Vertraulichkeit des Themas, während die zwei Frauen vergeblich versuchten, die kleine Furie zu bändigen.

„Ja, meine Cousine ist reizend, nichts dagegen zu sagen, auch wenn sie sich meistens schmollend und feindlich zeigt, wenn sie mit Männern in Kontakt ist. Sie zu verführen wäre keine einfache Aufgabe für dich. Ich habe es natürlich schon versucht. Nichts zu machen, mein Alter. Peggy muss absolut frigid sein oder, wer weiß, lesbische Tendenzen haben. In der Universität habe sie nur Freundinnen, sagt ihre Mutter. Ich habe es auch bei Leonor versucht, denn wie du siehst, wäre auch sie nicht schlecht. Auch hier nichts zu machen. Die eine ist frigid oder lesbisch, die andere ihrem Mann, meinem Onkel, in biblischer Weise treu."

„Du hättest versucht, deine Tante zu verführen? Verflixt Herbert. Du bist in der Zeit unseres ersten Universitätsjahres stehen geblieben."

Willy schien in der Tat schockiert zu sein über dieses plötzliche, mit leichtem Augenzwinkern gemachte Geständnis.

Inzwischen konnte Peggy den Hund beruhigen, indem sie ihn auf den Arm nahm.

„Mimo kennt Sie nicht; es ist ihre Art, jemanden zu empfangen", sagte sie entschuldigend, jedoch ohne ein begleitendes Lächeln.

Stattdessen lächelte ihre Mutter. Frau Leonor hatte eine Art anmutig zu lächeln mit einem Hauch von damenhafter Fügsamkeit. Dadurch wirkte sie entzückend weiblich, gleichzeitig aber umgab sie der unerreichbare Nimbus ihrer Klasse. Kurz gesagt, dies machte sie zu einer wahren Dame, noch immer faszinierend und elegant in der Blüte ihrer 45 Jahre.

Willy dachte, Herbert habe die zwei Frauen perfekt und richtig beschrieben, doch die vulgären Vertraulichkeiten fand er deplatziert.

„So, ihr kennt euch also seit dem Studium", sagte Frau Leonor, nachdem das ekelhafte Hündchen sein Gebell trotz Peggys Streicheln nur zu einem dumpfen Knurren reduzierte hatte.

„Ja, Tantchen", antwortete Herbert. „Aber als Willy dann die Psychologie wählte, trennten sich unsere Wege."

„Eine erfolgreiche Karriere, die Sie machten, hat man uns erzählt. Du, Herbert, hättest auch diesen Weg gehen sollen." Peggys bissiger Ton schien Herbert nicht zu beeindrucken, er lächelte nur.

„Los, Peggy, sei nicht grausam mit deinem Cousin", mahnte nachsichtig lächelnd Frau Leonor.

„Mein Mann wollte Sie wegen jenes Projekts kontaktieren", fuhr sie fort, an Willy gerichtet. „Auch wenn ich noch nicht verstanden habe, worum es sich handelt, war mir klar, dass meinem Mann daran liegt, mit Ihnen darüber zu sprechen, bevor er den Bau dieses riesigen Gefängnisses in die Wege leitet."

„Und weil er mein Buch gelesen hat", antwortete Willy.

„Über die Einschränkungen, denen man in einem Gefängnis ausgesetzt ist?", warf Peggy ein mit Blick auf die Schnauze des Hundes. „Psychologie beim Aufbau der Ziegelsteine und der Eisengitter?"

„Über die Psyche der Insassen, über die Auswirkung einer jahrelangen Haftstrafe. Dinge dieser Art, die oft unbeachtet bleiben", erklärte Willy und schaute ebenfalls zum Hund, der sich nun still die Nase leckte.

„Mein Mann wird in höchstens einer halben Stunde hier sein, vielleicht auch eher", sagte die Dame des Hauses. „Darf ich Ihnen in der Zwischenzeit Kaffee anbieten? Oder Tee?"

„Ein Tee wäre passend, Tante", antwortete Herbert.

„Heute hat Aisha frei, unsere Haushaltshilfe; so werde ich ihn bereiten", sagte sie im Aufstehen. „Es dauert nur ein paar Minuten."

Als sie weggegangen war, stand auch die Tochter auf. Den Hund setzte sie auf dem Boden ab.

„Ich bin gleich wieder zurück. Mimo leistet euch Gesellschaft; er ist jetzt brav", sagte sie an Willy gewandt.

„Oh, kommst du wohl zurück aus Freude, uns wiederzusehen, Cousinchen?", sagte Herbert mit ziemlich ironischem Lächeln.

„Aus Freude, einen Tee zu trinken", antworte das Mädchen im Umdrehen.

Als sie allein waren, fing Herbert leise zu lachen an.

„Was hältst du von ihr?"

„Ein wenig bissig dir gegenüber, wie ich sehe."

„Oh, das wäre sie auch mit dir, wenn du die Absicht hättest, ihr den Hof zu machen oder dich ihr gegenüber zumindest galant zeigtest. So ist sie eben. Und auch ihre Mutter, immer liebenswürdig, ist kühl hinter ihrer äußerlichen Freundlichkeit. Sie liebt nur ihren Ehemann, leidenschaftlich, wie es scheint. Treu und ergeben, anhänglich wie Efeu; obwohl er sich außer Haus ohne zu viele Skrupel amüsiert. Ich glaube, er hat bereits eine Sekretärin geschwängert."

„Ja ja, aber das interessiert mich nicht. Ich bin hier aus anderen Gründen, wie du weißt", wandte Willy ein, der diese Erklärungen für überflüssig hielt.

„Das ist mir schon klar. Doch du weißt nicht, weshalb ich an diesem Nachmittag hier bin."

„Auch du wegen des Vergnügens, Tee zu trinken?", fragte Willy lächelnd.

„Hör auf, Willy! Ich bin in Konkurs geraten; mein Betrieb ist insolvent und ich brauche dringend Geld. Ich muss meinen Onkel, der bald vom Zug kommt, um ein Darlehen anflehen. Um es klar zu sagen, mir steht das Wasser bis zum Hals."

„Hm!", sagte Willy leise. „Seit der Universität haben wir uns nicht mehr gesehen. Du hast wohl versucht, dein Glück in der Wirtschaft zu machen und nun bist du gescheitert? Das tut mir wirklich leid. Ich bin in solchen Dingen nicht bewandert, verstehe aber, dass es ernst ist. Glaubst du, dein Onkel leiht dir etwas? Brauchst du viel Geld?"

„Das allein ist es nicht. Morgen früh schickt der Gläubiger seine Leute. Männer, die keinen Spaß verstehen und auf die guten Manieren pfeifen. Beginnst du zu kapieren?"

„Aber dein Onkel könnte dir doch helfen. Soweit ich weiß, läuft seine Baufirma sehr gut."

„Die finanzielle Situation einer Person hat nichts zu tun mit der Bereitschaft, jemanden ein Darlehen zu gewähren, der in Konkurs ist. Es ist eine Regel in der Wirtschaft, die deiner Psychologie fremd ist."

„Wie ist dein Verhältnis zum Onkel? Gut?"

„Nicht allzu gut. Ich hoffe nur, er hilft mir, wenn er den Namen meines Gläubigers hört; er weiß, wozu dieser Typ fähig ist. Obwohl mein Onkel nicht als Mäzen bekannt ist, muss er verstehen, welche Gefahr ich laufe."

„Doch seine Frau, deine Tante, eine so anständige Frau, könnte sich einsetzen; schließlich gehörst du zur Familie."

„In der Tat. Tante Leonor ist in ihrer Art liebenswürdig, aber kühl. Die eiserne Hand im Samthandschuh, mein Lieber. Ich habe es auch mit Sex versucht, wie vorher angedeutet. Nichts! Auf meine Annäherungsversuche reagierte sie zuerst mit Gleichgültigkeit, dann mit Entrüstung. Sie ist noch immer eine schöne Frau, 45 Jahre alt, vernachlässigt vom Ehemann. Würde ich ihr Liebhaber werden, wäre ich finanziell gerettet. Leonor ist reich von ihrer Familie her, ihr gehört die Firma ihres Mannes. Sie ist faszinierend, elegant, macht immer eine gute Figur in den Salons. Von Abenteuern ist nichts bekannt. Sie begnügt sich, wohltätige Organisationen zu leiten, auch solche, für die sie den Geldbeutel nicht zu weit aufmachen muss. Oder sie agiert als Förderin von Umweltschutzgruppen; auch ihnen gibt sie nichts, denn sie kosten nichts."

„Du hast es auch bei der Tochter versucht, wie du sagtest."

„Peggy ist entweder frigid wie die Mutter oder lesbisch. Einmal verpasste sie mir eine Ohrfeige, als ich versuchte, ihr nach einem passenden, charmanten Kompliment leicht über den Busen zu streichen. Eine Woche lang sah man den Abdruck, denn es war keine einfache Ohrfeige, sondern ein Schlag mit dem Handrücken der verbissenen Tennisspielerin, die sie ist."

„Ja dann, mein Freund, bleibt dir nur der Vater, der bald kommt."

„Genau. Es wird nicht einfach werden. Deswegen, mein alter Studentenkumpel, muss ich dich unbedingt um einen Gefallen bitten. Du musst ihn mir erfüllen!"

„Ich kann dir kein Geld geben, Herbert. Reich sind nur deine Tante und der Onkel."

„Ich weiß, ich weiß. Doch einen Gefallen kannst du mir heute tun."

„Was ist es?", fragte Willy erschrocken. Man merkte, dass ihm diese Unterhaltung sichtbar peinlich war. „Was ist es?"

„Verlasse das Haus. Sofort, mit einer Ausrede; oder gehe ohne dich zu verabschieden, und die Ausrede finde ich für dich, eine äußerst passende und verständliche, du wirst sehen."

„Aber was sagst du da? Du meinst das doch nicht ernst; warum sollte ich gehen?"

„Damit mein Onkel, sobald er hier ist, nicht anfängt, in seinem Büro mit dir über technische Themen zu diskutieren, oder psychologische, wenn du willst, wegen jenes Projekts, und mich mit den zwei Frauen allein lässt beziehungsweise mich auffordert, die Anker zu lichten und zu gehen. Wenn du nicht da bist, habe ich die Gelegenheit, in Ruhe mit ihm zu sprechen, ihm klarzumachen, wie gefährlich meine Situation ist. Morgen früh, morgen ist Montag, verstehst du? Ich erspare dir die Einzelheiten, doch mir steht das Wasser bis zum Hals, verdammt! Mit den mafiösen Gläubigern im Rücken."

Willy schüttelte missgestimmt den Kopf.

„Herbert, ich bin auf Verabredung seinetwegen von Regensburg hierher nach München gekommen. Die Verabredung wurde getroffen, um über eines seiner sehr wichtigen Projekte zu sprechen. Ich kann nicht weggehen. Was hätte das für einen Sinn, und was würde dein Onkel bei einem solchen Verhalten über mich denken? Es tut mir leid, ich kann dir die Bitte nicht erfüllen."

„Dann könntest du mich morgen früh in einer Situation finden, die nicht nur finanziell, sondern sogar körperlich gefährlich ist, begreifst du das? Etwas äußerst Unerfreuliches könnte mir passieren. Diejenigen, die mir Geld geliehen haben, sind keine höflichen Typen; ich erspare dir die Einzelheiten: Mafia. Siehst du es jetzt ein, Willy?"

„Du musst dich arrangieren und ein passenderes Mittel oder einen günstigeren Moment finden, um mit deinem Onkel über Geld zu sprechen. Ich kann nicht weggehen. Außerdem kommt er in wenigen Minuten."

Willy war verärgert über Herberts abstruse Forderung, was er auch nicht verbarg. Er stand auf, ging ans Fenster, als wollte er zeigen, dass die Diskussion für ihn zu Ende war.

Herbert trommelte auf den kleinen niedrigen Tisch, um seine offensichtliche Wut über diese Ablehnung zu mäßigen. Dann zündete er sich eine Zigarette an.

„Hier im Wohnzimmer wird nicht geraucht, Herbert!"

Als Peggy wieder hereinkam, nahm sie ihm die Zigarette mit einer schroffen Geste vom Mund und zerdrückte sie auf dem breiten Ring eines Bronzeleuchters.

„Peggy! Was für ein Benehmen gegenüber einem Gast!", rief Frau Leonor, als sie mit dem Tee hereinkam. „Wir könnten das Fenster öffnen oder ein besonderes Zugeständnis machen. Rauchen Sie, Professor Wieland?"

Willy verneinte ganz schnell, worauf ihm Peggy wohlwollend zunickte.

„Meine Cousine ist reizend handgreiflich", sagte Herbert und steckte das Päckchen Camel wieder ein. „Nicht in allen Lebenslagen ist sie handgreiflich. Vielleicht kennst du sie nicht ganz so gut", sagte die Tante mit einem nachsichtigen Lächeln zu ihm, als sie das Tablett abstellte. „Peggy kann auch liebenswürdig sein, wenn man den richtigen Nerv bei ihr trifft."

„Mir scheint, sie ist nur liebenswürdig zu diesem kleinen Monster", widersprach Herbert und zeigte mit dem Fuß auf das Hündchen am Boden. „Alle anderen Geschöpfe des Herrn sind ihr gleichgültig."

„Das gilt zurecht für einige davon", warf das Mädchen mit gereizter Stimme ironisch ein.

„Sie ist noch immer wütend wegen meines unschuldigen Versuchs, ihren Busen zu berühren", murmelte Herbert zu Willy, als das Hündchen wieder laut zu bellen begonnen hatte.

„Mimo, jetzt reicht es!", mahnte Frau Leonor. Sie wandte sich an Willy, schenkte ihm eine Tasse Tee ein und zeigte auf die Zuckerdose aus feinem Porzellan. „Mein Mann sollte bereits hier sein. Der Schnellzug aus Hamburg müsste schon vor ein paar Minuten angekommen sein. Er wird mich auf jeden Fall vom Bahnhof aus anrufen und dann ein Taxi nehmen. Er fuhr mit dem Zug, anstatt zu fliegen, denn in Frankfurt stiegen weitere Leute ein, die sich für das neue Gefängnisprojekt interessieren. Auf diese Weise konnte er den Zug für eine kurze Arbeitskonferenz nutzen. Es ist möglich, dass er in Begleitung einer dieser Personen hier ankommt. So können Sie, Professor Wieland, Ihre berühmte These einem kleinen, aber aufmerksamen Publikum darlegen."

„Sollten Sie sich nicht vorbereitet haben, müssten Sie es jetzt in aller Eile nachholen", meinte Peggy. „Denn nicht alle Partner meines Vaters dürften sich von Ihrer Theorie überzeugen lassen, glauben Sie nicht auch?" Diesmal keine Ironie, doch ein ermutigendes Lächeln.

„Doch erklären Sie mir diese, Professor Wieland. Ich habe noch nicht so ganz verstanden, welchen Beitrag ein Psychologe wie Sie bei der Gestaltung eines neuen Gefängnisses leisten kann", sagte Leonor, als sie sich in den großen Sessel setzte. Dabei schlug sie die Beine so übereinander, dass man ihren hinreißenden Bau sehr gut sehen konnte, ohne zu viel Einblick zu gewähren.

„Also", antwortete Willy, als er die Brille abnahm, um sie mit einer Serviette vom Tablett zu putzen, „es handelt sich darum ... hm, ich will nicht zu sehr ins Detail gehen, die Hofgangstunde, das heißt den Spaziergang im Freien, mit ein paar, vielleicht zehn Minuten intensiver Meditation zu verbinden oder diese hinzuzufügen. Dies in einem dazu eingerichteten Raum mit besonderer Hintergrundmusik. Eben eine spezielle, vielleicht in exzentrischer Weise aufgebaute Meditation, die geeignet ist, den sich im beschränkten Raum einer Zelle fortschreitend verschlechternden Charakter zu festigen und zu reformieren."

„Aber ist das denn nicht dasselbe wie in der eigenen Zelle, nur bei veränderten Farben? Sie wollen den Häftling nur durch einen Zellenwechsel zum Meditieren führen und ihm Kopfhörer aufsetzen mit Musik aus einer CD?", sagte Peggy, noch immer etwas ironisch, aber mit freundlicher Stimme.

„In der Zelle mit anderen Strafgefangenen spricht und denkt er ständig in einer bestimmten, jeden Tag gleichen Weise. Dieselben Worte, dieselben Gedankengänge."

„Und Ihre Methode wird anders sein? Sie lässt ihn auf andere Art nachdenken?", fragte Frau Leonor verwundert, ohne Ironie, und mit einer faszinierenden Mimik.

„Zweifellos", antwortete Willy. „Es ist jedoch nicht möglich, in zwei Minuten meine Theorie über die Psyche und meine Methode zu erklären. Sie ist so gestaltet, dass sie dem Häftling andere Gedanken einflößt. Zehn Minuten in Gedanken, die ihm sonst nie kommen würden, sein vergangenes Leben betreffend und die Veränderungen in seiner Zukunft zum Beispiel. Doch auch andere ungewöhnliche, womöglich merkwürdige Dinge ... jetzt wird es schwierig, es logisch zu erklären, das weiß ich sehr gut."

„Dies wäre eine in dem Projekt einzufügende Neuerung? Ich meine, über die Sie heute mit meinem Mann sprechen werden?"

„Ganz genau", sagte Willy, wobei er mit dem Kopf anerkennend nickte.

„Sie wollen den Strafgefangenen in einen Käfig setzen, einen *High-Fidelity-Käfig*, für ungefähr zehn Minuten. Das ist alles?", fragte Peggy lachend.

„Schluss jetzt, Peggy, sei nicht so skeptisch, bevor nicht dein Vater diese Theorie vollständig aufgenommen hat. Und wenn er interessiert ist, wenigstens theoretisch, bedeutet es, dass es etwas Ernsthaftes ist", urteilte Frau Leonor, wieder mit einem anmutigen Lächeln für Willy, wobei ihre Finger in die kleine Plastikdose mit dem Süßstoff griffen, mit dem sie ihren Tee süßte, um weniger zuzunehmen als mit Zucker. „Das habe ich nicht gesagt; auf den ersten Blick mag es ja wie etwas Überflüssiges erscheinen, so wie Sie es darstellen, Fräulein Peggy."

Diesmal hatte sich Willy in leicht pikiertem Ton ausgedrückt, wobei er seinen professionellen Stolz hinter einem selbstgefälligen Lächeln verbarg.

„In meinem Buch, das auch Ihr Vater gelesen hat, stehen umfangreiche diesbezügliche Beschreibungen", fügte er dann hinzu.

„Es ist jedoch reine Theorie, abstrakt, würde ich sagen", warf Herbert kopfschüttelnd ein.

„Die Meditation, wenn unter Zwang, und dann auch noch im Dunkeln oder Halbdunkel mit Hintergrundmusik, kann überraschende Resultate erzielen", predigte Willy eindringlich. Dieser Satz war sein Schlachtruf; deswegen war er an diesem Tag gekommen. Er wollte nicht nachgeben oder sich von diesem Mädchen, das seinen Vater eventuell negativ beeinflussen könnte, umstimmen lassen.

Peggy gab sich zufrieden und lächelte ihn lange an, dann nahm sie das Hündchen wieder auf den Arm.

„Jedenfalls bin ich sicher, obwohl ich sein Buch noch nicht gelesen habe, dass Professor Wieland als emeritierter Psychologe eine eiserne Theorie diesbezüglich hat", sagte Frau Leonor schließlich. Es war deutlich, dass sie so die leichte Spannung zwischen den beiden abmildern und die Diskussion endgültig abschließen wollte.

Stattdessen zeigte Herbert ein neues, starkes Interesse an dem Thema, wer weiß warum.

„Jetzt fällt mir etwas ein aus der Studentenzeit ... ja!"

Das hatte er gesagt, inspiriert von der Situation, mit einem Finger an der Stirn, als wollte er dabei eine entfernte, doch noch nicht ganz verblasste Erinnerung wieder wachrufen.

„Und das ist?", fragte seine Tante vergnügt.

„Also, man hatte uns erklärt – daran musste sich unbedingt auch unser Willy Wieland erinnern – dass ein Typ wie Demostenes in der fernen Antike sich an einen Stuhl fesseln ließ, damit er besser und anders meditieren konnte. Nicht wahr, Willy? Ist das nicht in gewissem Sinn deine Methode, nur modernisiert?"

Willy schien ärgerlich zu sein, dass er über etwas Derartiges befragt wurde, und verwundert über die simulierte Inspiration des Freundes. Er beeilte sich zu antworten, denn die zwei Frauen erwarteten wohl seine Erwiderung.

„Nun, wie er sagt, könnte man in gewissem Sinn, also ..."

„Aber sicher ist es so", fiel ihm Herbert energisch ins Wort. „Ich muss sagen, dass mich in diesem Moment die Erinnerung an jene Geschichte aus der Schule von der Richtigkeit deiner These überzeugt hat, liebster Willy! Die Tatsache, dass du ein wenig verlegen bist zu antworten, zeigt, dass du sie an einigen Strafgefangenen beweisen willst, mit einer moderneren, verfeinerten Praxis. Und nun versuche genau zu verstehen, was ich dir erkläre: Du bist deiner Theorie nur zu 90 Prozent sicher. Weißt du weshalb? Liebster Willy, weißt du weshalb?", schloss Herbert mit eingeübtem Nachdruck.

„Ja, weshalb?", fragten fast einstimmig Peggy und ihre Mutter.

„Weil du sie an anderen beweisen willst, an dir selbst aber noch nie ausprobiert hast. Antworte! Ist es nicht so?"

Herbert hatte es triumphierend ausgerufen. Frau Leonor breitete beide Handflächen in einer Art messianischen Geste aus.

„Folglich vermutest du etwas, dessen du dir noch nicht sicher bist", fuhr Herbert mit einer Stimme wie aus dem Lautsprecher fort. Willy schüttelte den Kopf, woraus zu schließen war, dass ihm diese abstruse und dumme Argumentation äußerst unsympathisch war.

„Demostenes hat es bewiesen, du jedoch nicht!"

„Mein lieber Herbert, es ist nicht angebracht, unserem Gast bei der Darlegung seiner professionellen Theorien Knüppel zwischen die Beine zu werfen", mahnte Frau Leonor wohlwollend.

„Und außerdem ist er ein anerkannter Psychologe, während du nur Kaufmann bist", fügte seine Cousine bissig hinzu.

Herbert tat, als hätte er das kränkende „Nur" nicht bemerkt und machte unbeirrt weiter.

„Wenn Willy sich fesseln ließe wie jener Grieche, auch nur für wenige Minuten, würde er die Kraft und das Resultat seiner schönen Theorie von Grund auf verstehen."

„Und was sollte er verstehen?", fragte Peggy, die nun wirklich interessiert schien.

„Dass es sich nur um eine Albernheit handelt, verpackt im Luxus der Psychologie!", rief Herbert lachend, wobei er zum ersten Mal auch seine Cousine zum Lachen brachte.

Willy machte eine ärgerliche Geste mit der Hand, ließ aber den Mund geschlossen. Es war offensichtlich, dass er keine polemische Diskussion mit einem wie Herbert zu beginnen beabsichtigte.

„Stellt euch vor", fuhr dieser fort, begleitet von einer gewissen Komik in seinen Bewegungen, „wie Willy, gefesselt, an nichts anders würde denken können, als dass es an der Zeit sei, befreit zu werden, um einen Espresso trinken zu können. Oder auch, dass es besser gewesen wäre, aufs Klo zu gehen, bevor er sich hatte fesseln lassen. Dasselbe würden seine Strafgefangenen denken, oder vielleicht etwas noch Schlimmeres, das ich vor den beiden Damen lieber nicht erwähne. So ist es, meine Lieben. Diesen Mist würde auch noch die Krankenkasse bezahlen!"

Leonor lächelte nur schwach, darauf bedacht, sich nicht zu sehr gehen zu lassen, während ihre Tochter wieder laut loslachte.

Doch Frau Leonor wollte den Scherz nicht weiter vertiefen. Sie schien mehr über den vulgären Ausdruck als über den Effekt dieses Satzes besorgt zu sein. Nun wandte sie sich an Willy, wobei sie graziös ihre Frisur zurechtrückte.

„Was sagen sie dazu, Professor?"

Das fragte sie ihn mit schönem, nachsichtigem Lächeln, um ihm zu verstehen zu geben, dass sie ihn unterstützen würde, als Ausgleich zu der offensiven Darstellung des Neffen.

„Ich habe eine Verabredung mit Ihrem Mann, gnädige Frau, um mit ihm über ernsthafte Dinge zu sprechen. Doch wann kommt er? Müsste er nicht schon hier sein?"

„Nun glauben wir zu verstehen", beharrte Herbert in schlecht erzogener Manier, „dass du es nicht schaffen würdest, gefesselt wie Demostenes zu meditieren, zum Beispiel jetzt und hier bei uns, bevor mein Onkel kommt. Natürlich in Deutsch denkend, denn jener hatte ja in Altgriechisch meditiert."

„Wenn man gefesselt ist", Willy verstand, dass er in jedem Fall auf die Provokation antworten musste, ohne sich wie ein starrköpfiger Schüler zu verteidigen. Deshalb nahm er den professionellen Ton an, so wie in seinen Vorträgen, „wird man von heftigen, katastrophalen Empfindungen heimgesucht, verschärft noch durch die Angst. Doch falls man keine empfindet, weil von befreundeten Händen gefesselt, würden andere, ungewöhnliche Gedanken im Kopf entstehen. Mit spekulativer, unvorhersehbarer und überraschender Wirkung. Ich will nicht weiter ausschweifen. Wie ich schon deiner Frau Tante sagte, bin ich hier, nur um ihren Mann zu treffen."

„Ich verstehe es nicht, er müsste schon hier sein", sagte Frau Leonor mit Blick auf die Uhr.

„Wenn sich Papa verspätet, ruft er an", bemerkte Peggy. „Eigenartig, dass er es noch nicht gemacht hat, wenn er doch weiß, dass Professor Wieland ihn hier erwartet."

„Eben, auch mir tut es leid", warf Herbert ein. „In diesem Fall bedeutet es, dass wir die nötige Zeit haben."

„Nötig wofür?", fragte Leonor.

„Für unser Experiment! Ein kurzes, äußerst kurzes Experiment, aber außerordentlich bedeutungsvoll."

„Ich glaube, ich kann dir nicht folgen", antwortete sie und schlürfte ihren Tee.

„Wenn Willy ein Mann von Geist ist, nicht nur Wissenschaftler, oder wenn seine Theorie kein Irrtum ist, könnten wir für nur wenige Minuten, also nur bis mein Onkel dieses Wohnzimmer betritt, ein wichtiges und sehr nützliches Experiment lebensnah durchführen."

„Was möchtest du sagen?", fragte Peggy, während sie den Hund streichelte. „Ich werde langsam neugierig."

„Ganz einfach. Einfach und spannend. Wir fesseln Willy an einen Stuhl, lassen ihn allein im Dunkeln, besser im Halbdunkel, dann soll er uns sagen, was ihm beim Meditieren eingefallen ist."

„Herbert! Hör auf, rede keinen Unsinn!", sagte seine Tante amüsiert.

Peggy setzte das Hündchen auf den Boden und klatschte in die Hände.

„Sehr interessant, finden Sie nicht?", sagte sie begeistert zu Willy, der erstaunt schien. „Eigens für Sie gemacht. Ein wissenschaftliches Experiment in der Familie."

Er machte einen eher bestürzten Eindruck und schüttelte nur den Kopf, wie man es bei Kindern macht, wenn sie verrückte Ideen haben.

„Was ist? Zweifelst du an deiner eigenen Theorie? Das könnte ich nicht glauben! Wir alle fordern jetzt einen Beweis; jawohl, einen konkreten und befriedigenden Beweis. Außerdem wird er nur ganz kurze Zeit dauern."

„Herbert! Also ich ... aber bist du dir bewusst, dass wir hier im Wohnzimmer sind, und die Damen ..."

„Oh, die Damen würden es erlauben. Warum nicht? Stimmt's, Mama? Findest du es nicht äußerst sympathisch und spannend?", rief Peggy triumphierend. „Ich liebe extravagante, aber geistreiche Einfälle!"

„Liebe Freunde ... hm, fast müsste ich sagen: liebe Kinder", fing Leonor vergnügt an, „mir scheint, ihr wollt unseren Gast lächerlich machen. Außerdem wird mein Mann jeden Moment hier sein."

„Auch nur einen Augenblick gefesselt, ist es für Willy ein entscheidender Test. Und dann dürfen wir nicht vergessen: Es ist ein Eigenexperiment, das er nie ausprobiert hat, ihm aber sehr nützlich sein wird. Ich bestehe darauf, dieses wichtige wissenschaftliche Experiment durchzuführen, das auch eine hoch psychologische Bedeutung hat. Wir müssen es unbedingt machen."

„Herbert, ich bitte dich!", verteidigte sich Willy, „Bist du dir im Klaren ..."

„Nein, du bist es, der uns und vor allem dir selbst etwas klarmachen muss. Denn wenn wir dich angebunden haben, wirst du in aller Ehrlichkeit erklären müssen, ob deine Theorie irgendwie stimmt oder ob sie gemäß meinem Urteil Mist ist. Also, mein Alter, Entschuldigung, emeritierter Psychologe, bist du fertig?"

Herbert hatte dies gesagt, als würde es sich um den Beginn eines Gesellschaftsspiels handeln.

„Herbert ..." Frau Leonor wollte ihn warnen oder ermahnen, wobei es sich nicht wie ein klares Verbot anhörte. Sie war in der Tat amüsiert.

„Eine Schnur bitte oder einige Schals beziehungsweise etwas Ähnliches, aber Robustes!"

„Also du willst es wirklich machen?", rief Peggy elektrisiert.

Das Gesicht ihrer Mutter zeigte eine plötzliche, aber zurückhaltende Heiterkeit. Sie war zweifellos angenehm überrascht von dieser unerwarteten Neuigkeit, obwohl sie ihre Rolle als Moderatorin im Salon beibehalten wollte.

„Ein Spitzbubenspiel", sagte sie schließlich, während sie sich die langen Haare am Hals ordnete, sodass die schöne Halskette ins Auge stach, die man vorher nicht gut gesehen hatte, sowie auch ein Teil des großzügigen Ausschnitts.

„Das heißt, ein Spiel wie für uns gemacht", sagte Peggy, „doch ein für Professor Wieland unerwarteter Test. Meiner Meinung nach ist er notwendig. Vor allem wird er für ihn etwas Ernsthaftes sein. Hier würde ich sagen, dass das am besten geeignete Zimmer, um den Doktor einzusperren, Papas Büro ist."

„Perfekt, Cousinchen!", sagte Herbert und wandte sich endgültig an Willy.

„Nun Willy, wo ist deine Ehre als Psychologe? Jetzt musst du sie uns beweisen; es ist nur eine Sache von wenigen Minuten; mein Onkel steht vielleicht schon sehr bald in der Eingangstür."

„Sehen Sie, Professor? Sie sind das Opfer Ihrer schönen Theorie. Ich denke, Sie müssen sich jetzt in die Häftlinge des zukünftigen Gefängnisses hineinversetzen, obwohl das Büro meines Mannes bequemer ist als die Zelle, die Sie für diesen Zweck installieren lassen wollen."

Die Dame sagte dies mit wirklich liebenswürdigem Gesichtsausdruck, worauf Willy aufs Neue bemerkte, dass sie noch immer eine faszinierende Frau war.

„Ich finde das Experiment interessant, auf alle Fälle notwendig", sagte Peggy. „Ja, notwendig."

„Absolut, absolut", pflichtete ihr Herbert bei. „Eine effektvolle Hilfe, die wir der Wissenschaft leisten. Sogar jener eigenartige Österreicher, Freud hieß er, glaube ich, würde es gutheißen. Mit dem Unterschied, dass er sich im Allgemeinen mit nervösen kleinen Dirnen befasste, während wir ein ernsthaftes Experiment durchführen, das vor allem auf die Männlichkeit der Strafgefangenen zielt."

„Abgesehen von dieser unwesentlichen Vulgarität meines Neffen muss ich sagen, dass es sich um etwas Exzentrisches handelt. Oder sollen wir es als kleinen, aber bedeutsamen Gesellschaftsscherz bezeichnen? Immerhin ein wenig abstrus; hoffentlich wollt ihr ihn nicht wirklich in die Praxis umsetzen. Vor allem würde die Zeit dazu fehlen. Mein Mann müsste bereits hier sein. Eigenartig, dass er uns noch nicht wegen der Verspätung verständigt hat."

„Aber Tante! Warum inszenieren wir nicht dieses Experiment? Es ist ein Test und als solcher interessant für jeden von uns; insbesondere für deinen respektablen Gast. Nicht wahr, Willy?"

„Letzten Endes wäre es eine Ergänzung zur langweiligen Wohnzimmerkonversation, liebe Mama", sagte Peggy, die sich zum ersten Mal freundlich zeigte, feminin und ganz und gar verehrungswürdig. „Jedenfalls brauchen wir Schnüre zum Festbinden, verflixt!"

„Herbert! Bist du denn wirklich entschlossen? Mein Gott, welche Lächerlichkeit!", sagte Leonor, wobei sie mit der Halskette spielte, eine Geste, die man für Nervosität, auch für leichte Erregung halten konnte.

„Tante, ich verbiete dir, es einen Scherz zu nennen", sagte Herbert in theatraler Wichtigtuerei. „Heute wird hier ein Test durchgeführt, tiefgründig und nichts anderes als wissenschaftlich."

„Herbert, verdammt, du willst doch nicht wirklich ..."

Willy konnte den Satz nicht beenden, da er erschrocken zu Peggy schaute.

Sie war durch die in den Garten führende Terrassentür gekommen mit einem riesigen Bündel aus aufgewickelten Gummischläuchen im Arm, solche, wie man sie zum Bewässern von Blumen und anderen Pflanzen verwendet. An seinem Ende tropfte das restliche Wasser auf den Boden, und das Hündchen sprang hoch, um hineinzubeißen.

„Wir haben keine Schnüre zur Hand. Ich habe nur diese gefunden. Was meint ihr? Man kann sie auch irgendwie zum Fesseln verwenden", verkündete sie strahlend und ließ sie vor Willys Füße fallen. Dieser machte ein ärgerliches Gesicht und schaute verzweifelt zu Frau Leonor, als wäre sie der Rettungsanker. Doch sie schüttelte den Kopf, vergnügt, ohne es zu wollen, ihre Halskette wieder in den Fingern, und sagte: „Ach, diese!"

Herbert klatschte in die Hände, damit sie nicht weiterredete.

„An die Arbeit, schnell! Das Volk verlangt die Ausführung der Theorie als aktives Experiment am lebenden Objekt!"

Danach gefragt, zeigte Leonor mit resignierter, aber faszinierender Geste nach kurzem Nachdenken auf die Tür zum großen Büro ihres Mannes.

Peggy stimmte glücklich zu und legte eine Hand auf Willys Rücken, um ihn mit leichtem Druck zu veranlassen, sich in jene Richtung zu begeben. Dieser schien gleichzeitig benommen, irritiert und in Panik geraten zu sein. Er fluchte still, stolperte fast über das Hündchen, nachdem er sich widerwillig erhoben hatte.

Er ging zum Büro, dessen Tür Frau Leonor in theatraler Eleganz aufgeschoben hatte.

Herbert folgte mit den aufgerollten gelben Gummischläuchen. Das Hündchen bellte wie wild, nachdem Herbert ihm einen Fußtritt versetzt hatte, die Gelegenheit nutzend, als die zwei Frauen ihm vorausgegangen waren.

Peggy machte eine graziöse, entschuldigende Bewegung mit einer leichten Verbeugung, was man auch als irreversiblen Befehl auffassen konnte, zeigte Willy den gepolsterten Stuhl aus bossiertem Leder mit hoher Rückenlehne, der hinter dem Schreibtisch ihres Vaters stand.

Davor hatte sie ihn auf seinen Rollen gedreht, sodass Willy dann mit dem Gesicht zur Wand saß und mit dem Rücken zum großen Schreibtisch aus edlem Mahagoniholz.

Leonor verschränkte die Arme, ihr Gesicht zeigte einen Ausdruck weiblicher Resignation.

Herbert verlor keine Zeit. Mit unerwartetem Geschick band er Willys Arme an den Armlehnen, die Beine an den Füßen des großen Stuhls, den Körper an der Rückenlehne fest. Da der Bewässerungsschlauch vielleicht über zehn Meter lang war, schlang er ihn mehrmals um Willys Körper, sodass aus ihm schließlich eine Vogelscheuche wurde, die beinahe eine Einheit mit dem Stuhl bildete. Nur den Kopf konnte er drehen, der Körper blieb starr.

„Frau Leonor!", konnte Willy schließlich ausrufen, entrüstet und wütend über das Ganze. „Dieser Faschingsscherz war ganz und gar nicht geplant."

„Ja, Sie haben Recht, Professor", sagte Leonor und kam näher, während Herbert den Endknoten des Gummischlauchs mit einem letzten kraftvollen Zug sicherte. „Ich kann Ihnen versprechen, dass mein Mann in wenigen Minuten kommen und Sie befreiten wird. Er sollte schon hier sein. Bitte entschuldigen Sie, doch das Spiel hat jetzt begonnen."

Dann schwieg sie, wobei sie dem Doktor mit der Hand leicht über die Haare strich.

„Tante, das Experiment, nicht das Spiel! Ich würde dich bitten, mehr wissenschaftliche Ernsthaftigkeit zu zeigen", sagte der Neffe begeistert. „Und nun, meine Freunde, hinaus mit uns allen, lassen wir Professor Wieland bei seiner wichtigen Meditation!"

„Gnädige Frau! Fräulein Peggy!", flehte Willy nun wirklich verärgert.

Doch Leonor war bereits an der Türschwelle und tippte auf dem Handy die Nummer ihres Mannes ein, sicherlich um ihm die Überraschung zu melden und sich zu erkundigen, wie lange es noch dauern würde bis zu seiner Ankunft.

Peggy eilte zu Willy mit einer Tasse Tee, die sie ihm an die Lippen hielt, die er aber mit einem missgünstigen Blick ablehnte.

„Tut mir leid, Professor Wieland. Jetzt, da ich Sie so eng gefesselt sehe, befürchte ich, mit meiner Begeisterung übertrieben zu haben, so wie sich die Situation nun entwickelt hat. Doch wir stecken bereits mittendrin und müssen irgendwie zum Ende kommen. Es dauert nicht lange; mein Vater ist jeden Moment hier. Werden Sie mir verzeihen können?"

Peggy hatte es mit graziöser weiblicher Mimik gesagt, die ihr Willy vorher nicht zugetraut hätte. Dann verließ sie den Raum, zusammen mit der Mutter, gefolgt vom Hündchen, das wieder zu bellen angefangen hatte.

Allein geblieben mit dem Freund, überzeugte sich Herbert nochmals, dass die Fesseln hielten und flüsterte ihm dann ins Ohr: „Tut mir leid, mein Alter, doch dies ist der einzige Weg, damit ich allein mit meinem Onkel sprechen kann. Du wärest für mich ein Hindernis, mein Onkel würde mich beiseite schieben. Und du könntest ihm dann den erstaunlichen Mist über deine Meditation erzählen. Auch dass Demostenes dir als Madonna erschienen sei und dich auf die Stirn geküsst habe." Augenzwinkernd fügte er hinzu: „Oder auf den Hintern, da die antiken Griechen schwul waren."

Daraufhin entfernte er sich, nachdem er ihm auf die Schulter geklopft und ihn in seinem Rollsessel endgültig mit dem Gesicht zur Wand gedreht hatte. Er knipste das Licht aus, ließ aber die Tischlampe mit ihrem grünen Schirm eingeschaltet, die auf dem Schreibtisch dahinter ihm stand.

Willy hörte, wie sich die Tür des Büros schloss. Er war allein! Nun versuchte er sich zu bewegen, sich zu drehen. Nichts. Fluchend probierte er nochmals, den Rollsessel so zu drehen, dass er bis hinter den Schreibtisch sehen konnte, doch nicht einmal dies gelang ihm; er war unbeweglich, mit dem Gesicht zur Wand. Er klebte sprichwörtlich an dem ledernen Chefsessel, so perfekt waren die Fesseln angelegt. Was er an Bewegung schaffte, war nicht mehr als eine kaum merkliche Verlagerung des Oberkörpers nach vorne. Die Hände auf dem Armlehne waren doppelt mit dem Schlauch umwickelt, sodass ihm das eine Handgelenk schmerzte. Die Knöchel waren fest an die Metallfüße des Sessels gebunden, was die Beine auseinander spreizte und unbeweglich machte.

Was für eine Situation. Er, der Idiot, hatte sie noch gefördert. Der Zug hatte Verspätung, diese dauerte bereits eine Stunde, wie das leider mit Zügen passiert. So musste er über eine Stunde aushalten, gefesselt wie eine Salami. Mit geschlossenen Augen dachte er über seine Lage nach. Es war eine unselige Idee, an der er selbst schuld war. Sogar der Firmenchef würde bei der Ankunft über dieses *Happening* lachen; dadurch würde die Ernsthaftigkeit seiner psychologischen Theorie ihren Glanz verlieren.

Nach dieser Farce wäre jeglicher noch so ausgeklügelte Kommentar, der ihr einen gewissen Sinn von Authentizität verleihen sollte, als grotesk erschienen. Wegen seiner Insolvenz hatte Herbert ihn in eine Falle gelockt; nun schien sich alles noch zu verschlimmern, so wie dessen finanzielle Lage. Verdammt, verdammt!

Willy versuchte, an etwas anderes zu denken, zum Beispiel an die richtigen Sätze, die er nach der Befreiung sagen würde. Etwas Geistreiches? Etwas zum Salon Passendes, aber nützlich als schlagfertige Waffe, um damit seine These zu untermauern. Leider waren geistreiche Sprüche übrigens nie seine Sache gewesen.

Auch hatte er Durst, es tat ihm jetzt leid, dass er den von Peggy angebotenen Tee abgelehnt hatte. Das Mädchen hatte alles als Schabernack betrachtet, während ihre Mutter nichts anderes tat als passiv mitzuhelfen, zwar skeptisch, doch im Grunde vergnügt.

Herbert hatte mit dieser List erreicht, dass er allein mit seinem Onkel würde sprechen können, mit dem Argument, dem Wissenschaftler Zeit zu lassen, das höchst psychologische Experiment an sich selbst zu Ende zu bringen. Ein echter Mist, wie Herbert sagte.

Inzwischen waren einige Minuten vergangen, etwa zehn. Durch die wohl nicht ganz geschlossene Tür waren die Töne einer gepflegten, ruhigen Unterhaltung gedrungen. Keinerlei Anzeichen, welche die plötzliche Ankunft des Hausherrn angezeigt hätten, keine entsprechend überraschten Ausrufe bei einer solchen Unterbrechung der Gespräche.

Der Zug hatte offensichtlich noch größere Verspätung, oder das Taxi vom Bahnhof stand im Stau am Mittleren Ring. Er konnte nichts anderes tun als waren. Warten!

Seine Gedanken versuchte er jetzt in eine konkrete, vernünftige Richtung zu lenken, nur um die Zeit totzuschlagen.

Schließlich glaubte er, dass weitere zehn Minuten vergangen waren. Mindestens. Oder, wie er sich an seine eigenen Psychologielektionen erinnerte, waren es nur zwei oder drei, da man in Situationen wie dieser das genaue Zeitgefühl verliert. Vielleicht auch 15 oder 16? Ein echter Blödsinn, hätte Herbert gesagt. Dabei hatte sich Willy selbst in diese Lage gebracht, indem er Herbert unterstützt hatte, obwohl der ihm schon seit ihrer gemeinsamen Gymnasialzeit unsympathisch war.

Plötzlich wurden die Geräusche aus dem Wohnzimmer undeutlich. Es folgte kurze Stille, dann der erschrockene, schmerzvolle Schrei einer Frau, laut und durchdringend. Es folgten ein verwirrtes Durcheinander und erneut ein Schrei, sogar das Geräusch eines zerbrechenden Glases oder etwas anderem, das zu Boden fiel. Was war nur los? Schließlich absolute Stille. Kein Lärm mehr, nicht einmal eine Stimme. Wo waren sie alle?

Verflucht, was war im Wohnzimmer passiert? Was immer auch geschehen war, sie müssten kommen und ihn losbinden, verdammt! Doch weshalb kam niemand?

Minuten später fragte er sich wieder: wie viele Minuten? Es war nicht wichtig, die Zeit war vergangen, ohne dass jemand zu ihm kam; hinter der Tür im Wohnzimmer schien niemand zu sein. Nichts, wirklich nichts.

Nein! Schließlich ein Geräusch, die Tür zum Büro öffnete sich.

Das bemerkte er nicht nur wegen des Geräusches, sondern auch durch den Lichtstrahl, der alles hinter ihm erhellte.

Dann wurde die Tür wieder geschlossen, sodass der Raum wieder wie vorher im Halbdunkel lag. Es konnte nicht Herbert sein, denn dieser hätte einige seiner vulgären Sprüche losgelassen.

„Nun, wer immer der Engel ist, der kommt, um mich zu befreien, ich muss ihm sagen, dass es Zeit wird. Bestimmt handelt es sich nicht um Herbert. Das Experiment ist zu Ende, meine lieben Damen."

Willy brachte es mit freundlichem Ton heraus, ohne ein Anzeichen der ihn quälenden Ungeduld.

Keine Antwort von der Person, welche die Tür geöffnet hatte. Jedoch hörte er jetzt Schritte.

Es war eine Frau. Die hohen Absätze klapperten rhythmisch über das Marmorpflaster.

„Peggy? Frau Leonor?"

Keine Antwort.

„Will man mir also eine Überraschung bereiten? Zum Glück habe ich kein Herzleiden. Aber die Überraschung einer Frau ist immer etwas Schönes."

Er war neugierig, welche der zwei Frauen in dem Moment hinter dem Möbelstück stand. Sie musste sich hinter ihm befinden, da er ja zwischen Schreibtisch und Wand am Stuhl festgebunden war.

Wieder Stille und Halbdunkel.

Seine Gedanken schweiften zurück zu dem Moment, als er im Wohnzimmer saß und mit flüchtigem, aber genügend langem Blick die schönen Beine von Frau Leonor bewunderte, die sie immer mit lässiger Ungezwungenheit übereinander schlug, ebenso die von Peggy. Da fiel ihm ein, dass beide Schuhe mit hohen Absätzen trugen.

Welche der zwei stand nun hinter dem Schreibtisch? Es war eine der beiden, die es momentan bevorzugte, den Mund zu halten.

Er bemerkte ein leises Geräusch. Vermutlich schob eine Hand Papiere, Kugelschreiber oder ähnliche Hindernisse auf der Tischplatte beiseite, um etwas Bestimmtes zu suchen, vielleicht eine Schere zum Durchschneiden des Gummischlauchs, um ihn dann auszuwickeln. Die Frau war hinter seinem Rücken, wo sie sich schweigend zu schaffen machte, ohne sich um seine Fragen zu kümmern. Zwischen beiden stand nur der Schreibtisch.

Dann war es plötzlich dunkel, da die Frau die Tischlampe rechts hinter ihm ausgeschaltet hatte. Da während der Abwesenheit des Hausherrn die Rollos an den Fenstern des Büros heruntergelassen blieben, war der Raum nun in totaler Dunkelheit.

Mit dem Kopf in Richtung Wand gedreht, versuchte Willy, die Umrisse in dieser Finsternis zu erkennen und den Kopf zu wenden, als er jedoch etwas Weiches auf den Augen spürte.

Dieses weiche Material wurde enger; er fühlte zwei weibliche Hände an seiner Stirn und den Druck von zwei an seinem Hinterkopf gebundenen Stoffknoten.

Diese Frau hatte ihm wortlos die Augen verbunden!

Wohl mit einem weichen Schal aus Seide oder Ähnlichem. Er hatte also die Augen verbunden, sodass er nichts mehr sehen konnte!

Warum? Wer war die Frau? Peggy? Ihre Mutter? Und weshalb sagte sie nichts?

Langsam beschlich ihn eine vage Furcht.

„Peggy?", wiederholte er mit ruhiger Stimme. „Frau Leonor? Wozu diese Farce? Das ganze Experiment war ja nichts als eine Farce, die unter allen Gesichtspunkten gesehen bereits zu Ende ist, scheint mir."

Seine Augen bemerkten unter der Binde einen leichten Schimmer. Das bedeutete, dass die Frau, nachdem sie ihm die Augen zugebunden hatte, die grüne Tischlampe wieder angeknipst hatte. Denn jetzt war sie sich sicher, nicht erkannt zu werden.

„Peggy? Frau Leonor, sind Sie es?"

Schweigen.

Zwei zarte, weibliche Hände prüften, ob die Knoten am Hinterkopf hielten und rutschten dann auf die Wangen und das Kinn, streichelten mehrmals sein Gesicht, blieben dann mit zwei Fingern auf der Krawatte.

Sein Knoten wurde gelockert und die beiden Hände verweilten am Hals, streichelten wiederholt sein Gesicht, ein Finger legte sich auf die Lippen und strich hin und her, von einer nicht verhehlten Lüsternheit getrieben.

Willy fühlte den Atem dieser Frau ganz nahe über sich, nur einen Zentimeter von seiner Nase entfernt, auch den Parfümduft nahm er wahr. Wem gehörte dieses Parfüm? Er erinnerte sich, dass er bei seiner Ankunft, als man sich gegenseitig vorstellte, bei beiden Frauen, Peggy und ihrer Mutter, ein Parfüm bemerkt hatte, natürlich nicht dasselbe, jedoch ein sicherlich teures und modisches. Doch zu welcher der beiden dieser Duft jetzt gehörte, konnte er nicht genau entscheiden.

Auch hatte er weder Zeit noch Lust, Schlüsse zu ziehen, da ihn der Lippenkontakt der Unbekannten auf seinem Hals verwirrte. Ihre Zunge strich ihm über die Haut, vom Ohr hinunter, feucht, sinnlich. Willy begann zu zittern.

Der Mund entfernte sich. Die Hände rutschten zu den engen, aus den Gummischläuchen gewickelten Fesseln, öffneten seine Jacke, dann die Hemdknöpfe, streichelten seine Brust.

Willy verstand nichts, oder verstand nur, dass eine erotische Absicht den Mund und die Hände der Unbekannten antrieb, die ihm die Augen verbunden hatte, doch das Wieso und Warum war ihm nicht klar. Doch vor allem wusste er nicht, wie weit sie gehen würde, ohne dass die anderen etwas bemerkten, falls sie kämen, um ihn aus dem Gefängnis zu befreien.

„Peggy? Leonor?", versuchte er wieder zu rufen. Er fand dies alles schön, jedoch …

Eine Hand schloss ihm den Mund, ließ sie einige Sekunden mit leichtem Druck auf den Lippen, fuhr mit dem Finger darüber und nahm sie schließlich weg. Bestimmt wollte sie ihm zu verstehen geben, dass er schweigen sollte. Dieses Spiel musste in aller Stille ablaufen, bei verbundenen Augen, gefesselt, ohne dass er die Initiative ergreifen konnte.

Eine der Hände rutschte auf den Oberschenkel, drückte ihn und wanderte wieder zur Brust.

Er fühlte sich sexuell provoziert, war äußerst verlegen. Welche Unvorsichtigkeit. Eine mysteriöse, unvorstellbare, gefährliche Unvorsichtigkeit. Nicht auszudenken, was passieren würde, sollte der Vater oder Ehemann mit den anderen auftauchen, um ihm die Fesseln abzunehmen; er würde alles blitzschnell durchschauen.

Eine Tragödie.

Die zwei Hände rutschten schließlich tiefer, nachdem sie ihm das Hemd aufgeknöpft hatten. Sie zogen langsam den Hosenreißverschluss auf. Jetzt gab es keine Zweifel mehr an dem, was sie vorhatte, und trotz des quälenden Gedankens an einen Skandal ließen ihn die deutlichen Zeichen einer plötzlichen Erektion hörbar stöhnen.Die Hose war offen, der Stoff auseinandergeklappt, doch da war noch die Unterwäsche, die sein vergrößertes Glied einsperrte. Die Hände glitten weg vom Unterleib, nachdem sie seinen Penis lange und ohne Scham über dem Stoff gestreichelt hatten.

Willy hörte, wie etwas auf dem Schreibtisch hin- und hergeschoben wurde. Die Frau schien beinahe fieberhaft etwas zu suchen, irgendeinen Gegenstand. Eine Schublade wurde links von ihm aufgezogen und wieder zugeschoben, dann eine weitere, aus der etwas entnommen wurde. Dieses Objekt fiel zu Boden, wohl wegen ihrer ungeschickten Eile; er erkannte am Geräusch, dass es aus Metall sein musste. Das war es, was die Unbekannte von Anfang an zwischen den Papieren auf dem Schreibtisch gesucht hatte.

Nun nahm er mehrere Geräusche wahr, dann noch eines, woraus er schloss, dass sie sich die Schuhe auszog, wohl um es bequemer zu haben unter diesen besonderen Umständen.

Ein Moment Pause. Den Atem der Dame spürte er nun direkt über sich. Er fühlte ihre Nase, ihre Zunge, die ihm nochmals über die Lippen strich. Es war ein perverses Spiel; es sah so aus, als wollte sie ihm klarmachen, dass es für sie am jetzigen Punkt, da seine Hose bereits offen war, kein Zurück mehr geben würde.

Es kam jedoch anders. Er spürte eine harte Spitze, nachdem sich ihre Zunge wieder entfernt hatte. Etwas Unsympathisches, da diese Spitze gegen seine Backe drückte, wenn auch nur leicht.

„Frau Leo ... oder Peggy, was ist ...“

Die Spitze –, sie gehörte sicher zu dieser Schere –, tat ihm weh, als sie zum Hals hinunter rutschte, dann den Oberkörper entlang im geöffneten Hemd bis zum Bauch. Zwei Finger glitten zwischen Stoff und Haut. Er war sich nun sicher, dass die Spitze, die auf sein Gesicht und den Hals gedrückt hatte, das Ende einer langen Schere war.

Jetzt verstand er auch: Da sie ihm die Unterhose wegen der Fesseln nicht ausziehen konnte, würde sie diese mit der Schere aufschneiden.

Willy wusste nicht, ob er diese merkwürdige sexuelle Gelegenheit genießen oder darüber bestürzt sein sollte. Zu gefährlich.

Nachdem sie den Stoff aufgeschnitten hatten, begannen die zwei Hände, ihn auf gekonnte, aber doch bizarre Weise zu streicheln. Teilweise zärtlich, ganz leicht, dann beinahe heftig, ungestüm. Dann wieder mit feiner, unendlicher Sanftheit.

Sie hatte sich hingekniet, nachdem sie vorher nur über ihn gebeugt war. Das erkannte er, da er ihren Körper zwischen seinen starren Beinen spürte. Willy war so gefesselt, dass jeder seiner Knöchel fest an einen Stuhlfuß gebunden blieb; seine Beine waren also unbeweglich auseinandergespreizt.

Er fühlte den Stoff ihrer Bekleidung zwischen seinen Knien und Oberschenkeln und fragte sich, welches Kleid, welche Bluse die Dame trug. Es war jedoch unmöglich zu erkennen, ob diese zur Mutter oder zur Tochter gehörten; nicht in seinem blinden Zustand.

Das Gesicht nun weiter nach unten gesenkt, ließ sie ihre volle Haarmähne zwischen seine Beine und den nackten Bauch gleiten. Wessen Haare waren es? Sowohl Leonor als auch die Tochter hatten langes Haar, Leonor bis über die Schultern, Peggy ein wenig kürzer, aber dicht und fließend. Durch die Kopfbewegungen konnte man in dem Augenblick nicht genau erkennen, welcher Kopf, welche Haarmasse seinen erigierten Penis berührte.

Plötzlich trat eine Pause ein nach diesem Tanz von Gesicht, Haaren und Stoff auf seinem Bauch. Der Kopf hob sich. Kurz vorher hatte er sich bis zu den Leisten gesenkt, sein Glied mit der Backe berührt. Sie hatte es auch in die Hand genommen, an ihren Lippen gerieben, ohne diese zu öffnen. Ein Spiel der Verlockung, das unerwartet stoppte, ohne dass es zum ersehnten Höhepunkt führte.

Jetzt folgte nichts mehr. Sie hatte den Kopf gehoben, kniete aber noch immer zwischen seinen Beinen. Hatte sie beschlossen, das Spiel zu beenden? Sollte sie schweigend weggegangen sein, wie sie gekommen war, da sie wohl das plötzliche Auftauchen von Herbert, Vater beziehungsweise Ehemann, Mutter oder Tochter befürchtete? Würde dann noch Zeit bleiben, seine Kleidung wieder zuzuknöpfen und die Sache als nicht geschehen abzuhaken? Oder würde sie verschwinden und ihn in seinem beschämenden Zustand lassen?

Nein. Willy hörte wieder die Schere zu Boden fallen.

Das Metallobjekt fiel krachend auf das Marmorpflaster. Bestimmt wollte sie die Schere nehmen, um sie wieder in die Schublade zu legen, als sie ihr aus der Hand gerutscht war. War denn ein derartiges Detail wichtig? Schließlich gab es ja nichts mehr zum Auseinanderschneiden.

Und doch schien das Spiel irgendwie nicht zu Ende zu sein. Denn wäre es aus, hätte sie sich erhoben, stattdessen blieb sie auf Knien zwischen seinen gespreizten Beinen.

Die Hose war offen, die zerschnittene Unterhose an den Rändern auseinandergezogen, wodurch die mittlere Zone um seinem Penis offen lag. Dieser stand, soweit im Halbdunkel erkennbar, erigiert vor ihrem Gesicht.

Er spürte den Druck ihres Körpers auf den Beinen. Sie kam ihm näher und streichelte mit der freien Hand langsam sein Glied, dann hielt sie es fest. Mit der anderen, in der sie wohl die Schere hatte, ließ sie die geschlossenen Schneidflächen am Bauch auf und ab gleiten. Es war das Präludium zu einem unverständlichen Spiel. Wozu die Schere?

Er hörte ein leichtes Klicken. Die Schere hatte sich geöffnet. Oder sie hatte sie geöffnet, wurde rhythmisch auf- und zugemacht, dann wieder geöffnet – bereit zum Schneiden.

Die andere Hand löste die Umklammerung seines Glieds. Sekunden vergingen, vielleicht viele, und er spürte weder die

Hände, noch das Gesicht der Unbekannten. Wo war sie? Hatte sie ein Schamgefühl befallen, was lächerlich wäre? Hatte sie Geräusche aus dem Wohnzimmer gehört? Nein; die hätte auch er gehört. Sie waren allein; unverständlich, weshalb sie nicht weitermachte mit dem, was sie so heimtückisch begonnen hatte.

Schließlich spürte er das kalte Metall auf seinem Unterleib. Sie hatte die Schere darauf gelegt. Er fühlte die Klingen rechts und links von seinem Penis, die Spitzen drückten gegen den Bauch. Instinktiv zog er ihn ein, um ihnen auszuweichen, doch diese folgten dem Rhythmus seiner Atmung und stachen, zwar nur sanft, ins Fleisch.

Etwas war unangenehm, eine noch unpräzise, aber verfluchte Wahrnehmung: Er glaubte zu spüren, dass sich sein Penis zwischen den Schneiden der geöffneten Schere befand. Noch war er nicht sicher, es schien ihm nur so, das heißt, sein Glied lag in diesem Moment zwischen den weit geöffneten Klingen der elendig langen Büroschere.

Dies hatte den Effekt, dass die sexuelle Erregung abnahm. Der Penis war noch ziemlich fest, hatte aber die beachtliche Stärke von vorher verloren. Das Volumen verminderte sich, sodass die noch unbeweglichen Klingen nicht mehr sein Fleisch quälten. Mein Gott, welch ein Gefühl! Erleichterung, doch auch Enttäuschung, wie er es gleichzeitig, so wie in dieser merkwürdigen Situation, nie erlebt hatte. Wozu all das? Er war dieser sadistischen Frau ausgeliefert, gefesselt, und wahrscheinlich war es noch nicht zu Ende. Wenn sie nun zögerte weiterzumachen, dann nicht aus Schüchternheit oder aus dem Bewusstsein der drohenden Gefahr – das war ihm jetzt klar geworden. Umso weniger aus plötzlichen moralischen Bedenken. Sie war pervers, so wie sie zärtlich an der Oberhaut seines Glieds rieb und sich dann zurückzog – herrlich pervers, deshalb gefährlich.

Warum verdammt vernahm man kein Lebenszeichen mehr aus dem Wohnzimmer? Wo waren all die anderen? Musste er denn so bleiben? Er verstand nichts, überhaupt nichts! Oder war alles zu Ende?

Ganz und gar nicht.

Wieder spürte er das Gewicht ihres Körpers zwischen den Knien. Er fühlte ihr Gesicht auf der nackten Haut seines Bauches, während ihr dichtes, loses Haar in ganz leichten Bewegungen über sein Glied streifte, was sich wie Liebkosungen anfühlte. Eine Peinigung für den Penis, dessen Kraft wieder zunahm. Seine Festigkeit verstärkte sich, als er schließlich ihre Lippen darauf fühlte.

Zuerst drückten sie sich dagegen, am Ansatz, ohne sich zu öffnen. Sie blieben fest geschlossen, feucht, und bebten ganz leicht, fast unmerklich. Willy wartete wie verrückt schluckend, dass sie sich endlich öffnen würden. Verdammt, warum zögerte sie? Um ihn zu provozieren?

Er versuchte, sein Glied zu bewegen, was nur um einige Millimeter gelang, zu der Seite, auf der ihr geschlossener Mund daran haftete, dann spürte er plötzlich von der anderen Seite her einen Schmerz, eine scharfe Spitze. Eine metallische Spitze wohl von der Schere, die ihn bedrohte, ihn drückte und teilweise in die Haut des Glieds eindrang, an seinem Ansatz, gegenüber der Stelle, an der ihre Lippen klebten.

„Peggy oder Leonor, ich bitte Sie!", zischte er höchst erregt unter Schmerzen. „Nehmen Sie die Schere weg! Weg damit!"

Die Schere beziehungsweise ihr spitzer Teil, entfernte sich, doch nicht sehr weit, ebenso der Mund und die Hände.

Er musste einige Momente in dieser unbeschreiblichen Situation verharren, blind, atemlos, mit starrem Penis.

Worauf wartete die Frau, so nahe bei ihm? Er spürte, dass sie ihm nahe war. Was für Gedanken gingen ihr durch den Kopf?

„Peggy ... Leonor ...", murmelte er, in dem Wunsch, schließlich ein Minimum an Dialog zu beginnen, ein Erkennungszeichen zu erhalten oder vielleicht einen Ausruf, ein Flüstern zu vernehmen, das ihre Identität verraten könnte. Aber nichts, totale Stille, obwohl sie beide in Tuchfühlung waren.

Er nahm ihr Parfüm wahr, fühlte ihren Atem, stellte sich ihre dabei pulsierende Brust vor.

Sie war aufgestanden (das hatte er erkannt, weil das Gewicht ihres Körpers nicht mehr wie zuvor auf seinen Beinen lag). Doch war sie hier, einige Zentimeter von ihm entfernt stehend, und beobachtete ihn sicherlich. Schaute seinen Penis an.

Willy nickte mit dem Kopf. Es war die einzige ihm mögliche Bewegung. Er verzichtete auf weitere Gesprächsversuche, denn sie hätte ohnehin nicht geantwortet. Auch flehte er sie nicht mehr an, aufzuhören mit dem, was sie angefangen hatte. Sie wäre dann schweigend weggegangen. Das wär's gewesen. Höchstens hätte sie seine Augenbinde weggenommen und – hoffentlich – alles wieder zugeknöpft.

Aber nein. O nein! Er spürte ihren Körper, wieder kniete sie und machte sich zwischen seinen angebundenen Beinen breit.

Der Kopf beziehungsweise die üppige Haarmähne, senkte sich aufs Neue und streichelte in Wellenbewegungen die Leisten und den Penis, der plötzlich wieder steif wurde. Die ihn umklammernden Finger begannen einen rhythmischen Tanz, dann küssten ihn unaufhörlich die nun nicht mehr geschlossenen Lippen an seinem Ansatz.

Er erwartete frenetisch, dass dieser Mund nach den äußerlichen Küssen dieses verkrampfte Vorspiel beendete und sich wie ein köstlicher Saugnapf öffnete. Doch die Frau fuhr in gleicher Weise fort, ohne Steigerung, die Verlockung erreichte ihren Höhepunkt, ohne die Grenze zu überschreiten.

„Ich bitte Sie, bitte!", zischte Willy, über alle Maßen erregt".

Doch der Mund, die Hand verschwanden wieder.

Noch einmal spürte Willy das Metall der Schere auf dem Bauch.

Ein finsterer Verdacht; er wollte und konnte aber seine Gedanken nicht weiter schweifen lassen.

Die Schere rutsche vom Bauch zum Glied. Auf und ab, auf und ab, stoppte schließlich.

Willy hörte in der totalen Stille das leichte Quietschen der zwei sich öffnenden Klingen, so wie wenn etwas auseinander geschnitten würde, ein Blatt Papier zum Beispiel, wobei jemand die zwei Schneideflächen öffnet, um mit kräftigem Ruck den Schnitt durchzuführen.

Die lange Schere befand sich nun am Penisansatz, sodass dieser zwischen den zwei Klingen stand; eine Hand hielt ihn fest, um ihn dann zum Schneiden hochstellen zu können ...

O Gott! Willy schauderte und murmelte kurz etwas. Er begriff nicht, nichts begriff er! Obwohl sich das Glied zwischen den Scherklingen befand, war dies zum Glück nicht schmerzhaft, da diese nicht zu sehr drückten, doch war es dazwischen gefangen. Willy nahm die enorme Gefahr nicht wahr, in der er sich befand. Auch war der Penis kleiner geworden, und mit dem schrumpfenden Volumen war es schwieriger, ihn abzuschneiden. Er war zwischen den Klingen eingesperrt, aber dies hatte ihn im Augenblick noch nicht so sehr beunruhigt.

Nun strich sie darüber, nun nicht mehr langsam, sondern in sinnlichem Eifer. Wieder fing sie an mit Streicheln, Schmeicheln, mit den lüsternen Zungenspielen, die einen Mann zum unkontrollierbaren, dem Orgasmus vorausgehenden Pathos bringen. Ein Ensemble von neuem, perversem Schmachten und gebremster Euphorie, dann dasselbe wieder von vorn bis zum Höhepunkt.

Willy war fast bis dahin gekommen, als er die Klingen spürte. Jetzt also!

Sie hatten sich nicht bewegt, doch die mächtige, durch den sexuellen Genuss provozierte Erektion verursachte eine anormale Vergrößerung des Glieds, dessen Haut nun gegen die scharfen Klingen drückte. Schließlich hatte sie den Penis in den Mund genommen. Sie saugte an ihm, umhüllte ihn, drückte ihn erst schmachtend, dann in gekonnter Heftigkeit. Die Klingen wurden bewegt, verletzten die Haut, drangen ins Fleisch, doch der Mund war weich, die Zunge verweilte einen Moment in wonniger Grobheit, um ihn dann wieder angenehm zu martern. Die langsame Bewegung der Schneiden verursachte akute Schmerzen, was aber nebensächlich war, da die andere Hand nun mit den das Glied umfassenden Fingern auf die Schere drückte und sie in unerbittlicher Grausamkeit zudrückte. Es war ein Delirium von Schmerz und Vergnügen, ein Schmachten in entsetzlicher, feiner, virulenter Wollust.

Die Klingen und die Zunge erzeugten einen perversen Genuss, einen Schmerz und ein nie zuvor erlebtes, unbeschreiblich sinnliches Vergnügen.

In den letzten Momenten vor und während des finalen Höhepunktes genoss und litt er in tierischem Paradox. Ungewollt ließ er einen Schrei los! Dann noch ein leichtes Stöhnen.

Nun endete alles allmählich in schwachen Stößen.

Der Genuss hörte auf, doch die zwei Verletzungen am Penisansatz schmerzten ihn stark. Er fühlte kleine Bäche aus Blut über seine Schenkel rinnen.

Die Unbekannte erhob sich absolut schweigsam, zog die Schuhe wieder an, knüpfte ihm das Hemd zu, schloss den Reißverschluss der Hose, nachdem sie ihm vorher etwas wie ein Taschentuch zum Aufsaugen des Blutes aufgelegt hatte. Dann band sie so gut es ging den Krawattenknopf.

Seine Augen ließ sie jedoch verbunden.

Willy hörte das Klappern ihrer sich entfernenden Schritte.

Die Tür ging auf und wieder zu.

Willy blieb die ganze Nacht wach und wartete in seinen engen Fesseln mit ziemlich starken Schmerzen. Erst nach der Morgendämmerung schlief er ein, ermüdet, durstig, gequält von der mysteriösen, absoluten Stille in der Villa.

Am späteren Morgen weckte ihn ein Schrei, nachdem die Bürotür geöffnet worden war.

Die Haushaltshilfe, nach ihrem freien Tag zurückgekehrt, fiel beinahe in Ohnmacht vor Entsetzen über das, was sie sah.

„Jesus, Jesus, was ist das: Räuber? Und wer sind Sie? Jesus, was für Sachen!"

Sie hatte ihn sofort befreit, indem sie die Gummischläuche mit der Schere vom Schreibtisch durchschnitt. Dieselbe Schere. Mit Flecken, welche die Frau für rote Tinte hielt.

Auf Willys Fragen hatte sie fast atemlos erklärt, dass die zwei Damen im Krankenhaus waren, und zwar seit dem gestrigen Nachmittag.

„Weshalb denn?"

„Der Chef war in aller Eile eingeliefert worden! Wussten Sie das nicht? Wieso wussten Sie nichts? Ihnen war auch nicht bekannt, dass sein Zustand nur unter Vorbehalt beurteilt wurde? Ach, welche Tragödie! Was für eine Tragödie!"

Die etwas ältere Bosnierin versuchte verzweifelt, die richtigen Worte zu finden, denn ihr Deutsch war ziemlich fehlerhaft. Der Zug war kurz vor der Einfahrt in den Bahnhof gegen einen anderen gestoßen. Tote und Verletzte, einer der Verletzten war der Chef. Sie hatte es abends im Fernsehen gesehen, dann angerufen, da ihr eingefallen war, dass er mit dem Zug kommen würde, doch niemand erreicht. Dann war sie ins Krankenhaus geeilt, da ihr plötzlich ein schrecklicher Verdacht gekommen war. Zurecht! Die ganze Familie war dort. Welche Tragödie. Mutter und Tochter hatten die Nacht in einer Pension neben dem Krankenhaus verbracht und abwechselnd beim Verletzten gewacht. Zum Glück war er wieder bei Bewusstsein nach einer Notoperation. Doch sowohl Frau Leonor als auch Peggy hatten ihr unter Tränen von der mit Vorbehalt gemachten Prognose erzählt. Welche Tragödie! Und was war das mit dem Gummischlauch aus dem Garten, der doch zum Bewässern der Pflanzen diente?

Willy fiel nichts Besseres ein, als zu erklären, dass es sich um ein Spiel handelte, das durch die Nachricht von dem Unglück unterbrochen wurde. Dann mussten ihn alle vergessen haben. Er bat um ein Pflaster, das er sich so gut es ging im Bad auf die Wunden klebte, die ihn noch immer stark schmerzten.

Der Urologe hatte überhaupt nicht an den Wahrheitsgehalt seiner Erklärung geglaubt. Die beiden Schnittverletzungen links und rechts vom Penisansatz waren für ihn etwas Morganatisches.

„Jedenfalls wurden sie Ihnen zugefügt, lieber Professor; eine davon, die auf der linken Seite, hätte gefährlich werden können. Sie haben Blut verloren, da eine Vene fast vollkommen durchgeschnitten wurde. Sie hätten sofort zu mir kommen oder ins Krankenhaus gehen sollen, sofort nach ... bezeichnen wir es als *kleinen mysteriösen Unfall*? Keine Erektionen, also keinen Sex für mindestens zwei Wochen, lieber Freund ... Und nächstes Mal ohne die Hilfe von Messern oder Ähnlichem. Haben Sie meinen Wink verstanden?"

Willy hatte beschlossen, in Zukunft den Urologen zu wechseln; denn dieser betrachtete ihn nun als unanständigen Masochisten.

Ab Nürnberg hätte er nach links in die Autobahn Regensburg einbiegen müssen. Stattdessen war er geradeaus in Richtung München gefahren. Er konnte sich nicht genau erklären, warum er beschlossen hatte, eine Woche später in diese Villa zurückzukehren.

Krankhafte oder berechtigte Neugier?

Beides. Würde er es erfahren? Würde er wenigstens erahnen können, was ihn so drückte? Man musste nicht einen Doktor in Psychologie haben, um über den Gesichtsausdruck, dem Ton der Stimme einige Andeutungen oder andere spontane Zeichen erraten zu können, welche der zwei Frauen ihm dieses so besondere, geheime Erlebnis beschert hatte. Er hoffte, dass beide zu Hause waren, als er den Klingelknopf drückte.

Peggy öffnete die Tür, das Hündchen rannte ihm entgegen und bellte ärgerlich und wie immer unaufhörlich.

„Oh, Professor Wieland", sagte sie, als sie ihm die Hand gab, „Sie können sich nicht vorstellen, welche Schuldgefühle wir haben wegen Herberts unglücklichen, dummen Einfall. Sie gefesselt zu lassen, Sie dann zu vergessen … Doch Sie werden verstehen, dass die Nachricht von meinem Vater … ja, sie traf uns wie ein Hammerschlag … Wissen Sie, dass er noch im Krankenhaus ist? Uns tut es zum Sterben leid, glauben Sie mir!"

Sie schien ehrlich und glaubhaft zu sein. Sie war blass, bestimmt wegen manch schlafloser Nacht.

Nachdem er sich pflichtgemäß über den Zustand und die Gesundheit des Vaters erkundigt hatte, nutzte er die kurze Zeitspanne, als er Mantel, Schal und Hut abnahm, das Mädchen zu fragen:„Und Sie eilten sofort zum Unfallort, so wie ich es sehe, ohne einen weiteren Gedanken an Herberts törichtes Spiel … hm, natürlich zusammen mit der Mama, nicht wahr?"

„Nein", antwortete sie kopfschüttelnd. „In dem bestimmten, sagen wir fieberhaften Moment dachte ich auch nicht mehr an die Mama, denn die schreckliche Nachricht hatte mich so erschüttert ... Oh, glauben Sie mir, mit den Gedanken bei meinem Vater, der womöglich eingequetscht und sterbend zwischen den Waggonteilen lag, kurz gesagt, ich war wirklich schockiert. Ich erinnere mich, dass ich wie ferngesteuert in Herberts Auto stieg und wir in irrem Tempo zum Ort der Tragödie rasten, in einem bei normalen Situationen verbotenem Tempo."

„So blieb Ihre Mama also allein hier im Haus", unterstellte Willy, wobei er sie genau betrachtete, während sie ihm den Hut aus der Hand nahm und ihn an der Garderobe aufhing.

„Nein, sie musste in die Garage gegangen sein. Dann kam sie zum Unfallort mit ihrem eigenen Auto."

Sie gingen ins Wohnzimmer. Frau Leonor war dabei, Blumen in eine schöne Majolikavase zu stecken. Wie immer war sie sehr elegant, doch blass; um die Augen hatte sie leicht violette Ringe, die ihr aber irgendwie standen.

„Oh, Professor Wieland, wie sehr ich doch bedaure, das von meinem Neffen eingefädelte Spiel vergessen zu haben, es war einfach unerhört. Wirklich, auf jeden Fall inakzeptabel. Es tut mir leid, dass ich ihn machen ließ, meine Schuld. Sie waren dort drinnen geblieben, sogar gefesselt bis zum Morgen! Ich bitte Sie, uns unbedingt zu entschuldigen. Die Unfallnachricht war ein so schrecklicher Schlag, dass in dem Moment alle anderen Gedanken verschwunden waren und wir wie Furien losrannten. Wir wollten ihn um jeden Preis sehen, lebend oder sterbend, doch wenigstens bei ihm sein. Glauben Sie, mich verstehen zu können? Wir haben an nichts anderes gedacht, und leider blieben Sie die ganze Zeit gefesselt. Aischa, die Haushaltshilfe, hat uns alles erzählt. Ach, wie mir das leidtut!"

„Mama, ich gehe mich anziehen, bin gleich zurück", rief Peggy dazwischen und verließ das Zimmer.

„Ja, wir gehen ins Krankenhaus", murmelte Leonor zerknirscht. „Sein Zustand ist leider ernst. Damit will ich sagen, dass mein Mann noch nicht außer Gefahr ist. Einer seiner Mitarbeiter ist verstorben, andere sind schwer verletzt."

Willy fand es notwendig, sich nach klinischen Einzelheiten bezüglich des Patienten zu erkundigen, bevor er sich verabschiedete. Er tat es trotz seiner inneren Bewegung in aller Ungezwungenheit:„So ist Peggy also mit Herbert in seinem Auto gefahren, während Sie, gnädige Frau ... jawohl ... Sie blieben noch einige Zeit hier ... allein! Während ich gefesselt im Büro saß ...“

Das hatte er gesagt, während er ihr in die Augen schaute.

Frau Leonor lächelte traurig.

„Wieso? Nein, im Gegenteil. Ich stieg sofort zu Herbert ins Auto, vergaß in der Eile sogar meine Tochter. Ich glaube, Peggy hat ein Taxi genommen, da wir ja anschließend wieder zusammentrafen in dem schrecklichen Durcheinander von entgleisten Waggons, Polizei, Rotem Kreuz und all dem Rest, bei dem ohrenbetäubenden Lärm von Sirenen und Gehupe.“

Falls sie schauspielerte, gelang ihr dies wundervoll. Wie übrigens auch Peggy.

Keine Gefühlsbewegung, keine unruhige Modulation, kein irgendwie anderer, leicht schriller Ton in der Stimme. Kein Erröten im Gesicht. Nichts, wie bei Peggy.

Das Mädchen spitzte herein.

„Mama, es wird spät, Papa kann uns abends nicht empfangen. Der Oberarzt hat es uns ans Herz gelegt. Man darf ihn in keiner Weise ermüden, weißt du.“

„Oh, mein Gott, du hast recht, meine Liebe. Professor, wir können nicht länger bleiben; Sie müssen uns entschuldigen.“

Willy musste sich seinerseits wegen seines unvorhergesehenen Besuchs entschuldigen. Er drückte die gebührenden Genesungswünsche für den Patienten aus und nahm Peggy seinen Hut aus der Hand. Er bedankte sich auch bei Aischa, der Haushaltshilfe, die inzwischen an der Tür aufgetaucht war, dafür dass sie ihn aus den Fesseln befreit hatte. Er gab ihr einen 10-Euro-Schein.

„Wir beide gehen in die Garage. Wo haben Sie geparkt?“

„Oh, hier draußen, auf dem Gehsteig.“

„Bis bald, würde ich gern sagen, doch leider wird es noch einige Zeit dauern. Zuerst ist noch eine Rehabilitation in einer

Spezialklinik notwendig, zur Wiederherstellung aller Körperfunktionen", murmelte Leonor traurig.

„Ja, keine einfache Sache, das ist offensichtlich. Ich bin aber sicher, Ihr Mann wird es schaffen", sagte Willy in aufmunterndem Ton.

„Auch Peggy ist psychisch am Ende. Sie hängt sehr an ihrem Vater. Ich muss mich anstrengen, sie abends anzuhalten, etwas zu essen. Wir haben beide abgenommen."

Willy nickte verständnisvoll. Inzwischen war Peggy zurückgekommen, um Willy die Hand zu geben, nachdem sie das Garagentor hochgeschoben hatte. Sie sah tatsächlich blass, abgemagert aus.

Willy verstand, dass er die Wahrheit nicht erfahren würde, nie mehr. Bei anderen Gelegenheiten wäre des Rätsels Lösung bei Herbert gelegen. Er hatte eine der beiden, nur eine, im Auto zum Unfallort mitgenommen. Welche? Doch Herbert hatte sich aus dem Staub gemacht. Man sagte, er sei wahrscheinlich nach Singapur geflüchtet, um sich einem Strafprozess wegen betrügerischem Bankrott zu entziehen und um außerdem den Methoden gewisser Gläubiger zu entkommen. Das Spiel war aus.

Welche der zwei? Beim Abschiedsgruß vermied er es, ihnen noch mal in die Augen zu schauen. Überflüssig. Er konzentrierte den Blick auf Peggys, dann auf Leonors Mund. Den letzten Blick.

Sie hatten einen sinnlichen Mund. Die Lippenumrisse von beiden waren in harmonischen Linien gezeichnet, ein wenig vorstehend, was zum Teil reizend provokant, aber sofort auch ausweichend wirkte.

Eine der beiden! Doch welche war die Naive, die Frau mit den moralischen Prinzipien, die wirklich Schmerzerfüllte, jene, die wegen des Verunglückten im Krankenhaus verzweifelt war? Welche war die andere, die Niederträchtige, die Hinreißende, jene, die hervorragte unter den Frauen, welche die Männer in der römischen Antike in den Bordellen der Suburra aufsuchten, eine Expertin der einzigartigen erotischen Kunst, der oralen, der sie den Spitznamen *Fellatrix* gaben?

Welcher Mund?

Peggys Mund? Leonors Mund?

„Wir wünschen Ihnen gute Reise nach Regensburg, Professor", murmelte eine der beiden wehmütig, als er sich bereits umgedreht hatte.

„Und danke für den Besuch", murmelte die andere im gleichen traurigen Ton.

„Ich entschuldige mich nochmals, Sie mit meinem unverhofften Besuch gestört zu haben", sagte Willy ebenfalls ernst und verließ das Haus, ohne sich umzudrehen.

IRMGARD

Die 15-jährige Irmgard, mit einem „von" vor ihrem Familiennamen, träumte in einer Vollmondnacht mit offenen Augen einen besonderen Traum. Es war ein Alptraum, den sie zwar nicht als solchen empfand, aber vergessen konnte sie ihn nicht mehr.

„Eiserne Hand hat uns verraten!"

„Nein, Götz von Berlichingen wird zurückkehren; er hat es versprochen."

„Nie, nie wieder. Wir haben vergessen, dass er kein Bauer ist wie wir. Nun sind wir auf uns allein gestellt gegen das Heer der Adeligen und der Bischöfe. Allein gegen ihre Kavallerie; wir haben nur drei Pferde sowie wenige Ochsen."

„Bis zum heutigen Tag haben wir gesiegt."

„Ja, doch nur bis heute."

„Du bist furchtsam, Theoderich. Ich will nichts hören von dir. Lass mich ihre Pferde zählen; ich sehe nur wenige, du weißt ja, dass ich nur ein Auge habe."

„Rasmus, ihre Pferde sind viele, viele."

Doch Rasmus konnte sich kein Gehör verschaffen mit seiner neidischen Antwort. Sie rückten vor. Das kompakte Heer mit den Reitern voraus, glänzend in ihren Rüstungen, rückte langsam, aber unerbittlich vorwärts. Man konnte die bunten Fahnen erkennen, wie sie flatterten in der morgendlichen Brise der großen schwäbischen Ebene und mit ihrem Saum, die große, von Priestern mit zwei Händen getragene Kreuze umwehten. Es herrschte eine ungewöhnliche Stille.

Dagegen waren auf der eigenen Seite die drohenden Rufe des ungleichen Haufens von schlecht aufgereihten Bauern zu hören; das störte Theoderich beim Nachdenken. Er schaute in die Ferne und diese Ferne erschien an keinem Punkt sehr weit weg.

Die Tatsache, dass sich die Gegner so schweigsam näherten, erzeugte in ihm eine Art Übelkeit.

„Was zögerst zu, Theoderich? Soll ich den Unseren befehlen, ebenfalls vorzurücken oder sie stehend zu erwarten mit vorgehaltenen Mistgabeln? Oder sich alle hinter die Karren zu stellen? Es würde das Ungestüm der Pferde dämpfen."

„Nein, noch nicht. Ich will auch die Infanteristen sehen. Ich möchte sehen, ob sie zu ihrem Schutz einen Brustharnisch tragen", sagte Theoderich mit verzerrten Lippen,wobei er sich gleichzeitig bemühte, weiter nachzudenken.

Das Stimmengewirr der angetretenen Bauern, die soeben die Karren enger zusammenrückten, hatte sich allmählich in eine eigenartige Litanei verwandelt, in einen tiefen Chor aus Kehllauten, der in beunruhigender Weise sein Denken beeinflusste.

„Theoderich, was ist jetzt? Gebe ich das Signal? Wenn nicht, werden sich die Unsrigen trotzdem bewegen. Du weißt, für sie bedeutet Warten so viel wie den Mut verlieren. Soll ich das Signal geben?"

„Es gibt die andere Lösung, die wir wählen müssen, denn sie sind zu zahlreich, zu viele Pferde", rief Theoderich schließlich. „Wir müssen diese andere Lösung versuchen."

„Die Tochter des Freiherrn? Sie, das kleine Edelfräulein? Dafür ist es bereits zu spät. Ein falscher Rat; ich finde ihn überhaupt nicht gut, und dann ist es zu spät."

Daraufhin hatte Rasmus sein langes Messer nach unten gerichtet.

Am Boden hinter dem Pferd lag das 15-jährige Mädchen mit eng gefesselten Beinen. Der junge, ebenfalls gefangene Stallbursche reichte ihr mit seinen locker gefesselten Händen eine Schale mit ein wenig Milch.

„Wir können sie als Pfand anbieten, im Austausch gegen die Bereitschaft der Adeligen und des Bischofs, mit uns zu verhandeln. Heute sind sie zu viele, wie du siehst. Wer weiß, wie viele Reiter dazugestoßen sind, um dem Bischof zu helfen; weitere haben sich angeschlossen, du kannst es gut sehen."

„Ein falscher Ratschlag, Theoderich. Hör auf mit den Ausreden und schwenke die Fahne zum Signal."

„Gefährlich, zu gefährlich. Lass die Tochter des Freiherrn gefesselt, setze sie aufs Pferd zusammen mit ihrem mitgefangenen Stallburschen und schicke sie der adeligen Schar entgegen, dann bleibt diese stehen und wir verhandeln. Jetzt, Rasmus! Bevor das Inferno hereinbricht."

Rasmus musste widerwillig nachgeben. Theoderich war einfach zu sehr geachtet.

„Du!", schrie er den Jungen an. „Komm her zu mir, Stallbursche der Barone. Gib mir die Hände."

Der Junge sprang auf und streckte ihm die Hände entgegen. Rasmus schnitt ruckartig mit seinem großen, äußerst scharfen Messer die Fesseln durch; der Ruck war so stark, dass er beinahe den Jungen verletzt hätte und dieser ins Schwanken kam.

„Das Pferd hat keine Steigbügel mehr und wir haben keine Zeit, ihm welche anzulegen; doch du kannst trotzdem auf ihm reiten. Ziehe das Fräulein zu dir hinauf und reite zu der entgegenkommenden Schar. Bring die Geisel zu ihrem Vater zurück, sag ihm, wir müssen reden!"

Der Junge nickte schweigend und beeilte sich, sofort den Befehl auszuführen. Er beugte sich zu dem Mädchen hinunter, das zusammengekauert mit eng aneinander gefesselten Beinen am Boden lag. Er hatte nichts zum Aufschneiden, so machte er sich mit den Fingern daran, die engen und verwickelten Knoten der aus Pflanzenfasern gedrehten Schnüre zu lösen.

„Ich bringe Euch zu Eurem Vater zurück, habt Ihr gehört? Ich bin so glücklich für Euch", sagte er leise, wobei er sie mit respektvoller Ergebenheit ansah.

Sie schüttelte den Kopf, um ihr Gesicht von einer über die Augen gerutschten Haarsträhne zu befreien, und antwortete ihm wütend: „Berühre meine Knie nicht, kleiner armseliger Stallbursche. Sonst wird dich mein Vater gleich bis aufs Blut auspeitschen lassen!"

„Ich fasse Euch nicht an, ich würde mich hüten, Euch auch nur flüchtig zu berühren. Ich bin dabei, Eure Fesseln zu lösen; seid so gut und begreift, warum sie so streng sind."

Kaum war der eine Fuß vom Knoten befreit, versetzte sie ihm einen üblen Tritt gegen die Schulter.

„Als sie dir befahlen mich zu fesseln, warst du es, der mir die Beine so eng zusammenband, du Verfluchter. Warum?"

Der Junge antwortete nicht und versuchte weiter, die letzten Knoten zu lösen.

„Warum?", schrie sie, während sie ihm beide Beine ins Gesicht stieß.

„Aus Respekt. Aus Respekt und zu Eurer Verteidigung", sagte er, die Augen gesenkt.

„Was? Ich verstehe nicht, verfluchter Diener."

„Ich wollte den Bauern die Möglichkeit nehmen, Euch zu vergewaltigen", fuhr er fort, mit geschlossenen Augen, „und Euch so vor der infamen Schande bewahren."

„Theoderich, der Herold kommt auf uns zu."

„Ich sehe ihn. Sie wollen verhandeln."

„Nein, sie wollen die Tochter des Freiherrn, dann greifen sie uns erbarmungslos an."

„Die Tochter des Freiherrn ist unser Vorteil!", rief Theoderich, den Zeigefinger auf den Boden gerichtet. „Wir müssen über sie verhandeln; sie ist unser wertvollstes Pfand! Lassen wir diesen Herold herkommen, dann verhandeln wir! Heute ohne zu kämpfen. Die dort haben sich verflucht verstärkt mit so vielen Reitern, und hinter den Reitern werden wohl die Fußsoldaten sein."

„Was wir begonnen haben, müssen wir beenden", platzte Rasmus hochmütig heraus. „Du hast dich getäuscht, nun kann man das Spiel nicht mehr aufhalten. Schluss, Theoderich!"

Aber Theoderich stellte sich mit ausgebreiteten Armen zwischen ihn und die zwei Gefangenen. Rasmus verstand, dass es schließlich besser war, es ihn versuchen zu lassen.

Das vielleicht knapp 15-jährige Mädchen hatte richtig geahnt, wie die Sache lief. Von den Fesseln befreit stieg sie eiligst aufs Pferd, indem sie den langen Rock hochhob, sodass sie das Knie über den Rücken des Tieres schwingen konnte.

„Steig auf!" Aufrecht wie eine perfekte Amazone auf dem Pferd sitzend, befahl sie dem Jungen: „Steig auf hinter mir, verwerflicher Bastard!"

Rasmus musste grinsen, ohne es zu wollen, über diese kühne Gewandtheit.

„Nimm du aber die Zügel", wies sie den Jungen an. Dieser gehorchte und nahm die Zügel, nachdem er hinter ihr aufgestiegen war.

Daraufhin warf sie Theoderich einen triumphierenden Blick zu. – „Und jetzt lässt du mich laufen?"

Rasmus schnaubte vor Ungeduld.

„All das ist ein Trick! Ich bin sicher, dass es ein Trick ist! Wenn wir nicht das Signal geben, verlieren die Unseren den Mut."

„Der Freiherr wird unseren guten Willen erkennen."

„Er!", schrie Rasmus wütend, „Doch nicht der Bischof! Der wird uns nie die Plünderung Amorbachs verzeihen. Nach dem Angriff auf die Benediktinerabtei und deren Plünderung hat er uns verflucht und exkommuniziert. Diese kleine Dirne zählt nun nichts mehr, sie hat kein Gewicht mehr auf der Waage. Sie wollen Rache."

„Und doch wollen wir es versuchen. Lass sie zu dem Herold reiten", befahl Theoderich dem Burschen, der ängstlich die Zügel hielt, „und rufe ihm zu, dass dies ein Zeichen unsererseits für einen Waffenstillstand ist!"

„Ein Riesenfehler! Warten wir doch auf den Herold."

Daraufhin streckte Rasmus die Hand mit dem Messer zum Maul des Pferdes aus, um dem Diener klarzumachen, dass er dem Gaul nicht die Sporen geben sollte.

„Wenn der Herold mich nicht überzeugt, reiße ich ihm die Eingeweide heraus, nehme ihm das Pferd weg, setze mich darauf und gebe den Befehl zum Losmarschieren."

Der Herold trabte tatsächlich auf sie zu. Doch inzwischen konnte man neben den aufgestellten Reitern auch eine Schar von Fußsoldaten genau erkennen. Auch jene mit den drohend gesenkten Hellebarden waren stehen geblieben.

Ein langer, unmenschlicher Schrei ertönte von hinter ihnen, von ihrer linken und ihrer rechten Seite kommend.

Die schlecht aufgestellte und dichte Menge der Bauern fasste Mut, schrie und schlug mit den Mistgabeln und Knüppeln gegen die hölzernen Schilde. In einem Abstand hinter ihnen trieben Gruppen von Frauen sie an, die wie wilde Furien schrien und gestikulierten. In der Ferne tauchten im Schutz des Unterholzes die Gesichter von Straßenräubern auf, die auf den Ausgang der Schlacht warteten, um die Leichen auszurauben.

Die Bauern waren ganz unterschiedlich zusammengewürfelt, einige zerlumpt, andere gut ausgerüstet mit den Waffen, die sie den gefallen Feinden in vorhergehenden Schlachten abgenommen hatten. Sie schwangen Heugabeln mit eigens gespitzten Zähnen und die unterschiedlichsten Schneidwerkzeuge. Keiner hatte jedoch Feuerwaffen.

Fünf oder sechs kleine und schwere Karren waren nach vorne geschoben worden, um die Wucht des drohenden Kavallerieansturms abzuwehren. Sie waren eine leise flüsternde Menge, aufgereiht in gewissem Abstand zu einer weiteren Anzahl von fahnengeschmückten Kämpfern, deren unnatürliches Schweigen wie eine Bedrohung wirkte.

„Sie bewegen sich nicht. Sie erwarten, dass ihnen der herankommende Herold unsere Antwort überbringt."

Theoderich war gezwungen gewesen, laut zu sprechen, denn Rasmus hatte sich bereits vor ihn gestellt, entweder um den Herold vor ihm zu hören, oder um ohne Theoderichs Zustimmung das Signal zu geben.

Der Herold war bereits nahe. Rasmus gebot dem Stallburschen durch ein Handzeichen, mit dem Pferd einige Schritte zurückzuweichen.

Dieser gehorchte. Auch ohne Steigbügel, mit dem Hemmnis des Körpers vor ihm und den nackten Füßen an den Flanken des Tieres, zeigte er sein bewundernswertes Geschick, es zu führen.

Der Herold, die Wappen des Barons auf der über die Rüstung flatternden Schärpe, ließ das Pferd in einem beträchtlichen Abstand anhalten, hob den Arm und war dabei, seine Nachricht herauszuschreien.

„Ich überbringe die Botschaft meines Herrn, des erlauchten ..."

Er beendete seine Vorrede nicht, denn Rasmus' finstere Stimme hatte das Geschrei um sie herum übertönt.

„Runter vom Pferd, Bastard! Deinen Gaul – das sage ich gleich – den nehme ich in meine Obhut. Wir setzen uns ins Gras und reden!"

Der Herold ahnte, dass seine Mission scheitern würde. Er ließ das Pferd schnell umdrehen und streckte den Arm in Richtung des anderen Gauls aus, als wollte er den beiden zu verstehen geben, ihm in die entgegengesetzte Richtung zu folgen.

„Brüder, zum Angriff!"

Rasmus schlug kräftig Theoderichs Arm weg, nachdem dieser ihn zurückzuhalten versucht hatte, und gab wiederholt der laut rufenden Menge das Signal. Daraufhin bewegte sich die Rebellenschar vorwärts unter besessenem Kampfgeschrei. Der Herold gab dem Pferd die Sporen und konnte gerade noch rechtzeitig fliehen.

„Rennen wir schnell mit dem Herold weg. Ich bringe Euch zu Eurem Herrn Vater!", rief der Bursche, wobei er ebenfalls das Pferd herumlenkte und mit den Fersen zum Galopp antrieb.

„Nein! Nicht zu meinem Vater. Bring mich mit dir weg, weit weg. Weit!"

Er hatte nicht einmal Zeit zu antworten, denn mit katzenartigen Bewegungen hatte sie sich auf dem Sattel umgedreht.

Sie umarmte ihn, streichelte sein Gesicht mit ihrer vollen blonden Mähne in einer schnellen, verführerischen Bewegung und legte ihm schließlich ihren Kopf auf die Brust. Damit ihr diese Drehung gelang, hatte sie den langen Rock nach oben geworfen, sodass er nun ihre nackten Schenkel an seinen Hüften spürte.

Die ersten Pfeile fielen wenige Meter entfernt. Es waren die Bogenschützen; doch ihre Würfe waren noch wenig ausgereift, mit dem Ergebnis, dass die Bauern ihre Marschgeschwindigkeit erhöhten, um die Schützen vor ihrem zweiten Wurf zu warnen. Die Bauern hatten weder Helme noch Rüstungen. Einige von ihnen trugen auf ihrem Kopf die Böden von Weidenkörben oder an Brettchen befestigte Kaninchenfelle, um sich auf eine etwas primitive Art vor den Pfeilen zu schützen.

„Doch Euer Herr Vater ist bestimmt dort und erwartet Euch. Wohin wollt Ihr denn sonst gehen?"

Sie streichelte mit einer Hand seinen Hals.

„Ich weiß, dass du mich immer ausspioniert hast. Du kamst in der Nacht unter mein Fenster, in jeder Nacht, das weiß ich. Du wartetest, bis ich mich zeigte und im Mondschein meine Brust entblößte. Ich ließ dich nicht auspeitschen, obwohl ich dich gesehen habe.“

„Euer Herr Vater ...“

„Mein Vater hatte mich dem Baron als Braut versprochen. Der Baron wird mich nicht mehr wollen, denn alle im Schloss werden glauben, dass mich die Bauern vergewaltigt hätten.“

„Aber Euer Vater ist dort und erwartet Euch mit offenen Armen! Er will seine Tochter wiederhaben!“

„Mein Vater wird den Rat des Bischofs befolgen und mich ins Kloster schicken. Ich will nicht ins Kloster gehen! Nicht ins Kloster, nicht in ein langweiliges, grausames Kloster!“

Einige Pfeile landeten ganz in der Nähe, doch die Bauern hatten eine Stelle im Gelände erreicht, wo es für die Bogenschützen gefährlich war, allein zu warten. Sie begannen zurückzuweichen, um den Fußsoldaten Platz zu machen. Die Reiter rückten weiterhin langsam, aber unerbittlich vor; Banner und Kreuze überall zur Schau gestellt.

Der Bursche zügelte das Pferd. Sie umklammerte ihn noch fester und hauchte ihm ihren Atem ins Gesicht.

„Lauf, laut dorthin, mitten durch die zwei Reihen. Wir können noch rechtzeitig vor all denen fliehen, bevor sie aufeinanderstoßen. Lauf, bring mich weit weg!“

„Aber Euer Herr ...“

„Mein Vater wird dem Bischof gehorchen. Ich will nicht im Kloster enden; bring mich weit weg, egal wohin, in die Freiheit!“

Hinter ihnen stürzten die ersten Kanonenkugeln auf den Boden vor der Schar der am nächsten stehenden Bauern.

In der Tat war die Seite der Front gekrümmt, sodass die erste Gruppe sich viel weiter vorgeschoben hatte und im Augenblick auf die Reihe der Adeligen geprallt war. Es war die Schar, die am nächsten zu den Kommandanten standen und das Angriffssignal des Rasmus erhalten und befolgt hatte. Die Reihe

auf der anderen Seite der Ebene bewegte sich noch nicht. So gab
es ein leeren Raum am Ende der zwei parallel stehenden Gruppen, den das Mädchen ihrem Reiter mit gebieterischer Geste
zeigte. „Dort, dort ist noch freier Platz. Reiten wir durch, bevor sie aufeinander stoßen!"

Weitere Kanonenschüsse folgten nicht, da sich die zwei ungewöhnlichen Heere bereits in einem grausamen Gefecht von
Mann zu Mann bekämpften. Auch die Gewehrsoldaten mit ihren
Gewehren auf dem Dreifuß, welche schon Lücken in die erste
Reihe der Bauern gerissen hatten, weichten jetzt zurück, denn
die Bauern sprangen wie Wahnsinnige nach vorne, um ihnen
keine Zeit zum Nachladen ihrer Büchsen zu lassen.

„Dort hinten, tritt dem Pferd in die Flanken! Dort ist noch
Raum, wir kommen noch durch, bevor es zu spät ist!"

Den Befehl hatte sie ihm in einem anderen Ton erteilt, wobei sie ihn ins Ohrläppchen biss. „Tritt es mit den Füßen, da
du keine Peitsche hast. Treib es an, dass es fliegt wie Pegasus!"

Er trieb das Pferd mit den Fersen an und dirigierte es dorthin,
wie sie befohlen hatte. Sein Gesicht wurde von ihren blonden, im
Wind wehenden Haaren gestreichelt, sodass er nicht mehr nach
vorne sehen konnte, da sie ihm nicht mit der Hand das Haar aus
dem Gesicht strich. Ihn schien es nicht zu stören; er fühlte nur
die Arme, die ihn umklammerten, doch noch stärker fühlte er
ihre nackten Schenkel gegen seinen wegen des Ritts gekrümmten
Oberkörpers. Es gab nicht mehr viel Raum; auch die zwei letzten
Gruppen Bewaffneter waren dabei, sich zu bekämpfen oder sich
tödlich ineinander zu verkeilen, wobei sie einen langen Korridor aus Eisen bildeten, der schließlich in einem Trichter endete.

„Rasmus!"

Doch was konnte Theoderichs Stimme ausrichten? Rasmus
war verschwunden in dem chaotischen Gewirr von Körpern,
Farben, Schüssen und Schreien vor ihm. Theoderich war einsam hinter dem Durcheinander geblieben mit aus Verzweiflung
geballten Fäusten.

Die Reiter hatten ein wenig die Wucht ihrer Attacke gemil-
dert wegen der nach vorne geschobenen Karren, die sie aufhal-

ten sollten. Nun schlugen sie mit ihren langen Schwertern, die sie mit zwei Händen hielten, nach rechts und links aus. Die Fußsoldaten waren zur Verstärkung angekommen, besser bewaffnet als die Bauern ohne Rüstungen, und richteten unter ihnen ein Blutbad an. Es war das stählerne Ungestüm der Bauern, das jene eiserne Flut aufhielt und teilweise ins Schwanken brachte. Die Gewehrsoldaten hatten nicht die nötige Zeit für das zweite Nachladen, deshalb waren sie gezwungen, den Platz den Landsknechten zu überlassen oder selbst zum Nahkampf überzugehen.

„Dort gibt es noch Platz, los!"

In der Tat hatte sich die Schlacht ganz auf die rechte Seite der Bauern verlagert. Auf der gegenüberliegenden Seite hatten es die Kontrahenten noch nicht geschafft, sich zu berühren. Und dies, weil rechts durch die Aktion der Kämpfer, die geschlossen als Erste auf das Kommando von Rasmus vorwärts marschiert waren, das Gemetzel auf dem rechten Teil der Fläche ausgelöst hatten.

Das Schlachtfeld von oben gesehen glich einem langen, sich schließenden Fächer, der durch diese Bewegung einen Trichter aus hunderten bewaffneter Kämpfer in bunten Farben bildete, aber auch einen Korridor aus Eisen in Bewegung, in dem alle unerbittlich aufeinander trafen.

„Dort, wirf dich ganz nach links, dann kommen wir durch!"

Er schob nun zum ersten Mal für einen Moment mit der Hand ihre Haare aus seinem Blickfeld.

„Die Passage ist jetzt eng, wir schaffen es nicht. Es wäre besser … vielleicht würde es Eurem Vater gelingen, Euch von hier herauszuholen, er wartet auf Euch und …"

Sie ließ ihn den Satz nicht beenden, packte einen Zipfel seines Rocks und zog ihn zu sich, sodass er sich noch weiter krümmen musste, dann hauchte sie ihm ins Ohr:„Spürst du nicht meine Schenkel um deine Hüften? Ich bin nackt und drücke meine Vagina ganz an dich. Du bist mein Bräutigam für diesen letzten Ausritt. Mit den Sprüngen des Pferdes ist es, als würdest du mich besitzen. Lauf, denn mir ist nun alles andere egal, laufe!"

Der abgehackte Kopf des Rasmus steckte auf einer Lanze und schwankte über einem unbeschreiblichen Berg von Körpern. Doch das Pferd eines Barons, erkennbar an dem grellen Zaumzeug, hatte den Bauch aufgeschlitzt. Als es auf der Erde zusammensank, verschwand sein Reiter unter einer Schar von wild gewordenen Bauern.

Die Landsknechte rückten mühsam über den blutigen Körpern vorwärts. Die Bauern auf der rechten Seite, jene, die als Erste mit Rasmus angegriffen hatten, waren stark im Rückzug. Ein noch konfuses, langsames, aber tragisch reales Zurückweichen. „Lauf doch!"

„Aber der Kreis hat sich geschlossen! Es ist kein Platz mehr. Warum wollt Ihr noch immer rennen?"

„Weil ich Jungfrau bin und in der Umarmung eines Mannes sterben will. Lauf doch, wertlosester Diener, niedrigster Bräutigam, laufe, ich gehöre ganz dir!"

Der Korridor, die Passage war eng geworden; man drückte bereits gegen ihre Flanken. Von einer Seite her Spieße und Hackmesser, Mistgabeln; von der anderen Lanzen, Hellebarden und lange gezückte Schwerter.

So schloss er nun die Augen und drückte sie an sich, wobei er ununterbrochen die Fersen in den Leib des Pferdes drückte. Sie presste ihn an sich, als wären sie auf dem Sattel eine einzige Person, als der Wind ihre Haare über seinen Kopf und die Schultern blies.

Dann, vom Pferd geworfen, fielen sie zusammen zu Boden, eng umschlungen, dass keine Lanzenspitze, kein Hackmesser diesen zu einem einzig gewordenen blutüberströmten Körper auseinander lösen konnte.

Heute ist Irmgard 49. Sie ist narzisstisch frigid geblieben, eine passive Träumerin eines einzigen Traumes und noch immer Jungfrau. In Vollmondnächten öffnet sie die Balkontür über dem darunterliegenden Garten und entblößt ihre Brust.

LUCIUS

Lucius litt an Atavismus. Es war eine leichte Krankheit bei ihm, solange, bis er zufällig den Ort Kalkriese besuchte. Atavismus: das Gefühl der vagen, aber anhaltenden Erinnerung, dort vor langer, langer Zeit gelebt zu haben. Wissenschaftlich unmöglich, doch Lucius hat mich fasziniert.

Agmen expeditum!

Aber warum hatte er diesen Befehl erteilt? Er wusste es nicht mehr genau, noch weniger wann; der Gedanke konnte sich nicht herauskristallisieren und sich aufhalten bei jenen Worten, hinausgebrüllt zwischen dem regennassen Blattwerk und den Baumstämmen, hinter jedem davon sich ein Barbar versteckt haben könnte, der nur darauf wartete anzugreifen. Wahrscheinlich, weil viele Legionäre die Schilde und Brustpanzer hingeworfen hatten, um sich im Sumpf des nahen Moors besser bewegen zu können. Eine Handlung, die in der römischen Legion mit dem Tode bestraft wurde, die er jedoch hatte tolerieren müssen in jener Situation, die sich im schlammigen Wald abspielte, in dem man unmöglich geordnet vorwärtsgehen konnte.

Der Schmerz am Kopf war äußerst heftig, das Blut strömte ihm über die Nase, die Lippen und das Kinn bis auf die nackte Brust. Nackt? Trug er denn seinen Brustpanzer mit den Insignien des Centurio Prior nicht mehr? Wie kam es, dass er den Panzer nicht mehr über der Brust hatte? Und das Schwert? In schmerzhafter Anstrengung gelang es ihm, mit der linken Hand die Hüfte zu berühren, in dem Versuch, an den Griff seiner Waffe zu kommen. Die linke? Weshalb nicht die rechte? Er spürte sie nicht; ihm schien es, als hätte er keine rechte Hand mehr.

Der Schmerz am Kopf wurde entsetzlich akut, unerträglich, sodass er mit der Linken den Nacken abzutasten versuchte, ohne ihn jedoch zu erreichen. Weshalb war er ohne Helm?

Er musste ihn abgenommen haben, nachdem er den Hammerschlag eines Barbaren eingesteckt hatte, der plötzlich hinter einem Eichenstamm hervorgestürzt war. Er konnte nicht mehr vernünftig denken, das mit dem Regen vermischte Blut strömte ihm nun auch in die Augen.

Er musste aufstehen. Er verstand, dass er am Boden lag, doch er musste unbedingt hochkommen und versuchen, das Zentrum der XIX. Legion zu erreichen, wo sich Varus befand.

Seitdem es dem Verräter Arminius mit einem Trick gelungen war, gut drei Legionen in eine Falle ohne Ausgang zu locken, war es seine Aufgabe gewesen, Varus vor den Überraschungsangriffen der Cherusker zu schützen. Doch in der dritten stürmischen Regennacht hatte er Varus in dem glitschigen Schlamm aus den Augen verloren, und es war ihm nicht gelungen, sich zwischen den in unregelmäßiger Marschordnung vorrückenden Legionären einen Weg zu bahnen. Weshalb suchte er Varus? Zu seinem Schutz gab es die ganze VI. Kohorte, die verzweifelt versuchte, ihn von den Angreifern fernzuhalten, ohne es ganz zu schaffen, da es in diesem Wald praktisch unmöglich war, in „agmen quadratus" zu marschieren.

Auch weil er als Centurio Primus Pilus die von ihm kommandierte VI. Kohorte mit dem Privileg eines Tribuns verlassen hatte? Es war eine schreckliche, beinahe monströse Tatsache, dass er sich nicht daran erinnern konnte; und dies in einem solchen Augenblick, in dem er sich mit all seiner Energie hätte bewegen müssen. War das vielleicht wegen des Schlages auf den Kopf, den man ihm verpasst hatte? Er versuchte, sich ungeachtet der durch das Blut getrübten Augen zu orientieren in dem verfluchten sumpfigen Wald, der dabei war, 22 000 Römer zu verschlucken.

Oder doch: Trotz des akuten Schmerzes am Kopf fiel ihm nun ein, weshalb er sich von Varus entfernt hatte. Der Grund war, weil er im Moment des plötzlichen Aufleuchtens eines Blitzes im Sturm eine Lichtung hinter den Bäumen gesehen hatte. In der Ferne, jenseits der Barriere der Stämme und des Laubes, hatte er eine hellgelbe Ebene erkannt. Ein Pfeil hatte ihn am Bein getroffen und den Muskel zerfetzt. Als er sich hinunterbeugte, um ihn herauszuziehen, konnte er nicht rechtzeitig den Kopf heben, um dem Schlaghammer des Barbaren auszuweichen. Der Schlag hatte das Metall des Helms durchgebeult und einen Höcker erzeugt, der seinen Schädel an der Schläfe durchstieß. Vor Schmerz hatte er die Augen geschlossen, die er lange nicht wieder öffnen konnte (aber für wie lange?).

Als er am Boden lag unter dem Getrampel des Barbaren, der ihn für tot hielt, hatte er versucht, den Blick nochmals in die Ferne hinter den Teil des Waldes zu richten, wo er die große Ebene entdeckt hatte, sah sie jedoch nicht mehr.

Der Regen fiel seit drei Tagen, doch ohne Donner und ohne den Blitz, der jene Stelle teilweise erleuchtet hatte. Er wusste aber, dass jenseits des Gewirrs von Baumstämmen die Ebene lag – die Rettung im Augenblick seines Ruhmes.

Darum musste er Varus oder auch einen seiner Tribune aus dem Kommandozirkel erreichen.

Der Schmerz am Kopf, der die Gedanken durcheinanderwirbelte, sie vernebelte und verwirrte, ließ ihn befürchten, in einen quälenden Schlaf zu versinken. Ohne den Schmerz hätte er dem Wunsch nicht widerstehen können, über den aufgeweichten Blättern einzuschlafen.

„Lucius Quinctilius! Lucius Quinctilius!"

Es war Calpurnius Mure, der ihn rief. Es war seine Stimme, verzerrt und unerkennbar. Er bewegte die Hand, die das abgebrochene Schwert umklammerte. Weshalb befand er sich so nahe bei ihm? Calpurnius befehligte als Centurio die dritte Reihe aller Triari der XIX. Legion, die sich zuletzt in das Getümmel gestürzt hatten und von denen sich viele in der Nähe von Varus befanden. Warum war Calpurnius nun hier, ohne die anderen? Weshalb hatte er sie verlassen, oder weshalb hatte er Varus verlassen? Er überlegte kurz, ob er ihn nicht beauftragen sollte, Varus zu suchen. Calpurnius schien nicht verletzt zu sein, er war beweglicher und robuster als er selbst. Das Risiko, sein Glück Calpurnius zu überlassen, indem er ihm befahl, Varus die Nachricht von der Ebene jenseits der Bäume zu überbringen, wollte er nicht eingehen. Dann hätte Calpurnius sogleich den Befehl erhalten, eine Schar von Legionären der XIX. neu zu gruppieren, oder jene der XVIII., die sich in dem Durcheinander zersplittert hatten, wobei eine Marschordnung in dem sumpfigen Wald nicht mehr aufrecht zu erhalten war. Dann wäre Calpurnius der Held der Situation gewesen.

Nein, trotz des stechenden Schmerzes am Kopf und der Verletzung am Bein hatte Lucius beschlossen, dass er es sein würde, der zu Varus ginge.

Er hatte Calpurnius mit bestimmender Geste weggeschickt. Er war der Vorgesetzte. In der Tat war ihm die Eifersucht des Calpurnius bekannt. Obwohl weniger verdient, war er, Lucius, der Neffe des Varus, zum Centurio Primus Pilus befördert worden, während Calpurnius trotz seiner ausgezeichneten militärischen Vergangenheit im rätischen Cambodunum nur Centurio geblieben war. Nun musste er unverzüglich Varus finden, wobei er mit heldenhafter Anstrengung das verletzte Bein bewegte.

Er hatte jedoch – den Grund konnte er sich nicht erklären – Calpurnius etwas fragen wollen, bevor er ihn wegschickte. Was war es doch?

Und weshalb gehorchte er nicht seinem militärischen Instinkt,Varus zu suchen, anstatt zu meditieren in einem solchen Moment dieser desaströsen Schlacht. Ja, es war töricht, an etwas Derartiges zu denken, doch anstatt zu handeln, dachte er nach. Worüber? Er wusste nicht, warum oder scheute sich, es zuzugeben, doch er meditierte über etwas, worüber er unbedingt Calpurnius um seine Meinung fragen musste. War dies alles normal? Das war es nicht, doch leider die tragische Wirklichkeit, unheilvoll und intensiver als seine physischen Schmerzen; er war gezwungen, Calpurnius zurückzurufen, der dabei war, aus seinem Blickwinkel zu verschwinden. Er musste etwas fragen, brauchte eine Antwort von ihm. Was war es doch? Der Grieche! Ihr Gymnasiallehrer in der Zeit, als Calpurnius und er gemeinsam das Gymnasium besuchten.

Nun erschien in seinem Kopf der griechische Satz, dämpfte seine Schmerzen. Weshalb ein solch philosophischer, durchaus militärischer Satz?

„Und so wie ein Reiter, mag er noch so ausgezeichnet sein, bei seinem Ritt niemals den in den Venen eines Centaurs fließenden Rausch spüren wird, ebenso ..." Dies war der philosophische Vergleich des Griechen gewesen. Wie war nur das Ende jenes Vergleichs? Er erinnerte sich nicht, verstand jedoch, dass es wichtig war und – wenn auch nicht verständlich – doch im Zusammenhang stehend mit der Schlacht! Er musste Calpurnius danach fragen.

War denn eine solch abstruse Frage vorstellbar mitten in dem Getümmel? Und warum überhaupt? Wie wichtig könnte sie sein? War es nicht besser, einen neuen Blitz am Himmel abzuwarten, der den gesamten Wald sowie die wunderbare Lichtung jenseits der Bäume erleuchten würde?

Er musste sich erheben, um Varus zu finden!

Da, endlich funkelte am Himmel ein Blitz, gefolgt von einem gewaltigen Donner. Er lenkte sofort den Blick zum Rand des dichten Waldes, dorthin, wo er die Ebene gesehen hatte, die er nun jedoch nicht mehr erkennen konnte. Er hatte sie doch gesehen, riesig groß und blassgelb vom verwelkten Gras. Er versuchte, vorwärts zu kommen zwischen den zahlreichen Legionären, die vor den Pfeilen der unsichtbaren cheruskischen Bogenschützen flüchteten. Doch niemand erkannte und respektierte ihn als Centurio Primus Pilus. Ein unbeschreibliches Chaos herrschte. In seinem vom Schmerz gepeinigten Gehirn offenbarte sich jetzt eine neue äußerst eigenartige Vision, die er vergeblich einzufangen versuchte. Der Wunsch, sie wenigstens einen Moment lang lebendig zu halten, hatte sich zu sehr in ihm festgesetzt; das dringende Verlangen, dieses Grauen einer Vision ohne Kommentar und ohne Abscheu zu beobachten. Warum nur? Insbesondere hatte er das brennende Gefühl, dass sich eine solche Vision bereits schon einmal vor seinen Augen präsentiert hatte, doch wann? In jener Vision sah er wieder Calpurnius. Er stand nicht, sondern lag irgendwie ausgestreckt auf etwas anderem. Der Kopf des Calpurnius wandte sich in seine Richtung, die Augen geschlossen und der Mund weit aufgerissen. Das Merkwürdige und Schreckliche dabei war, dass man um Calpurnius herum auf dem großen Sumpf die helmlosen Köpfe seiner Triari-Legionäre erkennen konnte. Nur die Köpfe, denn die Triari waren bis zum Hals im Schlamm versunken. Eine Schar Frauen mit offenen Kleidern durchschnitten einem nach dem anderen die Kehle, wobei sie leise ihre germanische Klagelieder sangen und ihre Zöpfe hin und her schwenkten. Das Blut der Legionäre vermischte sich mit dem faulen Wasser des Sumpfes, floss dabei langsam dahin, bis es die vage Farbe von Amarant annahm und sich schließlich zu einem rötlichen Ocker verdünnte, um dann den Durst der unterirdischen Germanengötter zu löschen.

Mit übermenschlicher Anstrengung gelang es Lucius, diese Vision zu verbannen. Der Schmerz am Kopf erzeugte in ihm jene unglaublichen Bilder, eines nach dem anderen.

Varus! Endlich hatte er ihn entdeckt mitten unter seinen Tribunen. Er sah verletzt aus. Aufgeregt hatte er ihm die Existenz der Ebene verraten, ihre Rettung jenseits der Bäume. Doch Varus schien keines seiner Worte gehört zu haben oder wollte nicht zuhören. Niemand hörte zu in dem verworrenen Kampfgetümmel.

„Gib mir die XIX!", hatte er ihm flehend zugerufen. „Oder wenigstens das Kommando für eine Kohorte dieser Legion."

Er würde in aller Eile die Legionäre, die letzten Verbliebenen, in kompakten Gruppen hinaus aus dem Wald dirigieren, wo sie sich im freien Abschnitt der Lichtung in der gefürchteten starren römischen Kampfordnung in drei Linien aufstellen müssten.

Dann hätte er, ohne mit der Wimper zu zucken, das Blutbad unter den 19-jährigen Burschen der ersten Reihe beobachtet, dem weniger erfahrenen Teil der Hastati. Von den übermäßig vielen Barbaren wären sie in kurzer Zeit überwältigt worden. Dann hätte er die Minuten gezählt bis zum Widerstand der Legionäre der zweiten Reihe, Männer geschickt mit dem Schwert, die Linie der Principes; die Reihe würde Mann für Mann nachgeben in stoischer und grausam kämpferischer Regelmäßigkeit, wobei die Barbaren im Triumph über den Körpern der Sterbenden vorrücken würden. Doch dann wären die bis jetzt unbeweglich mit einem Knie auf der Erde wartenden Triari von Calpurnius gleichzeitig vorgeschnellt und hätten mit Kampfgeschrei jene nach Vieh stinkenden Wilden vernichtend geschlagen.

„Res ad triarios redit", hätten die Militärchronisten des Imperiums geschrieben, was dann alle Jugendlichen in den Schulen der gesamten Provinzen mit Stolz lernen würden. Es war der Satz, das Endsiegel nach jedem römischen Sieg. Varus hätte den Tribun befördert, der Weg zum Legat wäre ihm offen gestanden. So wie sein Großvater, jener Quinctilius Scaurus, der die VII. befehligte, die legendäre Legion des Gaius Marius.

„Gib mir die XIX.!", hatte er ihn schreiend angefleht.

Anstatt zu antworten, hatte sich Varus das Schwert in den Magen gestoßen, worauf ihm zwei Tribune mit derselben Geste folgten.

Dies war doch nicht möglich; es musste eine neue Halluzination sein. Wie konnte es sein, dass Varus seine Heilsbotschaft nicht verstanden hatte? Die Lichtung, ein offener Raum in diesem gefährlichen Baumlabyrinth, war doch ihre Rettung! Stattdessen folgten weitere Tribune und Zenturios dem Beispiel des Varus, indem sie Selbstmord begingen, um den grausamen Cheruskern nicht lebendig in die Hände zu fallen.

Vestalische, weibliche Halluzinationen – eines Römers unwürdig! Es war der Schmerz am Kopf, der ihm jene irrealen Bilder vorgaukelte und ihm die Willensstärke nahm, welche er gebraucht hätte, um sie zu vermeiden und den Rhythmus der normalen Gedanken wiederzufinden. Die Realität war die riesige Lichtung, die er jenseits der Bäume gesehen hatte und unbedingt erreichen musste, mit so vielen Legionären, wie er sammeln konnte. Es war unwichtig, dass das Rangabzeichen auf seinem Helm nur das eines Zenturios, nicht das eines Tribuns war. Die in seinen Venen fließende und in jenem fatalen Augenblick über seine Lippen sprudelnde Kommandierkraft würde die verängstigten Legionäre erstaunen. Sie würden seinen Befehlen folgen, scharenweise in geschlossener Formation zwischen den Bäumen hervorbrechen und sich dann in der von den Feinden Roms so gefürchteten Kampfgeometrie aufstellen. Er musste unbedingt die unheilvolle Vision vom Selbstmord des Varus verscheuchen. Wie konnte er nur eine so verrückte Halluzination haben? Nun musste er daran denken, den versprengten Legionären neuen Mut einzuflößen und sie wieder einzugliedern.

Doch noch etwas: ein Detail, eine lästige Einzelheit zu einer der Visionen, die ihn wegen der tiefen Verletzung am Kopf peinigten. Dieses Detail erschien vor ihm mit verfluchter, fast ironischer Eindringlichkeit. Er musste sich selbst widerwillig eingestehen, dass es ihm kurz vorher so vorgekommen war, als wäre er ohne Helm und Brustpanzer, sogar ohne Hemd gewesen, also nackt, beschämend nackt! Wie hätten die Legionäre die Befehle eines nackten Offiziers befolgen sollen? Übrigens, die zweite, wahrscheinlich angebrachtere Frage nach der ersten: Wieso war er nackt? Er verbat sich weiteres Nachdenken, er musste handeln und sich von diesen Erscheinungen befreien, die kamen und wieder verschwanden. Vor allem jene des Griechen im Gymnasium aus der Zeit vor zwanzig Jahren mit diesem verdammten philosophischen Vergleich des Zentaurs, auch wenn er sich nicht an den logischen Sinn seines Finales erinnern konnte. Er befand sich in der tödlichen Falle der Cherusker zwischen dem Wald und dem Sumpf, unfähig, aus seinem Kopf jene im Gymnasium zusammen mit Calpurnius vernommenen Worte zu verbannen. Die Vision des Griechen verschwand jedoch nicht, ebenso wenig wie die anderen; sie verblieb beharrlich, als verlangte sie von ihm eine Erklärung. Was sollte denn der Vergleich mit dem Ritter bedeuten, was war der Sinn dessen, das mit unbestrittener Überlegenheit die Venen des Zentaurs durchfloss? Was nur?

Ein Verdacht, ein grausamer Verdacht (oder eine unmissverständliche Gewissheit?) schmetterte ihn nieder. Könnte er vielleicht nicht das widerspiegeln, was ein über dem Kampf im Wald kühl beobachtendes, scharf sehendes Auge mit Präzision erfassen würde? Doch da war Varus auf Knien mit dem Schwert in den Eingeweiden … und wo war die ihm jenseits der Bäume erschienene Lichtung?

Er musste beide Augen schließen; das mit den Regentropfen vermischte Blut floss erbarmungslos über sein Gesicht. Mit übermenschlicher Anstrengung gelang es ihm, den Kopf so zu drehen, dass die Flüssigkeit in eine andere Richtung lief, sodass er wieder schauen konnte.

Er sah plötzlich die Lichtung, die ausgedehnte, blassgelbe Ebene. Doch nicht in direkter Linie, sondern eigenartigerweise unter dem eigenen Körper. Ja, er befand sich dort ausgestreckt, mit der Nase auf dem Gras, nackt.

Die Sonne nach drei stürmischen Tagen und Nächten strahlte vom Himmel hinunter auf die spiegelnden Tropfen, die auf die Wiese unter seinen Körper perlten. Er lag auf dem Gras der Lichtung. Da er sich in schmerzhafter Mühe hatte umdrehen können, sah er auch Calpurnius. Der Kopf des Calpurnius Mure baumelte herunter von einem Berg an Zweigen, der den Barbaren als Opferaltar diente. Er war in seine Richtung gewandt, die Augen geschlossen, der offene Mund verzerrt, nachdem sie ihm die Brust zerfetzt und das Herz herausgerissen hatten.

Weiter entfernt, am Rand der Lichtung, wo der Sumpf anfing, konnte er zahllose Legionäre mit durchschnittener Kehle erkennen, die Raben warteten bereits in der Nähe. Und dann sah er sich selbst, Lucius Quinctilius Scaurus, Neffe des Varus.

Man hatte ihn im Gras liegenlassen, nachdem man ihm Helm, Brustpanzer und Gladius sowie alles andere abgenommen hatte. Sie hatten ihn für tot gehalten.

Aber er lag im Sterben.

An sich hätte ich es vermeiden können, Lucius ins Dantebad einzuladen, indem ich ihn mit selbstgefälligem Lächeln überzeugt hätte, mir nicht nochmals Einzelheiten über Teutoburg zu erzählen. Sein Bedauern über das Verschwinden „Germaniens" hat mich gerührt, was außerordentlich ist für einen Zyniker, der ich bin. Nun erwähne ich also, was er mir geschrieben hat:

„Es ist eine Freude, im Auto über die deutschen Straßen zu fahren; rechts und links ordentlich kultivierte Ebenen. Schön das Gelb des Raps. Doch der undurchdringliche, dunkle, von Tacitus beschriebene Wald, die unförmigen Stämme der 100-jährigen Eichen, die tief hängenden dichten Zweige, bedrohlich in ihrer schweigenden Düsterkeit? Und die aufsteigenden Dämpfe des sich spiegelnden Brackwassers der Sümpfe, die sich ausdehnen, bis sie in flüchtigem Glanz den bleiernen Himmel am Horizont erreichen. Schön, aber tödlich traurig? Die unbekannten Blumen, erblüht an den Rändern der verborgenen Moore, veilchenblau und gewunden, die im Mondlicht Thusnelda zum Träumen brachten ... kann man all dies nicht mehr bewundern? Nie mehr.“

Leider sehe ich, dass ich schließlich den Kopf wieder heben muss, aber mit strahlenden Blick. In der Tat wird sich Porfirij fragen, ob es nicht an der Zeit sei einzugreifen, indem er mir mit dem Finger auf den Kopf klopft, damit ich verstehe, dass ich diese Theater zu beenden und mein zweifaches Verbrechen zu beichten habe. Armer Dummkopf!

Aber meine neun Patienten? Ich glaube, nach maximal einer Stunde haben sie es satt, auf mich zu warten, werden ihre Kleidung von der Garderobe holen und enttäuscht gehen. Verena, die zweifellos Ungezwungenste der Gruppe, wird es gefallen, Klaus ihr Buch zu schenken und dafür seines zu bekommen. Wahrscheinlich wird Klaus auf den ersten Seiten eine Handynummer finden. Irmgard wird das Abschiedslächeln von Lucius ignorieren. Sie wollte unter vier Augen mit dem Professor sprechen, nicht mit irgendjemanden, der ein Buch in der Hand hält. Dasselbe gilt für Markus, der sich von Anfang an von den anderen abgesondert hatte. Jutta aber wird noch ein wenig bleiben; sie hat endlich eine lebhafte Konversation mit Dorothea begonnen; es dürfte wohl ein intimes Thema vom gegenseitigen Interesse sein. Die Unbekannte hatte keine Anstalt gemacht, mit jemand zu sprechen. Bevor sie sich dem Ausgang des Nudistenbereichs zuwendet, wird sie einen intensiven letzten und verhängnisvollen Blick auf den (wirklich bemerkenswerten) Penis von Klaus werfen. Dasselbe dürften vorher auch die anderen Damen getan haben, doch in opportuner Weise mit einem allgemeinen gelangweilten Blick um die große Wiese herum, ohne den Verdacht zu wecken, eine Sekunde zu lang auf diesem Panoramapunkt zu verweilen. Was Orfi betrifft, wird keiner versucht haben, mit ihm in Kontakt zu kommen. So wird auch niemand bemerkt haben, dass er sich längst auf Englisch verabschiedet hat.

Und jetzt? Genug! Das illusionistische Spiel ist zu Ende.
Sagen Sie ehrlich: Welche Empfindung haben Sie? Und welche hätten Sie bei dem Gedanken, wie reizvoll es wäre, selbst fähig zu sein, ein vergleichbares Spiel anzufangen und Ihre eigenen gewissen perversen und verführerischen Empfindungen aus dem volatilen wie tiefgründigen Wesen jener Libelle hervorzuholen, die auch Seele genannt wird?

ENDE

Der Autor

Franco Massari kam vor unzähligen Wochen in Venedig zur Welt.

Aus Mangel an Mitteln (der Vater war verstorben) musste er sein Studium abbrechen und landete schließlich nach entsprechender Ausbildung als Hoteldirektor in Abano Therme. Nach einem einjährigen Aufenthalt in London wechselte er in die Exportbranche, wo er sich dem Export italienischer Produkte in diverse arabische Länder widmete.

Und dann? Zurückkehren in seine Heimatstadt wollte er nicht. Ihn interessierten die deutsche Kultur, die Lebensart, die Städte des Landes mit seinen Volksfesten, z. B. dem Oktoberfest.

So ließ er sich in München nieder mit seiner zweiten (deutschen) Ehefrau.

Erhalten blieb ihm seine italienische Gewohnheit, Erzählungen und merkwürdige Romane zu schreiben. Die Beurteilung seiner Geschichten bleibt dem Leser überlassen.

„Unentdeckte Leidenschaften" ist Massaris zweites Buch.

Der Verlag

Wer aufhört besser zu werden, hat aufgehört gut zu sein!

Basierend auf diesem Motto ist es dem novum Verlag ein Anliegen, neue Manuskripte aufzuspüren, zu veröffentlichen und deren Autoren langfristig zu fördern. Mittlerweile gilt der 1997 gegründete und mehrfach prämierte Verlag als Spezialist für Neuautoren in Deutschland, Österreich und der Schweiz.

Für jedes neue Manuskript wird innerhalb weniger Wochen eine kostenfreie, unverbindliche Lektorats-Prüfung erstellt.

Weitere Informationen zum Verlag und seinen Büchern finden Sie im Internet unter:

www.novumverlag.com